»Richtig reisen«
Languedoc und Roussillon

W0075123

In der vorderen Umschlagklappe: Karte von Languedoc-Roussillon

In der hinteren Umschlagklappe: Stadtplan von Montpellier

»Richtig reisen«

Languedoc und Roussillon

Dirk Althoff

Farbfotos von Werner Richner

DuMont Buchverlag Köln

Umschlagvorderseite: Landschaft bei Ispagnac
Umschlaginnenklappe: Fischer in Agde
Umschlagrückseite: Hafen von Le Grau-du-Roi
Frontispiz: Auf dem Markt von Céret

Die Deutsche Bibliothek – CIP-Einheitsaufnahme

Althoff, Dirk:
Languedoc und Roussillon / Dirk Althoff. Farbfotos von
Werner Richner. – Köln : DuMont, 1992
    (Richtig reisen)
    ISBN 3-7701-2244-5

© 1992 DuMont Buchverlag, Köln
Alle Rechte vorbehalten
Satz und Druck: Rasch, Bramsche
Buchbinderische Verarbeitung: Bramscher Buchbinder Betriebe

Printed in Germany   ISBN 3-7701-2244-5

Inhalt

Languedoc-Roussillon – eine Landeskunde

Reiserouten durch das Languedoc-Roussillon

Praktische Reiseinformationen

Geographie macht Geschichte

Landschaft und Kultur
des Languedoc-Roussillon

Cucugnan

20 000 Jahre Geschichte in drei Stunden: Die Rhône macht's möglich. Sie hat Platz geschaffen für Autobahnen und Schnellzugtrassen, auf denen ohne Zeitverlust die letzten 280 km zwischen Lyon und dem Mittelmeer zu bewältigen sind. Man läßt das rhônenahe Ardèchetal hinter sich, wo mit Höhlenmalereien der Cromagnonmenschen die Geschichte des ›wilden Südens‹ kulturhistorisch bedeutsame und exakt datierbare Jahresringe ansetzte. Vorbei führt der Weg an rätselhaften Dolmen und Menhiren prähistorischer Megalithkulturen, die hier ihre tonnenschweren Steinmonumente so zahlreich wie nirgendwo sonst in den südlichen Departements errichteten.

Das Mittelmeer rückt näher, und die Geschichte gewinnt an Dynamik. Mit dem antiken Nîmes und der mittelalterlichen Festungsstadt Aigues-Mortes passiert man architektonische Musterbeispiele der prägenden Epochen dieser Region, erreicht La Grande-Motte, die umstrittene Ikone mediterraner Freizeitpolitik, und Montpellier, die Kapitale der Verwaltungsregion Languedoc-Roussillon.

»... erleben Schifferstechen und Stierkämpfe eine Renaissance«

Auch wenn küstennahe Schlafstädte und Industrieansiedlungen rings um die Midimetropole immer mehr Land fressen, kratzen die neuen Architekturen nur die Oberfläche der südfranzösischen Kulturlandschaft leicht an. Überall tritt in unmittelbarer Nachbarschaft moderner Zweckbauten traditionelle Alltagskultur hervor, leben an den Küsten und im Hinterland Altertum und Mittelalter fort. Tagein, tagaus versinken Städte und Dörfer in einen langen Mittagsschlaf, sitzen Angler seelenruhig an verkehrsreichen und abgasverpesteten Kanalbrücken, verwandeln Boulespieler Parkplätze in beschauliche Kampfstätten mediterraner Männlichkeitsriten. Vor den Kulissen antiker Stätten und mittelalterlicher Städte werden in ungebrochener Tradition archaisch anmutende Karfreitagsprozessionen und Dorffeste abgehalten, erleben Schifferstechen und Stierkämpfe eine Renaissance. All das vermittelt den Eindruck einer scheinbar zeitlosen südfranzösischen Lebenswelt. Gemächlich ist die Geschwindigkeit, mit der sich ungeachtet erholungssuchender Menschenmassen das tägliche Leben abspielt, denn wie in anderen mittelmeernahen Regionen werden auch im Languedoc-Roussillon Lebensrhythmus und Alltagskultur der Menschen seit Jahrhunderten von einer eigenwilligen und nur langsam sich verändernden Geographie geprägt.

Sommerliche Hitze verknappt das Wasser und erzwingt seit Menschengedenken schweißtreibende Anbaumethoden. An Berghängen, wo der spärliche Regen keine Mulden für Humusablagerungen aus dem Kalkgestein gewaschen hat, wie auf den Hochflächen der Cevennen und Causses, legten Bauern Terrassen an. Entlang der Côte Vermeille im Roussillon reichen sie bis ans Meer und werden teilweise heute noch für den Anbau eines in Banyuls-sur-Mer gekelterten Dessertweins genutzt. Die reiche römische Kolonialmacht, ebenso arm an Wasser, nicht aber an kostensparenden Sklaven, leistete sich im westlichen Midi aufwendigere Bewässerungssysteme und Aquädukte, von denen der Pont du Gard der bekannteste ist.

Jahr für Jahr treiben Mistral und Tramontane die Menschen in ihre Häuser, die, wenn immer möglich, den eisigen Nordwinden ihre kalte, weitgehend fensterlose Kehrseite zeigen, um Wärmeverlust und Zugluft zu mindern. Bis in unser Jahrhundert hinein fehlte der überwiegend ländlichen Bevölkerung das Geld für aufwendige Hauskonstruktionen und Brennholz, das in einer baumarmen Region ein kostbares Gut war. So rückten die Menschen in engen Dorfgassen zusammen und suchten Wärme in überfüllten Wohnküchen.

Und das Mittelmeer? Der Wellengang schwemmte beständig Treibsand an und ließ im Mittelalter die als Hafenorte konzipierten Städte Narbonne, Perpignan und die Kreuzzugsfestung Aigues-Mortes im Schwemmsand stranden. Die Menschen mieden die unberechenbaren und malariaverseuchten Uferstreifen, deren Böden durch einströmende Gezeitenfluten nicht zur Landwirtschaft taugten. Das Meer selbst, schon immer nährstoffarm, versprach den schlecht ausgerüsteten Kleinfischern nur selten gute Fischfänge, die überdies nur schwer an Land zu bringen waren, weil es an der flachen Sandküste bis zum Bau von Le Grau-du-Roi und Sète keine sicheren Häfen gab. In vielen Küstenorten werden das Jahr über Feste gefeiert, die ihren mythischen Ursprung unschwer erkennen lassen und ursprünglich Riten zur Beschwörung des launischen Mittelmeers gewesen sein mögen. Mit einer systematischen Uferbebauung wurde erst begonnen, als das Meer von der Freizeitindustrie entdeckt wurde.

Ein mit rotem Saharasand vermischter Regen, der allsommerlich aus Afrika über das Mittelmeer zieht und die Küstenbewohner heutzutage allenfalls zu unliebsamen Putzaktionen nötigt, ließ die mittelalterlichen Menschen scharenweise in die Kirche strömen, weil sie in dem Naturphänomen einen Fingerzeig Gottes sahen. Der fernen französischen Zentralmacht in Paris und den wohlgenährten Päpsten im nahen Avignon war's recht. Der Aberglaube der ländlichen Gesellschaft wurde mit kirchlichem Segen gefördert und dazu mißbraucht, die Herrschaftsstrukturen zu zementieren und die Klingelbeutel zu füllen. Gottgefälliges Verhalten wurde zur Existenzfrage, hatten doch die überwiegend in grundherrlicher Abhängigkeit lebenden Kleinbauern den ständig drohenden Kälteeinbrüchen, Überschwemmungen und Dürreperioden wenig mehr als ihre Gesundheit und Körperkraft entgegenzusetzen. Wer wollte es sich da mit einer außerirdischen Macht verderben, wo es auf der Erde schwer genug war, die Bäuche der Grundherren zu füllen und unabhängig vom Ernteerfolg der Kirche den Zehnten zu leisten?

Erst in der zweiten Hälfte des 19. Jh. gelang es, widerstandsfähige Kulturpflanzen und Rebstöcke zu züchten, witterungs- und schädlingsbedingte Ernteeinbrüche zu vermindern und die Erträge durch zunehmende Technisierung erheblich zu steigern. Die Winzer aber kamen vom Regen in die Traufe, denn plötzlich versprach der Weinbau ein gutes Geschäft zu werden: nicht für sie allerdings, sondern für Großinvestoren aus den reicheren Küstenstädten und Paris, die im großen Stil Ländereien aufkauften, um sie rationell und gewinnbringend bewirtschaften zu lassen. Seither plagen die Winzer nicht mehr existenzgefährdende Ernteausfälle, sondern einkommensmindernde Überproduktionen von billigem Konsumwein.

Geblieben ist den Bauern ihr althergebrachtes Mißtrauen gegenüber Fremdinvestitionen und politischen Entscheidungen, die in der Regel nicht in der Provinz, sondern in Paris getroffen werden. Mit Skepsis begegnet man einer zentralen Staatsmacht, als deren Verbündeter heute nicht mehr die Kirche, sondern die EG gilt, hinter deren agrarpolitischen Entscheidungen sich Paris, so die landläufige Meinung, nur allzu gern verstecke und die zulieBe, daß Winzer und Bauern schutzlos den freien Kräften des Marktes und der Konkurrenz preiswerter Wein- und Agrarimporte anderer EG-Mitgliedsländer ausgeliefert seien.

Not und Ohnmacht haben die Landbevölkerung des Languedoc-Roussillon, die stärkste Bevölkerungsgruppe der Region, in einem langen historischen Prozeß zu einer politisch unbequemen Wählerschaft gemacht. Sie bezieht ihre politische Kraft aus dem gemeinsamen Widerstand gegen zentralstaatliche Allmacht und der Einbindung in *la France profonde,* das ›tief‹ in sich verwurzelte Frankreich der ländlichen Provinzen, fernab der hektischen Touristenzentren.

Natur und Klima mögen den Zeittakt vorgeben, mit dem seit Erscheinen der ersten menschlichen Lebewesen im Languedoc-Roussillon das geschichtliche Uhrwerk abläuft. Was der kulturellen Entwicklung im westlichen Midi aber stets Antrieb und neuen Schwung verlieh, war seine geographische Lage. Seit dem Altertum querten afrikanische, arabische und europäische Völkerscharen die Ebene am nordwestlichen Mittelmeer, und wie ein roter Faden durchziehen Menschen auf Reisen die Geschichte der westlichen Mittelmeerregion: Iberer, Phönizier, Ligurer, Kelten, Griechen und Römer, Kimbern und Teutonen, Westgoten, Franken und Araber, Kreuzzügler und Jakobspilger, Muslime, Christen, Juden, Katharer und Hugenotten, Mönche, Sklaven, Söldner, Bauern, Ritter, Könige und Militärs, Päpste und Prediger, Troubadoure, Chansoniers, Gaukler, Quacksalber, Handwerker, Kaufleute, Architekten, Künstler, Politiker, Beamte, Professoren, Studenten, Saisonarbeiter, Schriftsteller und Tagelöhner.

Mit den Menschen reisten auch ihre Alltagskulturen und Gewohnheiten; sie beeinflußten Mode, Lebensstil und Architektur dieser Region. Als Nachrichtenbörsen dienten bis in die Barockzeit Adelssitze und Klöster, vor allem aber die zahllosen Raststätten und Herbergen entlang der Reiserouten und Wegkreuzungen. Für wenig Geld bekam man eine spärliche Mahlzeit und teilte

La France profonde: Gedenkmarsch für die Kämpfer der Résistance in St-Félix-de-Lodez im Hérault

sich mit anderen Reisenden die wenigen Betten in überfüllten, stickigen Massenunterkünften. Um die ungemütlichen Nächte zu verkürzen, erzählte man sich Neuigkeiten, deren Wahrheitsgehalt mit der Zusammensetzung der Gäste und der Güte des zumeist sehr sauren Weins variierte. Geschichte vermittelte sich in Geschichten, Ereignisse wurden zu Legenden und Mythen, die in der südfranzösischen Literatur weiterlebten. Müde vom Zuhören, drehte man sich um und zeigte seinem fremden Bettgenossen sprichwörtlich die ›kalte Schulter‹. Das französische Doppelbett mag ein Relikt jener Zeit sein, denn selbst in besseren Gasthäusern war eine Schlafstatt im allgemeinen für mindestens zwei Personen vorgesehen.

Die rege Reisetätigkeit hat Alltagsgebräuche begründet und das Landschaftsbild geprägt. Die südfranzösische Küche bewahrt in vielen Gerichten die Tradition ländlicher Hausmannskost und einfacher Massenverköstigung. Auch Platanenalleen und Klöster sind nicht zufällig im Languedoc-Roussillon so zahlreich, denn schattenspendende Straßen waren in einer weitgehend waldlosen Gegend für reisende Menschen ebenso wichtig wie Klöster. Sie wurden vor allem von Jakobspilgern auf ihrem Büßergang nach Santiago de Compostela aufgesucht, nicht allein, um den göttlichen Segen für die beschwerliche Weiterreise zu empfangen, sondern auch, weil sie die preiswertesten und sichersten Beherbergungsbetriebe jener Zeit waren.

Historische Bauwerke und Städte sind in so großer Vielzahl erhalten geblieben, daß sie sich neben moderneren Architekturen behaupten und in weiten Teilen das Bild einer sich nur wenig verändernden Kulturlandschaft vermitteln. Das heutige Dorf- und Stadtleben Südfrankreichs verstärkt diesen Eindruck, weil die historischen Gemäuer dem Straßenverkehr und der Hektik einer modernen Konsumgesellschaft bauliche Grenzen setzen und als langlebige und wohltuende Konstante empfunden werden. Man vergißt aber, daß die alten Bauwerke und engen Gassen aus Epochen stammen, in denen die Ebene des heutigen Languedoc-Roussillon zu den dichtest besiedelten Regionen Europas gehörte und sich die Lebenswelt der Menschen zwar langsamer, aber ebenso kontinuierlich veränderte. Dabei mag die zeitweilig fieberhafte, von Staats- und Kirchenmacht initiierte Bautätigkeit zur Errichtung monumentaler Sakral- und Repräsentationsbauten ähnliche Empfindungen hervorgerufen haben wie Südfrank-

reichs Kathedralen des 20. Jh., die jüngst aus dem Boden gestampften Einkaufs-, Museums- und Messepaläste entlang der Küste.

Weitreichende Eingriffe in die Landschaften wurden über Jahrhunderte als Leistung menschlicher Schöpferkraft und gottgewollte Erfüllung des Bibelgebots gepriesen, sich die Erde untertan zu machen. Aus gutem Grund, denn Straßen- und Kanalbau verkürzten die Reise- und Transportwege. Waldrodungen und der Anbau bisher unbekannter Kulturpflanzen aus der Neuen und Alten Welt erweiterten die spärliche Nahrungspalette der von Hungersnöten und einseitiger Ernährung geplagten Bevölkerung. So wandelten sich seit der Antike die Landschaften des südwestlichen Frankreich und glichen sich allmählich dem Erscheinungsbild der Nachbarländer an, das man heute als typisch mediterran empfindet.

Tatsächlich aber sind nur Olivenbäume, Wein und Getreide seit vorchristlichen Jahrhunderten im Mittelmeerraum verbreitete Gewächse. Die Araber führten Orangen, Zitronen und Mandarinen aus dem Fernen Osten ein, der Feigenkaktus hat seine Heimat in Amerika, der Eukalyptus in Australien. Auberginen stammen aus Indien, Pfirsiche gediehen ursprünglich nur in China. Auf römischen Galeeren und den Schiffen portugiesischer und spanischer Weltumsegler, auf gekrümmten Sklavenrücken und geschundenen Lasttieren, klapprigen Ochsenkarren und natürlich zu Fuß schafften zunehmend mobiler werdende Völkerschaften, Händler und Weltreisende Pflanzensamen und Setzlinge heran, machten sie rings ums Mittelmeer heimisch

Platanenallee im Audetal

und halfen mit exportierten Früchten, den Handel unter den Mittelmeeranrainern in Schwung zu halten. Ins Stocken geriet der lebhafte Warenaustausch zwischen den Mittelmeerstaaten und dem südlichen Teil Frankreichs, als sich Anfang des 17. Jh. das wirtschaftliche und politische Schwergewicht zunächst in nördlichere Regionen Europas verlagerte. Seit dem 18. Jh. weckte dann der nordafrikanische und nahöstliche Wirtschaftsraum auch bei französischen Regenten koloniale Begehrlichkeiten, die erst mit dem Algerienkrieg ein blutiges Ende fanden.

Die von de Gaulle begonnene und unter Mitterrand fortgesetzte Politik der Dezentralisierung, die eine teilweise Verlagerung zentralstaatlicher Wirtschafts- und Kulturpolitik in die zu Wirtschaftsregionen zusammengeschlossenen Departements bedeutete, schreckte die Region Languedoc-Roussillon aus dem Tiefschlaf. Doch der Traum von einer erfolgreichen und raschen ökonomischen Aufholjagd war schnell verflogen. Zu lange hatte man versäumt, in Paris die Unterstützung bei der Ansiedlung von Dienstleistungs- und Industrieunternehmen in der fast ausschließlich agrarisch genutzten Küstenebene einzufordern. Ein Glück, wie das Tourismusministerium in Paris und Kapitalgeber aus allen Teilen Frankreichs befanden. Sie waren Anfang der sechziger Jahre durch die Entdeckung der etwa 200 km langen und weitgehend unbebauten Sandküsten auf eine ›Goldader‹ gestoßen und erwarben mit dem Versprechen wirtschaftlichen Aufschwungs und verbesserter Infrastrukturen von den Kommunen und Küstenanwohnern die touristischen Schürfrechte. Als die Baugruben geschlossen und die Bettenburgen errichtet waren, begannen, wie erhofft, die Urlauber an die Küsten zu strömen und die Gelder in die Taschen der Großinvestoren zu fließen. Erneut und nicht zum letzten Mal haben Küste, Klima und Lage des Languedoc-Roussillon Geschichte gemacht.

Einen gänzlich anderen Part spielt die mediterrane Geographie Südfrankreichs bei einem Konflikt, der die südfranzösische Gesellschaft längst in zwei unversöhnliche politische Lager gespalten hat. Es ist der Konflikt zwischen Franzosen und nordafrikanischen Einwanderern, die sich seit dem Ende des Algerienkrieges vornehmlich im Süden Frankreichs ansiedelten, weil in den strukturschwachen ländlichen Gebieten die Mieten bezahlbar waren und lange Zeit billige Arbeitskräfte für die Weinlese und andere agrarische Tätigkeiten gesucht wurden. Vor allem aber ähneln Klima und Vegetation der afrikanischen Heimat. Eine Erklärung für die vorausgesagten Spannungen ist in der lahmenden Wirtschaft und dem neuerlichen Automatisierungsschub in der Landwirtschaft zu suchen, was Arbeitnehmer aus Frankreich und Afrika gleichermaßen Arbeitsplätze kostet – harte Zeiten für die Toleranz. Es ist zu befürchten, daß in der ›Nach-Golfkrieg-Zeit‹ das spannungsvolle Zusammenleben mit den 3 Mio. Muslimen im ganzen Land einer zusätzlichen Zerreißprobe ausgesetzt sein wird und wachsende religiöse Ressentiments zu einer weiteren Polarisierung der südfranzösischen Bevölkerung und nordafrikanischer Einwanderer sowie ihrer Nachkommen führen könnte.

Das **Mittelmeer** wird eine **Wüste**...

Wie Irrlichter huschen Luftspiegelungen über den südlichen Horizont. Plötzlich verhüllt ein rötlicher Staubnebel die flimmernde Wüste und verschluckt das gleißende Licht der Mittagssonne. Mit rasender Geschwindigkeit jagt ein Sandsturm aus Afrika über die glutheißen Dünenkuppen nach Norden, treibt eine bedrohlich anwachsende Staubwolke vor sich her, reißt die dürre Ufervegetation eines Salzsees in Stücke und fräst wie ein Sandstrahlgebläse tiefe Furchen in die porösen Abhänge der 4000 m steil aus der Tiefebene emporragenden Abbruchkante des südeuropäischen Festlandsockels, unweit der heutigen Stadt Montpellier.

Am östlichen Horizont vermischt sich die Staubwalze mit dem Gischtschleier der Rhônefluten, die einen kilometertiefen Cañon in das Hochplateau geschnitten haben und sich als Wasserfall in den Talgrund stürzen, wo die Wassermassen zu einem Rinnsal verkommen, bevor sie endgültig im ausgedörrten Boden versickern. Auch der sintflutartige Regen, der aus kontinentalen Gewitterwolken niedergeht, erreicht die Ebene nicht; die schweren Wassertropfen sind längst in der aufgeheizten Luft verdampft, die während der Sommermonate auf der Wüste lastet.

Weit draußen im lebensfeindlichen Sandmeer ragen Korsika, Sardinien, Sizilien, die Balearen und Malta als gigantisch erscheinende Inselberge aus der Wüstenebene. Der heiße Orkan hat sich in ihren Höhenlagen zu einem eisigen Sturm abgekühlt und das wenige Grün mit Rauhreif überzogen. Bei den ersten Strahlen der wärmenden Morgensonne verlassen die Tiere das schützende Unterholz und ziehen zu ihren spärlichen Weideplätzen.

Was Geologen und Klimaforscher für den Mittelmeerraum prognostizieren, war schon einmal Wirklichkeit, lange bevor erste menschliche Lebewesen begannen, die Küsten zu besiedeln und ihre Umwelt zu verändern: Vor 6,5 Mio. Jahren hatte sich das Mittelmeer in eine Wüste verwandelt. Es war der Kontinentaldrift zum Opfer gefallen, die im Laufe von 200 Mio. Jahren den Urkontinent in ein Puzzle von langsam über die Oberfläche des Planeten gleitenden Erdteilen zerlegt hatte, von denen sich zwei, Afrika und Eurasien, so nahe gekommen waren, daß sie vor 20 Mio. Jahren im Mittleren Osten miteinander kollidierten und allmählich die Meerverbindung zum Indischen Ozean unterbrachen. Das so entstandene Mittelmeer war jedoch eine Totgeburt, denn in erdgeschichtlich kurzer Zeit von kaum 14 Mio. Jahren gingen beide Erdteile auch bei Gibraltar eine feste Verbindung ein, die dem Mittelmeer den Hahn abdrehte. Ohne den Zustrom atlantischen Wassers war es in weniger als 1000 Jahren verdunstet.

Das rasante Verschwinden derartiger Wassermengen führte zu erheblichen Kräfteverschiebungen und tektonischen Reibereien im Untergrund, die sich durch vulkanische Eruptionen und heftige Erdbeben Luft machten und die mediterrane Wüste in Bewegung hielten. Vor etwa 5 Mio. Jahren gab die atlantische Landverbindung zwischen Spanien und Marokko dem Druck nach und brach auf. Über den eingerissenen, vermutlich bis zu 3000 m hohen Rand des ausgetrockneten Meeresbeckens schwappten täglich geschätzte 160 km^3 Atlantikwasser in die Tiefe. Sie verhalfen dem Mittelmeer in kaum 100 Jahren mit Wasserfällen, die anfänglich fünfzigmal höher waren als die Niagarafälle, zu seiner dramatischen Wiedergeburt.

Der Beweis für diese Theorie liegt unter dem felsigen Meeresgrund und wurde 1970 durch Tiefseebohrungen des amerikanischen Forschungsschiffes Glomar Challenger ans Licht befördert. Die salzhaltigen Gesteinsproben mit einer mineralogischen Zusammensetzung, wie man sie dort findet, wo sich flaches Salzwasser unter intensiver Sonnenbestrahlung verflüchtigt, ließen den Schluß zu, daß von einer ersten Mittelmeergeneration nur Salztümpel übriggeblieben waren. Einige der in verschiedenen Meeresregionen geborgenen Bohrkerne enthielten überdies Reste von Algen, die zur Existenz viel Licht benötigen, das niemals in große Meerestiefen hätte vordringen können. Letzte Zweifel beseitigten die ehemaligen, 1000 m unterhalb der heutigen Rhône- und Nilströme entdeckten Flußläufe, die als tief ins Küstengestein geschnittene Rinnen weit unterhalb der heutigen Meeresoberfläche nachweisbar sind und deshalb einst bis nah zum ausgetrockneten Meeresgrund hinabgeführt haben müssen. Als der wieder ansteigende Meeresspiegel allmählich an die Küstenfelsen heranreichte, verminderte sich das Gefälle der beiden Ströme, und die Flußtäler füllten sich in ihren Mündungsgebieten mit Schwemmsand und Geröll aus dem Hinterland, so daß Deltalandschaften wie die Camargue entstehen konnten.

Wesentlich schneller bildete sich ein mittelmeertypischer Kreislauf heraus, den bis heute die 14 km schmale und teilweise nur 300 m unter dem Meeresspiegel gelegene atlantische Schwelle in Gang hält. Sie wirkt wie ein Ventil, durch das beständig mehr Atlantikwasser in das mediterrane ›Überlaufbecken‹ gesogen wird, als Mittelmeerwasser ausströmt. Der Klimawechsel von Sommer und Winter unterstützt diese Zirkulation: Unter der heißen Sommersonne verdunstet ein Teil des einströmenden Oberflächenwassers; es dickt ein, sinkt durch das zunehmende Gewicht des ansteigenden Salzgehalts ab und fließt als Tiefenströmung in den Atlantik zurück. Während der Wintermonate bleibt der Salzanteil im Mittelmeer zwar konstant, nun aber kühlt dessen Oberflächenwasser ab, wird schwerer und verbindet sich mit dem wärmeren, zum Atlantik strömenden Tiefenwasser. Auf diese Weise mischen sich zweimal im Jahr sauerstoffreiches Oberflächen- und nährstoffreiches Tiefenwasser – ein hoffnungslos überfordertes Klärsystem: Die Küstenstädte des Mittelmeers produzieren 500000 t Müll, nicht etwa pro Jahr, sondern am Tag. 650000 t davon gelangen jährlich unentsorgt ins Meer, und da bleiben sie, zumindest die nächsten 100 Jahre. So lange dauert

Auch der viel gegessene Thunfisch ist bei zunehmendem Treibhauseffekt und wachsender Verschmutzung des Mittelmeers in seinem Bestand gefährdet

es nämlich, bis sich das Mittelmeerwasser einmal gänzlich ausgetauscht hat, weil atlantisches Frischwasser nur mit einer maximalen Geschwindigkeit von 4 km/h durch das enge Füllrohr von Gibraltar zufließt.

Der Geburtsfehler des Mittelmeers, nur über einen zu hoch und schmal geratenen Durchlaß mit lebensnotwendigem Ozeanwasser versorgt zu werden, macht seiner Tier- und Pflanzenwelt das Leben schwer. Schon die Besiedlung des jungen Meers war problematisch, denn nur wenige aus dem Atlantischen Ozean durch den Gibraltartrichter gesogene Fische überlebten den anfänglich tiefen Sturz in das sich füllende Becken. Später, als der Wasserspiegel zwischen den Meeren ausgeglichen war, fanden hauptsächlich Fische aus den oberen Wasserschichten des Atlantiks den Weg über die flache Schwelle ins Mittelmeer. Für die meisten Lebewesen großer Meerestiefen blieb das seichte Schlupfloch jedoch ein unüberwindliches Hindernis, so daß in den bis zu 5000 m tiefen östlichen Mittelmeergebieten nur wenige Meerestiere aus ähnlichen Tiefen des Nachbarozeans vorkommen.

Aber auch Haie, Thunfische und alle anderen in geringer Meerestiefe lebenden Raubfischarten haben unter der geophysikalischen Besonderheit des Mittelmeers zu leiden. Sie hängen am Tropf des Atlantiks, der ihre Nahrungsversorgung nur mühsam aufrechterhält. Raubfische finden ihre Beute unter Schwarmfischen, die sich von Plankton ernähren, mikroskopisch kleinen, im zuströmenden Oberflächenwasser des Atlantiks enthaltenen Lebewesen und Pflanzen. Ein großer Teil dieser nährstoffreichen Organismen wird sehr viel schneller als in anderen Meeren von der beständigen Tiefenströmung des überaus salzhaltigen Wassers zurück in den Atlantik gespült.

Sein Markenzeichen, klares, tiefblaues Wasser, verdankt das Mittelmeer also dem betrüblichen Umstand, nährstoffarm zu sein, ein Manko, das Anchovis- und Sardinenschwärme klein und den Speisezettel größerer Raubfische karg hält. Die unverminderte Überfischung und Einleitung ungeklärter Abwässer haben den seit Urzeiten labilen, aber funktionstüchtigen Nährstoffkreislauf im Mittelmeer bereits geschwächt. Gefahr droht auch von oben. Durch die Abnahme der Ozonschicht nimmt die ultraviolette Strahlung zu. Auch sie hemmt die Reproduktion von Meeresplankton. Wird die labile Nahrungsmittelkette unterbrochen, sind die Tage der mediterranen Unterwasserwelt gezählt.

Über Wasser, auf den Mittelmeerinseln, hatten vor Tausenden von Jahren schon einmal zahlreiche heute unbekannte Tierarten den Tod gefunden. Bei Ausgrabungen auf Malta und Mallorca war man auf Knochenreste gestoßen, die sich von erstaunten Paläontologen zu Gerippen von Zwergelefanten und Riesenspitzmäusen zusammensetzen ließen. Wie aber hat es die urzeitlichen Lebewesen auf die Inseln verschlagen, und was ließ sie wieder aussterben?

Raffinerien wie diese bei Frontignan tragen zur Verschmutzung des Mittelmeers bei

Ehe die atlantischen Wassermassen das ausgetrocknete Mittelmeerbecken unter Wasser setzten, war vermutlich Leben in die Wüste gekommen. Trockenen Fußes hatten afrikanische, asiatische und europäische Tiere die Erhebungen inmitten des Sandmeers besiedeln und die begrünten Hochlagen erklimmen können. Daß die letzte jener urzeitlichen Tierarten erst vor etwa 6000 Jahren auf einem der mittelmeerischen Eilande ausstarb, erhärtet die Vermutung, die Vorfahren jener Urtiere seien auf die Berge gelangt, bevor die Sintflut sie zu Inseln machte. Nur auf dem Landweg nämlich hatten artgleiche Elterntiere in ausreichender Zahl zuwandern können, um über einen so langen Zeitraum die gesunde genetische Vielfalt innerhalb der verschiedenen

Gattungen zu gewährleisten. Der Zufall wollte es, daß außerdem auf keiner der Inseln jemals Raubtiere vorkamen, die den Neuansiedlern hätten gefährlich werden können. Hatten Löwen und Tiger in der Wüstenhitze schlappgemacht?

Die entwicklungsgeschichtliche ›Aufgabe‹, Millionen Jahre eines abgeschiedenen Inseldaseins zu überstehen, wurde nur von solchen Tierarten gelöst, denen es gelungen war, ihre Körpergröße an das beschränkte Nahrungsangebot anzupassen. Dieser langsame Entwicklungsprozeß führte bei jeder Art zu inselspezifischen Ausprägungen. Während auf Mallorca eine große Spitzmaus langfristig weniger Schwierigkeiten bei der Nahrungssuche gehabt haben mag als ihre kleineren Verwandten, verlief die evolutionäre Überlebensstrategie bei den nach Malta eingewanderten Elefanten wohl umgekehrt. Nur die zu klein geratenen Artgenossen wurden satt und blieben widerstandsfähig genug, um sich dauerhaft gegen ihre größeren, von permanenter Unterernährung geschwächten Herdengenossen durchzusetzen: Die maltesischen Umweltbedingungen hatten die Entwicklung eines ›Sparelefanten‹ erzwungen.

Bald nachdem die Wüste vom Atlantik überspült wurde, mögen einige Lebewesen eher zufällig auch die Rhône hinabgetrieben und auf Treibholz an die gerade erst entstandenen Inselstrände geschwemmt worden sein. Sofern sie dort nur wenige Artgenossen vorfanden, tappten sie auf der isolierten Inselwelt in die tödliche Genfalle: Zu inzestuösem Fortpflanzungsverhalten genötigt, kamen ihren Organismus schwächende Gene nicht mehr, wie bei großen Tiergruppen üblich, mischerbig vor, so daß sie unterdrückt werden konnten, sondern wurden nur noch reinerbig und damit überwiegend negativ wirksam. Bereits in der dritten Generation begannen jene kleineren Tiergruppen krankheitsanfällig und zeugungsunfähig zu werden. Wenige Generationen später waren sie ausgestorben.

Den dünnhäutigen Zwergelefanten wurde wahrscheinlich erst eine globale Kälteperiode zum Verhängnis. Vor etwa 300 000 Jahren kühlte der Planet so sehr ab, daß Europa unter einer Eisdecke begraben wurde, die auch dem Mittelmeer bedrohlich nahe kam. Die Kälte entzog dem erdumspannenden Wasserkreislauf Feuchtigkeit, die auf dem Festland als Eis gebunden wurde und allmählich auch den Wasserspiegel des Mittelmeers senkte. Sein Wasserstand fiel jedoch nie so stark, daß die Tiere sämtlicher Inseln auf dem Trockenen saßen und sich allesamt über Landbrücken in wärmere Gefilde hätten flüchten können. Einigen der verbliebenen Tierarten mag die Zeit nicht für eine neuerliche Anpassung an unaufhörlich sinkende Temperaturen gereicht haben. Vielleicht bekamen so die Zwergelefanten allmählich kalte Füße und starben aus.

Kaum 10 000 Jahre ist es her, daß sich die Erde von der Kälte der letzten großen Eiszeit erholt hat, und schon droht eine neue Klimakatastrophe. Diesmal allerdings scheint sich eine ›Heißzeit‹ anzubahnen, die auch den Mittelmeerraum erneut in Mitleidenschaft ziehen würde. Billionen Tonnen Kohlendioxid, beim Verbrennen von Kohle, Holz, Erdgas und Öl erzeugt, scheinen aus der bisher hitzedurchlässigen Lufthülle des Globus ein erdumspannendes Treibhausfenster zu machen, das einen wachsenden Anteil der vom Erdball reflektierten Sonnenstrahlen zurückhält und den Planeten aufzuheizen droht. Ist der zunehmende Wassermangel in den mediterranen Anrainerstaaten bereits ein Ergebnis dieses Treibhauseffekts? Bringen schmelzende Polkappen das Mittelmeerbecken zum Überlaufen? Werden Aigues-Mortes und Narbonne wieder Hafenstädte?

Die jährliche Sommerdürre ist hauptsächlich eine Folge wirtschaftlichen Wachstums und intensivierter Landwirtschaft, die zu steigendem Wasserverbrauch führt. Das war schon bei den alten Römern so. Während sie jedoch den zunehmenden Durst einer Stadt wie Nîmes noch mit dem Quellwasser eines Bergflüßchens löschten, das findige Architekten über den vielbestaunten Pont du Gard ins Tal leiteten, sieht man sich heute gezwungen, den Grundwasservorrat anzuzapfen, um den wachsenden Wasserbedarf rings ums Mittelmeer zu decken. Aus immer größeren Tiefen wird Wasser heraufgepumpt und gelangt über den Abwasserkreislauf ins Meer. Das Festland verliert an Volumen und sinkt ab, gleichzeitig läßt der vermehrte Wasserzulauf den Meeresspiegel steigen, allerdings so minimal, daß nur schwer zu berechnen ist, welchen Anteil dieser Vorgang am Anstieg der Weltmeere hat.

Was aber geschähe mit dem Wasserstand, wenn erhöhte Erdtemperaturen die Eisberge am Nordpol zum Schmelzen brächten? Nichts! Selbst wenn das gesamte auf dem arktischen Becken schwimmende Nordmeereis dahinflösse, der Meeresspiegel stiege um keinen Millimeter, weil Eisschollen exakt die gleiche Menge Wasser verdrängen, wie sie wiegen. Zu höheren Wasserständen könnte es allerdings kommen, falls die 2,6 Mio. km^3 des kontinentalen Grönlandeises unter einem globalen Hitzeschild schmölzen und das Inlandeis des Südpols, eine durchschnittlich 1800 m dicke, die Landmasse des antarktischen Kontinents bedeckende Schicht, als Schmelzwasser in die Ozeane geriete. Dazu aber reicht der befürchtete globale Temperaturanstieg um maximal 5° Celsius nicht aus. Selbst wenn das antarktische Thermometer von minus 60° auf minus 55° Celsius stiege, könnte das Eis nicht schmelzen. Auf den Gletscheroberflächen entstünden allenfalls Wasserlachen, die sofort wieder in die Gletscherspalten dringen und gefrieren würden.

Doch selbst diese relativ harmlose Folge einer drohenden Erderwärmung dürfte in absehbarer Zukunft nicht eintreten, denn augenblicklich geschieht eher das Gegenteil. Satellitenaufnahmen der NASA bestätigen, daß die polaren Eisschilde in jüngerer Zeit anscheinend dicker werden, ein Phänomen, zu dem das Mittelmeer einen nicht unerheblichen Beitrag leisten dürfte. Ein Großteil seines verdunstenden Oberflächenwassers reichert sich zwar wie das aller Ozeane als Wasserdampf in der Atmosphäre an und vermischt sich dort mit anderen, den Treibhauseffekt fördernden Gasen. Je heißer es wird, desto mehr Wasser verdunstet aber auch zu tiefhängenden Wolken, aus denen, sofern die Windrichtung stimmt, über den Polen Schnee fällt, der die Gletscher wachsen läßt. Gleichzeitig reflektiert die zunehmende Bewölkung mehr Sonnenlicht, wodurch die polaren Temperaturen sinken und die Eisschilde erhalten bleiben.

So wird auch dem Mittelmeer ständig Wasser entzogen, was dem Anstieg seines Wasserspiegels bisher noch recht effektiv entgegenwirkt. Versagen eines fernen Tages die sich gegenseitig aufhebenden Verdunstungseffekte, könnte sich der Wasserstand der Weltmeere stark erhöhen. Ein vorausgesagter Anstieg um nur 30 cm würde die Meeresküste weltweit durchschnittlich um etwa 30 m zurückverlegen. Die schmale, flache Sandküste wäre vermutlich stärker betroffen und würde sich in eine Lagunenlandschaft verwandeln; sämtliche küstennahen Städte wären dann wohl, wie teilweise in der Camargue, von flachen Brackseen umgeben.

Für das Klima in Europa könnte die raschere Verdunstung des ozeanischen Oberflächenwassers im Gefolge eines Treibhauseffekts ebenso unkalkulierbare Auswirkungen haben. Kommt es zu den prognostizierten Turbulenzen in der Troposphäre, werden Wettervoraussagen vermutlich zum Glücksspiel. Vorbei wäre es mit sanft gekräuselten Brandungswellen am südfranzösischen Mittelmeerstrand – und das ausgerechnet während der heißen Sommermonate. Wenn das Klima Kapriolen schlägt, werden sich über dem Mittelmeer sintflutartige Regengüsse mit orkanartigen Stürmen abwechseln und regelmäßige Springfluten auslösen, die den Sand von den Küsten ins Meer saugen und ihn wohl kaum bis zur nächsten Badesaison wieder anschwemmen.

Es könnte jedoch ganz anders kommen. Wendet man den gesetzmäßigen Klimaverlauf der letzten Millionen Jahre auch für zukünftige Wettervorhersagen an, dann steuert die Erde langsam, aber sicher auf eine neue Eiszeit zu. Die Wärmeperiode der letzten Jahre ließe sich ebenso als natürliche Abweichung vom Mittelwert erklären wie die schon etwas länger zurückliegenden extrem kalten Winter. Für Astronomen und Geophysiker, die in wesentlich längeren Zeiträumen denken als Klimatologen, befindet sich das Erdklima in einer Übergangsphase, während der es auch ohne äußere Einwirkungen, etwa eines Treibhauseffekts, aus sich selbst heraus schwankt. In dieses Klimamodell fügt sich das besonders kalte letzte Jahrhundert genauso ein wie die Wärmeperiode seit 1945.

Das Klimaoptimum vor zwei bis drei Jahrtausenden, das dem östlichen Mittelmeerraum augenscheinlich paradiesische Wetterverhältnisse beschert und Tunesien wie auch Libyen zu Kornkammern des Römischen Reiches gemacht hatte, dürfte leider auf lange Zeit nicht mehr erreicht werden. So zynisch es klingen mag: Nicht nur der Sonnenfleckenzyklus wirkt dem Trend zur Eiszeit entgegen, indem er die Sonne augenblicklich intensiver strahlen läßt, auch der Treibhauseffekt verhindert, daß die Erde allzu rasch abkühlt und die eiszeitliche Kälte schon in wenigen tausend Jahren die alleinige Wetterregie übernimmt.

Wäre die momentane Erderwärmung ausschließlich natürlich erzeugt und bestünde nicht die Gefahr, durch erhöhten Schadstoffausstoß den überlebensnotwendigen Hitzeschild aufzublähen, könnte man sich am Mittelmeer ohne schlechtes Gewissen auf einen neuen Garten Eden freuen: Bliebe die Erderwärmung bei einer Erhöhung von nur 2–3° Celsius stehen, käme es nicht etwa zu Dürre und Klimaschocks, sondern das vermehrt verdunstende Meerwasser würde aus tiefhängenden Wolken auf die Mittelmeerküsten abregnen und eine üppige Vegetation erzeugen. Im ganzjährig milden Küstenklima Südfrankreichs fänden die Flamingos der Camargue wieder jene Bedingungen vor, die sie für dauerhafte Brutkolonien benötigen.

Es steht aber zu befürchten, daß die Umweltbelastungen weltweit eher zunehmen, der Treibhauseffekt weiter unnatürlich angeheizt und der Wasserspiegel der sich erwärmenden Weltmeere auf Dauer wohl doch ansteigen wird. Daß ein bereits 1926 in Frankreich belächelter Vorschlag, das Mittelmeerbecken durch zwei Staudämme bei Gibraltar und am Roten Meer vor Überflutung zu schützen, auf der Zweiten Weltklimakonferenz 1990 in Genf zwar erneut aufs Tapet kam, dann jedoch endgültig ad acta gelegt wurde, hat der Menschheit viel Geld gespart: Die Plattentektonik wird den Mittelmeeranrainern eines fernen Tages ohnehin die Arbeit abnehmen und die seichter werdende Straße von Gibraltar zu einem Staudamm zusammenschieben. Wie vor 6,5 Mio. Jahren schon einmal geschehen, werden die Wassermassen bis auf den letzten Tropfen verdunsten. Die Erdgeschichte wiederholt sich. Das Mittelmeer wird eine Wüste.

Die Zukunft des Mittelmeers aus Karikaturistensicht

Kleine Stolpersteine
der »Großen Nation«

Geschichte, Politik und Wirtschaft des Languedoc-Roussillon

Dünnhäutige Dickschädel

Dickschädel haben in Südfrankreich eine lange Tradition. Etwa 2 Mio. Jahre ist es her, seit der *Homo erectus,* ein Nachfahre von ›Lucy‹, der vermutlich 3,5 Mio. Jahre alten afrikanischen Urmutter der Menschheit, in den nördlichen Mittelmeerraum einwanderte und dort allmählich sein Fell abzulegen begann. Ein Fehler der Evolution und ein Glücksfall für die Forschung, denn die dünnhäutigen Menschenwesen mußten während der eiszeitlichen Kälteperioden Zuflucht im geschützten Bergland suchen, das sich als hervorragender Konservator der Urzeit erwies.

Aus zwei Schädelfragmenten, die 1971 und 1979 in einer Höhle bei Tautavel, einem Dorf im Roussillon, gefunden wurden, ließ sich erstmals der Kopf eines vor 455000 Jahren verstorbenen 20jährigen rekonstruieren: Europas ältester erhaltener Schädel, mit mächtigen Augenwülsten zwar, die dem jungen Mann ein affenähnliches Aussehen verliehen, der mit seinem Gehirnvolumen von 1100 cm^3 aber schon um 400 cm^3 oberhalb der Grenze dessen lag, was die Forschung als ›Homo‹ gelten läßt (s. S. 285).

Dennoch hat seine Hirnmasse wohl nicht ausgereicht, um das Feuer zu ›erfinden‹; in der Aragohöhle sind keinerlei Spuren etwaiger Feuerstellen gefunden worden, wie sie in der heutigen Provence schon 250000 Jahre vor seiner Zeit in Gebrauch

Das Châteaufort-de-Salses im Roussillon

Das mögliche Aussehen des ›Menschen von Tautavel‹

waren. Wenn er also auch des öfteren fror und seine Jagdbeute roh verspeisen mußte, kann es ihm und seinen Hordengenossen so schlecht nicht ergangen sein. Ausgrabungen haben ergeben, daß in dem Verdoubletal nicht nur ausreichend jagdbare Tiere wie Pferde, Elefanten und Rentiere sowie verschiedene Raubtierarten lebten, sondern auch wilder Wein gedieh, dessen wärmende Eigenschaft ihm allerdings unbekannt war, weil er die Trauben nur in fester Form zu sich nahm.

Weinreben während der Eiszeit? Die erste europäische Eiszeit begann vor 2 Mio. Jahren, die vorläufig letzte endete vor etwa 12 000 Jahren. Dazwischen wechselten sich lange Kältephasen mit ebenso ausgedehnten Wärmeperioden ab, ohne daß Frankreich jemals, mit Ausnahme der Hochlagen, unter einem Gletscher begraben wurde. Das warme Mittelmeer und der atlantische Golfstrom brachten das von Norden her vordringende Eis zum Schmelzen und machten den Mittelmeerraum dauerhaft bewohnbar. Das blieb auch dem Neandertaler nicht verborgen, der um 100 000 v. Chr., vermutlich vom Südosten her, den europäischen Lebensraum eroberte und als *Homo sapiens* den *Homo erectus* ablöste. In seinem Schädel steckte schon ein recht kluger Kopf, und seine Hirnmasse von etwa 1600 cm³, durchschnittlich 200 cm³ mehr, als heutige Menschen zum Denken befähigt, sicherte seiner Gattung das Überleben – bis um etwa 35 000 v. Chr. der *Homo sapiens sapiens* in Südeuropa auftauchte.

Sicher ist, daß die neue Spezies in den ersten 20 Jahrtausenden ihrer Existenz als Sammler und Jäger lebte und sich mit der Erfindung effizienter Jagdwerkzeuge viel Zeit ließ, denn Tiere und andere Fische gab es im Überfluß. Damit war es vorbei, als um 10 000 v. Chr. die Eiszeit zu Ende ging und die Temperaturen kontinuierlich anstiegen. Eine Klimakatastrophe immensen Ausmaßes bahnte sich an und erforderte die schnelle Anpassung an völlig neue Lebensumstände: Der europäische Riesengletscher taute und führte dem Mittelmeer jenes Wasser zu, das ihm lange Zeit zuvor bei der Eisbildung entzogen worden war. Der Meeresspiegel stieg und überflutete küstennahe Jagdreviere. Im Hinterland entstanden Wälder, in deren Dickicht sich jene Tiere zurückzogen, die nicht auf der Suche nach weitläufigen Weideflächen in den kühleren Norden abgewandert waren. Der aufrechte Gang und primitive Wurfgeräte reichten nun nicht mehr aus, um genügend Vierbeiner für die tägliche Ernährung zur Strecke zu bringen. Not macht erfinderisch, und der *Homo sapiens sapiens* bewies mit der Entwicklung von Pfeil und Bogen, daß er den ehrenvollen Doppeltitel zu Recht erhalten hat.

Was aber mag die Menschen dazu bewogen haben, die Wände ihrer Höhlen in den Pyrenäen, an der Garonne und Ardèche zwischen etwa 20 000 und 12 000 v. Chr. mit Tierdarstellungen und geometrischen, bislang nicht enträtselten Zeichen zu überziehen, in den Stein geritzt oder mit Ockerfarben aufgetragen? Es liegt nahe, daß Existenzängste und religiöse Motive zur Verehrung jener Tiere führten, mit denen die Künstler ihr Leben teilten und von denen ihr Auskommen abhing. Erst allmählich stellten die prähistorischen Menschen ihre Essensgewohnheiten um und lernten, von kleineren Tieren, Süßwasserfischen, Wildgräsern und Hülsenfrüchten zu leben.

Später tauchen zum ersten Mal Schafe und Ziegen im westlichen Mittelmeerraum auf, die seither nicht mehr aus dem mediterranen Leben wegzudenken sind. Bereits im 5. Jt. v. Chr. zogen Schäfer mit ihren domestizierten Tieren über die Anhöhen der Corbières und Cevennen und schufen im Verlauf von Jahrhunderten Schneisen, sog. *Drailles,* auf denen noch heute die Herden zu ihren Sommerweiden getrieben werden und im Herbst in die küstennahen Ebenen zurückkehren.

Schafe und Ziegen stammen vermutlich aus dem Nahen Osten und waren Vorboten der sog. Neolithischen Revolution, die auch im westlichen Mittelmeerraum auf fruchtbaren Boden fiel und seit dem 6. Jt. v. Chr. Jäger in Bauern und Viehzüchter verwandelte: In nahöstlichen Regionen hatte man entdeckt, daß Grassamen, die auf gerodetem Land in die Erde gebracht wurden, austrieben und das mühsame Einsammeln verstreut wachsender Gräser überflüssig machten. Der Ackerbau war entstanden und beschleunigte Seßhaftigkeit, Vorratshaltung und schließlich die Erfindung der Töpferei. Die Technik der Tonverarbeitung führten vermutlich zwei Völkerschaften ein, die sich im westlichen Mittelmeerraum im 5. und 4. Jt. v. Chr. niederließen und anhand der Verzierungen ihrer Töpferwaren unterschieden werden.

Und damit nehmen die Probleme der Forschung zu, denn neue und beweglicher werdende Völkerschaften wandern ein, mischen sich mit Einheimischen, bilden – im Vergleich zur Urgeschichte – recht kurzlebige Kulturgemeinschaften und hinterlassen den Archäologen doch kaum mehr als Scherbenhaufen. In der Grotte de la Madeleine an der Ardèche holte man z. B. Keramikreste mit geometrischem Dekor aus dem prähistorischen Boden. Sie kündigen eine kulturelle Weiterentwicklung um 2500 v. Chr. an, die sich auch in der Pyrenäenregion nachweisen läßt und vermutlich auf küstennahem Boden entstanden ist.

Gleichzeitig geht der Kulturimport aus anderen Regionen weiter. Diesmal sind es Metallverarbeitungstechniken aus dem Orient und Balkan, die das Leben der Menschen verändern. Seit 2500 v. Chr. werden die Kupfererzvorkommen in den Cevennen, im Lozère und Languedoc ausgebeutet, es entstehen erste Hüttenzentren. Ab 1800 v. Chr. hinterläßt die härtere Bronze erste Spuren in Frankreichs Süden, eingeführt von Völkergruppen, die bereits eine Arbeitsteilung kennen und gesellschaftliche Hierarchien etablieren.

Eine der zahlreichen anthropomorphen Menhirstatuen, die die rätselhaften Megalithkulturen im Languedoc hinterließen, Musée d'Histoire naturelle in Nîmes

Von Portugal und der Bretagne, vermutlich aber auch von Südosteuropa her drängen seit dem 3. Jt. v. Chr. Megalithkulturen in den westlichen Mittelmeerraum – und stiften mit ihren Dolmen und Menhiren bei den Forschern noch immer Verwirrung. Die exponierte Lage hat die Steinsetzungen besonders auf den Hochebenen der Cevennen und Causses der Erosion preisgegeben und verhindert, daß größere Mengen aufschlußreicher Grabbeigaben unter Erdablagerungen konserviert wurden. Die Anhäufung von über 1000 Dolmen genannten ›Hünengräbern‹ im östlichen Languedoc und die vermehrte Ansammlung von Menhiren, ›Hinkelsteinen‹, in nordwestlichen Bereichen der Region läßt vermuten, daß es sich um zwei verschiedene Megalithgesellschaften gehandelt hat.

Sie existierten wahrscheinlich zeitgleich nebeneinander und praktizierten unterschiedliche Bestattungsformen, die womöglich von anderen Gesellschaften adaptiert wurden. Die Dolmen bringt man mit einer Gesellschaft in Verbindung, die im fruchtbaren Tiefland der Departements Ardèche, Gard, Lozère und Hérault seßhaft wurde und ihre eingeäscherten Toten überwiegend in Urnen bestattete. Ihr folgte wohl eine zweite Gesellschaft, die in unfruchtbare Cevennen- und Garriguelandschaften abgedrängt wurde und deren Tumuli genannte Hügelgräber teilweise neben Menhiren entdeckt wurden. Hatte das kriegerische Volk, das vermutlich gezwungen war, von halbnomadischer Viehzucht und der Jagd zu leben, ein besonders starkes Bedürfnis entwickelt, hochgestellte Persönlichkeiten tief in der Erde zu begraben, um sie vor einer Vertreibung aus den ›ewigen Jagdgründen‹ – und die Lebenden vor Wiedergängern – zu schützen?

Die Eisenzeit gibt etwas weniger Rätsel auf. Sie führte mit ihrer neuen Veredelungstechnik seit etwa 700 v. Chr. im Südwesten Frankreichs zu Veränderungen von Lebenswelt und Landschaften, die allerdings ohne eine zeitgleich einsetzende Kälteperiode weniger einschneidend gewesen wären: Lang anhaltende Regenfälle ließen den Grundwasserspiegel des ausgedörrten Bodens steigen und auch im Süden die Wälder entstehen, die für die Eisenverhüttung benötigt wurden. Der Holzverbrauch war immens, weil für die Einschmelzung der Eisenerze erheblich größere Temperaturen erforderlich waren als für die Gewinnung von Bronze. Schnellwachsende Gehölze und großflächige Kahlschläge veränderten das Aussehen weiter Landstriche ebenso wie der steigende Wohlstand, der sich an aufwendigen Bestattungsarten und kostbaren Grabbeigaben ablesen läßt und vermutlich eine Folge des zunehmenden Handels mit Eisengütern war. Das Ende der Vorzeit deutete sich an.

Die Gallier kommen

Die Griechen gehörten zu den ersten Völkern, die es mit ihnen im westlichen Mittelmeerraum zu tun bekamen, und nannten sie *Keltoi*. Später lehrten sie die römischen Eroberer, die sie *Galli* tauften, das Fürchten. Wer sind diese Kelten oder Gallier, deren Unterwerfung Caesar ein ganzes Opus wert war, denen Frankreich das Nationalsymbol des ›Gallischen Hahns‹ verdankt, die sich im Namen von Charles de Gaulle (zu deutsch: Karl von Gallien) und der gaullistischen Partei wiederfinden, denen längst schon der Mythos der Unbesiegbarkeit anhaftete, bevor sie als Witzfiguren die Comicwelt eroberten – und nach denen eine kräftige Zigarettenmarke benannt ist, deren Genuß auch hartgesottenen Rauchern eine gehörige Portion gallischen Humors abverlangt?

Les Gaulois sind die Ahnen der Franzosen, ein kriegerisches Reitervolk, das sich im fünften vorchristlichen Jahrhundert mit einem Teil seiner Völkerschaften auf den Weg in den sonnigen Süden Europas gemacht hatte. Als loser Verbund von über 100 Stämmen fielen sie in den größten Teil des heutigen Frankreich ein, wo sie vermutlich auf wenig Widerstand trafen. So suchten sie die Feinde in den eigenen Reihen und vergeudeten ihre überschüssigen Kräfte in gegenseitigen Gemetzeln. Immerhin nahmen die Bewohner des besetzten Landes ihre Lebensart und Sprache an, und es gelang ihnen, die Hallstattkultur des 8./5. Jh. v. Chr. durch eine eigene zu ersetzen. Daß die Kelten dabei gallischen Humor bewiesen, ist wohl ebenso eine Legende wie die Behauptung, daß den Gegnern schon beim Anblick der waffenstrotzenden und, wie antike Autoren überlieferten, nackten Horden das Lachen und die Lust zum Widerstand verging. Ihr Vordringen an die nordwestliche Mittelmeerküste wurde im 4. Jh. v. Chr. an den südlichen Ausläufern des Massif Central von Völkerschaften beendet, die den Wettlauf um den verheißungsvollen Wirtschaftsraum zunächst gewonnen hatten und die Kelten zur Assimilierung zwangen. Um dies zu beweisen, machten sich Generationen von Archäologen die Hände schmutzig.

Seit der frühen Eisenzeit wickelten Etrusker und seefahrende Phönizier einen Teil ihres Handels über die ›Straße des Herakles‹ ab, die Ligurien mit Gibraltar verband und das Rhônetal in eine mittelmeerumspannende Handelsroute einbezog. Die Rhône hieß in antiken Zeiten *Rhodanus*, neben Fundstücken aus dem 7. Jh. v. Chr. ein sprachliches Indiz für die Anwesenheit griechischer Kauffahrer aus Rhodos. Griechische Handeltreibende aus Phokäa, einer athenischen Kolonie in Kleinasien, waren es auch, die um 600 v. Chr. mit der Gründung der Hafenanlage Massalia (Marseille) und der Handelsniederlassung Agathè (Agde) dem Mittelmeerhandel neue Impulse gaben.

Der Erfolg hat viele Neider. Im Osten bedrohten Ligurer den freien Warenverkehr, im Westen stritten sich die Karthager mit den Griechen um wirtschaftlichen Gewinn. Der wurde beiden wiederum von Iberern aus Spanien streitig gemacht, die bis an die Corbières vorgedrungen waren, wo sie dem Siegeszug der Kelten aus den nordwestlichen Landesteilen ein vorläufiges Ende setzten. Im äußersten Westen blieben die Iberer dominierend. Sie legten vermutlich mit Illiberis und Caucoliberis die Grundsteine der späteren Siedlungen Elne und Collioure, waren wohl auch an der Gründung von Ruscino beteiligt und schufen mit ihrer Präsenz beidseits der Pyrenäen erste historische Grundlagen für das katalanische Selbstverständnis des späteren Roussillon.

In jenen unruhigen Zeiten entstanden *Oppida*, Fluchtburgen aus Lehmmauerwerk, die wegen ihrer strategischen Lage Freund und Feind Schutz boten, wie das Oppidum d'Ensérune (s. S. 257) südwestlich von Béziers zu beweisen scheint. Hier finden sich Spuren griechischer und vermutlich iberischer Siedler aus dem 4. Jh. v. Chr., jedoch keinerlei Anzeichen einer gewaltsamen Einnahme des Oppidums durch eine der beiden Kulturen. Haben sich in den Gemäuern Angehörige zweier sich eher feindlich gesonnener Völker zusammengetan im Kampf gegen den lachenden Dritten, die

Die Besetzung Galliens durch die Römer: Asterix, der Gallier, die berühmten Comicfiguren von Goscinny und Uderzo

Kelten? Tatsächlich war es den Kriegern aus dem Norden Ende des 3. Jh. v. Chr. in einer neuen Angriffswelle gelungen, den Küstensaum zu erobern und dabei auch Ensérune in Schutt und Asche zu legen. Ein Beweis für diese Vermutung sind unmittelbar übereinanderliegende Bodenschichten mit Hinweisen auf eine gewaltsame Zerstörung und mit keltisch beeinflußten Fundstücken, wichtigen Teilen für ein fast komplettes Geschichtspuzzle. Daß die Kelten keine lange Freude an der eroberten westlichen Mittelmeerregion gehabt haben, ist jedoch unbestritten. In Rom begann man bereits 100 Jahre später, ein Auge auf das strategisch und wirtschaftlich interessante Kuchenstück am Mittelmeer zu werfen, lange bevor Caesar dem Römischen Reich den Rest der gallischen Torte einverleibte.

»Gallia est omnis divisa in partes tres…«

»Gallien ist in drei Hauptteile gegliedert. Den einen bewohnen die Belger, den zweiten die Aquitaner, den dritten die Stämme, die in ihrer eigenen Sprache ‘Kelten’, in unserer ‘Gallier’ heißen [...]. Der eine Teil, den [...] die Gallier bewohnen, beginnt an der Rhône, wird begrenzt von der Garonne, dem [Atlantischen] Ozean und dem Gebiet der Belger...«. Warum läßt Caesar in der Einleitung seines ›De Bello Gallico‹ die mediterrane Südregion zwischen Alpen und Pyrenäen unerwähnt? Der Klassiker des Lateinunterrichts ist ein Kriegsbericht über die Eroberung des freien Gallien in den Jahren 58–52 v. Chr.; am Mittelmeer war die Schlacht jedoch längst geschlagen und Südgallien seit 70 Jahren eine römische Provinz – dank griechischer Mithilfe.

Rom fühlte sich der griechischen Niederlassung Massalia seit dem Zweiten Punischen Krieg zu Dank verpflichtet, weil die Massalioten den Römern den Vormarsch Hannibals gemeldet hatten und 217 v. Chr. helfen konnten,

ein Seegefecht gegen die Karthager zu gewinnen. So ließen sich die Römer nicht lange bitten, als Massalia 125 v. Chr. den militärischen Beistand gegen vordringende keltoligurische Salyer aus dem Hinterland erfragten. Einmal mehr gelang es Rom, neben dem Dank der Verbündeten die Früchte der Militärhilfe alleine zu ernten. Seinem siegreichen Feldherrn überließ es den Triumph, in Anspielung auf die einstige Niederwerfung Hannibals auf einem Elefanten durch Rom zu ziehen.

Der Mann, dem diese Ehre zuteil wurde, hieß Gnaius Domitius Ahenobarbus. Nachdem 123 v. Chr. andere Heerführer das salysche Machtzentrum Entremont bei Aix-en-Provence dem Erdboden gleichgemacht hatten, regten sich die Allobroger und Arverner, zwei im Rhônetal seßhafte keltische Stämme, deren Unmut in einem zweiten Feldzug von Gnaius Domitius mit Hilfe eines Kriegskollegen gnadenlos erstickt wurde. Das war die Stunde von Domitius, Roms neuem Mann am Mittelmeer. Von strategischem und politischem Weitblick geleitet, zwang er den gesamten westlichen Mittelmeerraum unter die römische Knute. Als Brückenkopf zu Spanien gründete er 118 v. Chr. Roms erste außeritalische Kolonie, die Colonia Narbo Martius. Narbonne wurde das zukünftige Verwaltungszentrum der Provincia Narbonensis, wie das gesamte Gebiet zwischen Pyrenäen und Alpen später benannt wurde. Dazwischen lagen erste schöne Jahre für römische Veteranen, Kaufleute, Landwirte und Architekten – und harte Zeiten für die unterworfenen Kelten.

Domitius ließ den Besiegten keine Zeit zur Trauer. Er benötigte ihre Muskeln, solange sie noch stark waren, um ein gigantisches Straßenbauprojekt zu verwirklichen, den Ausbau der alten ›Straße des Herakles‹ zu einer durchgängig gepflasterten Schnellstraße zwischen Beaucaire und den Pyrenäen, der nach ihm benannten Via Domitia.

Römer-Graffito in Béziers, eine Anspielung auf den Ursprung der Stadt
als römischer Militärstützpunkt

VIA DOMITIA

Die römische Rennpiste am Mittelmeer

»In schnurgeraden Linien durchliefen die Straßen das Gelände, sie wurden mit behauenen Steinen gepflastert oder mit Sandaufschüttungen bedeckt, die dann festgestampft wurden. Vertiefungen wurden ausgefüllt; wo Gießbäche oder Schluchten das Gelände durchschnitten, baute man Brücken, und da man beide Ufer gleichmäßig erhöhte, gewann die ganze Anlage ein ebenmäßiges, erfreuliches Aussehen.«

(Plutarch)

Der römische Straßenzustandsbericht aus griechischer Philosophenfeder könnte auch der Via Domitia gegolten haben, einem Glanzstück römischer Straßenbaukunst und Teil des etwa 5000 km umfassenden befestigten Straßennetzes zur Blütezeit des römischen Imperiums. 118 v. Chr. begann der Bau der 250 km langen Trasse entlang der alten ›Straße des Herakles‹. Nach ihrer zügigen Fertigstellung verband sie die Pyrenäenschneise am Col du Perthus mit den ehemaligen keltoiberischen Siedlungen Elne und Ruscino, führte über das Oppidum d'Ensérune, Narbonne (Museum mit ältestem Meilenstein, s. S. 270), Béziers, Substantion (Castelnau-le-Lez, ein Stadtteil von Montpellier, Grabungsstelle mit Meilenstein und Fahrbahndecke, s. S. 229), Ambrussum (besterhaltenes Teilstück einer Zufahrt und Brückenfragment, s. S. 158) nach Nîmes und erhielt in Beaucaire Anschluß an das Straßennetz der östlichen Provincia.

Die gepflasterte Straßendecke ruhte auf sehr tragfähigen, mit Kies und Schotter abgedeckten Fundamenten, wurde seitlich durch hochgestellte Steinplatten begrenzt und mit Hilfe von Entwässerungsgräben und Ablaufrinnen einigermaßen trocken gehalten. Daß dies nicht immer gelang und schwerbeladene Zugtiere bei Regen auf dem glitschigen Pflaster unweigerlich ausgerutscht sein müssen, hat den Bauherrn Domitius und seine Architekten augenscheinlich wenig beeindruckt. Die Straße sollte ursprünglich nicht zivilen, sondern militärischen Zwecken dienen und eine schnelle Verlegung großer Truppenkontingente ermöglichen. Die aber marschierten zu Fuß, und die wenigen Streit- und Kurierwagen waren leicht und solide genug gebaut, um auf dem holprigen Pflaster nicht zusammenzubrechen. Alle 12 km konnten die Pferde gewechselt werden, im Abstand von 45 km sorgten Rasthäuser für das leibliche Wohl der Kuriere, Meilensteine zeigten die Entfernungen zu den Siedlungszentren an (eine römische Meile = 1,481 km).

Mit dem Untergang des Römischen Reiches verfiel auch die Via Domitia, denn es fehlte den neuen Machthabern an Geld und Know-how zur Instandhaltung der Schnellstraße. Im Mittelalter hatte man die Existenz der Via Domitia längst vergessen oder – abergläubisch wie man war – als Teufelswerk abgetan, denn angesichts der katastrophalen Verkehrsverbindungen fiel es schwer zu glauben, daß Menschen jemals zum Bau derartiger Straßen in der Lage gewesen waren. Unter Ludwig XIV. wurde das Straßennetz im Midi erheblich ausgeweitet, aber erst 2000 Jahre nach dem Bau der Via Domitia stand im westlichen Mittelmeerraum mit einer neuen Autobahn wieder eine entsprechend schnelle Straßenverbindung zur Verfügung.

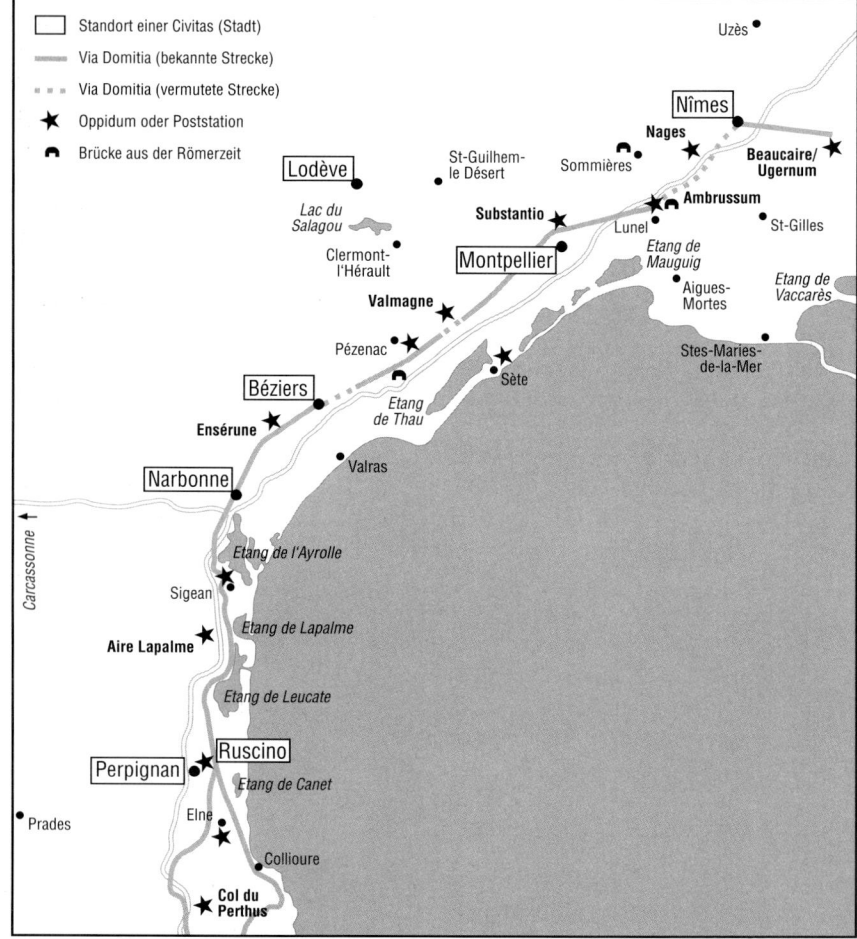

Im Niederen Languedoc hatten die Ligurer und Iberer angesichts der römischen Überlegenheit die Waffen gestreckt, Massalia beugte sich der kulturellen Übermacht des römischen Verbündeten, und bis auf einen Beutezug der Helvetier, durchmarschierende Kimbern und Teutonen und aufständische Tektosagen gingen die römischen Geschäfte gut – Friede herrschte in der Provinz. Es entstanden erste Siedlungen und *Villae*, römische Güter mit ausgedehnten Ländereien, auf denen wenige freie Kleinbauern und Scharen von Sklaven den Rücken für ihre Grundherren krümmten. Die *Pax romana* garantierte dem römischen Kolonialplebs Reichtum und ein Leben in sicheren Grenzen.

Rom meinte es gut mit seinen Bürgern, denn Caesar brauchte die Ruhe vor dem Sturm, den er im restlichen, immer noch freien Gallien 58 v. Chr. mit einem raschen militärischen Schlag zu entfesseln gedachte. Tatsächlich gelang es Caesars Truppen, Gallien in nur sieben Jahren in die Knie zu zwingen und 52 v. Chr. den legendären Vercingetorix in Alesia vernichtend zu schlagen. Der Schlüssel zu Caesars raschem Erfolg lag in der politischen Zerrissenheit der Gallier, ihren unflexiblen Verteidigungstechniken und vor allem in der Provincia Narbonensis, die ihm den Rücken freihielt und durch gesicherten Nachschub stärkte. Nachdem Caesar seinen politischen Gegenspieler Pompeius ausgeschaltet und die Massalioten wegen der Unterstützung des Widersachers bluten gelassen hatte, verordnete er als Alleinherrscher über das Imperium Romanum 46 v. Chr. der Provinz neue Handelsniederlassungen, von denen Arles die wirtschaftliche Nachfolge Massalias antrat.

Das Gesicht der Provincia Narbonensis änderte sich mit der Machtergreifung von Augustus 27 v. Chr., der aus der senatorischen eine kaiserliche Provinz machte und einen Bauboom initiierte. Narbonne, Béziers und Nîmes entwickelten sich in den folgenden zwei Jahrhunderten zu blühenden Städten, Aquädukte stellten die Deckung des steigenden Wasserverbrauchs und Tempelbauten den Segen der Götter sicher. Der Anstieg der Bevölkerungszahl auf geschätzte 1,5 Mio. glich den Menschenverlust durch die vorangegangenen Eroberungskriege aus, und ein Heer von Sklaven und abhängigen gallischen Kleinbauern füllte Taschen und Mägen der Provinzbewohner.

Um den Unfreien die Lust auf Widerstand und Flucht zu nehmen und den Nachschub an jungen Sklaven sicherzustellen, bedurfte es einer starken Staatsgewalt und erfolgreicher Eroberungszüge Roms. Wohl deshalb bekam die Provinz den schleichenden Konjunkturabschwung der spätantiken römischen Weltwirtschaft und die Folgen der Verlagerung des politischen Schwerpunktes nach Nordosten schneller zu spüren als das Zentralreich, das sich zuerst selbst versorgte. Bereits im 3. Jh. begann der Wohlstand zu bröckeln, mehrten sich innere Machtkämpfe und erschütterten erste Barbareneinfälle die erfolgsverwöhnte Provincia Narbonensis. Ob das Christentum von den wachsenden Sorgen der Menschen profitierte, ist fraglich. Zwar missionierten schon im 2. Jh. vereinzelte Griechen und Orientalen in Marseille und Lyon, im westlichen Mittelmeerraum nahm man aber offensichtlich nur langsam Abschied von den kulturellen und religiösen Traditionen des alten Rom und ließ sich erst bekehren, als das Mailänder Edikt von 313 schon etwa 100 Jahre lang den Bewohnern des römischen Zentralreiches Glaubensfreiheit gewährte.

Als die Westgoten im 5. Jh. endgültig die Herrschaft in Gallien übernahmen, waren die Römer mit ihrem Latein aber noch nicht am Ende. Mit ihrer Sprache, aus der das Französische hervorging, hatten sie neben ihrer Weltanschauung auch ihre Rechtsauffassung exportiert, die sich im ›geschriebenen Recht‹ manifestierte und im westlichen Mittelmeerraum noch im Mittelalter teilweise unverändert zur Anwendung kam.

Diese ›Latinität‹ findet sich auch im Kulturverständnis der meisten Franzosen wieder, für die, wie in der römischen Antike, das zivilisatorische Moment kultureller Betätigung gleichberechtigt neben dem schöpferischen steht. Wissenschaft und Weinbau genießen ein ebenso hohes Ansehen wie Mode, Malerei und Menüs, denn sie sind Ausdruck von Kreativität und Überwindung unzivilisierter, ›barbarischer‹ Unkultur. Das französische Kulturverständnis ist weniger exklusiv und bietet jedem die Möglichkeit, allein schon durch seine im Ausland so beneidete Lebensart des *Savoir-vivre* an der Kultur teilzuhaben und sich auf breiter Basis mit dem eigenen Land zu identifizieren.

Aber auch der Umgang mit der Natur und die großzügige Preisgabe schützenswerter Land- und Küstengebiete zugunsten von Industrie- und Atomanlagen sind vom antiken Zivilisationsbegriff beeinflußt. Erst nachdem auch im relativ dünn besiedelten Frankreich irreparable Umweltschäden als Folge unreflektierter Zivilisationsgläubigkeit erkannt wurden, nimmt das Umweltbewußtsein zu und wird die Problematik des römisch geprägten Kulturverständnisses thematisiert.

Augustusstatue an der Porte d'Auguste in Nîmes: Durch eine engere Anbindung der Kolonie an Rom setzte der agile Kaiser eine enorme Bautätigkeit in der Provincia Narbonensis in Gang

Der gezähmte Süden

Zwei große Karls – Charlemagne und Charles de Gaulle – und viele kleinere, dazu diverse Philipps, Ludwigs und Napoleons lehrten ihre südfranzösischen Opponenten das Fürchten und hielten für Politik oder Guillotine ihren Kopf hin, damit aus dem karolingischen Frankenreich das werden konnte, was es bis heute ist: *La Grande Nation*, die ›Große Nation‹ Frankreich. Zwölf Jahrhunderte machten diese Männer französische Geschichte und sorgten dafür, daß der Süden keine Geschichten machte.

Dabei hatte es für Roms einstige Musterprovinz am nordwestlichen Mittelmeer gut angefangen. Die von Karl dem Großen zur besseren Regierbarkeit des Riesenreiches eingesetzten Lehnsherren nutzten im Süden die Schwäche seiner Nachfolger, um sich mit der Kirche zu arrangieren und politisch, wirtschaftlich und militärisch Einfluß zu gewinnen. Der Mittelmeerhandel trug Früchte, und der Warenaustausch mit den katalanischen Nachbarn ließ die feudalen und kirchlichen Kassen klingeln. Okzitanien erlebte den ersten und einzigen kulturellen Höhenflug seiner kurzen eigenständigen Geschichte. In einem wahren ›Bauboom‹ entstanden Kirchen, Klöster und Burgen, man verständigte sich in der okzitanischen Regionalsprache, mit der bürgerliche und adlige Troubadoure ihre Herzensergüsse in literarisch wegweisende Worte faßten.

Im Norden aber, jenseits der Loire, sprach man eine andere Sprache, die *Langue d'oïl*, und dort hatte mit

Chronologie der Ereignisse – Vom Mittelalter bis zur Neuzeit

Languedoc und Roussillon im frühen Mittelalter

450–500 fallen ›barbarische‹ Völkerschaften, u. a. Germanen, in Gallien ein, erschüttern den Zusammenhalt des Römischen Reiches und erzwingen die Verlagerung der Reichspolitik nach Norden und Osten. Die Provincia Narbonensis gerät ins politische Abseits. Mit Billigung der Ordnungsmacht Rom siedeln sich die Westgoten im Gebiet des heutigen Languedoc-Roussillon an, das nach 418 Teil eines den Westen und Süden Frankreichs sowie Spanien umfassenden Großreichs mit der Kapitale Tolosa (Toulouse) wird.

507 erstreiten sich Franken und Burgunder unter Führung des Merowingers Chlodwig bei Vouillé Aquitanien und das westliche Languedoc samt Toulouse. Die Küstenebene und das Roussillon verbleiben als sog. Septimania mit den sieben Städten Nîmes, Maguelone, Béziers, Agde, Carcassonne, Narbonne und Elne bis ins 8. Jh. beim Westgotenreich, in dem seit 587 der katholische Glaube an Boden gewinnt.

719 verleiben Araber ihren iberischen Eroberungen Narbonne

ein und bringen die Septimania für 40 Jahre unter ihre Herrschaft. Wie schon die Westgoten tolerieren die Araber römisch geprägte Sitten, belassen dem Lateinischen den Status der Verkehrssprache und gewähren Glaubensfreiheit.

732 siegt Karl Martell bei Tours und Poitiers über Abd ar-Rahman, den Statthalter des Kalifen in Spanien. Die Septimania bleibt aber in arabischer Hand, da sich Narbonne mit den liberalen Arabern gegen das befürchtete fränkische Joch zur Wehr setzt.

759 rächt der frischgesalbte König Pippin I. die Schmach seines Vaters Martell, ›befreit‹ mit der Eroberung Narbonnes die Septimania und gliedert sie mitsamt des wenig später besiegten Aquitanien seinem fränkischen Reich ein.

778 scheitert der Plan Karls des Großen, Spanien ›heim ins Christenreich zu holen‹, durch Niederlagen vor Saragossa und im Pyrenäental Roncesvalles, wo Hruodland, der Held des späteren ›Rolandliedes‹, fällt.

803 gelingt Wilhelm ›Kurznase‹, dem Markgrafen von Toulouse, was seinem Vetter Karl dem Großen mißlang: durch Inbesitznahme Barcelonas die karolingische *Reconquista* (Rückeroberung) Spaniens einzuleiten und die Voraussetzung zur Gründung

Hugo Capet ein Mann das Wort, der die Karolinger beerbte, ihre Lehnsherren entmachtete und 987 den westfränkischen Thron bestieg. Der neue König bewies Familiensinn und führte für seinen Kapetingerclan die erbliche Thronfolge ein. Ohne es zu wissen, tat Hugo Capet damit den ersten Schritt zur Herausbildung eines Zentralstaates und ging als Geburtshelfer für die französische Nation in die Geschichtsbücher ein.

Die Politik seiner Thronerben wird von der Geschichtsschreibung bereits als bewußte Verwirklichung

Karl Martells Sieg bei Tours in der verklärenden Sicht des 19. Jh.

zentralstaatlicher Ziele beurteilt. Mit dem Sieg Philipps II. über die Engländer, 1214 bei Bouvines errungen, erweckten die Kapetinger auch bei ihren Untertanen erste Ansätze zu einem ›nationalen‹ Zusammengehörigkeitsgefühl und stärkten zudem durch die Ausdehnung ihrer Krondomäne rund um Paris die Stellung der königlichen Zentralgewalt. Languedoc und Roussillon waren für die französische Krone nichts als Stolpersteine auf dem Weg zum geeinten Frankreich.

Einer ließ sich rasch beiseite räumen. Den willkommenen Anlaß da-

der Spanischen Mark (fränkisch *marka* = Grenze) zu schaffen, mit der das Karolingerreich über die Pyrenäen hinaus nach Katalonien ausgedehnt wird.

Karl der Große etabliert im westlichen Mittelmeerraum das fränkische Feudalsystem. Er sichert seine Herrschaft durch Teilung der Macht mit neu eingesetzten Grafen und altgedienten, autonomen Herzögen, die er jedoch durch den Vasalleneid fest an sich bindet. Nach dem Tode Karls des Großen gewinnen die örtlichen Feudalherren an politischem Einfluß. Sie regieren nunmehr für etwa 600 Jahre praktisch souverän die wechselnd vereinigten und wieder getrennten Gebiete des heutigen Languedoc und Roussillon.

Katalanisches Roussillon
●●●●●●●●●●●●●●●●●●●●●●●●

Auch die Herausbildung einer katalanischen Nation beidseits der Pyrenäen im 11. Jh. ist dem gewachsenen Selbstbewußtsein eines lokalen Feudalgeschlechts zu verdanken, den Grafen von Barcelona und ihren verbündeten Lehnsherren. Sie entledigen sich der königlichen Lehnshoheit, nachdem sie iberische Araber ohne karolingische Mithilfe abgewehrt haben, und dehnen ihren Einfluß bis an die Corbières aus. Entlang des Gebirges verläuft bis heute die historisch gewachsene Sprachbarriere zwischen dem Katalanischen und dem Okzitanischen.

Auf einen nicht weniger tapferen Ahnen des ehrwürdigen Grafengeschlechts, Wilfred den Behaarten, führen die Katalanen ihre Nationalfarben zurück, vier rote Streifen auf gelbem Grund: Bei dem Versuch, die blutigen Folgen eines Machtgerangels unter den Gebietsgrafen zu rächen, wurde Wilfred vom Mörder

»Mit vier bluttriefenden Fingern...« – die Entstehung des katalanischen Wappens

seines Vaters verletzt. Mit vier bluttriefenden Fingern zog er der Legende zufolge die symbolträchtigen Linien über seinen goldgelben Schild. Auch nach 1000 Jahren beweist die heroische Geste noch ihre Werbewirksamkeit für die katalanische Sache: als offizielle Departementsfahne und bunter Aufkleber an Urlaubervehikeln.

zu bot die Katharersekte, deren Mitglieder die Sympathie des Lokaladels genossen, weil sie der prunksüchtigen und machthungrigen Kirche durch eine asketische Lehre Paroli boten. Der Papst fühlte sich provoziert, ließ die Katharerbewegung zerschlagen und 1209–1229 mit Billigung der Krone den größten Teil des Languedoc samt seines Adels unterwerfen. Der nordfranzösische König wurde damit Herr im sprachlich und kulturell so verschiedenen okzitanischen Haus.

Das katalanische Roussillon blieb länger Stein des Anstoßes, war bei seiner Annexion 1659 aber längst kein Hindernis mehr für die Bildung eines französischen Nationalstaates. Er existierte praktisch schon, seit Franz I. einen zentral geleiteten Beamtenapparat aufgebaut und 1539 per Gesetz anstelle des Lateinischen das (Nord-)Französische zur landesweiten Amtssprache gemacht hatte. Einziges Problem dieser nationalen Glanztat: Die Bevölkerung im Süden (und nicht nur dort) verstand nicht, was ihr der König zu sagen hatte.

Zu jener Zeit war Frankreich das westeuropäische Land mit der höchsten Zahl von Regionalsprachen und Dialekten. So mußten noch vor 200 Jahren die Bastillestürmer ihre Beschlüsse in die *Langue d'oc*, die okzitanische Sprache des Midi, übersetzen, um in der westlichen Mittelmeerregion verstanden zu werden und den revolutionären Geist der Südfranzosen zu wecken. Doch gerade auch die jakobinischen Revolutionäre dachten zentralistisch. Sie und die nachfolgenden Regierungen brachten zentrale Schulgesetze und Direktiven auf den Weg, um die

Segnungen der Revolution, »Freiheit, Gleichheit, Brüderlichkeit«, mit nur einer Sprache im In- und Ausland zu verbreiten. Es erstaunt deshalb nicht, daß für die Franzosen die Sprache in nur zwei Jahrhunderten zum unbestrittenen Teil ihrer kulturellen Identität werden konnte.

Das gilt ebenso für das Languedoc-Roussillon, obwohl gerade im Süden die *Langue d'oc* und das Katalanische über Jahrhunderte hinweg wichtige Träger der von Paris negierten Regionalkultur waren. Aber auch hier zeigte die rigide Schulpolitik, vor allem die des späten 19. Jh., Wirkung, deren Kernstück das Verbot von Dialekten als Unterrichtssprache war. Darüber hinaus haben von Brüssel diktierte agrarische Strukturanpassungen, die steigende Zahl nordafrikanischer Immigranten und nicht zuletzt die jährlichen Urlauberströme bei einem großen Teil der Bevölkerung Unsicherheiten erzeugt und den alten Oppositionsgeist des Midi gegenüber dem zentralistischen Staat gelähmt. Aus Angst vor Überfremdung sucht auch die traditionell eher staatsverdrossene Landbevölkerung ihre Identität in der nationalen Kulturgemeinschaft und grenzt sich, nicht ohne Stolz, mit Hilfe der landesweiten Hochsprache von den Fremden ab. Daß sich dennoch jeder gebürtige Südfranzose durch seinen weitgehend auf Nasale verzichtenden Akzent als Midibewohner zu erkennen gibt, ist durchaus erwünscht. Mag der Süden auch gezähmt worden sein, die eigene Stimme wird es ihm niemals völlig verschlagen.

Angesichts dieser Stimmungslage kann man kaum erwarten, als ra-

1137 erfreut sich der mächtige katalanische Graf Raimund Berenguer IV. von Barcelona an seiner Braut Petronila und ihrer Erbschaft, dem nunmehr ihm unterstellten Königreich von Aragón.

1172 erbt Raimund Berenguer das Roussillon, das bis zum Anschluß an Frankreich im Jahre 1659 mit Katalonien eng verbun-

Jakob I. in einem Holzstich des 16. Jh.

den bleibt und zum benachbarten Languedoc kulturelle und auch wirtschaftliche Beziehungen pflegt. Dem politischen Bündnis zwischen Katalonien und Okzitanien (Languedoc) jedoch setzen die französische Krone und der Papst unter dem Deckmantel eines Kreuzzugs gegen kirchenkritische Katharer ein Ende.

1213 findet in Muret Peter II., König von Aragón (Katalonien), den Tod beim Versuch, seinen Schwager Raimund VI., Graf von

Toulouse (Okzitanien), vor dem Angriff der französischen Kreuzzügler zu schützen.

1258 tritt Jakob I. von Aragón, Peters II. Sohn, alle nördlich der Corbières gelegenen Gebiete und die Fenouillèdes an Ludwig IX. ab und läßt sich im Gegenzug dafür den französischen Verzicht auf Katalonien einschließlich des Roussillon im Vertrag von Corbeil zusichern.

1272 teilt Jakob I. sein Königreich samt der eroberten Gebiete unter seinen Söhnen auf. Peter III. wird mit einem Großteil Aragóns und Valencias bedacht; sein Halbbruder Jakob II. erhält die zum Königreich Mallorca zusammengefaßten Besitztümer Montpellier, Roussillon und Cerdagne nebst den Balearen.

1276 läßt sich Jakob II. als Jakob I. zum König von Mallorca krönen und beginnt mit dem Bau eines Palastes in Perpignan – neben Mallorca die zweite Hauptstadt des Königreiches. Roussillon profitiert von dem regen Handelsverkehr zwischen den Mittelmeerinseln und den aragonesischen Besitzungen. Perpignan, Montpellier, Collioure und Port-Vendres werden blühende Zentren des mediterranen Land- und Seehandels. Mit französischer Hilfe schützen die schwachen Könige von Mallorca ihr Erbteil vor den Besitzansprüchen der aragonesischen Verwandtschaft.

debrechender Ausländer auf offene Ohren und geduldige Zuhörer zu stoßen. Soll man Touristen etwa helfen, daß sie sich auch noch das Sprachterrain erobern, wo im Sommer schon der letzte Winkel des Landes fest in fremder Hand ist?

›Teile und herrsche‹

Föderalismus hat im vereinten Europa Konjunktur. Auch im Zentralstaat Frankreich? Die Verlagerung politischer Kompetenz in die Regionen beschäftigt das zentralistisch regierte Frankreich zwar schon lange, aber seitdem der europäische Binnenmarkt Realität geworden ist, klingeln in den Regionen erneut die Alarmglocken. Trotz erkennbarer Fortschritte der vor 20 Jahren be-

»Na, kommt sie, diese Dezentralisierung?« »Da hinten ist sie ... Sie kommt!« – Karikatur auf das passive Verhalten der

gonnenen Dezentralisierungspolitik fühlt man sich nach wie vor von Paris gegängelt und fürchtet mehr denn je die ökonomische Konkurrenz jenseits der offenen Grenzen.

Das industriell wenig entwickelte Languedoc-Roussillon macht da keine Ausnahme. Es sieht sich überflügelt von politisch autonomeren und produktiveren Wirtschaftsgebieten wie der italienischen Lombardei, dem spanischen Katalonien und den süddeutschen Bundesländern. Ist die bisherige Politik der Dezentralisierung gescheitert? Georges Frêche, der langjährige sozialistische Bürgermeister von Montpellier, gehört zu den populärsten Kritikern der bisherigen Dezentralisierungspolitik in Paris. Er wirft seinen Parteigängern und der Opposition vor, gesetzliche Maßnahmen zur Stär-

Provinz bei der Verabschiedung der Dezentralisierungsgesetze von 1982

1344 nutzt Peter IV. die Schwäche des französischen Königtums während des Hundertjährigen Krieges mit England aus, um das durch Erbteilung entstandene Königreich Mallorca wieder in das aragonesische Herrschaftsgebiet einzugliedern. Montpellier geht an Frankreich. Ein Konjunkturabschwung und der Ausbruch der Pest beenden die 70 fetten Jahre des Roussillon.

1410 stirbt mit Martin dem Menschlichen der letzte König aus dem Hause Aragón, ohne einen Erben zu hinterlassen. Das Machtvakuum füllt die kastilische Familie Trastámara mit der Inthronisierung eines ihrer Sprößlinge als Ferdinand I. (1412).

1458 eignet sich der Kastilier Johann II. gewaltsam den aragonesischen Thron an und löst damit unter den Katalanen eine Revolte aus.

1462 bedankt sich Johann II. von Aragón bei Ludwig XI. für einen Militärkredit zur Bekämpfung rebellierender Katalanen und überläßt ihm die Cerdagne und das Roussillon als Pfand, das der Franzose alsbald in Besitz nimmt.

1469 gelingt es Johann II., zwischen Isabella von Kastilien und seinem Sohn Ferdinand (II.) eine Ehe zu stiften und mit den zwei Liebenden auch Aragón und Kastilien zu vereinigen. Der Konflikt mit Katalonien wird beigelegt. Diese neue Einigkeit macht Spanien stark und lehrt die Franzosen das Fürchten.

1493 erhofft sich der in Auseinandersetzungen mit Italien verwickelte Karl VIII. von Frankreich, die Neutralität Spaniens durch Rückgabe der Cerdagne und des Roussillon erkaufen zu können.

1497 zeigt Ferdinand II. den Franzosen Flagge mit dem Bau des Châteaufort de Salses im Grenzgebiet der Corbières.

1640 haben die Toleranz gewohnten Katalanen die Nase voll vom zentralistischen und erzkatholischen Herrschaftsgebaren der Kastilier und erbitten sich militärische Nachbarschaftshilfe, die Frankreich nur allzu gerne und sehr erfolgreich gewährt.

Ludwig XIV., der ›Sonnenkönig‹

kung der Regionen eher als demokratische Imagepflege der Nation denn als wirkliche Teilung der zentralstaatlichen Macht zu betreiben. Es scheint so, als wären Frankreichs Volksvertreter der von Ludwig XI. im 15. Jh. verkündeten Staatsmaxime *Diviser pour régner*, ›teilen, um zu herrschen‹, treu geblieben. Man gibt den Regionen zwar mehr Leine, die politischen Fäden werden aber um so entschlossener in der Hauptstadt gesponnen und nicht aus der Hand gegeben.

Ein Vorwurf, der bereits de Gaulle traf, als er im Jahre 1969 ein erstes Regionalisierungsprojekt auf den Tisch brachte, das unverkennbar zentralistische Züge trug. Die Gesetzesvorlage scheiterte, weil sie den einen zu weit, den anderen nicht weit genug ging. Der General trat daraufhin zurück. Weder Pompidou noch sein Nachfolger Giscard d'Estaing waren überzeugte Dezentralisten. Immerhin sorgte man dafür, daß die von Napoleon ins Leben gerufenen und seit ehedem von Paris eingesetzten Departementpräfekten diverse Kompetenzen an wählbare, die 96 Departements vertretende Präsidenten und Departementparlamente *(Conseil Général)* abtraten. Selbst eine so geringfügige Machtverschiebung wie diese ließ Giscard d'Estaing befürchten, daß die traditionelle Verwaltungseinheit durch die Kompetenzverlagerung in die Regionen auseinanderbrechen und die *Grande Nation* ins Wanken geraten könne.

Nichts dergleichen geschah; statt dessen brachten Wähler die Konservativen zu Fall, und die neue Linksregierung unter Mitterrand unternahm 1982 einen neuen Anlauf zur Dezentralisierung. Die bereits 1956 aus bis zu acht Departements gebildeten und mit den vorrevolutionären Landschaftsnamen versehenen 22 Regionen (weitere vier in Übersee) wurden in Wirtschaftsregionen umgewandelt und mit einem größeren finanziellen sowie administrativen Spielraum ausgestattet. Darüber hinaus erhielten sie den departementalen Parlamenten *(Conseil Général)* nebengeordnete, ebenso direkt wählbare Regionalparlamente *(Conseil Régional)*, geführt von Präsidenten, denen auf einigen Gebieten die Finanzhoheit zuerkannt wurde.

Auch die über 36 000 Bürgermeister *(Maires)*, neben den Präfekten die einstigen Hätschelkinder Napoleons, gingen nicht leer aus. Das Gesetzeswerk gestand den Staatsdienern das lang ersehnte Recht zu, ohne Gnaden von Paris Baugenehmigungen zu erteilen. Unversehens bekam Mitterrand, mit seinen gigantischen Pariser Architekturen der unbestrittene erste Baumeister der Nation, Konkurrenz. Als *Leurs Majestés les Maires*, ›Eure Majestäten die Bürgermeister‹, bespöttelte man in den Achtzigern solche Stadtvorsteher, die das neue Baurecht weidlich nutzten, um sich fürstliche Rathäuser zu genehmigen und den Gemeinden herrschaftliche Kongreßzentren und hypermoderne Wohntempel zu spendieren. Im Languedoc-Roussillon waren es die Stadtväter von Montpellier und Nîmes, die mit ihren postmodernen Prestigebauten um die Lorbeeren für dezentrale Tatkraft buhlten – und dem Bürgermeister der Regionalhauptstadt den erwarteten Sieg einbrach-

1659 erfüllt sich mit dem Abschluß des Pyrenäenvertrages der langgehegte Traum Frankreichs von der endgültigen Rückgewinnung des Roussillon und einer ›natürlichen‹ Gebirgsgrenze zu Spanien. Das französische Hexagon (die annähernd sechseckige Form des Staatsgebiets) nimmt Konturen an und ist nur noch an seiner Südostseite zu Italien hin instabil. Für die freiheitsliebenden Katalanen diesseits der Pyrenäen jedoch geht die Rechnung nicht auf, denn sie tauschen den zentralistischen Herrschaftsstil Kastiliens gegen den Absolutismus Frankreichs unter Ludwig XIV. ein.

Die historische Entwicklung im Languedoc

Was Barcelonas Grafendynastie für Katalonien bedeutete, sind die Grafen von Toulouse für das Languedoc des 11. und 12. Jh.: machtvolle und geschickte Initiatoren einer selbstbewußten und liberalen Politik in ihrem okzitanischen Herrschaftsbereich, der sich nach Norden weit über die heutigen Regionalgrenzen ausdehnt. Ihre politische Autonomie verdanken sie den Nachfolgern Karls des Großen, die nicht in der Lage sind, das große Karolingerreich bis in die Grenzgebiete zu kontrollieren, und sich daher die Gunst der regionalen Grafen durch Landschenkungen erkaufen müssen.

Die gesetzlich garantierte Einbeziehung der Frauen in die volle Erbfolge stärkt deren gesellschaftliche und soziale Position und macht sie als Objekt dichterischer Begierde noch interessanter für die im 11. Jh. entstehende Troubadourlyrik. Ihre Protagonisten bedienen sich der *Langue d'oc,* dem von Adel, Geistlichkeit und Volk im Languedoc (!) und u. a. in der Provence gesprochenen Okzitanisch. Die aus dem Lateinischen entstandene *Langue d'oc* etabliert sich als erste Literatursprache Europas und wird laut mittelalterlicher Definition von der nordfranzösischen *Langue d'oïl* anhand des Wortes für ›ja‹ unterschieden: im Norden ist dafür *oïl,* das spätere *oui,* gebräuchlich, im Süden *oc.*

Im Languedoc des 11. Jh. verbinden Adelshof und Klerus nicht nur der südfranzösische Dialekt und höfische Umgangsformen, sondern vor allem die gemeinsame Profitgier und gegenseitige Einflußnahme auf Kirchen- und Regierungsgeschäfte. Die päpstliche Politik im Vorfeld des sog. Investiturstreits kontert mit dem ›Dictatus Papae‹ und der gregorianischen Reform, die den Bischof von Rom über die weltlichen Würdenträger stellt und zwischen Laien und Priestern eine größere Distanz schafft.

Die okzitanischen Adligen gehen daraufhin auf Distanz zum Klerus. Sie wagen den Machtkampf mit der Kirche, bekunden der sich im 12. Jh. im Süden aus-

Katalanische Sänger in ihrer traditionellen Tracht bei einer Autonomieveranstaltung in den späten 50er Jahren

ten. Paris sollte es recht sein, solange sich die Betonmischer drehten und die Steuern flossen.

Seit Beginn der neunziger Jahre herrscht Katerstimmung in den Regionen, nicht allein wegen einiger Dellen in den Wirtschaftskurven. Die Gründe sind weitaus vielschichtiger. Während sich viele Bürger von der Dezentralisierung eine Veränderung des starren Verhältnisses zwischen Staat und Gesellschaft erhofft hatten, kritisieren Politiker den Kompetenzwirrwarr zwischen den Gebietskörperschaften und ungeklärte Statusfragen der regionalen Volksvertreter.

Enttäuscht sind zahlreiche Wortführer okzitanischer Bewegungen, die der Regierung Mitterrand eine Rückbesinnung auf die regionalen

breitenden antiklerikalen Katha-
ererbewegung demonstrativ ihre
Sympathie und unterstützen de-
ren asketische Frömmigkeit.

1207 wird Raimund VI., Graf von Toulouse, exkommuniziert.

1209 artet der vom Papst be-fohlene Kreuzzug gegen die ket-zerischen Katharer und ihre teil-weise adligen Sympathisanten in ein Gemetzel aus, bei dem allein in Béziers 15000 Menschen den Tod finden.

1229 ist die katharische Oppo-sition zerschlagen. Die französi-sche Krone wird zum Nutznießer des Kreuzzugs und erhält freien Zugang zum Mittelmeer. Die gro-ßen Verlierer sind das bislang selbständige Okzitanien und die eigentlichen Initiatoren der bluti-gen Wallfahrt, die katholische Kir-che und ihre päpstlichen Reprä-sentanten.

1348 breitet sich im westlichen Mittelmeerraum die Pest aus und dezimiert bis Mitte des 15. Jh. die Bevölkerung um etwa die Hälfte.

1339–1453 ist Frankreich in den Hundertjährigen Krieg mit England verwickelt, der beson-ders im Norden und Westen des Landes ausgefochten wird, das Languedoc aber weitgehend ver-schont.

1598 gewährt das Edikt von Nantes den blutig verfolgten Pro-

Ursprünge der französischen Nation zugetraut und eine Förderung ihrer Kulturen und Sprachen erwartet hatten. Immerhin erreichten sie, daß Okzitanisch mittlerweile als Wahl-fach in Gymnasien angeboten wird, sozusagen als Fremdsprache. Kata-lanische Autonomisten beklagen an-dererseits, daß die Zusammenfas-sung von Roussillon und Languedoc zu einer Verwaltungseinheit die hi-storischen Unterschiede der Gebiete negiert und eine ähnlich zentralisti-sche Zwangsvereinigung darstellt wie die Annexion Roussillons durch den Pyrenäenvertrag von 1659.

An den Schulen und Universitäten wird der Vorwurf lauter, die zweite Amtsperiode Mitterrands hätte nach anfänglichen Erfolgen zur Rückkehr des Zentralismus geführt, unter-

testanten Glaubensfreiheit. Die sog. Hugenotten – eine Verballhornung von ›Eidgenossen‹ *(Eyguenets)* und Anspielung auf Hugues, den Bürgermeister von Calvins Aufenthaltsort Genf – finden besonders im Süden viele Anhänger.

1622 erhebt Ludwig XIV. Montpellier zum Verwaltungszentrum des Niederen Languedoc.

1662 macht Pierre Paul de Riquet bei Ludwig XIV. das Geld für

Denkmal Riquets in seiner Geburtsstadt Béziers

stützt von Pariser Technokraten im Elyséepalast, dem Amtssitz des Präsidenten. Mit landesweiten Streiks zeigen die Pennäler alle paar Jahre, wie wenig sie von einem Erziehungswesen halten, das 1 Mio. Beamte ernährt – die größte europäische Bürokratie –, aber nicht in der Lage ist, in den schlecht ausgestatteten öffentlichen Schulen ein ähnlich gutes Unterrichtsniveau wie in den teuren Privatschulen zu garantieren.

Der soziale Zündstoff dürfte so bald nicht zu entschärfen sein, denn ein dezentrales Schulsystem, das auf die regionalen gesellschaftlichen Strukturen und Probleme flexibel reagieren könnte, ist im Dezentralisierungsgesetz nicht vorgesehen. Nach wie vor hört eine Mehrheit der Franzosen auf die alten Mahnungen der jakobinischen Revolutionäre, allen politischen Maßnahmen zu mißtrauen, die den Zentralstaat in seinen Grundfesten bedrohen könnten. Die Reduzierung dieses staatlichen Einflusses auf das Erziehungswesen käme nach Auffassung vieler Franzosen einem Sakrileg gleich, das die zentralstaatliche Autorität unterminieren würde. Keine Regierung will das riskieren, und so begnügt sie sich mit kosmetischen Korrekturen und Finanzspritzen.

Frustriert sind auch zahlreiche Regionalpolitiker, weil sie ihr politisches Fortkommen gefährdet sehen, und das aus zweierlei Gründen: Zum einen sorgt man sich um Wählerstimmen, weil notorisch dürftige Finanzetats immer wieder zur Revision von Wahlversprechen und zu Ausgabenkürzungen zwingen – beileibe kein französisches Politikerschicksal. Zum anderen gefährdet das regionale Engagement die ungemein begehrte Politikerkarriere in Paris. Um das zu begreifen, muß man sich näher mit den Tücken politischer Sprungbretter beschäftigen.

1985 trat ein Gesetz in Kraft, das Politikern nur mehr zwei ähnliche Wahlmandate zuerkennt. Provinzpolitiker mit Ambitionen müssen sich nun an den Fingern abzählen, für welche der fünf interessanten Posten sie denn kandidieren sollen: für das Amt des Bürgermeisters, den Präsidenten- oder Abgeordnetenstuhl im Regional- bzw. Generalparlament, den Sitz in der Nationalversammlung oder einen Platz im Senat. Keine Frage, daß viele von vornherein auf den ungeliebten Job im Regionalparlament verzichten, weil er weder ein gutes Einkommen noch Prestige und Einfluß verspricht und, viel schlimmer sogar, die Aussichten auf eine spätere Tätigkeit in einem nationalen Gremium erschwert. Der beste Startplatz für den Sprung nach Paris ist in alter Tradition der Amtssessel eines Gemeindebürgermeisters, was sich an der erstaunlich großen Anzahl ehemaliger Stadtväter in der Nationalversammlung ablesen läßt.

Die Regionen und Departements stehen vor dem Dilemma, die leer gebliebenen Stühle in den regionalen Gremien mit ausgeliehenen Staatsdienern und Verwaltungsexperten der Zentralverwaltung besetzen zu müssen. Ob dieser Personaltransfer der Dezentralisation dienlich ist, mag bezweifelt werden, denn durch die Hintertür verschafft sich der Zentralstaat erneut Zugang in die Regionen und nimmt mit Hilfe

Später Triumph fürs Languedoc: Der größte Arc de Triomphe außerhalb von Paris – Sitz des neuinstallierten Regionalparlaments – steht in der Regionalhauptstadt Montpellier

seiner personellen Leihgaben Einfluß auf die Regionalpolitik.

So ist Frankreich, mit oder ohne dezentrale Anstrengungen, in vielerlei Hinsicht ein geteiltes Land. Auf der einen Seite die schwerreiche Region Paris mit besten Ausbildungs- und Karrieremöglichkeiten, dem höchsten Pro-Kopf-Verdienst der gesamten EG und großer Attraktivität für in- und ausländische Investoren, auf der anderen Seite die wirtschaftlich schwachen Regionen mit nur geringem Steueraufkommen und industriellen Standortnachteilen.

den Bau des Canal du Midi locker und gründet 1666 die Hafenstadt Sète.

1685 hebt Ludwig XIV. das Edikt von Nantes auf und löst eine Massenflucht der Hugenotten ins westliche Ausland aus.

1702–1704 kommt es zur blutigen Verfolgung der *Camisards,* der hugenottischen Restgemeinde in den unwegsamen Cevennen. Eine Gleichbehandlung mit Katholiken erreichen die Hugenotten erst in der Französischen Revolution.

Languedoc und Roussillon seit der Französischen Revolution

1789 feiert auch der Süden die Revolution und hofft auf ein Ende zentralstaatlicher Repression.

1790 werden die traditionellen, feudalistisch ›vorbelasteten‹ Provinzen nach geographischen Kriterien in annähernd gleich große Departements gegliedert. Aus der ehemaligen Provinz Roussillon wird das Departement Pyrénées-Orientales, und das Languedoc zerfällt in neun Departements, die im Norden weit über die historische Provinzgrenze hinausreichen. Bis zu einer Verwaltungsreform in den sechziger Jahren dieses Jahrhunderts dienen die alten Grafschafts- bzw. Provinznamen ›Roussillon‹ und

Vive le sud?

›Es lebe der Süden!‹ Im Languedoc-Roussillon macht man sich mit Slogans wie diesem Mut, seit es der Region dämmert, daß sich die Regierung Mitterrand an ihren Dezentralisierungsinitiativen der achtziger Jahre überhoben hat und vor dem alten zentralstaatlichen Denken der Staatsbürokratie vorerst in die Knie gegangen ist. Wenn sich Paris derart bereitwillig der französischen Tradition beugt, so fragen sich Regionalpolitiker nicht ohne Hinterlist, warum soll sich dann nicht auch der Süden von seiner Geschichte leiten lassen? Die aber weist den westlichen Mittelmeerraum als eine ehemals reiche Region aus, die bereits vor 2000 Jahren einem von nördlichen Landesteilen unabhängigen Wirtschaftskreislauf angehörte und Händler aus allen Teilen des europäischen Kontinents anzog. Ob auch die Zukunft dem Süden gehört und am Mittelmeer ein neuer ›Supermarkt‹ für den alten Kontinent entsteht, wie es viele Regionalpolitiker hoffen, wird jedoch kaum in Paris, geschweige denn in Montpellier, sondern in der EG-Zentrale Brüssel und den Chefetagen der multinationalen Konzerne entschieden.

Dort ist man sich gar nicht so sicher, daß auf der einstmals wichtigen mediterranen Handelsroute im Jahre 2000 wieder ein vergleichbar reger Warenaustausch in West-Ost-Richtung herrschen wird, denn man bezweifelt, daß sich nach Wegfall der Handelsschranken die bisherigen südlichen Wirtschaftskonkurrenten Languedoc-Roussillon und Provence auf der einen, Katalonien,

Lombardei und Süddeutschland auf der anderen Seite zu einer eng kooperierenden Wirtschaftsregion zusammenschließen werden. Und das, obwohl in Brüssel bereits gesetzliche Maßnahmen diskutiert werden, um den länder- und grenzüberschreitenden Regionalisierungsprozeß zu fördern und beispielsweise ein europäischer Regionalrat geschaffen werden soll, der die Rechte der gestärkten Regionen gegenüber den EG-Mitgliedsstaaten vertritt, die sich bis dahin voraussichtlich zu einer politischen Union zusammengeschlossen haben werden.

Was spricht angesichts dieser europäischen Einigungsprozesse gegen eine Wiederbelebung der Wirtschaftsachse Barcelona–Montpellier–Mailand und deren Verlängerung bis München, wo Katalonien und das Languedoc-Roussillon doch so viel verbindet? Die Nachbarregion jenseits der Pyrenäen stellte im frühen Mittelalter den einzigen fränkischen Besitz in Spanien dar, demgegenüber war das Roussillon etwa 500 Jahre lang Teil des unabhängigen Kataloniens, und Montpellier gehörte im 13. Jh. zum Königreich Mallorca. Darüber hinaus findet der Großraum Barcelona, in dem heute etwa 25 % des spanischen Bruttosozialprodukts erwirtschaftet werden, in den dynamischen Elektro-, Mode- und High-Tech-Metropolen Mailand und München eine attraktive Entsprechung.

Das Problem stellt das Languedoc-Roussillon selbst dar, denn es ist fraglich, ob der ländlichen Region, die ihre Haupteinkünfte aus der Landwirtschaft bezieht, der Spagat zwischen den Industrieregionen im Westen und im Osten gelingt. Dazu müßten Nîmes, Montpellier, Narbonne und Perpignan gewaltige Anstrengungen unternehmen, um viele neue Industrie- und Forschungseinrichtungen anzusiedeln, die zudem nicht in Konkurrenz zu Toulouse, der europäischen Metropole des Flugzeugbaus, sowie der katalanischen Kapitale Barcelona stehen, sondern sich mit deren Industrien ergänzen. Trotz der von Paris verfügten Ansiedlungsprämien für Unternehmen in den Regionen ist es aber bisher nicht gelungen, hier außer einem amerikanischen Computerhersteller weitere Niederlassungen großer internationaler Firmen anzusiedeln.

Ein weiteres Hindernis für die Schaffung einer mediterranen Wirtschaftsregion mit dem Languedoc-Roussillon in ihrer Mitte ist der hierfür erforderliche massive Ausbau der Schienen- und Verkehrswege sowie der Flugplätze in der Küstenebene. Bisher gelangen die südwestlichen Warenströme zu einem Großteil über Toulouse in den Norden Frankreichs, während der südöstliche Wirtschaftsverkehr durch das Rhônetal fließt. So ganz wohl ist keinem Regionalpolitiker bei dem Gedanken, daran mehr als das unbedingt Notwendige zu ändern. Das Verkehrsnetz ist für den Transport der agrarischen Erzeugnisse mit wenigen Ausnahmen ausreichend, und ein umfänglicher Neubau von Trassen für den Schwerverkehr brächte womöglich den zweitgrößten Kapitalstrom des westlichen Midi zum Stocken: den Tourismus.

Etwa 6 Mio. Urlauber, darunter ein Viertel Ausländer, verbringen

›Languedoc‹ ausschließlich zur geographischen Benennung der hiesigen Mittelmeerlandschaften.

1799–1804 strafft Napoleon I. die Zentralgewalt und setzt zur Durchsetzung seiner Machtinteressen in den Departements Präfekten und Bürgermeister als Staatsrepräsentanten ein. Die Hoffnung des Midi auf größere regionale Autonomie erfüllt sich nicht. Eine industrielle Entwicklung hingegen scheitert u. a. an den schlechten Verkehrsverbindungen und der agrarischen Struktur. Der Süden gerät erneut ins Abseits.

1857 beginnt der Bau der Eisenbahnlinie Bordeaux – Tarascon, gefolgt von der Linie Paris – Toulon, mit der 1864 begonnen wird, um die Kohlevorkommen der Cevennen für die nordfranzösischen Industrien nutzbar zu machen.

1875 vernichtet die Reblausplage einen Großteil der Weinstöcke. Der Weinbau bleibt jedoch agrarischer Haupterwerbszweig.

1882 wird mit der Einführung der allgemeinen Schulpflicht im Lande Französisch verbindliche Unterrichtssprache, den Schulkindern der Gebrauch ihrer als *Patois* (Dialekt) diskreditierten okzitanischen Regionalsprachen bei Androhung des Schulverweises untersagt.

56

Jahr für Jahr ihre Ferien an den Sandstränden und im Hinterland des Languedoc-Roussillon. 1960, bevor entlang der Küste sieben moderne Ferienzentren aus dem Sandboden gestampft wurden und das europäische Wirtschaftswunder noch nicht in Erfüllung gegangen war, zählte die westliche Mittelmeerregion keine 300 000 Besucher im Jahr. Heute fließen jährlich etwa 6 Mrd. Francs in diese drittgrößte Ferienregion Frankreichs. ›Vive le sud!‹ ist die Devise der regionalen Wirtschaftsplaner, ›vive les devises!‹ die der Steuerbehörden.

Kreuz oder Kopftuch?

Von den muslimischen Schulmädchen Leila und Fatima ist wenig zu sehen; zu wenig, wie der Verwaltungsdirektor der Schule befindet, woraufhin er den Schwestern die weitere Teilnahme am Unterricht verweigert. Dabei haben die zwei Schwestern noch nie die Schule geschwänzt. Ihr Vergehen ist weitaus schlimmer, denn ihre Eltern schickten sie mit dem tief in die Stirn gezogenen *Higab* in die Schule, einem Kopftuch, mit dem Frauen islamischer Fundamentalisten ihren Kopf bedecken müssen, weil Haare ein tabuisiertes Sexualsymbol darstellen. Der Vorfall geschah 1989 und ließ sich noch auf diplomatischem Wege lösen. Der Vater wurde von der Botschaft seines marokkanischen Geburtslandes aufgefordert, seine Töchter zu ›entschleiern‹, um die oh-

6 Mio. Urlauber…

1907 revoltieren 500 000 Winzer und ihre Angehörigen gegen einen rapiden Preisverfall des Weins, ausgelöst durch Importe aus der Kolonie Algerien und eine Überproduktion des zum Massenprodukt verkommenen Getränks. Der Versuch, die Demonstrationen mit militärischem Einsatz niederzuknüppeln, mißlingt zunächst, weil in dem beorderten Regiment zu viele Winzersöhne dienen. Am Ende z. T. blutiger Auseinandersetzungen mit 30 000 Soldaten aus anderen Regionen gelingt ein staatlich diktierter Kompromiß, der zwar die Existenz der Winzer garantiert, sie jedoch nahe an die Armutsgrenze drückt.

1940 wird im Zuge der deutschen Okkupation auch Südfrankreich von der Wehrmacht besetzt. Zahlreiche Emigranten finden bei der Landbevölkerung Unterschlupf. Das unwegsame Bergland der Südcevennen erweist sich für die Résistance als ideales Operations- und Rückzugsgebiet.

1962 installieren sich nach Beendigung des Algerienkrieges viele Algerienfranzosen bevorzugt in und um Montpellier.

1963 fällt der Startschuß zur Erschließung der Sandküste für den europäischen Tourismus.

1964 wird Montpellier Kapitale der noch in den Kinderschuhen

nehin schlechte Atmosphäre für die in Frankreich lebenden Muslime und Araber nicht unnötig zu belasten.

Wenig später brachte ein nächtlicher Fernsehfilm die halbe Nation um den Schlaf, sofern man den Schlagzeilen von Boulevardblättern trauen darf. Geschockt verfolgten den Zeitungsberichten zufolge Millionen Zuschauer ein fingiertes Szenario, das die Warnung des ehemaligen algerischen Staatspräsidenten Boumedienne filmisch Wirklichkeit werden ließ und Massen verarmter Nordafrikaner auf ihrem un-

Anti-Rassismus-Demo 1987 in Paris: »Rassismus ist eine nationale Schande«

François Mitterrand auf der großen Anti-Rassismus-Demonstration 1990 in Paris

aufhaltsamen Marsch in den reichen Norden zeigte. Die Reportage schürte die latente Angst der Franzosen vor Überfremdung und religiösen Spannungen im Land. Schon lange schaut das abendländische Frankreich sorgenvoll über den ›Teich‹ nach Süden, auf die Ausbreitung des islamischen Fundamentalismus und die Bevölkerungsexplosion jenseits des Mittelmeers. Im Februar 1991 bestellte der jüdische Kneipenbesitzer Alain Levy die Maler. Er ließ den Namen seines

steckenden ›Wirtschaftsregion‹ Languedoc-Roussillon.

1982 tritt nach Amtsübernahme Mitterrands das Dezentralisierungsgesetz in Kraft, das die Wirtschaftsregionen in autonome Gebietskörperschaften mit direkt wählbaren Regional- und Departementparlamenten *(Conseil Régional et Général)* umwandelt. Dieser Wegfall zentraler Verwaltungskontrolle durch Paris zeigt in der Region Languedoc-Roussillon erste wirtschaftliche Erfolge. Der rechtsextreme Front National gewinnt, vor allem in den Ballungszentren mit vielen arabischen Einwanderern, Wählerstimmen.

Jean-Marie Le Pen, der Führer des rechtsextremen Front National

im Zentrum von Montpellier gelegenen Lokals überpinseln. Der Schriftzug ›Bagdad Café‹ verschwand für die Zeit des Golfkrieges unter einer Farbschicht, die kurz darauf einen anderen Namen trug. Der Kneipier wollte nicht als Sympathisant Saddam Husseins gelten und noch länger von anonymen Anrufern um den Schlaf gebracht werden. Er bedauerte, daß man während des Golfkrieges häufig von einer ›Zweiten Front‹ in Frankreich sprach. Aber es sei nicht zu übersehen, daß der Graben wieder ein Stückchen tiefer geworden sei, der einen Teil der Franzosen von den etwa 3 Mio. Arabern im Lande trennt – drei Episoden von vielen, die zu heiß diskutierten Testfällen für die Toleranz der französischen Gesellschaft wurden.

1993 ist Cap d'Agde Hauptaustragungsort der im Languedoc-Roussillon stattfindenden Mittelmeerspiele.

59

Die wachsende Kritik an den arabischen Mitbürgern auf der einen und die kompromißlose Religiosität einiger weniger Muslime auf der anderen Seite gefährden zunehmend die vielrassige Gesellschaft, die *Société multiraciale*, und stellen einen zentralen Teil der französischen Geschichte in Frage. Seit der Französischen Revolution gilt nämlich der nur selten angefochtene Grundsatz, daß ein »Franzose ist, wer Französisch spricht und sich als Franzose fühlt«. Generationen von Schulkindern verschiedenster Herkunftsländer und Hautfarben finden es deshalb völlig normal, in ihren Geschichtsbüchern den Satz zu lesen, daß ihre Vorfahren die Gallier sind.

Gewöhnt sind sie es auch, daß in staatlichen Schulen weder christliche Kreuze noch arabische Kopftücher geduldet und, anders als in den öffentlichen Bildungsanstalten der Bundesrepublik, keine Religionsunterrichte angeboten werden. Es war die Dritte Republik, die 1905 für eine Trennung von Staat und Kirche sorgte und den Laizismus als demokratischen Grundstein in der französischen Verfassung verankerte. Neben dem Versprechen von ›Freiheit, Gleichheit und Brüderlichkeit‹ sowie liberalen Einwanderungsgesetzen machte auch der Laizismus das Land zu einem geschätzten Ziel für Immigranten aller Religionen, besonders für arbeitssuchende Araber aus den entkolonialisierten Ländern Nordafrikas und des Nahen Ostens.

Seit den frühen achtziger Jahren schwanden die Stimmen, die in der toleranten Einwanderungspolitik eine Möglichkeit zur Wiedergutmachung für den kolonialen Überei-

fer Frankreichs sahen, der erst mit dem Algerienkrieg 1962 ein blutiges Ende nahm. Und nur noch eine knappe Mehrheit der Gesellschaft, die selbst zu einem Drittel von ›Fremden‹ abstammt, befürwortet heute die großzügige Einbürgerungspraxis des Staates und die Arbeitserlaubnis für Asylsuchende. Bedeutet die zunehmende Ablehnung arabischer Einwanderer – und nur sie trifft augenblicklich der Volkszorn – ein Versagen der meinungsbildenden Parteien und Gesellschaftsgruppen? Weder den Vertretern der ethnischen und religiösen Minderheiten noch den Parteien in Regierung und Parlament gelang es bis heute, diesen in Frankreich geäußerten Vorwurf zu entkräften.

1981 gewährte die frisch ins Amt gekommene Regierung Mitterrand mehr als 100 000 illegalen Einwanderern ein Bleiberecht und erwies sich damit einen wahren Bärendienst. In Scharen wechselten verängstigte Wähler in das Lager des rechtsextremen ›Front National‹. Dessen Parteigründer Le Pen verstand es, die bis dato sachliche Diskussion um die Integrationsmöglichkeiten der Einwanderer zu emotionalisieren. Sein populistisches Konzept, das Eingliederungsproblem durch eine völlige Zuzugsbeschränkung von Ausländern, zumindest aber von Arabern zu lösen, fand auch in den Reihen der bürgerlichen und linken Parteien Sympathie, so daß bis heute nicht gelungen ist, ein ausgewogenes Gesetz zur Integration von Ausländern zu verabschieden. Die Unsicherheiten auf beiden Seiten waren ein Nährboden für wachsenden Rassismus.

Die in Frankreich geborenen Kinder arabischer Einwanderer reagierten darauf mit Gründung der landesweiten Selbsthilfeorganisation ›SOS Racisme‹. Sie wurde zum Sprachrohr der *Beurs*, wie sich junge Araber in modisch silbenverdrehender Ableitung von *Arabe* selber nennen, und warb, unterstützt durch eigene Medien, um Verständnis für ihre Integrations- und Identitätsprobleme – mit mäßigem Erfolg. Kaum ein Politiker, der gelernt hat, zwischen Muslimen und Arabern zu unterscheiden. Kaum eine Zeitung, die deutlich macht, daß nur ein verschwindend kleiner Teil der Muslime zu militanter Religiosität neigt. Kaum eine Fernsehsendung, die klarstellt, daß die große Mehrheit der *Beurs* sich als Franzosen fühlt und den Kopf lieber dem Tanzpartner als Mekka entgegenbeugt.

Der Golfkrieg zeigte, welche Folgen die mißlungenen Bemühungen um den Abbau von Vorurteilen hatten. Bei vielen Franzosen verwandelte sich die latente Abneigung in offene Aggression gegenüber den arabischen Mitbürgern. Diese antworteten, nicht zuletzt auf Grund des Einsatzes französischer Truppen gegen Hussein, mit Sympathiebekundungen für ihre irakischen ›Brüder‹. Viele Araber hatten Angst, daß die Wunden wieder zu bluten begännen, die nach dem Algerienkrieg noch immer nicht ausgeheilt waren. Tausende von ihnen verließen fluchtartig das Land ihrer einstigen Kolonialherren und kehrten nach Marokko, Tunesien und Algerien zurück, wo die Ablehnung gegenüber Frankreich unübersehbar gewachsen ist.

Besonders im Süden Frankreichs, in dessen Metropolen sich viele Nordafrikaner angesiedelt haben, wird befürchtet, daß der Weg von der vielrassigen zur multikulturellen Gesellschaft vorerst verbaut ist. Dennoch hofft man in den Rathäusern und Arabervierteln von Nîmes, Montpellier und Perpignan, daß die Integrationsfrage weiterhin als ein soziales Problem behandelt und nicht zum unüberbrückbaren Gegensatz von Christentum und Islam hochstilisiert wird. In einem Land, dessen Verfassung Kreuz und Kopftuch gleichermaßen aus den staatlichen Bildungsinstitutionen verbannt hat, sollte das eigentlich gelingen.

Stein auf Stein: die romanische und gotische Sakralarchitektur

Die Romanik

»Sehr wenig Menschen – einsame Gegenden, die sich nach Westen, nach Norden und nach Osten erstrecken, unüberschaubar werden und schließlich alles bedecken – Brachland, Sümpfe, unstete Flußläufe, die Heide, das Dickicht und die Weiden, alle Arten verkümmerten Waldes als Hinterlassenschaft von Buschbränden und den flüchtigen Einsaaten der Brandroder – hier und dort Lichtungen, einmal erobertes, doch nur halbwegs gezähmtes Land, leicht kümmerliche Furchen, die von mageren Ochsen gezogene Holzgeräte auf dem widerspenstigen Boden hinterlassen haben. [...] eine wilde Welt, eine Welt in den Fängen des Hungers.

Das ganze Jahr satt zu essen zu haben erschien damals als ein außerordentliches Privileg einiger Adliger, einiger Priester und einiger Mönche. Alle anderen waren Sklaven des Hungers. Sie empfanden ihn als die spezifische Bedingung des menschlichen Daseins. Das Leiden, so dachten sie, liegt in der Natur des Menschen. Und dieser Mensch fühlt sich nackt, völlig entblößt, dem Tod, dem Bösen und dem Schrecken ausgeliefert. Weil er Sünder ist. Seit Adams Fall quält ihn der Hunger, und wegen der Erbsünde kann niemand von sich behaupten, ihn überwunden zu haben. Diese Welt lebt in Angst, insbesondere der Angst vor ihren eigenen Schwächen.«

(Georges Duby)

So sieht es aus im Abendland vor der Jahrtausendwende, am Vorabend einer neuen Kunstepoche, der Romanik. Eine ihrer Wiegen steht im Roussillon. Dort wird um 1020 die Klosterkirche St-Martin-du-Canigou errichtet, die zu den ersten komplett eingewölbten Gotteshäusern im Europa des Mittelalters zählt (s. Farbabb. 20). Wie kommt es, daß hier und im benachbarten Languedoc über 500 romanische Sakralbauten aus dem 11. und 12. Jh. versammelt sind, so viele wie kaum in einer anderen Region Frankreichs?

Der um das Jahr 1000 einsetzende Bauboom hat politische, wirtschaftliche und natürlich religiöse Ursachen. Sie reichen zurück in die Zeit, als der westliche Mittelmeerraum noch eine römische Kolonie war und sich das Christentum auf Grund der im römischen Zentralreich gewährten Glaubensfreiheit auch in der Gallia Narbonensis ausbreiten konnte. Mitte des 3. Jh. gab es im Süden Galliens bereits mehrere Missionsbischöfe, die sich in Narbonne, Béziers, Lodève, Uzès und Nîmes als Bauherren betätigten. Sie trafen auf eine Bevölkerung, die noch bis ins 5. Jh. hinein heidnischen Kulten anhing und vermutlich dafür verantwortlich war, daß die frühchristlichen Nekropolen wieder zerstört wurden.

Dem Siegeszug des Christentums tat dies keinen Abbruch. Während für das römische Imperium und seine Götter die Sterne in der Kolonie sanken, weil Merowinger Anfang des 5. Jh. das Gebiet zwischen Rhône und Pyrenäen erobert hatten, machte die christliche Erleuchtung des heidnischen Abendlandes gute Fortschritte. In Maguelone, Agde und Carcassonne wurden ungeachtet der politischen Wirren neue Bischofssitze gegründet und Kathe-

◁ St-Guilhem-le-Désert

dralen geweiht. Offensichtlich hatte die Kirche mit den germanischen Kriegern leichtes Spiel, denn die ›Barbaren‹ trafen in Südgallien nicht nur auf gut funktionierende römische Verwaltungs- und Gesellschaftsstrukturen, die den christlichen Würdenträgern wohl vertraut waren, sondern hatten überdies dem Universalanspruch der christlichen Missionsreligion nichts Vergleichbares entgegenzusetzen. Sie erlagen vermutlich rasch der Überzeugungskraft von Missionaren, die wie sie von Aberglauben und Ängsten vor überirdischen Mächten geplagt waren, die aber offensichtlich ihren Seelenfrieden durch Heiligenverehrungen gefunden hatten, die sich vom heidnischen Götzenkult so sehr nicht unterschieden.

Auch die arabische Besetzung des Roussillon und weiter Teile des Languedoc im Jahre 719 bedeutete für die Christianisierung Südeuropas auf lange Sicht nur einen unbedeutenden Rückschlag. Die Kirche wußte sehr wohl, daß das Abendland ein Vordringen des Islam nicht hinnehmen würde. So erteilte die Kirche Karl Martell bereitwillig den Segen, als er der islamischen Konkurrenzreligion 732 den Kampf ansagte, wohl wissend, daß der Karolinger weniger aus religiösen als aus politischen Gründen handelte. Dennoch scheiterte Martell, weil er übersehen hatte, daß sich die Bevölkerung am Mittelmeer unter ihren muslimischen Besatzern recht wohl fühlte. Sie profitierte von den kulturellen Segnungen der Araber und ihrer Toleranz gegenüber Andersgläubigen. Besatzer und Besetzte verbündeten sich gegen den fränkischen Christenfreund Karl Martell, der unverrichteter Dinge umkehren mußte.

Sein Sohn Pippin I. war erfolgreicher. 759 vertrieb er die Araber aus der südwestfranzösischen Mittelmeerregion, gliederte das ›befreite‹ Gebiet dem fränkischen Reich ein und brachte die Organisation der Kirche als romtreue Reichskirche zum Abschluß. Den Katholiken überließ er die Aufgabe, die Bevölkerung geistig auf die Segnungen des Abendlandes einzustimmen.

Ihren größten Gönner fand die Kirche allerdings in Karl dem Großen, der aus politischen Gründen den Klerus förderte. Er war auf die Mithilfe der Kirche angewiesen, um ein Riesenreich zu regieren, dessen Grenzen bei seinem Tode im Jahre 814 von Katalonien bis zur Elbe reichten. Unter der Herrschaft des Kaisers wurden deshalb nicht nur allzu selbstbewußte, autonome Herzöge durch willfährige neue Grafen aus den Reihen der karolingischen Reichsaristokratie ersetzt und das Lehnswesen fest verankert, sondern auch die Bischofskirchen mit Königsgut ausgestattet, da sich die Bischöfe als Kulturträger und Kenner der römischen Verwaltungspraxis für den Aufbau der fränkischen Reichsverwaltung als unentbehrliche Helfer erwiesen.

Auch die Mönche dienten Karl dem Großen als dienstbare Geister. Vom Klosterreformer und kaiserlichen Beichtvater Benedikt von Aniane zu einer Rückbesinnung auf eine gehorsame, einfache und enthaltsame Lebensweise aufgefordert, zogen sie sich in die entlegenen und unwirtlichen Gebiete des Karolingerreiches zurück. Im Roussillon trafen sie auf ihre Glaubensbrüder aus dem Emirat Córdoba, das diese aus Angst vor den Mus-

limen verlassen hatten. Karl der Große veranlaßte seine Gebietsgrafen, den Mönchen Ländereien abzutreten, so daß aus Missionsplätzen Klosterbetriebe entstehen konnten, deren Unterhalt durch eine klösterliche Lehnsherrschaft gewährleistet war. Hundertschaften von Bauern, die fortan für ihre geistlichen Dienstherren den Rücken krümmen und Abgaben leisten mußten, füllten die Mägen der Mönche.

Die Betbrüder konnten sich nun voll und ganz der ihnen zugedachten Rolle als ›Lehrer der Nation‹ widmen. Ein größeres Geschenk hätte ihnen der Kaiser, vermutlich selber Analphabet, kaum machen können. Neben dem göttlichen hatten die Mönche jetzt auch den kaiserlichen Segen, ihr Wissen unbehindert im Reich zu verbreiten. Und das bezogen sie, wie konnte es anders sein, vornehmlich aus der Bibel, die so in vielen Regionen des Frankenreichs zum ersten Schulbuch des Mittelalters wurde. Die Verbreitung christlicher Glaubenssätze im Abendland war also gesichert. Woran es noch weitgehend fehlte, waren Ehrfurcht gebietende Gebetsstätten und Repräsentationsbauten als sichtbarer Beweis christlicher Geistesmacht. Das sollte sich bald ändern.

Gute Erträge aus den Pfründen und Sprengeln lösten eine erste, ›frühromanische‹ Bauwelle aus und brachten die Steine ins Rollen, mit

---

Lehrer der Nation: Apostel treten das Böse dieser Welt, symbolisiert im menschenfressenden Löwen, mit Füßen; Skulpturen an der Fassade der Abteikirche von St-Gilles

denen innerhalb weniger Jahre Kirchen und Klöster errichtet werden konnten. In Nîmes und Narbonne ließen Bischöfe neue Kathedralen bauen, schon bestehende Gebäude wie St-Gilles in der Camargue und St-Aphrodise in Béziers wurden großzügig erweitert. Eines der berühmtesten Klöster aus jener Zeit ist St-Guilhem-le-Désert, eine Gründung des seinem Kaiser treu ergebenen Kriegsherrn Wilhelm ›Kurznase‹, der aus Liebeskummer das Eremitendasein wählte und sich 806 in die Einsamkeit des Verdustals zurückzog (s. S. 238). Aber auch die Adligen betätigten sich als Bauherren, stifteten Klöster und verordneten Familienmitgliedern Karrieren als geistliche Würdenträger. Im Languedoc machte besonders das Grafengeschlecht von Toulouse auf diese Weise von sich reden.

Nachdem Karl der Große den Weg alles Weltlichen gegangen war, führten Machtstreitigkeiten unter seinen drei Enkeln zu einer Reichsteilung, die 843 im Vertrag von Verdun besiegelt wurde. Karl der Kahle, dem das westliche Reichsgebiet zugesprochen wurde, und seine Nachfolger mit so sprechenden Namen wie Ludwig der Stammler, Karl der Einfältige und Ludwig der Überseeische waren zunehmend darauf angewiesen, das fränkische Teilreich mit der Hilfe der großen westfränkischen Adelsfamilien zu regieren. Die Entlohnung für ihren Beistand, etwa bei der Bekämpfung der Araber und Normannen, war üppig: Gewinnbringende Abteien wechselten den Besitzer, und ursprünglich nur als Lehen überlassenes Krongut wurde in erblichen Privatbesitz umgewandelt. Dieser Macht- und Einkommenszuwachs des Regionaladels führte letztlich zu einem Verfall der karolingischen Königs- und Kirchenherrschaft und einer Zersplitterung des Landes. Die Bautätigkeiten erlahmten, denn Kirche und Krone gingen die Gelder aus, und die Adelsfamilien waren zunächst damit beschäftigt, ihrem gewachsenen politischen Einfluß auf Kirche und Königshaus eine machterhaltende Struktur zu verleihen.

Was dabei herauskam, war ein gefestigtes Feudalsystem, das den neuen Stand der adligen, landbesitzenden Grundherrn zunehmend von ökonomischen Sorgen befreite. Der Adel hatte nun Zeit und Geld, um der erlahmten Bautätigkeit zu neuem Aufschwung zu verhelfen und seinem Machtzuwachs durch repräsentative Kirchen- und Klosterstiftungen Glanz zu verleihen, tatkräftig unterstützt von Bischöfen und Äbten, die großteils aus den Reihen des Adels stammten und den weltlichen Einfluß auf die Kirchen- und Klostergeschäfte sicherstellten.

Neben der gefestigten Position des Adels war die veränderte politische Großwetterlage am Ende des 10. Jh. mindestens ebenso entscheidend für das rasante Wiederaufleben der einstigen Bautätigkeiten. Das westliche Frankenreich erlebte eine neue Phase der Konsolidierung und eine erste, wenn auch bescheidene Wiederbelebung der Wirtschaft. Kaufleute aus ganz Europa eroberten sich die alten, vordem überwiegend militärisch genutzten Handelswege für einen friedlichen Warenverkehr zurück.

Seit 1013 begann das Emirat Córdoba durch dynastische Streitigkeiten zu zerfallen, und Nordspanien sowie Teile Mittelspaniens hörten wieder auf den Papst in Rom. Im Norden war es gelungen, die skandinavischen Piratenstämme in der Normandie anzusiedeln, und im westlichen Mittelmeer, das nahezu 250 Jahre von den Arabern kontrolliert worden war, kreuzten nun Handelsschiffe aus Byzanz, Pisa und Genua. Im Osten des einstigen Karolingerreichs konnte man dem Vordringen der Ungarn Einhalt gebieten, und Otto I. gründete das ›Heilige Römische Reich‹. In Paris hatte sich schließlich 987 der Begründer der Kapetingerdynastie, Hugo Capet, die Königskrone aufs Haupt gesetzt und unverzüglich damit begonnen, das westfränkische Reichsgebiet einer zentralen Königsmacht mit Sitz in Paris zu unterstellen. Noch aber reichte sein langer Arm nicht über die Krondomäne der Ile de France im Herzen des Westfrankenreichs hinaus.

Dem mächtigen Toulouser Grafengeschlecht gelang es, sich während des 11. und 12. Jh. dem Zugriff der kapetingischen Zentralgewalt zu entziehen und das Gebiet des Languedoc, das schon damals im Süden bis zum Rhônedelta reichte, frei von königlicher Einmischung zu regieren. Das Roussillon blieb mit wenigen Unterbrechungen bis zur endgültigen Einverleibung unter Ludwig XIV. dem benachbarten Katalonien kulturell und politisch eng verbunden. Hier wie dort profitierte die Bevölkerung von dem Pioniergeist der Mönche und der zeitweiligen Toleranz, mit der der ansässige Klerus und die Adligen ihre Herrschaft ausübten. Entlang der Küste spuckten Mönche und Bauern gleichermaßen in die Hände und legten weite Teile des versumpften Küstensaums trocken, um anbaufähiges Land zu gewinnen. Die Aktivitäten sprachen sich in kurzer Zeit herum. Aus dem Norden eingewanderte Siedler ließen sich in der Küstenebene nieder oder machten durch weitflächige Rodungen die Höhenzüge der Montagne Noire und der Cevennen urbar.

Trotz des raschen Bevölkerungszuwachses nahmen die Hungersnöte ab, nicht zuletzt, weil sich die starken Klimaschwankungen vorangegangener Jahrhunderte einpendelten und höhere Temperaturen größere Erträge ermöglichten. Der für die Jahrtausendwende von abergläubischen Sündern prophezeite Weltuntergang blieb aus – das von Predigern angekündigte ›Jüngste Gericht‹ hatte sich vertagt. Die ›dunklen Epochen‹ des frühen Mittelalters schienen vorbei zu sein. Was blieb, waren die Mühsal des täglichen Lebens und die Ohnmacht vor Krankheiten, Naturereignissen und der Willkür der meisten Grundherren.

Daß die Konstrukteure und Bauherren von Sakralbauten zu einem weitgehend einheitlichen Baustil fanden, der das 11. und 12. Jh. beherrschte (und als sog. Romanik auch von ungeübten Betrachtern recht einfach erkannt wird), läßt sich aus den wirtschaftlichen, gesellschaftlichen und kulturellen Entwicklungen erklären, die der Epoche der Romanik den Boden bereitet haben. Darüber hinaus spiegelt die Architektur – wie zu allen Zeiten – das bautechnische Know-how und das weltanschauliche und politische Umfeld der Jahre ihres Entstehens wider. Beinahe jeder Stein hat eine Bedeutung, und die Art seiner Verwendung ist Ausdruck der Funktion, die das Bauwerk für seine Bauherren ausüben soll.

Stilmerkmale romanischer Baukunst im Languedoc-Roussillon
Ursprünge: Die Romanik des westlichen Midi übernimmt Bauweisen der römischen Antike. Die Kapitell- und Gesimsgestaltung der Portalanlage von St-Gilles zeigt beispielhaft die Anlehnung an römische Fassadenarchitektur.
Einflüsse: Byzantinische Architekturmerkmale aus der Lombardei (Ravenna) wie kleinteiliges Bruchsteinmauerwerk und sparsame Verwendung von Gliederungselementen für die Wandgestaltung machen sich bemerkbar: Zumeist beschränkt sich der Dekor auf Blendarkaden (auf Stützpfeilern ruhende Bogen, die keine Maueröffnungen überspannen, sondern geschlossenen Wänden vorgeblendet sind) und Lisenen (zur optischen Gliederung von Fassaden dienende, vertikale Mauerverstärkungen). Die Verbreitung des ›lombardischen Stils‹ findet durch Architekten Oberitaliens statt, die über Nordspanien einwandern und von dort zusätzlich westgotische Techniken der Deckeneinwölbung einführen (vgl. St-Martin-du-Canigou, s. S. 320).
Grundprinzip: Der starke Seitenschub des Tonnengewölbes läßt aus statischen Erfordernissen nur massive Außenmauern mit kleinen, den Druck wiederum zur Seite ableitenden rundbogigen Fenstern zu. Diese besonders bei frühromanischen Bauten wie St-Guilhem-le-Désert (s. S. 238) archaisch wirkende Bauweise bleibt im Languedoc und Roussillon von den spätromanischen Neuerungen anderer Regionen des Westfrankenreichs unberührt.

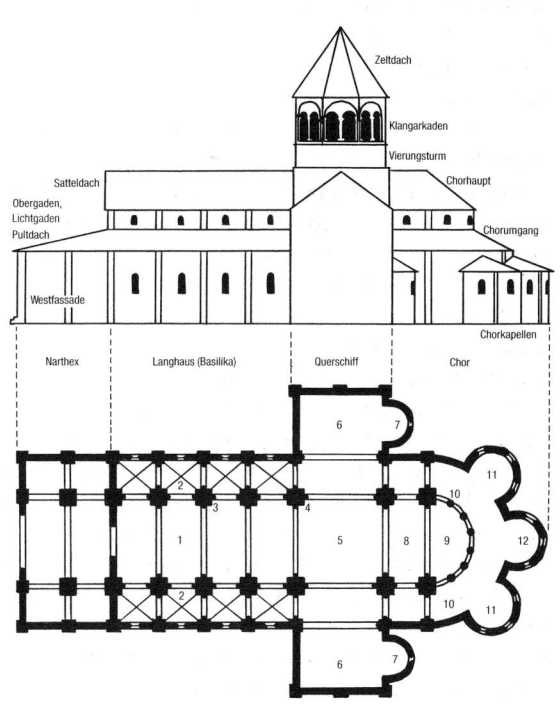

Idealplan einer romanischen Basilika

1 Mittelschiff
2 Seitenschiff
3 kantonierter Pfeiler
   (Stütze mit vier
   Diensten)
4 Vierungspfeiler
5 Vierung
6 Querschiff
7 Querschiffkapellen
8 Chorjoch
9 Chorhaupt
10 Chorumgang
11 Chorkapellen
12 Scheitelkapelle

Kirchtürme: Die zentrale Bedeutung des Gottesdienstes für die Verbreitung christlicher Glaubenssätze verlangt in den Jahrhunderten des Analphabetismus und ungenauer Zeitvorstellungen nach einem wirksamen Mittel, den jeweiligen Messebeginn weithin hörbar anzukündigen. Während im Islam – wie das Christentum eine Verkündigungsreligion – noch heute der Muezzin zum Gebet ruft, übernimmt die Kirche um 500 die Sitte nordafrikanischer Klöster, durch Glockengeläut zum Kirchgang aufzufordern. Um das Geläut weithin hörbar zu machen, geht man, erstmalig in der Lombardei (Ravenna), dazu über, für ursprünglich an Holzgerüsten aufgehängte Glocken hohe, freistehende Türme zu errichten. Mit dem Einzug des romanischen Baustils der Lombardei im westlichen Mittelmeerraum kommt der neben dem Kirchengebäude errichtete ›Campanile‹ auch bei hiesigen Sakralbauten in Mode (vgl. vor allem den 42 m hohen, mit einer Blendbogengliederung versehenen Rundturm der Kathedrale St-Théodorit in Uzès, s. S. 157).

Mehr Verbreitung findet indes der sog. Vierungsturm, der in engem bautechnischen Zusammenhang mit dem konstantinischen Typus der kreuzförmigen Basilika steht. Die Durchdringung des Längsbaus mit einem Querbau läßt ein Vierung genanntes Quadrat entstehen, dessen Eckpunkte im Kircheninnern durch massive Pfeiler betont werden, die zusätzlich das Gewicht eines Turmaufbaus tragen können.

Kirchenraum: Mit der Entdeckung des angeblichen Jakobsgrabes in Santiago de Compostela im Jahre 818 kommen Wallfahrten und Reliquienverehrungen in Mode. Die Aussicht, durch Betasten der Reliquienschreine eines Heiligen bereits zu Lebzeiten einen ersten Kontakt zum seligmachenden Jenseits herzustellen, läßt Scharen von Pilgern die beschwerliche Reise nach Nordwestspanien unternehmen. Es bilden sich feste Routen heraus, von denen eine über St-Gilles und St-Guilhem-le-Désert ins iberische Nachbarland führt. Um der Pilgermassen Herr zu werden, entstehen entlang des Weges zahlreiche, ebenfalls mit Reliquien ausgestattete Kirchen. Ihre Innenräume werden so konzipiert, daß die Wallfahrer auf einem Umgang an den Kultgegenständen vorbeigeleitet werden können, ohne eine gleichzeitig zelebrierte Messe zu stören. Zu diesem Zweck erweitert man den Chorraum durch Kapellenanbauten, in denen die ursprünglich im Kirchenraum verteilten Altäre samt der Reliquien Platz finden, oder errichtet über dem Grab des Heiligen eine Krypta.

Steinplastik: Die Steinskulpturen an den Fassaden der Kirchen – auf Türstürzen, Tympana und Gewändekapitellen – und die Kapitelle im Innern der Gotteshäuser sollten den überwiegend leseunkundigen Gläubigen, gleichsam als mittelalterlicher ›Comic-Strip‹, die Inhalte der Bibel vor Augen führen. Ihre meist flächenhaft-ornamentale, auf den heutigen Betrachter so ›expressionistisch‹ wirkende archaische Darstellungsform weist sie als integrierten Bestandteil der Sakralarchitektur aus – nicht die künstlerische Aussage an sich, das neuzeitliche l'art pour l'art, sondern ihre Funktion als Vermittler von Glaubensinhalten bestimmt ihre Form.

Dies zeigt sich eindringlich an der frühesten romanischen Plastik des Roussillon, dem Türsturz von St-Genis-des-Fontaines (1020; s. S. 324 f. und Abb. dort): Die flächenhaften, schematisierten Figuren werden von den rahmenden Arkaden geradezu eingezwängt, in den architektonischen Zusammenhang eingebunden. Die Skulpturen von St-Michel-de-Cuxa (um 1140; s. S. 316) sollten wegweisend für die Romanik des Roussillon werden, die insgesamt weniger figürliche Darstellungen als die anderen romanischen Regionalstile kennt. An den Kapitellen und der berühmten Sängerkanzel von Serrabone (s. S. 314 f.) sowie an den Kapitellen von St-Martin-du-Canigou (s. S. 320), vor allem aber an den Kreuzgangkapitellen von Elne (s. S. 310) findet diese Schule mit ihren so genormt wirkenden, geometrischen und präzise gemeißelten Figuren, Fabelwesen und vegetabilen Ornamenten ihren schönsten Ausdruck.

Eine Sonderstellung nimmt die großartige Fassade von St-Gilles (s. S. 163 f.) ein, deren plastische, römischen Vorbildern verpflichtete Skulpturen vom Einfluß der provenzalischen Romanik zeugen.

Wehrkirchen: In Küstennähe errichtete Kirchenbauten, etwa die Kathedralen von Agde und Maguelone, werden zum Schutz vor etwaigen Angriffen vom Meer zu Wehrkirchen ausgebaut und erinnern durch hochangesetzte Fenster und imposante Mauern an mittelalterliche Verteidigungsanlagen.

Der freistehende Glockenturm der Kathedrale in Uzès

Die Gotik

Während der Norden Frankreichs bereits Anfang des 13. Jh. der zentralen Königsgewalt der Kapetinger unterstellt war, teilte sich im Languedoc zu jener Zeit noch das Toulouser Grafengeschlecht die Macht mit ländlichen Klostervorstehern und Bischöfen in unentwickelten Städten. Erst nach der Zerschlagung der ketzerischen Katharerbewegung und dem Aussterben der Toulouser Territorialherren im Jahre 1271 gelang es den Kapetingerkönigen, deren politischer Einfluß seit Ende der Katharerkriege bis ans Mittelmeer reichte, sich bis in den Südwesten und ins Roussillon auszudehnen und auch hier eine zentralstaatliche Machtstruktur aufzubauen.

Erneut wird die Architektur zum Spiegel sozialer und wirtschaftlicher Umbrüche. Neue Gesellschaftsschichten lösen die alten Führungseliten der regionalen Adelsgeschlechter ab. An die Stelle von ländlichen romanischen Gotteshäusern und Klosterkirchen, die vornehmlich dem Repräsentationsbedürfnis sowie dem Totengedenken des autonomen Feudaladels und den wallfahrenden Jakobspilgern gedient hatten, tritt die städtische gotische Kathedrale. Der unverzüglich nach der Unterwerfung des Midi eintretende Baubeginn der Kathedralen von Béziers, Carcassonne und Narbonne macht unmißverständlich deutlich, wer fortan die Macht im Lande auszuüben gedachte: die Kapetinger und ihre vorausschauend protegierte Hausmacht.

Sie bestand nicht nur aus einem neugeschaffenen, treu ergebenen Hof- und Beamtenadel, der den alten Landadel verdrängte und eine störungsfreie Verwaltung des Kapetingerreichs gewährleistete, sondern auch aus zahlreichen ehemals armen Stadtbewohnern, die im Zuge eines Wirtschaftsaufschwungs zu selbstbewußten Stadtbürgern avanciert waren. Ihren Reichtum verdankten sie dem gewachsenen Warenverkehr, der die Städte in dynamische Handelszentren verwandelte, und einer Entwicklung, die ihren Ausgang auf dem Lande genommen hatte. Die teilweise Befreiung von feudalen Frondiensten durch die Kapetinger führte zu einer Steigerung der landwirtschaftlichen Produktivität und setzte Arbeitskräfte frei, die zu einem Aufschwung des Handwerks beitrugen. Mehr und mehr Hand-

Carcassone, St-Nazaire

werksbetriebe siedelten sich in den Städten an, hinter deren Mauern man Schutz, Arbeitsplätze und kaufmännisch begabte Handelsherren fand.

Der Löwenanteil des erwirtschafteten Mehrwerts floß in die Taschen der Bürger und Könige, die häufig eine Interessenkoalition eingingen, als das gewachsene Selbstbewußtsein von Krone und Stadt gegenüber dem deklassierten Landadel nach einem repräsentativen Wahrzeichen verlangte. Es stand außer Frage, daß diese Funktion am besten das neue Glanzstück mittelalterlicher Baukunst erfüllte: die gotische Kathedrale. Mit ihr konnten sich die Spitzen der mittelalterlichen Gesellschaftspyramide des Kapetingerreichs gleichermaßen identifizieren, denn der imposante gotische Baustil war im 12. Jh. auf fränkischem Boden entstanden und bedeutete ein Ehrfurcht gebietendes Symbol königlicher Macht und städtischer Schaffenskraft im religiösen Gewande.

Daß die Gotik in der westlichen Mittelmeerregion jedoch nicht annähernd so viele Spuren wie die Romanik hinterlassen hat, mag an der generell eher ablehnenden Haltung der mediterranen Bevölkerung gegenüber einer starken königlichen Zentralgewalt gelegen haben. Man verzieh den Kapetingern nicht, daß sie dem Süden die regionale Eigenständigkeit genommen hatten und zum Nutznießer des brutalen Kreuzzugs gegen die Katharer und ihre ländlichen Sympathisanten geworden waren.

Die neue gesellschaftliche Machtkonstellation seit dem 12. Jh., vor allem aber die anwachsende Dominanz der Städte gegenüber dem Land hat die Verbreitung der gotischen Sakralbaukunst in Frankreich gefördert. Möglich wurde der neue, imposante Baustil jedoch nur, weil findige Kirchenbaumei-

ster schon während der romanischen Epoche technische Antworten auf bisher ungelöste Statikprobleme gefunden hatten. In Cluny war man am Anfang des 12. Jh. auf die Idee gekommen, die Außenmauern vom Druck der Dachkonstruktion zu entlasten, indem man die alte Tonnenwölbung spitzbogig gestaltete und so die Schubkraft auf wenige tragende Mauerteile und Säulen lenken konnte. Der (spätromanische) Spitzbogen und das Kreuzrippengewölbe wurden zu signifikanten Bauelementen der Gotik. Sie schufen die Basis für eine statisch perfekte Skelettbauweise, ohne die eine monumentale Baukunst wie die der Gotik nicht zu verwirklichen gewesen wäre.

Kleine Städte
am großen Strom –

am Unterlauf der Rhône

Die Rhône bei Pont-St-Esprit

Hat man Lyon hinter sich gelassen (s. a. S. 335 ff.), erhöht sich wie von selbst der Druck aufs Gaspedal: noch 280 km bis zum Mittelmeer, vorbei an den unzähligen Öltanks der Petromultis, den Kühltürmen der AKW's von Cruas-Meysse, Montélimar, Pierrelatte und den Turbinen von Donzère-Mondragon – eine nicht enden wollende Kette von Industriekomplexen entlang der Rhône. Der dichte Verkehr auf der ›Autoroute du Soleil‹ fordert die ganze Konzentration. So verläßt man fast unbemerkt bei Valence die nördliche Vegetationszone und findet sich plötzlich südlich von Montélimar wieder, im weit in den geschützten Rhônegraben vorgeschobenen Verbreitungsgebiet von Zypresse, Steineiche, Öl- und Feigenbaum. Es riecht bereits nach Mittelmeer. Unvermittelt und schnell passiert der Nord-Süd-Verkehr die Schwelle zum mediterranen Frankreich. Ob wie heute auf der Autobahn, Nationalstraße und Eisenbahntrasse für den Hochgeschwindigkeitszug TGV am linken und rechten Ufer oder bis Mitte des 19. Jh. noch vornehmlich auf dem Fluß selbst – seit Jahrhunderten herrscht Hochbetrieb im Rhônetal. Die Römer nutzten das bis Lyon schiffbare Flußtal noch fast ausschließlich strategisch, um ihre Truppen, wenn nötig, rasch in die unruhigen nordgallischen und westgermanischen Kolonialgebiete verlegen zu können. Im Mittelalter wurde der Rhônegraben mehr und mehr zur Lebensader des östlichen Languedoc und später zu einem frequentierten Verbindungsweg zwischen den beiden dynamischen Wirtschaftsmächten des ausgehenden Mittelalters, Italien und den Niederlanden.

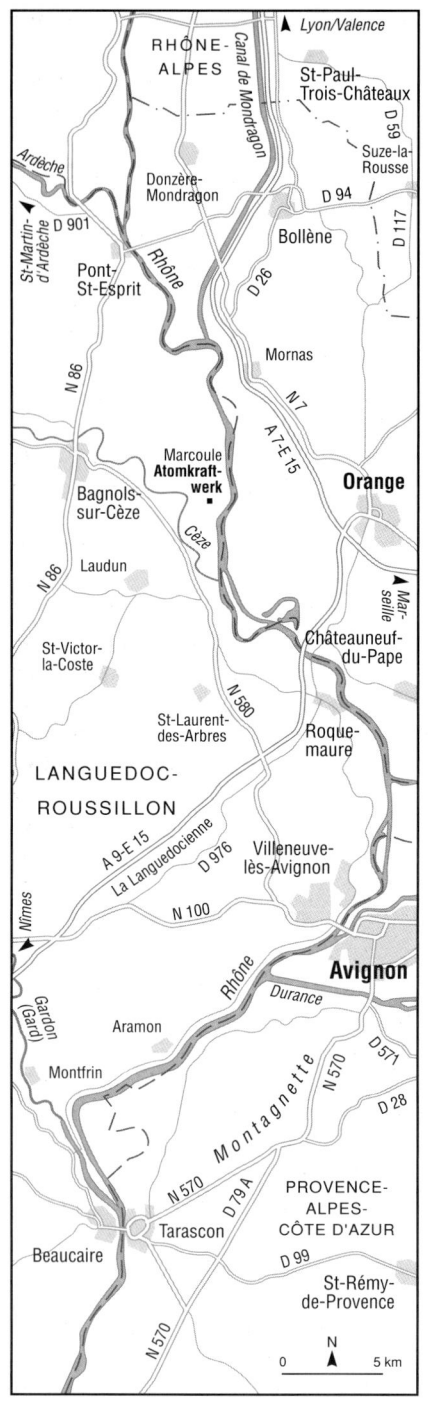

Was auch immer den Strom auf- und abwärts befördert wurde, ob im Spätsommer Salz, Wein und Seide für das verwöhnte Paris oder zu Winterzeiten Getreide und Holz für den hungrigen und frierenden Süden, es mußte schnell gehen, denn Zeit bedeutete von jeher Geld – kein Problem, solange es flußabwärts ging. Die meisten der etwa 30 bis 70 m langen, kiellosen Lastkähne, die bis zur Einführung der Dampfschiffahrt Mitte des 19. Jh. auf dem unteren Flußlauf verkehrten, benötigten etwa für die Strecke Lyon–Avignon zwei bis vier Tage. Besonders verwegene Schiffer, die ›den Fluß im Blut hatten‹, holten auch bei Mistralwind nur selten die Segel ein. Ein riskantes Unterfangen, denn knapp drei Monate im Jahr ragten zahllose Sandbänke aus der Fahrrinne; bei hohem Wasserstand hingegen drohten die Schiffe in den Sog von Stromschnellen zu geraten und an Ufern oder Brückenbogen zu zerschellen.

Besonders gefürchtet war die Brücke von Pont-St-Esprit und, wen wundert's, vielbesucht die nahe Kirche St-Saturnin. Wem es gelungen war, sein Schiff unbeschadet durch die besonders eng beieinander stehenden Pfeiler der Steinbrücke hindurchzumanövrieren, der stemmte sich anschließend gerne ins Steuerruder, um das rechte Ufer für einen Landgang zum nahen Gotteshaus in Pont-St-Esprit zu erreichen. An Bord der Personenfähren ging es zumeist weniger christlich zu; Diebstähle und Vergewaltigungen waren an der Tagesordnung, und so mancher

Routenkarte: am Unterlauf der Rhône

Fahrgast verschwand in den Fluten, weil er nicht gewillt war, den fern der rettenden Ufer willkürlich erhöhten Fährlohn zu bezahlen.

Am meisten jedoch fürchteten die abergläubischen Fahrgäste des Mittelalters die Rhône selbst, denn in ihrem dunklen Flußbett schienen sich Wassergeister und die Seelen ertrunkener Fahrgäste zu verbergen, deren Stimmen an windstillen Tagen deutlich zu vernehmen waren. Was die Phantasie der Vorfahren anregte, ist auch heute noch zu hören, besonders deutlich im Frühjahr nach der Schneeschmelze: Auf dem 812 km langen Weg von der Quelle in der Schweiz bis zur Mündung schwemmt Frankreichs zweitlängster und wasserreichster Fluß Unmengen von Geröll und Schlamm aus den Bergen ins Mittelmeer. Vornehmlich bei Hochwasser sind die Steine auf dem Flußgrund in ständiger Bewegung, rollen übereinander und verbreiten beim Aufeinanderschlagen ein gurgelndes Geräusch. Jedes Jahr spült die Rhône etwa 20 Mio. cm^3 Sedimentgestein den Flußlauf hinunter und lagert den Schutt im Bereich ihrer beiden Mündungsarme, der ›Grand Rhône‹ und der ›Petit Rhône‹, ab. Alle zwölf Monate schiebt die Rhône ihr Delta bis zu 50 m weiter ins Meer hinaus.

Flußaufwärts hatten die Flußschiffer die Rhône gegen sich. Wenn zusätzlich zur Strömung der Mistral blies, verdoppelten sich die ohnehin langen Fahrtzeiten – von Beaucaire nach Lyon beispielsweise auf vier Wochen und mehr. Um die Transportkosten niedrig zu halten, vertäute man diverse Kähne zu Schleppzügen und ließ sie auf Treidelpfaden von 50 und mehr Pferden gleichzeitig den Strom hinaufziehen. Ein mühsames Geschäft, das von den sog. Landschiffern, einem besonders rauhbeinigen Berufsstand, besorgt wurde. Kein Wunder, daß es viele Schiffer vorzogen, am Zielort ihre Schiffe als Baumaterial zu verkaufen, um auf dem Rücken eines Pferdes rasch in den Norden zurück zu gelangen und auf neuen Frachtschiffen die schnelle Reise flußabwärts anzutreten. Wären die Waren aus dem Süden nicht so begehrt gewesen, hätte sich der Handelsverkehr auf der Rhône bis zur Erfindung der Dampfschiffe vermutlich sehr einseitig entwickelt.

Kaum weniger kompliziert war es über Jahrhunderte, von einem Ufer zum anderen zu gelangen. Das hatte weniger technische Gründe, denn seit dem Mittelalter überspannten erstmals stabile Steinbrücken den Fluß, die Villeneuve-lès-Avignon und Avignon oder Beaucaire und Tarascon zu Doppelstädten machten. Auch am Fährverkehr kann es nicht gelegen haben, der wegen der starken Strömung und notorisch überladener Kähne und Flöße zwar ein waghalsiges und viele Menschenleben kostendes Unternehmen blieb, aber nur zu Hochwasserzeiten völlig eingestellt wurde.

Die Ursachen waren eher politischer Natur, denn bis zur Einverleibung der linksrhônischen Provence durch Ludwig XI. 1481 war die Rhône ein Grenzfluß und ihr östliches Ufer Ausland. Der Unterlauf gehörte allerdings seit der Okkupation des Languedoc durch die Kapetinger im Jahre 1271 auf ganzer Breite zum Königreich Frankreich. Die Rhône wurde deshalb zu jener Zeit vornehmlich in Nord-Süd-Richtung befahren und verband den westlichen Mittelmeerraum wirtschaftlich mit der Ile de France und Paris.

Avignon verblieb sogar bis zur Französischen Revolution von 1789 im Besitz der Päpste und Gegenpäpste, ein Umstand, der immer wieder zu Reibereien führte, wenn die Kirche einen Teil des Brücken- und Wegezolls in ihre Taschen zu stecken versuchte und ihre Rechtsprechung über das Flußufer hinaus auszudehnen gedachte.

Nach wie vor trennt die Rhône zwei Landschaften unterschiedlicher Geschichte und Geographie. Die gemeinsamen Interessen der beiden Wirtschaftsregionen Provence-Alpes-Côte d'Azur und Languedoc-Roussillon reichen heute zwar über die jeweils gegenüberliegenden Ufer hinaus und weit den Flußlauf hinauf. Dennoch nimmt sich die Schiffahrt im Vergleich zu anderen europäischen Strömen relativ bescheiden aus. Die Ursachen sind vielfältig. Zum einen ist die Rhône nicht einfach zu erreichen und etwa mit dem Rhein nur durch einen kleinen Kanal verbunden. Darüber hinaus fehlt es im Einzugsbereich des schiffbaren Unterlaufs an großen Städten, die auf den Fluß als Transportweg angewiesen wären. Nicht einmal Lyon nutzt die Rhône intensiv zum Warenumschlag, sondern wickelt fast 95 % seines Wirtschaftsverkehrs über Schiene und Straße ab.

Man hatte diese Entwicklung geahnt oder, besser gesagt, gefördert und deshalb bereits 1934 begonnen, die Rhône zur Stromerzeugung und Bewässerung nutzbar zu machen. Der Fluß geriet in die Fänge der Technik. Heute wird der wilde Strom von 20 Stauwerken und diversen Flußbegradigungen gezähmt. Und auf einer Entfernung von nur 50 km entnehmen südlich von Valence allein vier Atomkraftwerke ihr Kühlwasser der Rhône – dem mittlerweile am intensivsten von der Nuklearindustrie genutzten Fluß Frankreichs.

Pont-St-Esprit

Le Saint-Esprit, der Heilige Geist persönlich, so die Legende, habe als dreizehnter Arbeiter an der Rhônebrücke mitgebaut und dem kleinen Städtchen zu seinem schönsten Bauwerk und vertrauenerweckenden Namen verholfen. Doch selbst im abergläubischen Mittelalter hatte man so seine Zweifel an der überlieferten Entstehungsgeschichte. Einem derart illustren Bauarbeiter wären doch wohl kaum solche gravierenden Baumängel unterlaufen, wie sie das 919 m lange Viadukt bei seiner Fertigstellung im Jahre 1309 aufwies. Urkundlich belegt sind zahllose Schiffbrüche, die sich an den ursprünglich 25 äußerst engen Brückenbogen ereigneten. Erst 1855 ersetzte man die beiden letzten, der Stadt nächstgelegenen Bogen durch ein weitgespanntes Rund, um den Schiffen die Durchfahrt zu erleichtern. Damit war zumindest ein Manko der Brücke beseitigt, die auf Betreiben der Brüderschaft ›Zum Heiligen Geist‹ entstanden war und als einzige intakte Rhônebrücke aus dem Mittelalter erhalten geblieben ist.

So mancher Autofahrer mag sich über die Robustheit des Bauwerks ärgern und insgeheim beklagen, daß sich Vauban, der Militärarchitekt Ludwigs XIV., nicht mit seinen Plänen zur Erweiterung des zu schmal geratenen

Atomare Energiepolitik Frankreichs

Kühltürme waren in den achtziger Jahren der ganze Stolz des staatlichen Strommonopolisten EdF (Electricité de France). »Eindrucksvoll ragen sie als Symbole französischer Spitzentechnologie in den strahlenden [!] Himmel des Languedoc und stellen mit ihrer kühnen Architektur sogar manches historische Bauwerk in den Schatten.« So die Verlautbarungen der Atomlobby über den schnellen Brüter und das Atommüllzwischenlager Marcoule südlich von Pont-St-Esprit. Selten sei die Nuklearindustrie ehrlicher gewesen, konterten Atomkraftgegner bei einer Protestveranstaltung im Departement Gard. Denn längst dürfte mit großer Wahrscheinlichkeit im Umfeld der Atomanlage eine

Das Kernkraftwerk Tricastin/Pierrelatte, eine der zahlreichen von der Autobahn Lyon-Marseille aus zu sehenden Nuklearfabriken am Unterlauf der Rhône

erhöhte radioaktive Strahlung festzustellen sein. Darüber hinaus pusteten die Schlote Warmluft in den Himmel und hüllten – wie es die Atomlobby verspräche – umliegende Dörfer in Schatten, wenn es der Sonne bei winterlicher Inversionswetterlage nicht gelänge, die hausgemachten Nebelschwaden zu durchdringen.

Der bis heute von den meisten Parteien und der EdF mit enormen Werbeetats verbreitete Nimbus einer sicheren und pannenfreien französischen Kernenergie hat längst Kratzer bekommen, seit 1989 bei 15 Atomkraftwerken gleichzeitig Störungen auftraten und Stromsperren verhängt werden mußten. Und was die Katastrophe von Tschernobyl nicht bewirken konnte, weil die wahren Ausmaße des Reaktorbrandes in der französischen Öffentlichkeit nur wenig Beachtung fanden, haben die Ergebnisse heimlicher Bodenproben durch Journalisten der Boulevardzeitung ›Le Parisien‹ Anfang 1991 bewirkt: Die unbemerkt entnommene Erde auf dem Gelände des ehemaligen Zwischenlagers St-Aubin bei Paris wies eine derart hohe Radioaktivität auf, daß ein Teil der fortschrittsgläubigen und überaus technologiefreudigen Mehrheit der Franzosen wachgerüttelt wurde.

Dies nicht allein wegen der besorgniserregenden Becquerelzahl, sondern weil der staunenden Öffentlichkeit bewußt wurde, daß es in Frankreich bis zu jenem Zeitpunkt kein von der Nuklearindustrie unabhängiges Institut zur Überprüfung derartiger Bodenproben gab. Unter dem Druck der Presse wurde dieser Mißstand beseitigt und die EdF vom Staatspräsidenten persönlich zur strengeren Einhaltung der Sicherheitsvorschriften ermahnt. Auch im Industrieministerium macht man sich seit diesem Vorfall mehr als bisher Gedanken über den weiteren Ausbau der französischen Atomenergie und die unzureichende Kapazität und Sicherheit der Endlagerstätten. Man hat erkannt, daß größere Bürgerproteste in Zukunft wohl nur zu vermeiden sein werden, wenn der kleine Kreis von Nukleartechnokraten unter parlamentarische Kontrolle gestellt wird und die Volksvertreter bei zukünftigen Entsorgungsfragen ein Wort mitzureden haben. Die französische Atomindustrie wird sich umstellen müssen, denn 15 Jahre lang hatte sie von den Politikern nur Zuspruch erfahren.

Nach den Erdölpreisschocks von 1973 und 1979 ließ sich der damalige Staatspräsident Giscard d'Estaing vor den Karren der staatlichen Energiewirtschaft spannen und das Versprechen entlocken, mit ganzer Kraft das »ehrgeizigste Kernenergieprogramm der Welt« zu fördern. Trotz einiger Abstriche, die durch EG-Energiesparverordnungen nötig wurden, erreichte Frankreich unter Mitterrand mit einem Atomstromanteil von 80% (in der BRD: 33%) an der nationalen Energieerzeugung den angekündigten Spitzenplatz. Die hohe Produktion von Atomstrom wird auch in Zukunft ein Staatsziel bleiben, um von ausländischen Energien unabhängig zu bleiben und durch die Ausfuhr von Strom die Exportbilanzen zu verbessern.

Rhôneüberganges (der zweite Konstruktionsfehler) hatte durchsetzen können. So quälen sich Lastwagen und viel zu viele Autos über die enge Brücke, auf der zur Ferienzeit häufig der Anreiseverkehr ins nahe Ardèchetal zum Erliegen kommt (s. Farbabb. 25 und Abb. S. 74 f.).

Die weithin sichtbaren, ufernahen Kirchen St-Pierre-de-Prieuré (im 18. Jh. rekonstruiert), St-Saturnin (im 14. und 15. Jh. rekonstruiert) und die Chapelle des Pénitents (18. Jh.) versprechen mehr, als sie bei näherer Betrachtung halten. Sie rahmen den Platz St-Pierre, dessen Terrasse immerhin einen schönen Ausblick auf Brücke und Rhônetal bietet. Das Museum Paul Raymond beherbergt prähistorische Fundstücke und eine Ausstellung zur lokalen Geschichte.

St-Laurent-des-Arbres

Der unscheinbare, westlich der N 580 gelegene Ort verbirgt einen schönen Kern: eine romanische Kirche mit einer bemerkenswerten achteckigen Vierungskuppel aus dem 12. Jh., die im 14. Jh. zu einer Wehrkirche umgestaltet wurde.

Villeneuve-lès-Avignon

Reiche haben einen guten Riecher. Das war schon immer so. Besonders im Mittelalter, wo eine fehlende Kanalisation die feinen Nasen der städtischen Oberschicht malträtierte. In der übervölkerten Papststadt Avignon war es der Klerus, dem es zuerst zum Himmel stank – und der es sich leisten konnte, das Weite zu suchen. Das lag, welch göttliche Fügung, nicht fern, auf der anderen Uferseite, von wo die Einwohner Avignons nach stickigen Sommern sehnsüchtig den Mistral erwarteten. Seine kräftigen Böen vertrieben den Kloakengestank aus den Gassen und verwöhnten ab und zu die geplagten Nasen mit einem Hauch würzigen Heidedufts aus der nahen Garrigue. Dort also, jenseits der Rhône, im Schutze des dicht begrünten Klosterhügels Puy Andaon, hatten begüterte Kardinäle und andere Würdenträger der Kirche schon zu Lebzeiten ihr Paradies gefunden. Dicht genug bei der Stadt, um jederzeit den kirchlichen Geschäften nachzugehen, weit genug entfernt vom weltlichen Lärm und Dreck Avignons, um ungestört zu meditieren und den Segen des Allmächtigen für weitere Jahre des Wohlstands zu erflehen.

Villeneuve-lès-Avignon war aber nicht nur eine Zufluchtstätte stadtmüder Kirchenmänner während der Jahre, als in Avignon sieben Exil- und zwei Gegenpäpste regierten (1316–1430). Dafür hatte der kaufmännisch begabte Heilige Bénézet den mit Zolleinnahmen finanzierten *Pont d'Avignon* nicht erdacht und 1185 erbaut. Damit seine (nur noch rudimentär vorhandene) Brücke so berühmt werden konnte, um in dem vermutlich bekanntesten französischen Kinderlied besungen zu werden, müssen auf ihr wohl noch berühmtere Zeitgenossen als die längst vergessenen Kirchenmänner über die Rhône gelangt sein.

Einer von ihnen war Philipp der Schöne. Er begründete 1293 unterhalb des Klosters und des Forts St-André, das seit den Katharerkriegen bereits zur Hälfte im Besitz der französischen Krone war, eine neue Stadt, das spätere Villeneuve-lès-Avignon. Noch im selben Jahr ließ er unweit der Brücke eine weitere Verteidigungsanlage bauen, von der nur noch der imposante (und besteigbare) ›**Turm Philipps des Schönen**‹ erhalten ist. Der gutaussehende König glaubte, daß es sich lohne, ein Auge auf Avignon zu werfen – nicht wegen der angeblich so attraktiven Einwohnerinnen, sondern aus Angst vor feindlichen Übergriffen der männlichen Einwohnerschaft auf französisches Königsland. Schon im Katharerkrieg hatte Avignon gegen die Krone gekämpft und sich auf die Seite des Grafen von Toulouse geschlagen, des Widersachers des Papstes und der sich formierenden französischen Zentralmacht.

Nun, nachdem die Päpste wegen politischer Unruhen Rom verlassen hatten und nach Avignon ins Exil gehen mußten, konnte man nicht wissen, auf welche Gedanken sie das langweilige Provinzleben brachte und zu welchen Schandtaten sie die Bürger Avignons anstiften würden. Seine Befürchtungen waren unbegründet. Es blieb fast 500 Jahre friedlich in der Stadt. Villeneuve-lès-Avignon sonnte sich im Glanz seiner illustren Gäste, Kardinäle und pensionierter Kirchenmänner der Papststadt, hielt sich den Hundertjährigen Krieg mit England (1339–1453), die Pest (u.a. 1348) und die Hugenottenkriege (1562–1598) vom Leibe und ging erst vor der Französischen Revolution (1789) in die Knie, während der die Päpste und ihre Günstlinge aus den Schwesterstädten vertrieben und ein Großteil der Sakralbauten zerstört wurden.

Als Ausgangspunkt der Stadtbesichtigung bietet sich der Avignon zugewandte, unterhalb des Fort St-André gelegene Parkplatz an der Avenue de Verdun an, auf dem donnerstags ein lebhafter Markt die Autos vertreibt. Vom 1362 errichteten **Fort St-André** mit seinem wuchti-

Das Fort St-André, mächtiges Bollwerk der französischen Könige gegen das päpstliche Avignon auf der gegenüberliegenden Flußseite

gen, das Stadtbild dominierenden Doppelturm und der schwungvollen Umfriedungsmauer, hinter der sich nur noch Reste des ehemaligen Klosters verbergen, führt ein fünfminütiger Weg zu einem Durchgang im Haus Nr. 10 in der Rue de la République und schließlich auf verschlungenem Zickzackkurs zur **Chartreuse du Val de Bénédiction**. Bescheidenheit zahlt sich aus: Das zum Papst gewählte Oberhaupt aller Kartäuser, Jean Birel, hatte demutsvoll auf das hohe Amt verzichtet. Der glückliche Sieger der Neuwahl, Etienne Aubert, nannte sich fortan Innozenz VI. und stiftete zum Dank für den unerwarteten Karrieresprung 1356 den Kartäusern seinen ehemaligen Kardinalswohnsitz. Aus dem Eremitenkloster entwickelte sich die größte und einflußreichste Kartause Frankreichs, in deren sehenswerten Räumlichkeiten heute ein internationales Kulturzentrum Künstlern Arbeits- und Wohnmöglichkeiten bietet und dem allsommerlichen Theaterfestival von Avignon Konkurrenz macht.

Im ersten Stock des **Musée Municipal** an der Rue de la République läßt sich von bequemen Sitzmöbeln aus das Prunkstück der Sammlung sakraler Kunst aus der Zeit der Päpste Avignons betrachten: das 1453 von Enguerrand de Quarton für die *Trinité*-Kapelle der Kartause angefertigte, großformatige Gemälde ›Die Marienkrönung‹, eine souverän komponierte Ansammlung mittelalterlicher Glaubenssymbole, Bibelgestalten und kirchlicher Würdenträger. Vom Ausgangspunkt trennen einen jetzt nur noch ein kurzer Schlenker zur 1333 errichteten **Kollegiatskirche** an der Place St-Marc.

Montfrin

Mit dem Besuch des etwa 10 km nordwestlich von Beaucaire gelegenen Schlosses betritt man historischen Boden. Das schlichte klassizistische Bauwerk, in dem Ludwig XIII. zeitweilig Quartier nahm, steht auf dem Gelände einer römischen Militäranlage, auf die nur noch Reste eines Wehrturms hindeuten. Von dem Gemetzel, das Karl Martell im 8. Jh. an diesem Ort den Sieg über vordringende Sarazenen eingebracht hat, weiß man aus Urkunden. Das Blut soll dabei reichlich geflossen sein und sogar das Grundwasser rot gefärbt haben.

Beaucaire

Schnell erzählt ist die Stadtgeschichte. Nachdem die Via Domitia zwischen Tarascon und Beaucaire über die Rhône geführt worden war (s. S. 37), lag die Siedlung an einer der meistfrequentierten Verkehrskreuzungen des Languedoc. Der Ort lebte zunächst vom eigenen Warenaustausch auf Jahrmärkten und Messen, die bereits im 13. Jh. Händler und Hausierer anzogen.

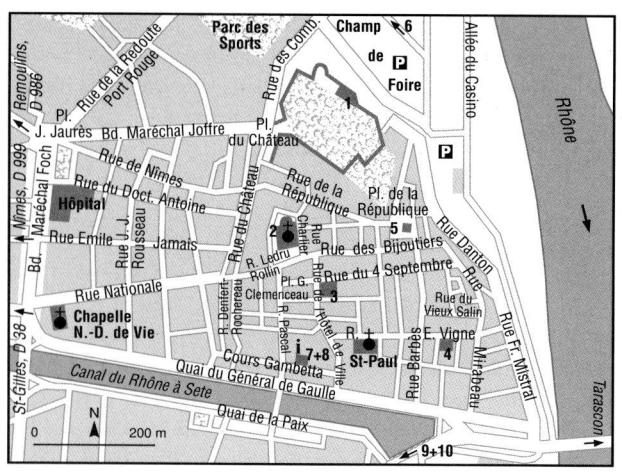

Nach Erhalt der Stadtrechte profitierte man zusätzlich von Zöllen und Mautgebühren für Waren, die in Nord-Süd-Richtung auf der Rhône und in Ost-West-Richtung auf der alten Römerstraße das Stadtgebiet passierten. Der Kommerz regierte die Stadt und weckte die Begehrlichkeit der Kirche. Seit jeher waren hier wie andernorts unter den Menschenmassen, die zu kirchlichen Festen und sonntäglichen Messen zusammenströmten, zahlreiche Händler gewesen. Mit geläuterten Kirchgängern ließen sich gute Geschäfte machen. Gefüllte Kaufmannskassen sorgten wiederum für volle Klingelbeutel. Die Händler wußten schließlich, wem sie die Kauflust der Menschen zu verdanken hatten.

Auch im mittelalterlichen Beaucaire waren sich Könige, Kleriker und Kaufleute über die Bedeutung des kirchlichen Kalenders für den Handel einig. 1464 erteilte die Kirche einer einwöchigen Handelsmesse den Segen, die seither jährlich am 21. Juli, dem Beginn der religiösen Feierlichkeiten zu Ehren der Stadtpatronin, der hl. Magdalena, eröffnet wurde. Zeitgleich gewährte die Krone Steuerfreiheit auf die umgesetzten Waren. Die Stadt entwickelte sich zu einer europaweit bekannten Messestadt. Hunderttausende strömten bis zur Eröffnung neuer Eisenbahnlinien und der Erschließung anderer Absatzmärkte Mitte des 19. Jh. jährlich für ein paar Wochen in die beschauliche, damals wie heute etwa 13 000 Einwohner zählende Stadt.

Mehr Zeit als seine Chronik verdient das verschlafene Städtchen selbst, das etwa vom Cours Gambetta und dem *Syndicat d'Initiative* aus – vis-à-vis des Hafenbeckens vom Canal du Rhône à Sète – bequem zu Fuß zu erkunden ist. Die interessantesten Geschichten haben sich zu Messezeiten unterhalb der von einem schönen Park umgebenen Halbruine des **Château (1)** aus dem 11./13. Jh. abgespielt. Es gehört nicht viel Phantasie dazu, sich vorzustellen, was in den Gassen, auf den Plätzen und hinter den Fassaden großer Kaufmannshäuser im heißen Monat Juli während der Messewoche für ein Gedränge, Dreck, Gestank und Lärm geherrscht haben muß. Sogar die 1734 auf den Überresten eines romanischen Vorgängerbaus errichtete Barock-kirche **Notre-Dame-des-Pommiers (2)** – einen Häuserblock nördlich des **Hôtel de Ville (3)** von 1679 an der Rue L. Rollin gelegen – wurde nur schwer dem Ansturm der Massen Herr. Die Priester arbeiteten, so die Überlieferung, zeitweilig im Akkord, um Beichten abzunehmen und die Geschäfte Schlange stehender Kaufleute und Kunden ›abzusegnen‹.

War tagsüber schon kaum ein Durchkommen in den übervölkerten, mit Verkaufsständen zugestellten Sträßchen, drängten am Abend zusätzliche Massen vom Hauptmesseplatz am Rhôneufer, dem *Champ de Foire*, in die Stadt. Der Abend gehörte – nicht anders als heute – der Ablenkung vom hektischen Messetag. Das war die Stunde der Musiker, Gaukler, Köche – und der Huren, die in mittelalterlicher Tradition nahe der Kirche und auf der Rhônebrücke ihre Liebesarbeit anboten.

Nach einer Woche war der Spuk vorbei. Die Waren wurden auf überladenen Kähnen und Ochsenkarren festgezurrt. Hunderte von Rhôneschiffen, auf denen Händler und Besucher aus Platzmangel die Nächte verbringen mußten, lichteten die Anker. Für kleinere Trickdiebe öffneten sich die Kerkertore, und Tagelöhner verdienten sich einen Kreuzer mit der Beseitigung des Abfalls; sie warfen den Dreck in die Rhône oder entzündeten die in den Gassen aufgehäuften Müllberge, so daß der Schwelrauch noch Tage über der Stadt hing.

Mittagsleere auf Beaucaires schönstem Platz, der Place de la République

Beaucaire, die Stadt des Stiers: Denkmal an der Rhône für den legendären Le Clairon (rechts) und ein vielversprechender Nachwuchsstier in den Arenen der Stadt, dem der weißgekleidete Razeteur die zwischen den Hörnern befestigten Bindfäden, die Ficelles, mit Hilfe einer Metallkralle abzureißen versucht

Die Ortsansässigen hatten dafür kaum eine Nase, denn nun wurde Kassensturz gemacht. Entlang der Rue de la République (nördlich der Kirche Notre-Dame), in der die begehrten und teuren Tuchwaren hergestellt und angeboten wurden, deuten die teilweise prächtigen Häuser (Nr. 21 und 23, von 1745 bzw. 1680) auf regelmäßige und gute Umsätze hin. Und im **alten Kaufmanns- und Handwerkerviertel (4)**, im Eck zwischen Rhône und Kanal, zählten die kleinen Fisch- und Salzhändler der Rue des Pêcheurs und Rue du Vieux Salin ihr Geld. Es wird kaum gereicht haben, um bei den Juwelieren in der Rue des Bijoutiers einzukaufen (südlich der Rue de la République). Diesen Luxus konnten sich höchstens die reichen Kaufmannsfrauen erfüllen, nachdem ihre Männer die Messegewinne bilanziert hatten.

Am wohl schönsten Platz der Stadt, der anheimelnden **Place de la République** (vormals Place Vieille), dürfte in der Vergangenheit so mancher Geschäftserfolg begossen worden sein. Und noch heute feiert man hier gerne Siege. Nicht die von heimischen Kaufleuten über Konkurrenten; das ist lange vorbei. Heute bejubelt man in der kleinen **Bar Taurin (5)** voll Inbrunst den einen oder anderen Stier, sofern er beim sonntäglichen Kampf über seine Herausforderer, eine Handvoll Männer aus der Umgebung, triumphieren konnte. Von Ostern bis Oktober ist Stierkampfsaison in der **Arena (6).** Dann grassiert in Beaucaire *La Taureaumania*, das Stierkampffieber. Die Stadt ist eine Hochburg der *Course camarguaise*, des provenzalischen Stierkampfspiels, das nichts mit dem blutigen Ernst der spanischen *Corridas* gemein hat – außer dem Fanatismus seiner Fangemeinde.

Und die stellt so manches in der Stadt auf die Beine. Zwei monumentale Stiere z. B., in Stein gehauen und an markanten Stellen plaziert. Goya und Clairon heißen die verblichenen Heroen der Arena. Der eine schaut im Nordosten der Stadt auf eine belebte Straßenkreuzung, der andere bewacht die Rhônebrücke und das Hafenbecken am Quai du Général de Gaulle. Beide haben einen stolzen und entrückten Blick, wie man ihn eigentlich nur bei einem siegreichen Torero erwarten würde.

Die Ardèche

Der Fluß kommt zum Kanuten: Das ist das Geheimnis für die ungebrochene Popularität der Ardèche bei Europas Bootssportlern, die ohne viele Umwege aufs Wasser wollen. Kaum 30 km sind es von der Auto-

Wild auf Wasser

die Ardèche und Cèze rauf und runter

bahn über Pont-St-Esprit zum Unterlauf des Wildflusses. Etwa die gleiche Strecke messen *les Gorges de l'Ardèche* (s. Farbabb. 26), die tief ins Kalkgestein eingeschnittenen Flußschlingen zwischen St-Martin-d'Ardèche und Vallon-Pont-d'Arc, dem überlaufenen ›Basislager‹ der Wassersportler am Nordausgang des Cañons.

Die Ardèche bildet mit ihrem Unterlauf die krumme Naht zwischen Bas-Vivarais und Languedoc und verbindet die nördliche mit der mediterranen Vegetationszone. Das ist ihr Reiz, zu Wasser und zu Lande. So kommt es, daß sich auf dem Wildfluß zwischen April und September zu Ferienzeiten die Kajaks und Kanus drängeln, während oben, auf der schönen Höhenstraße, eine zuweilen endlose Wohnmobilkarawane durch das hügelige, im Sommer spärlich begrünte Karstplateau zieht – und regelmäßig ins Stocken gerät, wenn immer die zahlreichen *Belvédère*-Wegweiser ein Postkartenpanorama auf den tiefgelegenen Flußlauf ankündigen.

Auch links und rechts des Cañons ist die Ardèche in den Untergrund gegangen. Tief im Felsen fressen sich ihre unsichtbaren Nebenarme in den Felssockel und waschen Höhlen aus dem Gestein. Dort, wo kalkhaltiges Sickerwasser in die Grotten tröpfelt, füllen sich die immensen Hohlräume seit Jahrmillionen mit Tropfsteinen und wachsen – millimeterweise – wie-

der zu. In manchen der Höhlen, die von dem Naturkreislauf ausgeschlossen sind und deshalb trocken blieben, waren andere Kräfte am Werk. Vor etwa 20 000 Jahren, zu einer Zeit, als die Stalagmiten in den zahlreichen zu besichtigenden Tropfsteinhöhlen nur etwa 2 m niedriger als heute waren, griffen Cromagnonmenschen zu Holzkohle und Ocker und versahen die trockenen Felswände der Unterkünfte mit Malereien und Ritzzeichnungen ihrer Tierwelt: Mammut, Auerochsen, Pferde und Hirsche. Dreizehn dieser ausgeschmückten Höhlen hat man im unteren Ardèchetal entdeckt (s. S. 31).

Ungeklärt bleibt der Grund für die künstlerische Betätigung der Nachfahren des *Homo erectus praesapiens*, des vermutlich ersten Menschenwesens an der Ardèche vor 1,5 Mio. Jahren, und des Neandertalers, der seit 100 000 v. Chr. an dem Wasserlauf Schutz und Nahrung fand. Eine Antwort auf die Frage, ob die Kunstwerke eine urtümliche Form darstellen, Nachrichten dauerhaft zu speichern, etwa zu rituellen Zwecken, oder ob es sich um l'art

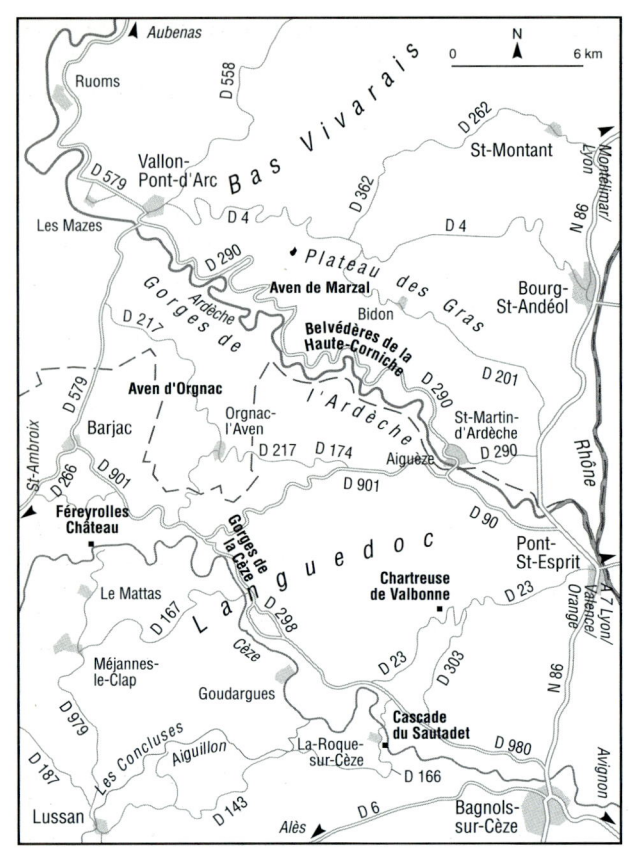

Routenkarte:
Ardèche und Cèze

pour l'art einer Menschengattung handelt, die durch verbesserte Jagd-
methoden Zeit für eine Ästhetisierung ihrer Lebenswelt fand, bleibt ohne
Einfluß auf die Ausdruckskraft der Felsmalereien.

Weniger spekulativ als Vermutungen über die Lebens- und Denkweisen
der Cromagnonmenschen sind die Folgen des jährlichen Andrangs der
Kanusportler im gesamten Ardèchetal. Sie zwingen seit kurzem die Gemeinden trotz Steuerverlusten dazu, private Bauvorhaben und die Zahl von
Bootsverleihern am Nord- und Südausgang der *Gorges* der Umwelt zuliebe
erheblich zu begrenzen und die unerschrockenen Verfechter des Wildzel-
tens mit drakonischen Geldstrafen von den Vorteilen offizieller Campingplätze zu überzeugen.

St-Martin-d'Ardèche

Das außerhalb der Saison beschauliche Örtchen am Südausgang der *Gorges*
hat zur Ferienzeit den gesamten Autoverkehr zu bewältigen, der sich von
Pont-St-Esprit über die einspurig befahrbare Hängebrücke oder weniger
zähflüssig auf der D 290 ab St-Just in das Ardèchetal ergießt. Der schöne

Blick von der Uferpromenade auf das gegenüberliegende Aiguèze lohnt eine Fahrtunterbrechung. Etwa 1,5 km nördlich, an der Anlegestelle Sauze-Plage, stauen sich abends die Transportwagen, um die Boote und Kanuten wieder zum Ausgangsort Vallon-Pont-d'Arc zurückzubringen.

Bidon

Zwei Attraktionen hat das kleine Nest: das Musée Préhistorama, ein Freilichtmuseum mit aufwendig nach Knochenfunden rekonstruierten Vormenschen, und die Grotte Tête du Lion. Um die empfindlichen Höhlenmalereien zu schützen, deren Entstehung sich nach Analysen der Holzkohlefarben exakt auf das Jahr 19 750 v. Chr. datieren lassen, ist die Höhle bis auf weiteres nicht zugänglich. Kopien dieser und anderer im Ardèchetal entdeckter Höhlenmalereien sind im urgeschichtlichen Museum bei der Tropfsteinhöhle Aven d'Orgnac ausgestellt (s. S. 93).

Aven und Grotte von Marzal

Eine 130 m hohe Freitreppe führt in die wohl sehenswerteste der drei Tropfsteinhöhlen längs der Höhenstraße. Die Führung schließt den Besuch eines kleinen Museums zur Höhlenforschung ein. Den etwas kitschigen ›prähistorischen Zoo‹ mit lebensgroßen Nachbildungen von Dinosauriern und sonstigem Urgetier erschließt ein empfehlenswerter Spaziergang durch die Garrigue.

Vallon-Pont-d'Arc

Das 2000 Einwohner zählende, eher schmucklose Dorf lebt vom Obstanbau und natürlich von den Kanusportlern, die im Sommerhalbjahr den Ort und die zahlreichen Zeltplätze (über)füllen und für eine quirlige Atmosphäre sorgen. In den Straßencafés und kleinen Restaurants dominiert das Kanutenlatein. In der *Mairie* im Louis XIII-Stil befindet sich eine Wandteppichsammlung, u. a. mit sieben Aubusson-Tapisserien aus dem 17. Jh.

Les Mazes

Ein unauffälliges Gebäude am nördlichen Rand der 3 km westlich von Vallon-Pont-d'Arc gelegenen Siedlung entpuppt sich als Seidenraupenzucht, eines der letzten Relikte eines ausgestorbenen Erwerbszweiges des Vivarais und der nahen Cevennen. Etwa von Mitte Juni bis Mitte September kann man in der kleinen *Magnanerie,* die nur durch Eintrittsgelder überleben kann, die Raupen wachsen sehen – und hören: Das gierig schmatzende Gewürm frißt sich pausenlos durch Maulbeerblätterberge und verzehntausendfacht in nur wenigen Wochen sein Gewicht, bevor es sich in Seidenkokons verpuppt und dem nahen Ende entgegendämmert. Denn ehe sich die häßlichen Raupen im Schutze ihrer seidenweichen Brutkästen in schöne Schmetterlinge verwandeln, werden sie vergast, damit die kostbare Hülle unzerstört bleibt. Bis zur Eröffnung des Sueskanals, durch den preiswertere Seide aus dem Fernen Osten nach Südfrankreich gelangte, war die Seiden-

raupenzucht ein einträglicher Erwerbszweig für die arme Landbevölkerung gewesen (s. S. 125 ff.).

Aven d'Orgnac

1935 seilte sich ein französischer Höhlenforscher in den sagenumwobenen Schlund nahe der kleinen Ortschaft Orgnac ab und fand Erstaunliches: ein Meer monströser Kalksäulen und ein wüstes, durch vorzeitliche Erdbeben durcheinandergewürfeltes Stalagmiten- und Stalaktitenchaos, das Ganze aufgehäuft in einer wirklich gigantischen, 250 m langen und bis zu 40 m hohen Höhle. Ein Fahrstuhl und Hunderte von Treppen bringen einen in die farbenprächtige Urzeit, die sich hier so eindrucksvoll wie in keiner anderen Ardèchehöhle präsentiert. Der Tropfsteinhöhle angegliedert ist ein neuerbautes, didaktisch hervorragend konzipiertes Museum für Urgeschichte.

Die Cèze

Dem kleinen Wildfluß fehlt bislang meistens, was das Ardèchetal im Sommer stets im Überfluß hat: Kanustaus und Autoschlangen. Vermutlich, weil die Gorges de la Cèze nicht tief, die Wasserstände selten hoch und die Strömungen niemals reißend genug sind, um Kanutenkollegen mit einer gekonnten Eskimorolle beeindrucken zu können. Kanu-Cracks beurteilen die Cèze abschätzig als ›Rentnerbach‹. Sie vergessen, daß auch die wildere Ardèche bis auf wenige Wochen im Jahr recht zahm und kaum eine wirkliche Herausforderung für versierte Kajak- und Kanufahrer ist.

Am Mittellauf der Cèze geht es also etwas gemächlicher zu als im Nachbar-Cañon. Die meisten der nur im Hochsommer übervollen Zeltplätze und FKK-Gelände verbergen sich fern der Durchgangsstraßen an den schwer zugänglichen Flußufern im südlichen Orgnacplateau, und die kleinen, in die vegetationsreichen Hochebenen eingebetteten Orte sind bis auf Barjac und die Ferienkolonie Méjannes-le-Clap weniger auffällig auf Urlaubsbedürfnisse getrimmt. Der Fluß selbst scheint sich dem mediterranen Tempo anzupassen und ohne Eile der Rhône entgegenzufließen. Das war nicht immer so. Jahrhundertelang gebärdete sich die Cèze nach Schneeschmelzen und starken Regenfällen in den Cevennen so wild und unberechenbar, daß der einstmals rege Flußverkehr zwischen Alès und Bagnols-sur-Cèze regelmäßig unterbrochen werden mußte. Heute schützen diverse Staudämme die fruchtbaren Böden längs des Unterlaufs vor Überschwemmungen. Und das aus gutem Grund: Einige Flußschleifen südlich des Orgnacplateaus erreicht der Wildbach den erlesensten Teil der Rhôneufer, die ›Côtes du Rhône‹, eines der bekanntesten und größten Weinanbaugebiete Südfrankreichs.

Blick auf den Ardèchelauf, links die sog. Kathedralfelsen

Bagnols-sur-Cèze

Mittendrin im sanft gewellten Weinland liegt die Kapitale des nördlichen Gardkreises. Die schöne Lage trügt. Hochhäuser verdecken das historische Zentrum und teilen die Stadt in zwei Hälften. Gespalten ist auch die Bevölkerung. Ein kleiner Teil der alteingesessenen Winzer kämpft noch immer den aussichtslosen Kampf gegen den jungen Haupterwerbszweig der Stadt, die Nuklearindustrie. 1954 fiel der Startschuß zum Bau des Atommeilers von Marcoule am nahegelegenen Rhôneufer. In nur wenigen Jahren stieg die Zahl der überwiegend ländlichen und bis dahin überalterten Einwohnerschaft um das Vierfache, sank das Durchschnittsalter erheblich ab. Seither haben die Beschäftigten in der Nuklearindustrie den ehemaligen Winzerort fest im Griff, und auch dem sehenswerten Altstadtkern rund um die Place Mallet ist längst die Schläfrigkeit ausgetrieben worden. Im *Hôtel de Ville* befindet sich das Musée Léon Alègre mit französischer Malerei des 19. und 20. Jh. und in der Avenue Paul Langevin Nr. 24 das Musée d'Archéologie rhodanienne, u. a. mit Fundstücken aus gallorömischer Zeit.

Chartreuse de Valbonne

Das zu besichtigende Kartäuserkloster ›Vom schönen Tal‹, eine Gründung von 1203, ist so malerisch gelegen, wie es der Name verspricht. Verborgen in einem Wald, gruppieren sich die für Tropenkranke und geistig Behinderte genutzten Gebäude zu einem kleinen Dorf (s. Abb. S. 175).

La Roque-sur-Cèze

Das liebevoll restaurierte und nur zu Fuß zu erklimmende Zweitwohnsitzdorf thront oberhalb der Cascade de Sautadet, einer kleinen Felsbarriere, über die sich die Cèze ihren Weg suchte und dabei zum Baden geeignete Bassins aus dem Felsenlabyrinth herauswusch.

Les Concluses

Über Goudargues, das wie La Roque-sur-Cèze seine Beliebtheit vor allem der Nähe zum Fluß verdankt, oder auf noch verschlungeneren Sträßchen durch den Südteil des grünen Lussanplateaus erreicht man *Les Concluses de Lussan*, den kleinen, aber feinen Cañon des Cèzezuflusses l'Aiguillon. In den ›Concluses‹ genannten oberen Abschnitt der Schlucht gelangt man vom Parkplatz aus auf einem fünfminütigen, nach links abzweigenden, ausgeschilderten Pfad. Je nach Wasserstand endet der steile Weg am Rand der badetauglichen Felsenbassins oder führt noch ein nicht ganz ungefährliches, manchmal glitschiges Stück weiter das felsige Flußbett hinunter, näher an die schroffen Kalkklippen heran. Folgt man – zurück auf dem gut ausgebauten Hauptweg – dem Hinweisschild ›Portail‹, erwartet einen nach 2 km entlang der flacher werdenden Kante des Cañons der enge, wie ein Flaschenhals geformte Einlaß einer Klamm. Auch hier hängt die Fortsetzung des Weges um weitere 200 m vom Wasserstand des im Sommer zumeist ausgetrockneten Wildbachs ab.

Mittagspause in Bagnols-sur-Cèze

Méjannes-le-Clap

Will man flußaufwärts von Süden her an die Cèze, so führt der Weg erst einmal weg vom Fluß, nach Méjannes-le-Clap zum Beispiel. Vor 15 Jahren aus dem Garrigueboden gestampft, hat sich die gesichtslose Feriensiedlung, die spielend 10000 Menschen fassen kann, als zweckmäßiges System zur Bündelung der sommerlichen Urlaubermassen erwiesen. Ans rechte, mit diversen Zeltplätzen und FKK-Anlagen bestückte Cèzeufer führen zwei Stichstraßen, Richtung Le Mattas bzw. Montclus.

Barjac

Der im Sommer gerne von Ardèchebesuchern bei Überfüllung Vallon-Pont-d'Arcs als Ausweichquartier benutzte Ort mit einem schönen Architektur-ensemble aus dem 17.Jh. und einem altehrwürdigen Schloß hat auch schon Ringe angesetzt. Jahr für Jahr wächst die Zahl von Ferienhäusern an den ausgefransten Ortsrändern. Zu nahe sind Cèze und Ardèche, zu angenehm ist das sommerliche Klima, während in den Cañons die Hitze brütet, und zu schön ist die grüne Umgebung und der Blick auf die nahen Cevennenberge, als daß der Ort das ursprüngliche, kleine Zentrum des Obstanbaus hätte bleiben können. Südlich von Barjac erreicht man die nördlichen Cèze-gestade mitsamt schön gelegener Camping- und FKK-Anlagen.

Das
leere Land

Cevennen und
Causses

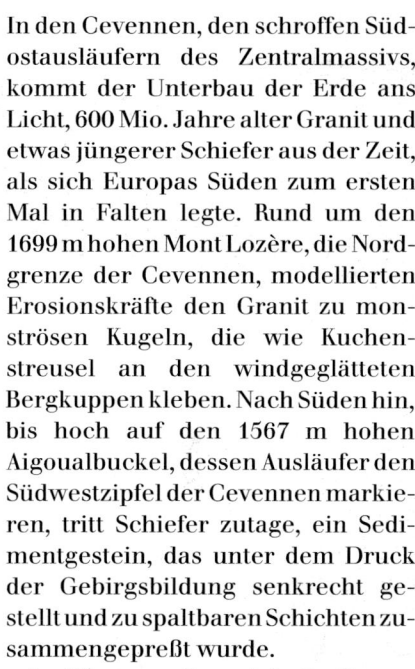

Leben in den Steinen

In den Cevennen, den schroffen Süd-
ostausläufern des Zentralmassivs,
kommt der Unterbau der Erde ans
Licht, 600 Mio. Jahre alter Granit und
etwas jüngerer Schiefer aus der Zeit,
als sich Europas Süden zum ersten
Mal in Falten legte. Rund um den
1699 m hohen Mont Lozère, die Nord-
grenze der Cevennen, modellierten
Erosionskräfte den Granit zu monströsen Kugeln, die wie Kuchen-
streusel an den windgeglätteten
Bergkuppen kleben. Nach Süden hin,
bis hoch auf den 1567 m hohen
Aigoualbuckel, dessen Ausläufer den
Südwestzipfel der Cevennen markieren, tritt Schiefer zutage, ein Sedimentgestein, das unter dem Druck
der Gebirgsbildung senkrecht gestellt und zu spaltbaren Schichten zu-
sammengepreßt wurde.

Im Westen reiben sich die Cevennen an den Causses, den riesigen
Puzzlestücken eines Kalkplateaus,
das aus Ablagerungen eines Meeres
entstand, dessen Wassermassen vor
200 Mio. Jahren die Täler des westlichen Zentralmassivs überfluteten.
Bei einer zweiten Auffaltung nach
weiteren 120 Mio. Jahren nahmen
die Cevennen und das Rouergue-
massiv das fragile Karstplateau in die
Zange. Seine poröse Oberfläche
platzte auf und bekam lange Risse,
die sich gegeneinander verschoben
und später zu Cañons weiteten, seit
die Flußläufe von Tarn, Dourbie, Jonte, Vis und Trévezel mit ihrem Erosionswerk begonnen hatten und sich
millimeterweise in den Untergrund
fraßen.

 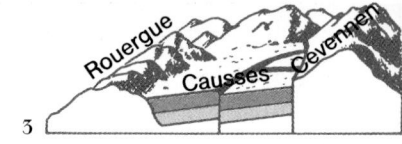

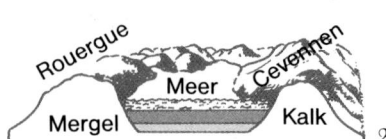 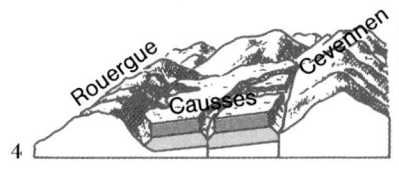

Entstehung der Cevennen und Causses 1 vor 600 Mio. Jahren: Beginn der Entstehung des Zentralmassivs 2 vor 200 Mio. Jahren: Das Zentralmassiv hat durch Erosion erheblich an Höhe verloren; Meerwasser füllt die Täler und produziert Ablagerungen 3 vor 60 Mio. Jahren: Durch eine erneute Auffaltung entstehen Risse in dem ausgetrockneten Meeresgrund 4 vor 2 Mio. Jahren: Eiszeitliche Temperaturschwankungen und Wasserströme lassen die für die Causses typischen Flußtäler entstehen

Steine, wohin man sieht. Selbst der rare rotbraune Ackerboden, der sich in kleinen Dolinen und weitläufigen Bodensenken der Causses ansammeln konnte, ist nichts als zerbröselter, von ausgefällten Eisensalzen verfärbter Stein. Aber das wenig fruchtbare Zerfallsprodukt reichte aus, um den Bauern bis vor wenigen Jahrzehnten noch Hoffnung auf ein spärliches Auskommen in der lebensfeindlichen Steinwüste zu machen. Schafe, die über Jahrhunderte im Sommer von Wanderschäfern über die kargen Böden getrieben wurden, hinterließen gerade genug Dung, damit die Kornsaat aufgehen konnte – sofern unberechenbare Frühjahrsstürme nicht die spärliche Krume über mühsam aufgeschichtete Steinwälle hinweg in die Cevennentäler bliesen. Dort war man dankbar für jedes angewehte Stückchen Boden, denn auch hier versuchten die Bergbauern, von ihren ertragsarmen Äckern zu leben und mit Steinmauern und terrassierten Steilhängen den Kampf gegen den steinigen Grund und die Winderosion zu gewinnen. Millionen von Steinen mußten zusammengetragen werden, um den kostbaren Humus am Berg zu halten. »Der Schweiß ist der Zement der Cevennen«, sagen die Alten, denn das einzige, was die Steinwälle einst zusammenhielt, war der unermüdliche Fleiß, mit dem man Jahr für Jahr die Lücken schloß, die Schmelzwasser und Erdrutsche in die Terrassierungen gerissen hatten.

In vielen Gegenden überwuchert längst Gras und Unkraut das langsam zerfallende Gemäuer – die gescheiterten Versuche des Bergbewohners, die Cevennen und Causses zu beherrschen. Denn in Wirklichkeit beherrschten sie ihn.

Wie der Stein, so das Haus:
die ländliche Architektur der Cevennen und Causses

Die Cevennen- und Caussesbewohner haben Hausformen geschaffen, die aus dem Felsen zu wachsen und mit der Umgebung wie selbstverständlich zu verschmelzen scheinen. Ihr Architekt war die Natur. Sie zwang die Bevölkerung zu Bauweisen, die der Logik der Landschaft, des Klimas und der bescheidenen Lebens- und Ernährungsformen entsprachen. Die Häuser sollten solide und funktionell sein, als Wohn- und Werkstatt dienen und Mensch wie Tier Schutz vor Kälte und Hitze bieten. Vor allem aber mußten die Wohnstätten billig sein. Deshalb verwendete man als Baumaterial den Stein der unmittelbaren Umgebung – eine Gemeinsamkeit, die zu drei unterschiedlichen Haustypen führte, je nachdem, in welchem Gebiet die Weiler und Dörfer errichtet wurden und welche Gesteinsart man dort vorfand: Granit, Schiefer oder Kalkstein.

Granit

Vorkommen: Rund um den Mont Lozère, in 1000–1400 m Höhe, nördliche Abhänge der Montagne du Bougès und Teile des Mont Aigoual.

Haustyp: Das rauhe Klima der Nordcevennen und ein hartes, sehr schwierig zu bearbeitendes und zudem schwergewichtiges Granitgestein ließen ein unprätentiöses, relativ flaches und streng funktional gegliedertes Hausensemble entstehen, das an die ländliche Architektur der Bretagne erinnert. Die Dächer waren ursprünglich strohgedeckt und wurden später teilweise mit Schieferplatten versehen. Die Hauptfassade orientiert sich nach Süden, während die Wirtschaftsgebäude sich rechtwinklig und windschützend um das Wohngebäude gruppieren, dessen Rückseite sich zumeist eng an einen Hügel duckt. Die im Verhältnis zu den dicken, grob aufgeschichteten Außenmauern kleinen Fenster und Türöffnungen verleihen den Gebäuden ein gedrungenes, jedoch durchaus harmonisches Aussehen.

Schiefer

Vorkommen: Mont Aigoual, südliche Abhänge der Montagne du Bougès, die vom Hérault und den Gardonarmen durchflossenen Hochtäler der Vallée Borgne, Vallée Française, Vallée Longue sowie das Tal des Luech. In den dem Causse Méjean nahen Tälern von Tarnon und Mimente sowie beidseits der Flußläufe von Lot, Cèze und Altier findet man auf Grund von Verwerfungen alle drei Gesteinsarten nebeneinander. Granit, Schiefer und Kalkstein wurden entsprechend der Quantität ihres Vorkommens beim Hausbau gemischt verwendet.

Haustyp: Schieferhäuser sind zumeist hoch und schmal gebaut, zum einen, um möglichst wenig Fläche des Ackerbodens an den terrassierten Abhängen zu vergeuden, zum anderen, weil das brüchige und glatte Schiefergestein

1   2   3

Die drei typischen Hausformen der Cevennen und Causses: Granitarchitektur des Mas Camargues, Kalksteingehöft in Sauveterre und Schieferwohnhaus mit Kalksteinfragmenten in Les Vanels

einen hohen Auflagedruck benötigt, um in seiner Position zu verharren. Dächer und Fensterrahmen weisen teilweise spielerische Details auf und kompensieren so die abweisende Wirkung der dunkelgrauen Fassaden.

Kalkstein

Vorkommen: Causse Méjean, Causse de Sauveterre, Causse Noir, Causse du Larzac sowie die Gorges du Tarn, Dourbie, Jonte, Vis und Trévezel.

Haustyp: Der praktisch zu handhabende Kalkstein und das teilweise völlige Fehlen von Bäumen, beispielsweise auf dem Causse Méjean und dem nördlichen Causse de Sauveterre, haben zu einer charakteristischen – auch außen sichtbaren – Einwölbungstechnik geführt, um ohne hölzerne Stützbalken stabile Decken und mehrere Etagen übereinander bauen zu können. Auf den ungeschützten Hochplateaus war es im Winter überlebenswichtig, auf jede erdenkliche Weise Wärme zu speichern, denn Brennholz war teuer, weil es aus den Hochtälern herangeschafft werden mußte. So machte man sich die aufsteigende Körperwärme der Schafe nutzbar, indem man die Wohnräume über die Stallungen baute. Die Steindecken speicherten die Wärme und verhinderten das Eindringen von Ammoniakdämpfen des Tierurins. Darüber hinaus waren die quasi holzlosen Bauten wirksam vor Bränden geschützt – wichtig in einer wasserarmen Gegend wie den Causses, wo das spärliche Regenwasser viel zu rasch im porösen Kalkboden versickert.

100

Leben in der Stille

»Am eindrucksvollsten dort oben ist [...] die Stille. Die Geräusche, die ein aufmerksames Ohr auf diesen Höhen wahrzunehmen vermag, lassen sie nur noch spürbarer oder bedrückender werden, je nach Stimmung, in der man sich gerade befindet. Der Wind atmet [...], Blätter knistern unter dem Regen, irgendein Tier wühlt in seinem Strohlager, Kastanien fallen samt ihrer Stachelschale durch die Zweige, nichts erschreckt mehr, als diese Peitschenhiebe im Blätterwerk. Dürre Bäume, ineinander verschlungen, knarren wie ein altes Gebälk; aus weiter Ferne ist das Klappern der Schieferplatten zu hören, unter die sich Schlangen gleiten lassen oder wo riesige Eidechsen hausen, und näher hört man das Rauschen des hohen, insektenschwirrenden Grases unter der großen Sonne. All diese Geräusche sind Teil der Stille. Sie sind das Maß ihrer Dichte, offenbaren ihre Tiefe, geben ihr Beständigkeit. Doch keines von ihnen ist menschlicher Natur.

Die Straßen führen in zu großer Entfernung an diesen blinden Tälern vorbei, als daß das Brummen der wenigen Fahrzeuge bis zu ihnen dringen könnte. Und es ist auch kein Land, in das der Klang der Glocken mühelos hineingetragen würde. Die Dörfer sind zu sehr eingeschlossen, die Entfernungen zu groß, die Hindernisse zu zahlreich, die Berghänge zu schroff, als daß ihr Läuten zu hören wäre, so wie es an ländlichen Vormittagen über friedlich gewellte Felder hinweg ertönt, wenn die Hähne sich heiser krähen und die Stunden plötzlich leer und sonntäglich geworden sind durch dieses dünne Gebimmel, das sich im Grünen verliert. Hier hat der Sonntag keine besondere Würze. Zu jeder Jahreszeit und an jedem der sieben Tage herrscht die gleiche Stille. Nichts füllt sie als dieses gleichgültige Atmen der Welt, mit dem man sich bis ans Ende der Tage wird abfinden müssen.«

(Jean Carrière)

Menschenleere Hügel und Hochtäler, soweit das Auge reicht. Aus den fernen Dörfern und Schäfereien dringt kaum ein Laut. Erst von nahem entdeckt man den Grund für die Stille. Von bröckelnden Hausfassaden ist die Farbe gewichen, und aus geborstenen Mauern wachsen Sträucher. Kaum ein abseits gelegener Weiler, in dem nicht an verrotteten Holztüren ›A vendre‹-Schilder kleben, auf denen man die verlassenen Gebäude zum Verkauf anbietet. Viele Bewohner haben dem Druck der Stille nachgegeben.

Solange die eigenwillige Natur ihr einziger Gegner war, fühlten sich die Menschen ihrer Umwelt gewachsen. Sie hatten gelernt, mit den Steinen zu leben und sich und den Böden nur so viel zuzumuten, wie sie zum Überleben brauchten. Und sie hatten sich daran gewöhnt, die Zwangsläufigkeiten der Natur nicht als Last, sondern als unerläßlichen Teil ihres Erwerbslebens zu akzeptieren. Stille und Einsamkeit waren häufig sogar der Garant für ein gutes Auskommen. So fand man nur in den abgelegenen Hochtälern zwischen 500 und 900 m Höhe genügend weitläufige Schiefer- und Granitböden zur gewinnbringenden Anpflanzung der Edelkastanie, des einstigen ›Brotbaums‹ der Cevennen. Ganze Familien brachten sich und ihr Vieh mit den Maronen über den langen Winter. Im Frühjahr flocht man aus den frischen Baumaustrieben Körbe, und das Holz wurde zu Bohlen, Stützbalken und robusten Möbeln verarbeitet. Auch die Schafhirten lebten mit der Stille. Nur so konnten sie Gefahr anzeigende Geräusche rechtzeitig wahrnehmen: von lauernden Wölfen, die noch in unserem Jahrhundert die Cevennen unsicher machten, von allgegenwärtigen und trickreichen Schafdieben und von verirrten Lämmern, die kaum hörbar um Hilfe blökten. Die Hirten wären schlechte Schäfer gewesen, hätten sie kein Ohr für die Stille gehabt.

Den Kampf mit der Natur verloren viele Menschen erst, als ihr Mikrokosmos durch Veränderungen von außen aus dem Gleichgewicht geriet und trotz der Ökonomie ihrer bäuerlichen Lebensführung ein Leben gegen den Rhythmus und die wirtschaftliche Entwicklung Südfrankreichs nicht mehr möglich war. Stück für Stück hatten sich beispielsweise die Weinkulturen im Hérault ausgedehnt und die Schafe von den angestammten Weideplätzen verdrängt, auf denen sie sich im Frühjahr Kraft für den anschließenden Marsch zu den Grasplateaus des Zentralmassivs anfressen mußten. Die Konkurrenz preiswerter Importwolle nahm den Wanderschäfern zusätzlich den Mut, für einen Hungerlohn den Sommer in der Einsamkeit der Berge zu verbringen. Nur noch wenige Herden ziehen heute durch die Berge, um den Bauern im Austausch für das spärliche Grün ihrer Almen kostenlosen Dünger zu hinterlassen. Der Kreislauf geriet ins Stocken und führte zur Verödung ausgedehnter Flächen. Viel zu spät förderten die Zentralregierungen zurückliegender Jahrzehnte die Ansiedlung neuer Erwerbszweige, um den Exodus aufzuhalten. Bis heute haben sie Versäumtes nur halbherzig nachgeholt. Nicht die Flucht vor der Stille, sondern vor einer ungewissen Zukunft entvölkerte die Cevennen und Causses. Die Menschen hatten keine andere Wahl, als ihr Glück in der EG-gerechten Agrarwirtschaft der Tiefebenen und in den dynamischen Industrie- und Urlaubszentren entlang der Mittelmeerküste zu suchen.

Eßkastanienmarkt in Villefort gegen Ende des 19. Jh.

Die Masse macht's – Schafe auf Wanderschaft

Unzählige Schaf- und Hammelbeine haben im Laufe von Jahrhunderten Schneisen durch die Cevennen und Causses getrampelt; mal wenige Meter schmal, wenn sie entlang von wegweisenden Mauerzeilen als gerade Spur durch die Landschaft führen, mal 80–100 m breit, wenn sie die ganze Weite der kahlen Bergkuppen einnehmen. *Drailles* nennt man hier jene Wegmarken der Transhumanz – einer halbnomadischen und arbeitsteiligen Weidewirtschaft vergangener Jahrhunderte –, deren Ziel es war, die Grünflächen der verschiedenen Höhenlagen abgrasen und düngen zu lassen. Diese Form von Weidewechsel schuf eine wirtschaftliche Verbindung der Küstenebene mit dem Zentralmassiv und sicherte den nomadisierenden Schäfern und bodenständigen Bergbauern ein erkleckliches Auskommen – führte aber auch zu manchem Konflikt zwischen diesen beiden so unterschiedlichen Menschengruppen.

Auslöser für blutige Streitereien waren häufig die sog. Düngungsnächte, eine Verpflichtung der Schäfer, ihre Herden auf zugewiesenen Feldstücken nächtigen zu lassen, damit die Schafe den Bauern ihre Durchzugsgebühr ablieferten: massenweise Schafskötel. Die Erträge auf den so gedüngten Flächen waren meistens hoch genug, um die Schäden auszugleichen, die durch zertrampelte Flächen längs der *Drailles* entstanden waren. Meistens, aber nicht immer. So mußte der Bauer in der Morgendämmerung vor Aufbruch der Herde abschätzen, ob die nächtliche Hinterlassenschaft der Schafe die Aussichten auf eine üppige Ernte verbesserten. Fiel das Urteil negativ aus, sprachen oft die Fäuste. Zu blauen Flecken kam es auch, wenn die ›wilden Männer‹ dabei ertappt wurden, daß sie den Töchtern der Bergbauern den Hof machten oder ihnen Flausen in den Kopf setzten über das angeblich so süße Leben im Tal (wo sie den Winter verbrachten). Es war stets eine Mischung aus Angst und Anerkennung, die den Schäfern entgegengebracht wurde und sie bis heute zu Außenseitern macht.

300000 Schafe sollen es noch im letzten Jahrhundert gewesen sein, die Jahr für Jahr auf Wanderschaft gingen. Auf etwa 30000 Schafe sind die Herden mittlerweile geschrumpft. Die großen Frühjahrsweiden in der Ebene sind teilweise zersiedelt oder werden für den lukrativeren Weinanbau genutzt, staatliche Agrarsubventionen und Kredite des Cevennennationalparks ermöglichen den wenigen verbliebenen Bergbauern zudem eine ganzjährige Haltung von einträglicheren Milchviehherden.

Etwa sieben Tage reine Gehzeit benötigt eine Herde, um von den rasch verdorrten Weiden der Garrigue auf die frischbegrünten Sommeralmen der nördlichen Mont Lozère-Ausläufer zu gelangen. In so kurzer Zeit ist diese Strecke nur zu bewältigen, wenn die Schäfer den *Drailles* folgen, die teilweise senkrecht die steilen Hänge hinaufführen und auf dem kürzesten Weg Pässe und Gipfel überwinden. Den jungen Schafhütern dauert auch das zu lange. Auf den Schäferschulen von Salon-de-Provence oder Rambouillet wird der Schäfernachwuchs längst in Betriebswirtschaft ausgebildet, mit dem Ergebnis, daß die diplomierten Hirten – wer kann's ihnen verübeln – immer häufiger die auf wirtschaftlich sinnvolle Größe geschrumpften Herden von Transportwagen an ihre › Einsatzorte‹ befördern lassen. »*Quand le mont Aigoual met son chapeau, pâtre prends ton manteau*«, heißt ein Sprichwort der Cevennen. Heute greift der Schäfer beim ersten (November-)Schnee auf dem Mont Aigoual eher zum Telefon als zu einem warmen Mantel, um auch für die Rückführung der Herden in die Winterquartiere die Viehtransporter zu ordern.

Noch hört man das Geblöke der Lämmer und Gebimmel der Schafsglocken, wenn man im Sommer und Herbst in den Bergen unterwegs ist. Und noch findet es statt, das Ritual der großen Herdenwanderung. Jedes Jahr im Juni rüsten sich die Schäfer zum Aufbruch in die Berge, hängen den Leithammeln die Schneisenglocken *(Sonnailles de drailles)* an den Hals und schmücken die schönsten Tiere mit bunten Wollbommeln *(Pompons)*, so, als sollten die Tiere unterwegs Werbung machen für das Produkt, das ihr Pelz bei Zeiten liefern wird. Frühestens am 8. Juni, dem St-Médard-Tag – der Aberglaube will es so, weil nur die an diesem Tag verkündeten Wetterprognosen verläßlich sein sollen –, stellen die Schäfer die Herden mit den Tieren aus den Garriguedörfern zusammen und machen sich mit ihrer kleinen Schar auf den Weg in die Berge.

Wanderschäfer auf der Aubrac-Schneise am Mont Lozère

Von Dorf zu Dorf wachsen die Herden um jene Tiere an, die den Hirten anvertraut werden, damit sich die Bauern während des kurzen Bergsommers mit ganzer Kraft der Landwirtschaft widmen können. So ist es Tradition, und so wird man es auch noch in der nahen Zukunft in bescheidenerem Umfang entlang der drei Hauptschneisen durch die Cevennen und Causses praktizieren.

Auf den *Drailles* läßt es sich auch ohne Schafe gut wandern. Deshalb bezog man Teile der alten Schneisen in die Streckenführung der *Grande randonnée* ein, den mit ›GR‹ beschrifteten und rot-weiß ausgeschilderten Fernwanderwegen durch das südwestliche Zentralmassiv (s. S. 364 f.).

Aubrac-Schneise: Auf ihr ziehen nur noch ein paar Tausend Schafe gen Norden. Die *Draille* nimmt ihren Ausgang in Le Vigan, kreuzt auf dem Col de la Sérreyrède die Nebenschneise aus Valleraugue, passiert dann in zwei Parallelstrecken den Ort Meyrueis bzw. den Col de Perjuret, quert Causse Méjean und Causse de Sauveterre und erreicht in Aubrac ihr Ziel.

Margeride-Schneise: St-Hippolyte-du-Fort, Col de l'Asclier, Aire de Côte, Col du Marquaires, L'Hospitalet, Florac, Mont Lozère und schließlich das

Margeridemassiv sind von Süden nach Norden die Stationen dieser großen *Draille*, auf der jährlich noch mehr als 10000 Schafe die Berge rauf und runter getrieben werden. Am Col de l'Asclier, der auf halbem Weg zwischen Valleraugue und Lasalle gelegenen zweiten Station der Margeride-Schneise, treffen an jedem dritten Junisonntag unter lebhafter Publikumsbeteiligung die Schafherden zweier Strecken aufeinander und werden zu einer Herde vereinigt.

Gévaudan-Schneise: Die Chance, auf dieser, im Volksmund auch *Chemin de César* genannten Schneise Schafe zu treffen, ist ebenso groß wie auf der Margeride-Schneise. Vom südöstlich des Dorfes Le Pont-de-Montvert gelegenen Col de la Croix de Berthel aus werden die vier Nebenschneisen von St-Jean-du-Gard, Alès, Cendras und Portes als große *Draille* über den Col de Finiels, den Gipfel des Mont Lozère, geführt. Die Schneise endet weit außerhalb der eigentlichen Cevennen an den nördlichen Ausläufern der Montagne du Goulet, am Parc du Gévaudan.

Dort können die Schafe seit kurzem mit den Wölfen heulen. In dem Naturschutzgebiet wurden 1991 80 mongolische Wolfswelpen ausgesetzt, die ihr Leben und die neue Heimat Frankreichs berühmtester Tierschützerin, Brigitte Bardot, verdanken. Die von einem ungarischen Unternehmen illegal zur Pelzverarbeitung erworbenen Wölfe wurden nach ihrer zufälligen Entdeckung der Stiftung der rührigen Alt-Diva aus St-Tropez anvertraut.

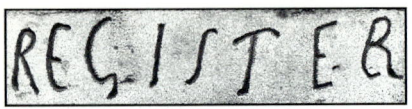

In St-Jean-du-Gard und dem Gardon de Mialet-Tal ist geflaggt. Aber nicht mit der Trikolore. Über den Straßen wehen riesige Spruchbänder und verkünden mit großen Lettern Volkes Stimme: *»Non au barrage«.* Die Befürworter des *Barrage*, eines Staudammes in der Vallée Française, werden es schwer haben, das Millionprojekt über die Abstimmungshürden im Gemeinderat und *Conseil Général* zu hieven. Die Organisatoren der Protestaktion, das ›Collectif de Protection des Vallées cévenoles‹, eine Bürgerinitiative zum Schutz der Cevennentäler vor Immobilienspekulanten und Baulöwen, hat viele Freunde. Die Bewohner des Gardontals sind sich einig, daß der Preis eines riesigen, landschaftszerstörenden Betonwalls zur Lösung der notorischen Wasserknappheit zu hoch ist. Die Bauern proben den Aufstand.

Nichts Neues in diesem Teil Frankreichs. Den letzten erbitterten Kampf mit der Staatsbürokratie lieferten sich in den siebziger Jahren die Bauern auf dem Causse du Larzac. In La Blaquière wollten die Militärs die Panzer rollen lassen. Das Terrain für ein neues Übungsgelände war bereits abgesteckt. Doch die friedliebenden Bauern kannten sich auch mit dem Pulver aus. Nach fast zehnjährigem, eher friedlichen, aber erfolglosen Widerstand gingen ein paar Bomben hoch, und bald darauf grasten die Schafe wieder auf ihren angestammten Weiden, so als wäre nichts geschehen. Der Widerstand hat hier eine lange Geschichte, und die ist den sturen Cevennen- und Caussesbewohnern bestens bekannt. Sie reicht zurück ins frühe 16. Jh.

200 Jahre nach Ausbruch der Pest in Südfrankreich beginnt die Seuche auch in den Cevennen endgültig abzuklingen. Die Bevölkerung wächst und mit ihr der Bedarf an Nahrung. Doch das Klima spielt nicht mit. Zehn lange Jahre, von 1526 bis 1535, leidet die Bergbevölkerung an heiß-feuchten Sommern und milden Wintern. Das Korn verfault noch am Halm, und über die kläglichen Reste machen sich die Schädlinge her. Tropische Regengüsse lassen Hänge abrutschen und mit ihnen ganze Kastanienbaumhaine. In manchen Gegenden drohen die Maronen, das Brot der Armen, knapp zu werden. In den Cevennen herrschen schlechte Zeiten – und gute Voraussetzungen für eine Revolution: die Reformation.

Ihre Saat ging nirgendwo sonst in Frankreich so schnell und langlebig auf wie hier. Über Lyon kamen die protestantischen Lehren und Schriften des Genfer Reformators Calvin ins Languedoc, wanderten im Schäferrock die zur Rhône gelegenen Cevennentäler hinauf und gelangten auf hastig kopierten und zunächst noch unter der Soutane versteckten Pamphleten auf die Kanzeln. Vor allem aber hielten die neuen Bibeln im Rucksack der wandernden Handwerksgesellen Einzug in die Bauernhäuser, unter deren Dächern die jungen Männer ihre Unterkünfte fanden.

Im Gefolge der Schafzucht hatte überall in den Cevennen das Textil- und Ledergewerbe Fuß gefaßt. Seine Mitglieder gehörten Zünften an, die sich traditionell aufstiegswillig und deshalb offen für die Bildungsinhalte des städtischen Kleinbürgertums zeigten – der nächsthöheren Schicht, unter der die Anhänger des Calvinismus besonders zahlreich waren. So fungierten die Handwerker auf ihrem Weg von den Städten Montpellier, Nîmes und Alès in die Handwerksbetriebe der Cevennen als Boten der calvinistischen Lehre und lieferten sie den Bergbauern ›frei Haus‹. Kaum eine Schuhmacherei, eine Weberei und Färberei und selten ein Bauernhof, in dem nicht schon bald Hugenotten lebten, wie die Protestanten von spöttelnden Katholiken genannt wurden, in Verballhornung des Wortes ›Eidgenosse‹ (französisch ursprünglich *Eyguenet*, woraus sich *Huguenots* entwickelte).

Doch das Lachen sollten dem Klerus bald vergehen, denn die Bauern und Handwerker wurden rasch zu unbeirrbaren und militanten Protestanten gegen den Katholizismus. Sie vertrieben die Mönche aus den Klöstern und versahen sie auf Karikaturen mit Eselsohren. Die Frauen lauerten Prioren auf und rieben ihnen Asche in die Augen, um sie zu blenden und ihnen den Spaß an den Mätressen zu verderben. Aber der Kampf war nicht allein gegen den Sittenverfall der Kirche und der Päpste gerichtet. Wirklich gefährlich wurden die bäuerlichen Calvinisten der katholischen Kirche erst, als sich Bürger und Adlige an ihre Seite gesellten und als Hugenotten zu erkennen gaben. Ihr gemeinsames Ziel: dem Klerus seine immensen Ländereien abzunehmen, die er sich im Laufe von Jahrhunderten durch die Kirchensteuer, den Zehnten, zusammengerafft hatte. Denn wo immer es in herkömmlichen Gesellschaften zu revolutionären Umbrüchen kommt, rückt das Eigentum an Grund und Boden ins Zentrum der Auseinandersetzungen.

Mit der weitgehend befolgten ›Zehnten-Verweigerung‹ zwangen vornehmlich die armen Bauern den Klerus dazu, ihren Einkommensverlust durch Landverkäufe auszugleichen. Doch die Aufkäufer waren weder die Kleinbauern selbst, denen natürlich das Geld dazu fehlte, noch die reformierte Kirche, der man per Abstimmung den unkontrollierten Machtzuwachs durch Eigentumsbildung verweigert hatte. Wer sich an den Ländereien bereicherte, die der verschuldete Klerus billig veräußern mußte, waren die ohnehin schon reicheren Hugenotten, Adlige, Stadtbürger und die wenigen Großbauern der Cevennen, von denen die armen Kleinbauern zum Kampf gegen die katholische Kirche benutzt worden waren.

Als 1598 der französische König Heinrich IV. im Edikt von Nantes weitgehende Glaubensfreiheit gewährte, gingen 40 Jahre Religionskämpfe zu Ende. Schon viele Jahre vorher aber hatte der Protestantismus calvinistischer Prägung aufgehört, die heroische und zur Selbstlosigkeit gemahnende Religionslehre der Anfangsjahre zu sein. An ihre Stelle war längst ein Kommerz-Calvinismus getreten, der im unternehmerischen Gewinnstreben eine legitime Möglichkeit sah, in den Kreis der Auserwählten Gottes aufgenommen zu werden. Man gab seinen Untergebenen schließlich Brot und Arbeit. So bedienten sich in den Cevennen die neureichen hugenottischen Grundbesitzer der Reformationsideale, um sie geschickt mit den ländlich-patriarchalischen und autoritären Gesellschaftsstrukturen zu verbinden und zur Steigerung der Produktivität zu nutzen.

Anstatt angemessene Lebensverhältnisse und Lohnzahlungen zu gewähren, hielten die Familienväter ihren Frauen, Kindern, Mägden und Knechten Hauspredigten, frei nach dem Wort Gottes: »Dankt dem Herrgott, daß er Euch zu essen gibt und seid sittsam, damit Ihr Eure Arbeitskraft nicht vergeudet.« Innerhalb der Jahre 1570–1590 wurden die von Calvin ins Leben gerufenen Konsistorien – mit Honoratioren und Unternehmern bestückte Kirchenräte, die über Anstand und Moral der Gemeinden wachten – in den meisten Cevennendörfern zur festen Institution. Mit der Reglementierung aller Lebensbereiche gingen die hugenottischen Überwachungsinstanzen noch weit über die Schnüffeleien und Gängelungen der katholischen Inquisitoren hinaus.

Tanz und Musik verschwanden aus dem ländlichen Leben, Lachen in der Öffentlichkeit wurde verboten, und über die Seitensprünge von Eheleuten, den Austausch von Zärtlichkeiten zwischen dem Gesinde und das Beischlafverhalten Jungvermählter führten Spitzel Bücher, die den Konsistorien zur Begutachtung vorgelegt wurden. Die letzten Reste von Lust und Freude waren aus dem Leben der Cevennenbewohner verbannt worden. Das war der Preis, den die Hugenotten für die freie Religionsausübung und Maximierung ihrer Einkünfte zu zahlen gewillt waren. Die Folgen dieser rigiden Religiosität sind in den Cevennen bis heute spürbar geblieben, vor allem bei den in bäuerlichen Gesellschaften ohnehin nur mühsam zu verändernden Rollenfixierungen der Ehepartner. Auch in diesem Lebensbereich hat der religiöse Widerstand die bestehenden Gesellschaftsverhältnisse eher noch zementiert.

Kaum 100 Jahre hatte der mühsam gekittete, in den Cevennen de facto längst ausgehöhlte Religionsfrieden gehalten, als Ludwig XIV. 1685 befand, das Edikt von Nantes aufheben zu müssen, weil sich die Religionsfreiheit nicht mit seinem absolutistischen und die katholische Kirche favorisierenden Herrschaftsanspruch vertrug; vor allem aber, weil es die Hugenotten zu Geld und Ansehen gebracht hatten und einen großen wirtschaftlichen und politischen Einfluß ausübten. Und wieder waren es die Cevennenbewohner, die den erbittertsten Widerstand gegen die Obrigkeit leisteten. Während es in den übrigen Regionen Frankreichs zu einer großen Auswanderungswelle von Hugenotten kam, boten sie den Dragonern und Missionaren des Sonnenkönigs Paroli.

Auf beiden Seiten wurde mit unglaublicher Grausamkeit gekämpft, gefoltert und getötet. Einer der staatlichen Teufelsaustreiber, der berüchtigte Abbé du Chayala, führte sich in seinem Folterkeller von Le Pont-de-Montvert derart brutal auf, daß aufgebrachte Verwandte seiner zahlreichen Opfer das Gefängnis stürmten und die Henkerswerkzeuge an seinem Leibe ausprobierten. Das war 1702, der Beginn des zweijährigen Kamisardenkrieges, bei

Frauenleben in den Cevennen

»Die Frauen sind schwarz von Kopf bis Fuß, tragen mit zwanzig Jahren Trauer um ihre eigene Jugend. Im ständigen Kampf mit einer Existenz, die sie genauso fesselt wie ihre Kleidung und ihnen keine Zeit zum Atemholen läßt außer zum Sterben, zeigen sie, mürrischer noch als die Männer, die gleiche instinktive Abneigung gegen alles, wozu sie keinen direkten Zugang haben. Es ist ihnen nicht gegeben, ihren Problemen mit langfristigen Überlegungen beizukommen. Die Art Fragen, die das Leben ihnen stellt, verlangt nach sofortigen Antworten. Daher dieses Mißtrauen abstrakten Werten gegenüber, diese wütende Sucht, das Wesentliche des Lebens auf seinen praktischen Aspekt zu begrenzen, obwohl sie nicht dümmer sind als andere. Nur leben sie in ständiger Angst vor dem nächsten Tag und überlisten diese fixe Idee mit Hilfe einer unglaublichen Engstirnigkeit.

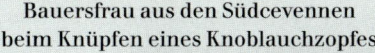

Bauersfrau aus den Südcevennen
beim Knüpfen eines Knoblauchzopfes

Von morgens bis abends durch die Sklavenarbeit des Haushalts geplagt, deren einziger Unterschied zur Zwangsarbeit darin besteht, daß sie ihnen natürlich erscheint, bringen sie ihre Kinder hastig zwischen zwei Waschtagen zur Welt, begraben sie ihre Toten zwischen zwei Ernten, verfügen sie nie über das, was man in privilegierten Kreisen »einen Augenblick für sich« nennt. Sie können sich nicht einmal vorstellen, daß man genau von dem Moment an zu leben beginnen kann, an dem diese tyrannischen Zwänge aufhören, in jener rätselhaften Welt, in der neue Anforderungen entstehen, unter denen man frei die Tätigkeit wählen kann, die man will, da die eine so unnütz ist wie die andere.

Überhaupt vertragen sie nur bescheidene Kost, im ursprünglichen wie im übertragenen Sinne. Hat etwas Geschmack, dann finden sie, es sei ein Nachgeschmack; jedes Aroma erscheint ihnen befremdlich. Zwingt ein Ereignis sie, ihren Fuchsbau zu verlassen, wissen sie nicht mehr, wo sie sich verkriechen sollen, wie ein Einsiedlerkrebs außerhalb seiner Schneckenschale. Herrinnen ihres Herdes, in dessen Nähe sie jene fachkundige und abweisende Autorität genießen, die jede räumliche Inbesitznahme verleiht, werden sie weit von ihm entfernt unselbständig, müde plötzlich, da sie es nicht von Arbeit sind, untätig und unbeholfen vor einem Glas Limonade auf der Terrasse eines Cafés, als gewährte man ihnen eine Gnade, oder als befänden sie sich im Angesicht der Schönheit. Sobald die Äußerungen des Lebens nicht ausschließlich der Arbeit zugehörig sind, erscheinen sie ihnen unsinnig, leicht lächerlich und lösen bei diesen Bergbewohnerinnen einfacher Sitten und derben Mundwerks jenes Lachen aus, das ihr wundes Zahnfleisch entblößt und das sie hinter der Hand verbergen.

Ohne Übergang gleiten sie aus einer welken Jugend, wie ausgeglüht von einer bösen Sonne oder ausgezehrt von einem Fieber, hinüber in eine rührige und alterslose Dürre. Am Ende ihres Lebens nehmen sie im Haus nicht mehr Platz ein als ein Schemel. Man läßt sie in einer Ecke und rührt sie nicht mehr an, bis sie ohne Umstände verlöschen.«   (Jean Carrière)

dem die wegen ihrer weiten Hemden *Camisards* genannten Hugenotten zum ersten Mal in der französischen Geschichte die Taktik des Untergrundkampfes anwendeten. Zahlenmäßig den königlichen Garden weit unterlegen, gelang es ihnen, den Söldnern empfindliche Niederlagen beizubringen, ohne allerdings jemals die Oberhand zu gewinnen.

Das 1704 von demoralisierten Hugenotten und kampfesmüden Truppen herbeigeführte Kriegsende brachte den Cevennen und Causses keinen wirklichen Frieden. Die immer wieder aufflackernden Kampfeshandlungen und Scharmützel fanden erst 1787 ein Ende, als Ludwig XVI. Toleranz bewies und den Hugenotten die lang ersehnte Religionsfreiheit gewährte. Beliebter machte ihn das bei seinen Gegnern nicht. Zwei Jahre später brach die Französische Revolution aus, in deren Verlauf die Guillotine den König kürzte.

Nordcevennen und Mont Lozère

Route: Die Strecke führt durch die rauhe und überwiegend karge Granitlandschaft rund um das Lozèremassiv.

Florac – Malbosc – Les Bondons – Les Puechs – La Cham des Bondons – Abstecher nach Lanuéjols und Mende – La Veissière – Le Pont-de-Montvert/ Ecomusée du Mont Lozère – Mas Camargues – Mont Lozère/Col de Finiels – Le Bleymard/Lac de Villefort – La Garde-Guérin/Belvédère du Chassezac – Villefort – Belvédère des Bouzèdes – Génolhac – Vialas – Le Pont-de-Montvert – Florac (etwa 270 km einschließlich des Abstechers nach Mende, 1–2 Tage ohne Wanderungen).

Wanderungen: Florac: Sentier de Grailhon et du Mas Rochet; Mont Lozère: Sentier du Pic Finiels; Vialas: Sentier de Gourdouze.

»An einem Arm des Tarn liegt **Florac**, Sitz einer Souspréfecture, mit einem alten Schloß, einer Platanenallee, vielen originellen Straßenekken und einer munteren Quelle, die aus dem Berg sprudelt.« Mehr als 100 Jahre ist es her, seit sich der englische Schatzinsel-Romancier Robert Louis Stevenson mit seinem störrischen Esel durch die Cevennen mühte und mit knappen Worten den mittlerweile bedeutenden, von Zweitwohnsitzen bedrängten Ferienstandort am Fuß des Causse Méjean in seinem Reisetagebuch beschrieb (s. S. 355 f.).

Damals wie heute zählt das sympathisch verwitterte Nest etwa 2000 ständige Einwohner, biegen sich die Kronen der knorrigen Alleebäume unter den Böen der häufigen Fallwinde und plätschert die Source du Pêcher durch die südliche Altstadt. Nur das Schloß aus dem 17. Jh. dient

nicht mehr als Gefängnis, sondern ist Hauptverwaltungssitz des Cevennennationalparks geworden und beherbergt ein naturkundliches Museum.

1970 wurde das Herzstück der Cevennen samt eines Teils des Causse Méjean zum Schutzgebiet erklärt und als ›Parc national des Cévennes‹ ausgewiesen – gegen den anfänglichen Widerstand der Bewohner, die vor allem die behördliche Reglementierung der in Frankreich so leidenschaftlich verteidigten Jagdfreiheit bekämpften. Mit wirkungsvollen Umwelt- und Agrarprogrammen für die nur von 600 Menschen bewohnte, etwa 90 000 ha umfassende Kernzone ist es gelungen, den Frieden wiederherzustellen und auch die dünngesäte Einwohner-

Routenkarte: Cevennen und Causses ▷

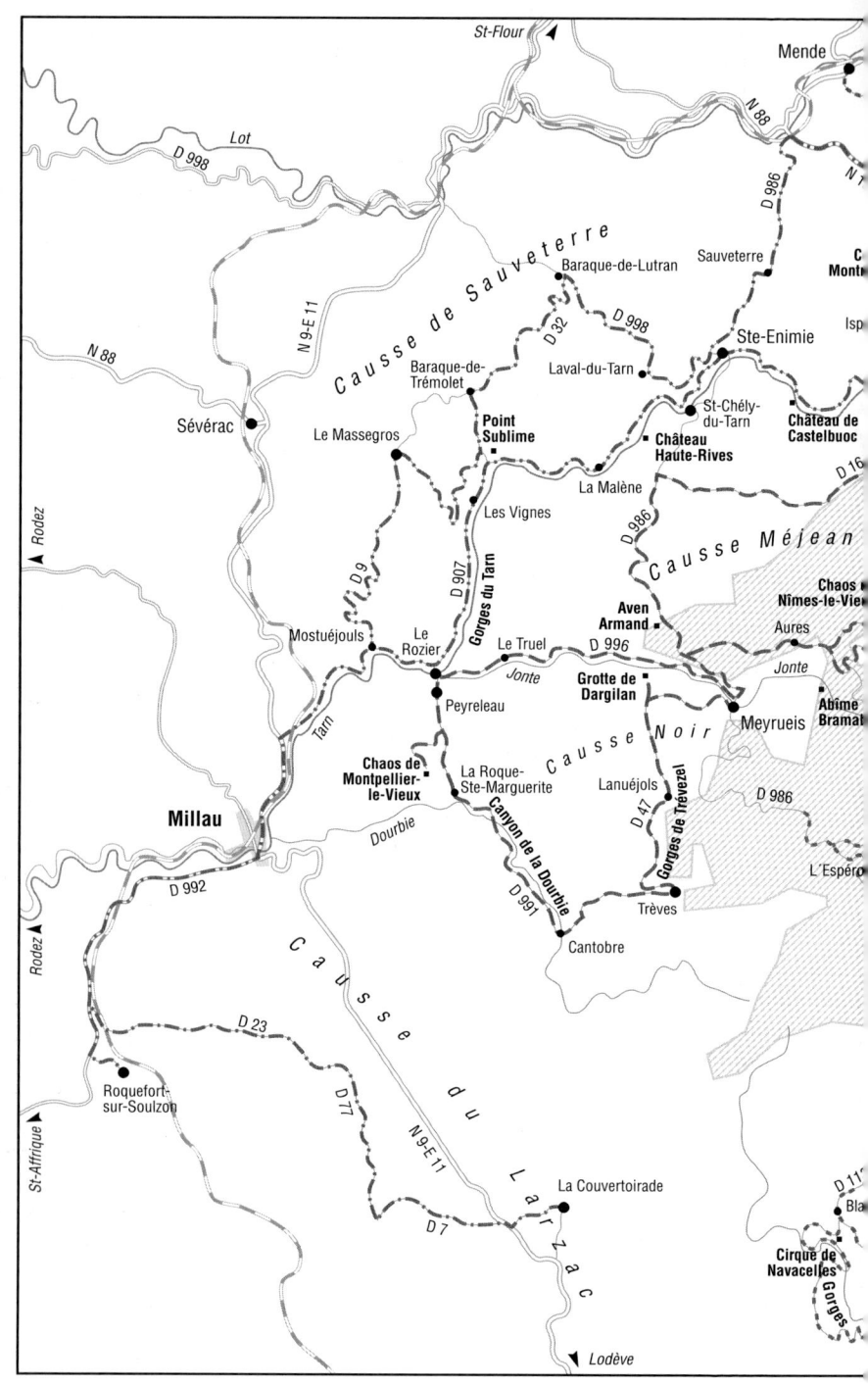

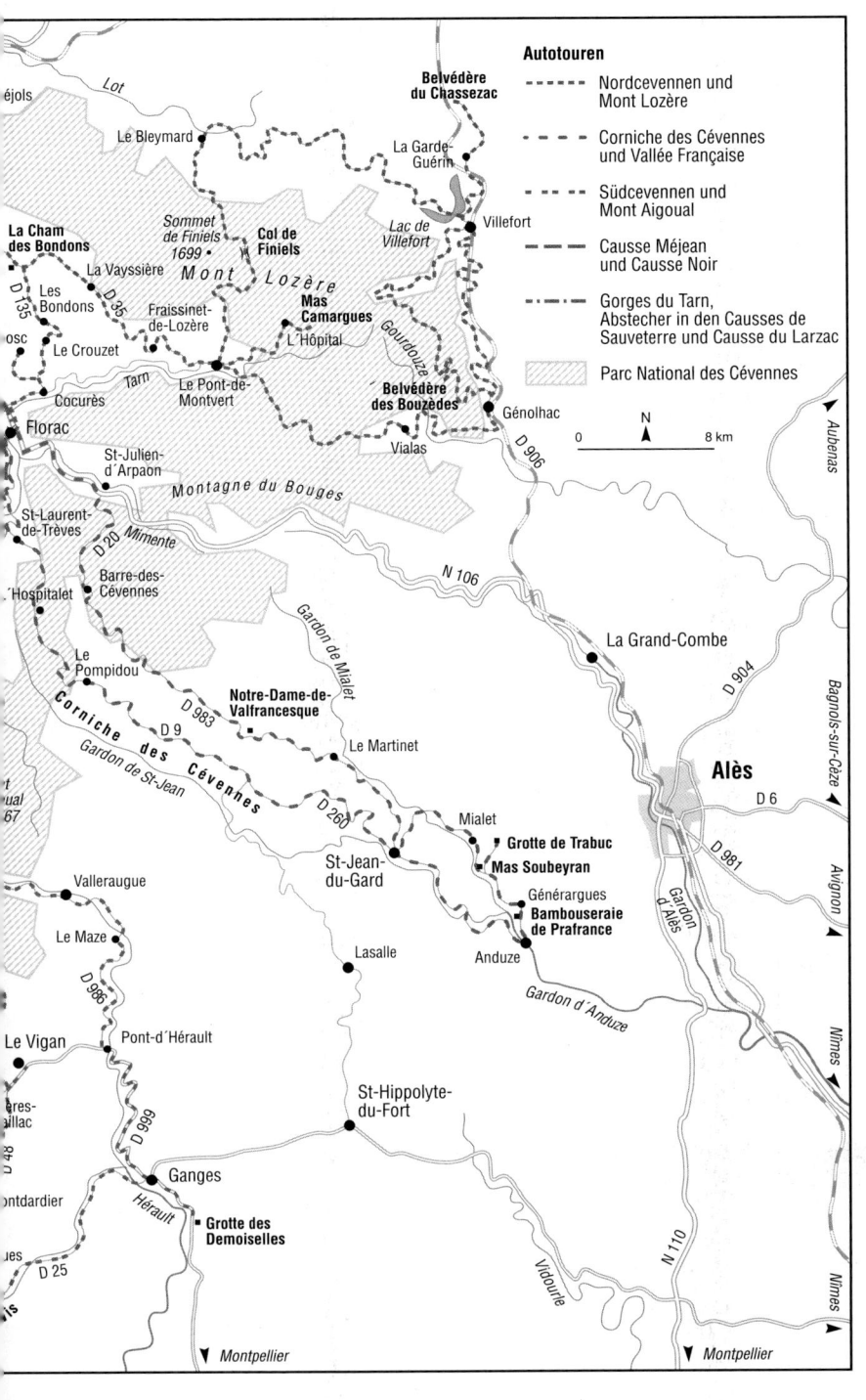

Autotouren

- - - - - Nordcevennen und Mont Lozère

- - - Corniche des Cévennes und Vallée Française

- - - Südcevennen und Mont Aigoual

━ ━ ━ Causse Méjean und Causse Noir

-·-·- Gorges du Tarn, Abstecher in den Causses de Sauveterre und Causse du Larzac

Parc National des Cévennes

N

0 ___ 8 km

Lot

...éjols

Le Bleymard

Belvédère du Chassezac

La Garde-Guérin

La Cham des Bondons

Sommet de Finiels 1699 •

Col de Finiels

Lac de Villefort

Villefort

La Vayssière

Mont Lozère

D 35

Les Bondons

D 135

Fraissinet-de-Lozère

Mas Camargues

...osc

Le Crouzet

L'Hôpital

Gourdouze

Tarn

Le Pont-de-Montvert

Belvédère des Bouzèdes

Génolhac

Cocurès

Florac

Vialas

D 906

St-Julien-d'Arpaon

Montagne du Bouges

St-Laurent-de-Trèves

D 20

Mimente

...Hospitalet

Barre-des-Cévennes

N 106

La Grand-Combe

D 904

Le Pompidou

Gardon de Mialet

Corniche des Cévennes

D 983

Notre-Dame-de-Valfrancesque

D 9

Gardon de St-Jean

Le Martinet

Alès

D 6

...t ...ual 67

Valleraugue

Le Maze

D 986

D 260

Mialet

St-Jean-du-Gard

Grotte de Trabuc

Mas Soubeyran

Générargues

Bambouseraie de Prafrance

Anduze

D 981

Gardon d'Alès

Lasalle

Gardon d'Anduze

Le Vigan

Pont-d'Hérault

St-Hippolyte-du-Fort

...res-...aillac

D 999

D 48

...ntdardier

Hérault

Ganges

Grotte des Demoiselles

N 110

...ues

D 25

...is

Vidourle

▼ *Montpellier*

▼ *Montpellier*

Aubenas ▶

Bagnols-sur-Cèze ▶

Avignon ▶

Nîmes ▶

Nîmes ▶

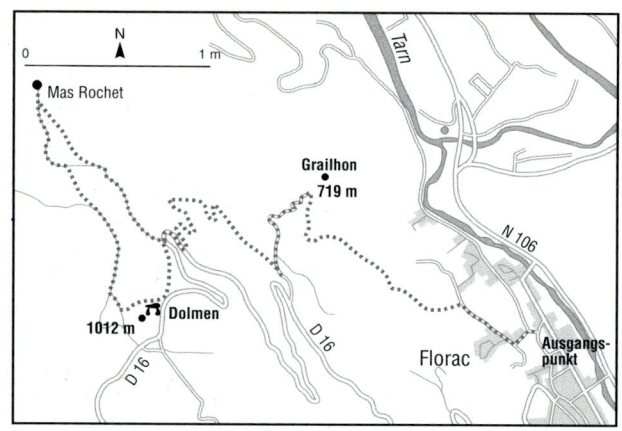

Wanderkarte:
Sentier de Grailhon
et du Mas Rochet

schaft der außerhalb des Nationalparks gelegenen 240 000 ha großen Randzone für eine schonende Agrarwirtschaft und den Landschaftsschutz zu interessieren.

Sentier de Grailhon et du Mas Rochet

Dauer: 3–4 Stunden, Länge: 9 km, Höhenunterschied: 600 m, mittelschwer, Wegweisersymbol: grünes und weißes Haus-Baum-Sonnenensemble.

Der Weg führt dorthin, wohin der Blick von Florac automatisch wandert und man allerdings auch mit dem Auto rasch gelangt: auf die alles überrragende Abbruchkante des Causse Méjean.

Rechts an den ›Lotissements de Grèze‹, einer am nordwestlichen Ortsrand errichteten Ferienhauskolonie vorbei, folgt man nach 10 m dem links abzweigenden, unterhalb und parallel der Abbruchkante verlaufenden Weg durch verwilderte Terrassierungen zum weithin sichtbaren, auf einem Hügel gelegenen Gutshof Grailhon. Auf anfangs ge-

teerten Serpentinen nähert man sich nun dem Steilhang und folgt dann einem scharf nach rechts abzweigenden Weg, in entgegengesetzter Richtung zur kurz oberhalb vorbeiführenden Caussestraße.

Wählt man nach einem guten Stück Wegstrecke den links abzweigenden Pfad, gelangt man auf die Straße zurück, von der nach 100 m hinter einer Spitzkehre rechts ein Weg abzweigt, auf dem man, dem Hinweis ›Le Rochet‹ folgend, nach 1 km auf die Gebäude der ehemaligen Schäferei Mas Rochet trifft. Über die weitläufigen Weideflächen sucht man sich in einiger Entfernung von der Abbruchkante den Weg in südöstlicher Richtung zurück zur Fahrstraße, die man dort erreicht, wo sie das Hochplateau erklommen hat, unweit eines leicht zu übersehenden Dolmens. Nach Florac gelangt man entweder auf der mäßig befahrenen Straße oder, sehr viel schneller, auf demselben Weg zurück.

Am Ende einer Stichstraße, inmitten von Maulbeer-, Walnuß- und Kastanienbäumen, scheint sich das fotogen dahindämmernde Dörfchen **Malbosc** mitsamt seiner übriggebliebenen Bewohner zu verstecken, um der Entdeckung als Wochenendsitz zu entgehen. **Le Crouzet** und **Les Bondons** haben ihren Schlummer bereits beendet, seit man begonnen hat, ein paar Straßenbiegungen entfernt die Hügel zu schleifen und Uran zu fördern – ein immer noch heftig umstrittenes Projekt. Den beiden Ansiedlungen zumindest ist die mäßige Betriebsamkeit auf der D 135 gut bekommen: Ohne ihre moosgrüne Patina gänzlich einzubüßen, erstrahlen die uralten, restaurierten Gemäuer im neuen Glanz.

Les Puechs heißen die beiden markanten Buckel, die linker Hand auftauchen, wenn sich die Straße aus dem Tal gewunden hat. Sie sind alles, was die Erosion von dem Sedimentgestein ringsum stehen ließ, vermutlich, weil es sich an dieser Stelle als hartnäckiger erwies als die übrigen Kalkablagerungen des Meeres, das vor etwa 200–140 Mio. Jahren diesen Teil der Cevennen bedeckte und die nahen Causses schuf (s. S. 97 f.).

Als harte Brocken für die Wissenschaft erweisen sich auch die mehr als 150 Menhire, 30 Tumuli und drei Dolmen rätselhafter Megalithkulturen auf der Hochebene **La Cham des Bondons** – nach Carnac in der Bretagne die zweitgrößte Ansammlung derartiger Steinsetzungen in Europa (s. S. 32 und Farbabb. 16). Zur ergiebigsten der zahlreichen Steinstätten führt ein mit ›Les Com-

Malbosc, eines der zahlreichen halbverlassenen Cevennendörfer

bes‹ ausgeschilderter, unauffälliger Fußweg, der 1 km nach dem Zusammentreffen der D 135 mit der D 35 in Fahrtrichtung Col de Montmirat links von der Straße abzweigt.

Interessenten von weniger sagenumwobenen, dafür aber kunstvoll behauenen Steinen aus der Antike sei der nördliche Abstecher ins etwa 15 km entfernte, über die D 25 und D 41 zu erreichende Dörfchen **Lanuéjols** empfohlen. Prunkstück der malerischen Siedlung sind die bescheidenen Reste eines römischen Mausoleums, dessen Inschrift das Gebäude als Grabstätte zweier Gutsbesitzerkinder ausweist.

Nicht weit entfernt liegt **Mende**, die ca. 12 000 Einwohner zählende

Hauptstadt des Departement Lozère. Das ehemals bedeutende Wollhandelszentrum gibt sich mit seinen grauen Häuserzeilen, der sehenswerten Kathedrale von 1368 und dem recht interessanten Musée Ignon-Fabre, das Sammlungen aus prähistorischen, gallorömischen und mittelalterlichen Zeiten zeigt, häufig ein wenig zugeknöpft.

Zurück auf der D 35, führt die Straße östlich der schon einmal passierten Kreuzung mit der D 135 bei **La Veissière** an einer weiteren großen, rechter Hand gelegenen Menhiransammlung vorbei und schlängelt sich zwischen Granithaufen und Terrassierungen der kahlen Mont Lozère-Flanke hindurch nach Runes (rechts ab, nach ca. 1 km ein kleiner Wasserfall) und Fraissinet-de-Lozère. So grau wie der Granit dieser beiden landschaftstypischen Dörfer sind auch die welken Fassaden der hutzeligen Häuser von **Le Pont-de-Montvert**, die eins zu sein scheinen mit dem mächtigen Flußgestein des Tarn. Man muß viel Zeit und Nerven haben, wenn man das ehemals kampferprobte, für friedliche Besucher- und Automassen aber nicht ausreichend gerüstete Kamisardennest zum längerfristigen Ferienstandort wählt.

Im **Ecomusée du Mont Lozère** am nördlichen Ortsausgang auf Architektur und Agrargeographie der Nordcevennen eingestimmt, gelangt man auf der rechts von der D 20 abzweigenden, überwiegend von Wan-

In Le Pont-de-Montvert brach 1702 der blutige Kamisardenkrieg aus

derern genutzten Piste an den liebe-voll restaurierten Häusern von L'Hôpital, einer ehemaligen Kommende der Malteserritter, vorbei und findet sich am Ende der Straße in einem nordisch-melancholisch wirkenden Hochmoor wieder. Inmitten riesiger Granitblöcke klammern sich die wiederhergestellten Gebäudeteile des Museumsgehöfts **Mas Camargues** an den kalten, rauhen Boden der Nordcevennen (s. Farbabb. 4).

Zu Beginn des Jahrhunderts verließen die Bauern das einsame Land und suchten das Leben anderswo. Schneefälle von Anfang November bis Mai, ein ganzjährig steifer Wind, der die Wolken über die kargen Kuppen treibt, und die vielen Schafe halten das spärliche Grün der **Mont Lozère**-Gipfellagen kurz, auf denen sich eine der großen *Drailles* und diverse Wanderrouten kreuzen.

Sentier du Pic Finiels

Dauer: 2–3 Stunden, Länge: 9 km, Höhenunterschied: 283 m, leicht, aber schattenlos, Wegweisersymbol: weiße Blume auf grünem Grund.

In Steinstelen gehauene Malteserkreuze kennzeichnen einen Teil des Weges auf den 1699 m hohen, Sommet de Finiels genannten Gipfel des Mont Lozère als Grenze ehemaligen Ordenslandes, das die Malteserritter im 12. Jh. aus Adelshand erhalten hatten. Bis zur Französischen Revolution lebte der Orden von den Steuern der Bergbauern und Durchzugsgebühren, zu deren Zahlung die Schäfer für die Weidenbenutzung ihrer Herden verpflichtet waren.

Vom großen Parkplatz am Chalet/Hôtel du Mont Lozère aus führt der

Weg zunächst entlang der D 20, dann rechts der Straße an vermutlich aus dem Mittelalter stammenden, ca. 1,50 m hohen Steinpfählen vorbei, biegt bald auf einem Bergkamm rechts ab und erreicht hinter der Ruine einer Steinhütte eine weithin sichtbare Vermessungsstation in Gipfelnähe. Anfangs westlich, dann nach Norden abzweigend, gelangt man den Hügel hinab und auf einem Schotterweg zum Ausgangsort zurück.

Durch die bewaldete Mittelgebirgslandschaft der nordwestlichen Lozèreausläufer, am farblosen Ferienort **Le Bleymard** vorbei, schlängelt sich die Straße zum Stausee **Lac de Villefort**, auf dem Wassersportler im Sommer – windangetrieben und lautstark motorisiert – für erheblichen Wellengang sorgen. ›Régordane‹ heißt seit Römerzeiten die heutige D 906 zwischen dem Languedoc und der Auvergne, auf der einst römische und keltische Lastenträger ins Schwitzen kamen und im Mittelalter auch reichen Kaufleuten der Schweiß auf der Stirn stand – bei ihnen allerdings aus Angst vor Räuberbanden, die entlang der belebten Handelsroute den schnellen Taler machten. Etwas billiger kamen die Händler davon, nachdem Adlige gegen ein hohes Schutzgeld bewaffnete Eskorten zur Verfügung stellten und im 12. Jh. Siedlungen zu Wehrdörfern ausbauen ließen.

Zu ihnen gehört das schmucke **La Garde-Guérin**, dessen geschniegelte Gassen vor nicht langer Zeit von Kunsthandwerkern und kleinen Re-

staurants erobert wurden. Nichts für Liebhaber der kalorienreichen Cevennenküche ist die Besteigung des Kapellenturms durch eine etwas zu eng geratene Luke. Maßvolle Esser werden mit einer schönen Rundumsicht belohnt, u. a. in Richtung des **Belvédère du Chassezac**, eines bequem zu Fuß zu erreichenden Aussichtspunkts am Rande des tiefeingeschnittenen Flußcañons.

Von **Villefort**, einem lebhaften, mit Geschäften, Unterkünften und Restaurants recht gut bestückten Ferienstandort, gelangt man entweder auf der D 66 – einer kurvenreichen Strecke mit einem grandiosen Ausblick bis ans Mittelmeer, dem **Belvédère des Bouzèdes** – oder direkt auf der D 906 in den etwas antiquierten Pensionärssitz **Génolhac** und weiter über die D 998 in die langgezogene Ortschaft **Vialas**. Am nördlichen Ausläufer der Montagne du Bougès gelegen und eingebettet in ein dichtbegrüntes, vom milden Mikroklima verwöhntes Tal, lebt der im 19. Jh. für seine silberhaltigen Bleivorkommen und Kastanienbaumkulturen bekannte Ort nun überwiegend von den zahlreichen Ferienhauseigentümern. Auf der D 998 gelang man über Le Pont-de-Montvert zurück nach Florac.

Sentier de Gourdouze

Dauer: 3 Stunden, Länge: 5 km, Höhenunterschied: 710 m, mittelschwer, aber beinahe schattenlos, Wegweisersymbol: weißes Haus auf grünem Grund.

Variante: Gesamtdauer 7 Stunden, Gesamtlänge 11 km, Höhenunterschied 740 m, schwer, da der knöchelbelastende Abstieg durch teils

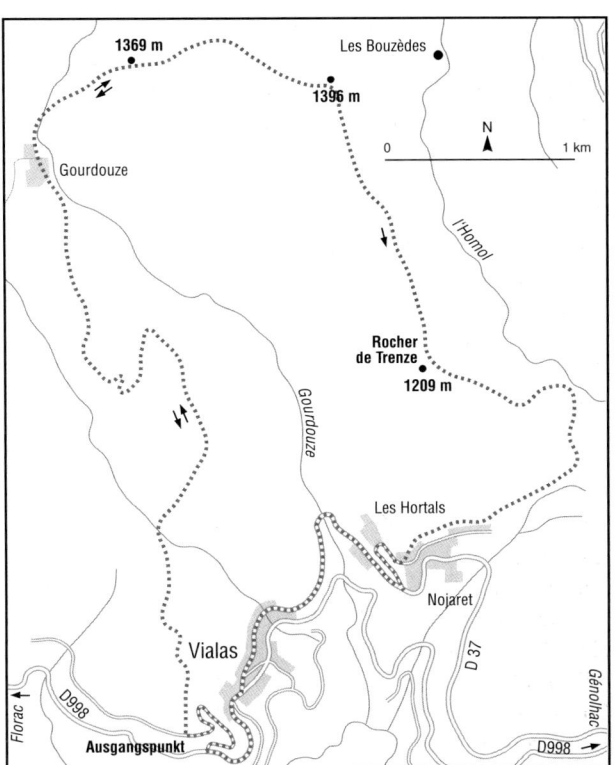

Wanderkarte:
Sentier de Gourdouze

unmarkiertes Gebiet führt und ein Auge für die Geländebeschaffenheit erfordert; gutes Schuhwerk und ein ausreichender Getränkevorrat werden empfohlen.

Die Wanderung führt hinauf ins Hochtal der Gourdouze, eine heute verlassene, zu Zeiten des Bergbaus in Vialas besiedelte Bergregion mit landschaftstypischen Granitformationen und erstaunlichen Ausblicken.

Den Ausgangspunkt der Wanderung findet man in der Ortsmitte von Vialas, nahe der Kirche. Nach halbstündigem Anstieg im Halbschatten verwilderter Kastanienbaumhaine trifft der Weg auf ein mäßig ansteigendes Sträßchen. Vorbei an der Privathaussiedlung Gourdouze, einer nicht bewirtschafteten Wanderunterkunft und einer verfallenen Benediktinerabtei aus dem 14. Jh. folgt man noch ein Stück weit der GR 68 den 1369 m hohen Hügel hinauf. Auf derselben Route geht es zurück.

Variante: Rückweg entlang des gegenüberliegenden nordöstlichen Bergkamms. Man setzt zunächst noch den Weg auf der GR 68 fort, hält sich aber schon bald rechts und wandert, den wegweisenden, von Wanderern aufgetürmten Steinhaufen folgend, auf dem Bergrücken, knapp unterhalb des rechter Hand gelegenen und sich allmählich zum Tal hin absenkenden Kamms, bis zu den Gipfelspitzen des 1209 m hohen

Rocher de Trenze. Von hier aus steigt man links in den Talgrund ab, setzt den Weg ein kurzes Stück am rechten Ufer eines Baches fort, sucht sich dann aber mit einer Portion Wandererinstinkt einen Weg, der vom Flußlauf weg rechts hinab zu den nordöstlichen Randbezirken von Vialas führt. Der Weg zurück zum Ausgangspunkt zieht sich.

Corniche des Cévennes und Vallée Française

Route: Die Tour verbindet den windigen Norden mit den klimatisch verwöhnten und politisch malträtierten Gardontälern der Westcevennen.

Florac – St-Laurent-de-Trèves – L'Hospitalet – St-Jean-du-Gard – Anduze – Générargues/Bambouseraie de Prafrance – Mialet – Musée du Désert/ Grotte de Trabuc – Notre-Dame-de-Valfrancesque – Barre-des-Cévennes – St-Julien-d'Arpaon – Florac (etwa 150 km, 1 Tag).

Ausnahmsweise führt der Weg in die Urzeit einmal nicht in Höhlen, sondern in luftige Höhen, auf den Vorsprung des Kalkplateaus von **St-Laurent-de-Trèves**, wo vor ca. 190 Mio. Jahren ein 4 m hoher Ceratosaurus 18 Fußabdrücke hinterließ. Daß der Dinosaurier einen nicht annähernd so grandiosen Ausblick auf die zerklüfteten Felsen der Causse Méjean-Kante genoß, hat den einfachen Grund, daß sie zu jener Zeit noch nicht existierte und der tonnenschwere Zweibeiner seine erstaunlich zierlichen Hinterläufe in den tonhaltigen Schlamm einer von Flachland umgebenen Meerlagune drückte. Von Sedimentschichten konserviert und allmählich zu Stein geworden, wurden die Spuren mitsamt dem Meeresboden durch Faltungskräfte fast 900 m hochgehoben und von der Erosion wieder sichtbar gemacht.

Ungelöst ist die Ursache für das plötzliche Aussterben der Saurier vor etwa 60 Mio. Jahren, nachdem sie 150 Mio. Jahre lang die Erde bevölkert hatten. Die spektakulärste Theorie: Der Einschlag eines riesigen Meteoriten schleuderte Staubmassen auf, die über Jahre das Sonnenlicht reduzierten und durch diesen Klimaschock zum Aussterben der Dinosaurier führten. Die jüngste Entdeckung einer vermeintlichen, etwa 60 Mio. Jahre alten Rieseneinschlagstelle auf der mexikanischen Halbinsel Yucatán gibt der gewagten These neue Nahrung.

Stein ist nicht nur ein guter Konservator der Prähistorie, sondern auch der jüngeren Geschichte. Zum Widerstand fordert die in Granit gehauene Inschrift ›RESISTER‹ (s. Abb. S. 106) noch 300 Jahre nach Ende der Kamisardenkriege die Besucher des wenige Schritte von dem Fels entfernten **L'Hospitalet** auf, ein Gehöft, das heute Wanderern und früher protestantischen Untergrundkämpfern Kost und Logis gewährte. Die auffällige Gravur ist die Kopie eines Schriftzuges, den hugenottische Gefangene während der Verfolgungsjahre unter Ludwig XIV. in die Wand des Gefängnisturms ›Tour de Constance‹ in Aigues-Mortes geritzt hatten (s. S. 166).

Die ›Corniche des Cévennes‹ genannte Höhenstraße D 9 quert die ›Can‹ von L'Hospitalet, einen kleinen, ebenfalls aus Meeressedimenten entstandenen Ableger des Causse Méjean und schnörkelt sich als D 260/D 907 ganz allmählich den Bergkamm hinab in das auf 2000 Seelen geschrumpfte **St-Jean-du-Gard.** Aus besseren Tagen stammen der romanische Uhrturm, die Tour de l'Horloge, im Zentrum unweit des volkskundlichen Musée des Vallées cévenoles sowie eine recht schmukke, sechsbogige Gardonbrücke aus dem 17. Jh.

Anduze steht mit seinen eng an Fels und Berg gequetschten Häuserzeilen dem starken Verkehr und einem der Gardonzuflüsse Spalier, der hier seinen Namen Gardon de St-Jean in Gardon d'Anduze eintauscht. Auch das lebhafte Städtchen hat verschiedene Namen: ›Pforte der Cevennen‹, weil es den Südwestrand der Cevennen markiert, und ›Genf der Cevennen‹ als Hinweis auf seine zentrale Rolle im Kampf der Hugenotten gegen die Truppen Richelieus, Wegbereiter des Ludwigschen Absolutismus. Der 1629 diktierte Friedensschluß von Alès zwang die gebeutelten Protestanten, sich die eigentlich schon 1598 im Edikt von Nantes zugestandene Glaubensfreiheit mit dem freiwilligen Abriß sämtlicher Wehranlagen zu erkaufen.

In Anduze blieb nach diesem Schachzug der französischen Krone von den einstigen Befestigungsanlagen nur der 1320 errichtete Uhrturm am Ortseingang erhalten. Im vis à vis gelegenen *Temple,* einem 1823 rekonstruierten klassizistischen Kirchengebäude mit schlichtem Säulenvorbau, kommen sonntags die mehrheitlich protestantischen Einwohner zu dem *Culte protestante* zusammen, wie die evangelischen Gottesdienste seit hugenottischen Zeiten heißen.

Der Beweis calvinistischer Geschäftstüchtigkeit findet sich wenige Schritte entfernt im historischen Zentrum: die für einen kaum 2700 Einwohner zählenden Cevennenort ungewöhnlich vielen Geschäfte, ein

Tropen im Gardontal:
der Bambuswald von Prafrance

tun, auch wenn man angesichts tropischer Bambuspflanzen selbst das in den Cevennen für möglich halten könnte. Exotisch ist jedoch das Kapitel der Kamisardengeschichte, dem das Hugenottenmuseum, die Geburtsstätte eines berühmten Kamisardenführers, seinen Namen verdankt.

zu Marktzeiten quirliger, mittelalterlich enger Platz, auf dem man noch Raum für eine kleine Markthalle fand, und ein ganz und gar nicht protestantisch schlichter, sondern mit farbenfroh lasierten Dachziegeln bedeckter Ziehbrunnen von 1649.

Merkwürdig mutet es schon an, ausgerechnet in den eher rauhen Cevennen auf Europas einzigen Bambuswald, die **Bambouseraie de Prafrance,** zu stoßen. Das Mikroklima um den Ort **Générargues** macht's möglich. So wachsen in lauer, sprossentreibender Luft auf 35 ha schön gestalteter Parkfläche unterschiedliche Bambusarten zu Riesenstauden, dichten Waldalleen oder exportfähig genormten Büscheln heran.

Das **Musée du Désert** im Mas Soubeyran bei **Mialet** hat mit einer Wüste im eigentlichen Sinn nichts zu

In die Wüste geschickt fühlten sich nämlich jene Hugenotten, die im Gegensatz zu ihren ausgewanderten Glaubensbrüdern den Verfolgungen Ludwigs XIV. zu widerstehen versuchten und ihren verlustreichen Kampf in den südwestlichen Cevennen als gottgewollte Prüfung ansahen, so wie es einst Moses auferlegt gewesen sein soll, die Kinder Israels durch die Wüste zu führen. *Le Désert* wurde zum Synonym hugenottischen Durchhaltewillens und, auf die biblische Geschichte anspielend, der Mont Aigoual als zweiter Berg Sinai mystisch verehrt. Noch heute finden sich im September vor dem grauen Gemäuer des Mas Soubeyran Tausende strenggläubiger Protestanten zusammen, um beim kollektiven Gebet in weltentrückte Trance zu verfallen und den unbeirrbaren Geist ihrer Glaubensvorfahren zu beschwören.

Neben anderen verschwiegenen Höhlen hat auch die nahe **Grotte de Trabuc,** bekannt für das Farbenspiel ihrer Wasserterrassen und der weltweit einzigartigen, von Höhlen-

schnitte Zeltplatz an Zeltplatz reiht, gelangt man über St-Jean-du-Gard zu seinem Oberlauf, der sich bei Martinet in den nördlichen Gardon de St-Germain und den Gardon de Ste-Croix verästelt, die alte Lebensader der ganz und gar abgeschiedenen Vallée Française. Hier hört man sie, die vielzitierte Stille entvölkerter Cevennentäler, hier liegt das Reich der markerschütternden Sperberschreie und des Wildwuchses, der die Berghänge dicht begrünt und sich unaufhaltsam die einst mühsam terrassierten Hänge hinauffrißt. Im kurzen Sommer nämlich erholt sich die Natur des Hochtals schneller als anderswo von den harten Wintern; im Schutz der windabweisenden Höhenzüge ersetzt die Strahlkraft der mediterranen Sonne den fehlenden Nährstoff der kargen Böden.

Das wußten die Talbewohner nicht erst seit dem 6. Jh., als quer

forschern bisher nicht zu enträtselnden Kleinst-Stalagmiten, den fanatischen Kamisarden einst als geheime Versammlungs- und Fabrikationsstätte von Munition gedient.

Vom Unterlauf des Gardon de Mialet, an dessen Ufern sich wegen des milden Klimas und schöner Flußab-

durch Cevennen und Vallée Française – daher der Name – die Grenze zwischen der westgotischen ›Narbonensis‹ und der fränkischen Provence verlief. Schon Jahrhunderte vorher waren die Berghänge bis hoch auf die Spitzen besiedelt. Von der relativ dichten Bevölkerung früherer Zeiten sind jedoch nur ein paar Bauersfamilien übriggeblieben, und die wenigen Stadtflüchtigen suchen hier ihr ländliches Glück zumeist in restaurierten Häusern längs der verwunschenen Straße, die sich sachte ansteigend an der etwas düster wirkenden Granitkirche **Notre-Dame-de-Valfrancesque** (10. Jh.) hinauf in das Ferien- und Wandergebiet von **Barre-des-Cévennes** schlängelt. Über eine ausgedehnte, windzerzauste Hochebene führt die Straße hinunter ins Mimentetal, zunächst in das von einer mächtigen Schloßruine beherrschte **St-Julien-d'Arpaon** (s. Farbabb. 6) und schließlich zurück nach Florac.

Südcevennen und Mont Aigoual

Route: Ein altes Zentrum der Seidenraupenzucht, ein Karstmäander, das Héraulthochtal, eine Tropfsteinhöhle, das windumtobte Oberhaupt der Südcevennen und eine Wasserklamm sind die Stationen der Fahrt.
Le Vigan – Cirque de Navacelles – Ganges – Abstecher: Grotte des Demoiselles – Valleraugue – L'Espérou – Mont Aigoual – Abstecher: Abîme du Bramabiau – Le Vigan (etwa 150 km, 1 Tag ohne die Wanderung).
Wanderung: Valleraugue: Sentier des 4000 marches.

Le Vigan hat schon bessere Tage erlebt und erhofft sich für die Zukunft ähnliches, etwa als günstig gelegener Standort für die wachsende Zahl von Sommerurlaubern und Wintersportlern in den Südcevennen – Montpellier ist nur 60, Nîmes 80 km entfernt. Aus der ›guten alten Zeit‹ des 4500-Einwohner-Ortes erfährt man Näheres im volkskundlichen Musée cévenol an der lauschigen, romanisch gerundeten Bogenbrücke über die gemächliche Arre (s. Farbabb. 1): über André Chamson beispielsweise, einem den Cevennen nicht nur dichterisch zugeneigten Natur- und Geschichtsforscher, und über die Seidenzucht und -weberei, wie sie früher einmal entlang der ›Seidenstraßen‹ zwischen Le Vigan, Ganges und Valleraugue sowie St-Hippolyte-du-Fort, Lasalle, Anduze und St-Jean-du-Gard betrieben wurden und den Bauern über Jahrhunderte ein sauer verdientes Zubrot einbrachten.

Die Höhenzüge der Südcevennen im Rückspiegel, hangelt man sich hinauf nach Montdardier, quert den kleinen Causse de Blandas und pas-

Schnellkost für Spinner

Ihr Leben hängt am seidenen Faden, und trotzdem ist Gewichtszunahme ihr Lebensziel. So fressen sie, was die Stengel hergeben: massenweise Grünzeug. Nur fünf Lebenswochen haben die Seidenraupen Zeit, um ihr Körpergewicht auf das Zehntausendfache zu vergrößern, bevor sie sich auf der Seide ihres zum Kokon gesponnenen, 2000 m langen Fadens zur ewigen Ruhe betten. Denn schon wenig später ereilt sie der künstlich herbeigeführte Erstickungstod, um zu verhindern, daß sie sich als wertlose Schmetterlinge entpuppen und dabei unweigerlich den kostbaren Seidenfaden zerstören.

Bauernfamilie beim Abzupfen der Seidenkokons vom Zuchtgeäst, historische Aufnahme vom Ende des 19. Jh.

Den richtigen Zeitpunkt für das Verbrühen oder Vergasen des Gewürms zu ermitteln, war nie das Problem. Was die Züchter von jeher plagte, war die Freßgier der Raupen: Im Wonnemonat Mai wollen die Weichtiere mit Fast food verwöhnt werden, und das einzige, was sie schnell zum Wachsen bringt, sind frühjahrsgrüne, anfangs täglich, später stündlich frisch gepflückte Maulbeerblätter.

Davon frißt eine Raupe in ihrer ersten Lebenswoche 0,002 g am Tag, nach zwei Wochen schon 2 g und kurz vor ihrem Tod 20 g, das macht bei einer durchschnittlich großen Zucht mit 10000 Raupen während der letzten Lebenstage des Gewürms etwa 200 kg Maulbeerblätter pro Tag – zuviel

Blattwerk eines Baumes, der in den Cevennen schwierig zu kultivieren ist, und zuviel Mühe, um auf Dauer der Konkurrenz aus asiatischen Billiglohnländern und europäischen Kunstseidenfabriken gewachsen zu sein. Während in dem alten Seidenland Italien versucht wird, mit neugezüchteten, länger und dichter begrünten Maulbeerbäumen Futterreserven für eine ganzjährige Seidenraupenzucht zu schaffen, um die alte Tradition wiederzubeleben, schloß in den Cevennen 1965 die letzte Seidenweberei *(Filature)* und werden nur noch in zwei kleinen Züchtereien *(Magnanerie)* Raupen gepäppelt (in Monoblet und im Maison des Magnans, einer von Behinderten betriebenen Seidenraupenzucht in Molières-Cavaillac, unmittelbar östlich von Le Vigan; unregelmäßige Öffnungszeiten).

Früher zählten die Täler der Südcevennen zu den dynamischsten Produktionsstätten der französischen Seidenraupenzucht, einem uralten Gewerbe. Bereits für 1234 ist urkundlich belegt, daß sich ein Bürger in Anduze den Unterhalt mit Seidenziehen, dem mühevollen Abspulen der Kokons, verdiente. Ihre großen Zeiten erlebte die Seidenproduktion ein erstes Mal Mitte des 18. Jh., als man sich zu einer systematischen Anpflanzung von über 400 000 Maulbeerbäumen entschlossen hatte, und ein zweites Mal zwischen 1820 und 1853 nach einem kurzzeitigen Zusammenbruch des weltweiten Seidenhandels. Die Eröffnung des Sueskanals 1869 und ein Schädlingsbefall der Maulbeerbäume schmälerten die Gewinne dann derart, daß nur wenige *Magnaneries* und *Filatures* überlebten. Große Geschäfte hatten ohnehin nur die wenigen Aufkäufer der Rohseide und die Webereien gemacht.

Den vielen Tausend Cevennenbauern, die sich mit der Aufzucht der Seidenraupen ein paar Taler zum Überleben dazuverdienen mußten, hat das

siert eine Gruppe von Menhiren, die kurz vor der Ortschaft Blandas, rechts der D 113, etwas verloren in der mächtigen Ebene herumsteht. Kaum, daß man sich auf die neue Landschaft eingelassen hat, erreicht die Straße schon wieder den Rand des Kalkplateaus. Unter den Füßen tut sich der **Cirque de Navacelles** auf, ein stadionähnlicher Talkessel, den die kleine Vis 400 m tief in den Kalk gefurcht hat. Von der Bodenbeschaffenheit zunächst zu einem Schnörkel gezwungen, grub sich ihr Wasserlauf nach und nach einen direkten Weg durchs Gestein und hinterließ eine mit überaus fruchtbarem Schwemmboden bedeckte und in der Fachsprache Mäander genannte ausgetrocknete Flußschlinge. Dort hat es sich das Dorf Navacelles häuslich gemacht, wohin die Straße führt, auf der man südlich wieder aus dem Cañon herausgelangt und auf die D 25 trifft.

An der Vis entlang, vorbei an einer nahe dem Abzweig nach St-Laurentle-Minier gelegenen Brücke, die waghalsige Jugendliche als Sprungturm benutzen, gelangt man nach

›Goldene Zeitalter der Seidenzucht‹ weniger Glanz als Rußluft in ihre ärmlichen Schieferhäuser gebracht. Da es die Seidenraupen zum Einspinnen gerne warm und trocken haben, vertrieb man die feucht-kühle Mailuft mit Kaminfeuern aus den obersten, den Häusern nachträglich aufgesetzten ›Fütterungs- und Brutetagen‹. Half auch das nichts, mußten die Familien für die verwöhnten Würmer manchmal sogar unter ihren warmen Bettdecken zusammenrücken.

Doch damit war es nicht getan. Hatten sich die Raupen endlich eingesponnen, folgten mehrheitlich die Bauersfrauen, ihre Kinder und Mägde den Kokonaufkäufern in die Webereien, wo sie sich als Tagelöhnerinnen verdingten und alle Jahre wieder Brandblasen an den Händen holten. Um die klebrigen Seidenfäden in mühsamer Handarbeit abspulen und von den Heidekrautzweigen lösen zu können, an denen die Raupen gewöhnlich ihre Kokons befestigten, mußte das Geäst zuvor in kochendes Wasser getaucht werden. Bei aller Mühsal hatten die Raupenzüchter während der ›Kokonlese‹ auch ihren Spaß. *Décoconner*, abgeleitet vom familiären *déconner*, d. h. Blödsinn machen, nannte man scherzhaft das Absammeln und Abspulen der Kokons. Und manch einer mag sich die Finger nicht nur bei der Arbeit verbrannt haben, denn das jährliche Beisammensein der Züchtersprößlinge wurde natürlich weidlich zur Brautschau genutzt.

Im Land der Feinschmecker kam es, wie es kommen mußte. Um der heimischen Seidenzucht wieder auf die Beine zu helfen, machte vor kurzem ein Ingenieur und Hobbykoch seinen Landsleuten einen wohlmeinenden Vorschlag: Auf französische Haut gehöre heimische Seide und das proteinhaltige Gewürm schleunigst in den Mund anstatt auf den Müll. Schnellkost für Spinner!?

Ganges. Das ehemalige Seidenweberstädtchen dient Bootssportlern auf dem – hier noch zahmen – Hérault als Ausgangsort und Zwischenetappe. Die nahegelegene **Grotte des Demoiselles** ist eine an rekordverdächtigen Tropfsteingebilden so reiche Höhle, daß Stalagmitenfans der Abstecher zu dem gigantischen, durch eine Seilbahn mit der Außenwelt verbundenen Hohlraum empfohlen sei (s. Abb. S. 135). Wanderer sollten hingegen in dem frühzeitig ergrauten **Valleraugue** einen Hotel-Halt einlegen, um von dem einst lebhaften Seidenzüchterörtchen aus dem Mont Aigoual auf sein kahles Haupt zu steigen.

Sentier des 4000 marches

Dauer: 8 Stunden, Länge: 21,5 km, Höhenunterschied: etwa 1200 m, wegen der großen Höhendifferenz anstrengende Tour, Wegweisersymbol: zwei Schuhabdrücke auf grünem Grund. Unbedingt erforderlich: trittsicheres Schuhwerk, Trinkvorrat und Regenschutz.

Die Wanderung, ein Klassiker der Südcevennen, erschließt wilde und

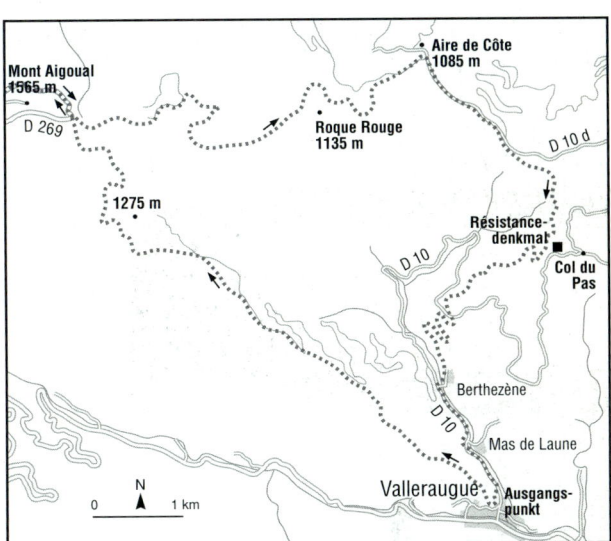

Wanderkarte:
Sentier des 4000
marches

abgeschiedene Gegenden rund um das Aigoualmassiv, die nur zu Fuß zu erreichen sind und den Berg von seinen unbekannten Seiten zeigen.

4000 beinharte Schritte sind es mindestens, die vom Kirchplatz aus zunächst durch aufgelassene Terrassierungen und verwilderte Kastanienbaumkulturen, später dann auf einem weiterhin konstant ansteigenden, gut begehbaren Weg an fotogenen Granithaufen und Felsklüften vorbei gemacht sein wollen, bevor man die Paßstraße D 269 erreicht, die zum Aigoualgipfel und zum bewirtschafteten Observatorium führt.

Zurück am Paß leitet einen das Buchenblattsymbol des ›Sentier des Botanistes‹ um eine Erhebung herum, an dessen nördlicher Flanke man auf die GR 66 stößt, die nach etwa 7 km am Forsthaus der Aire de Côte endet. Ab hier nähert man sich

auf einer mit der GR 6 identischen Straße bis auf etwa 300 m der Paßhöhe und trifft rechts abbiegend, unterhalb des 833 m hohen Col du Pas sowie eines Denkmals, das den Opfern der Résistance gegen die deutsche Okkupation gewidmet ist, auf den Talweg nach Berthezène und die von dort aus nach Valleraugue zurückführende D 10.

Vom **Mont Aigoual,** der den Nordcevennen, so gut er das mit seinen 1565 m Höhe kann, Wind und Regen vom Leibe hält, kehrt man ohne Umweg auf der D 269 und D 48 an dem im Sommer etwas öden Wintersportort **Espérou** vorbei in das geschützte Coudouloustal von Le Vigan zurück. Oder man läßt sich von dem merkwürdigen Namen **Abîme du Bramabiau** noch zu einem Abstecher ver-

Der Cirque de Navacelles, das ehemalige Flußbett des Vis

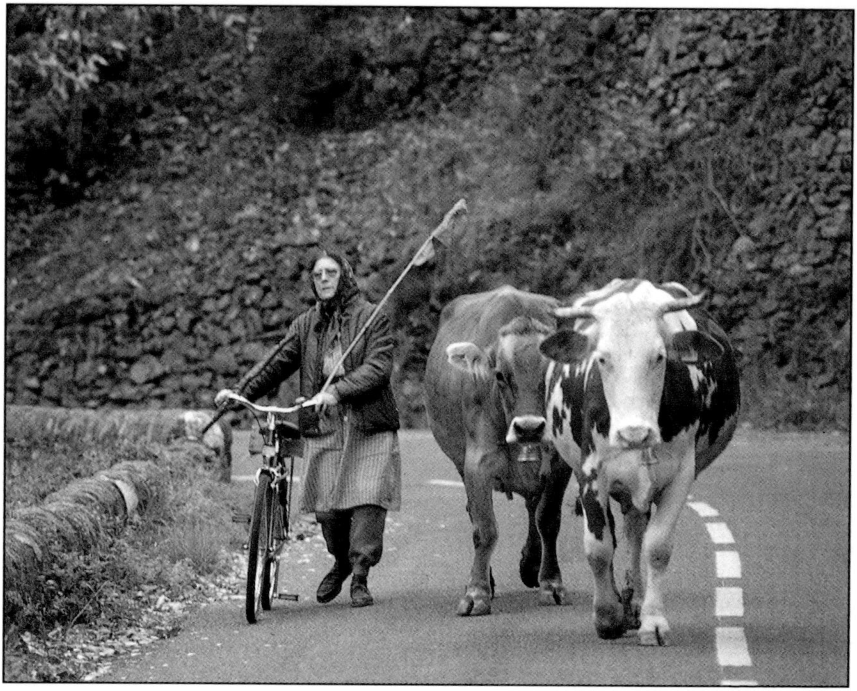

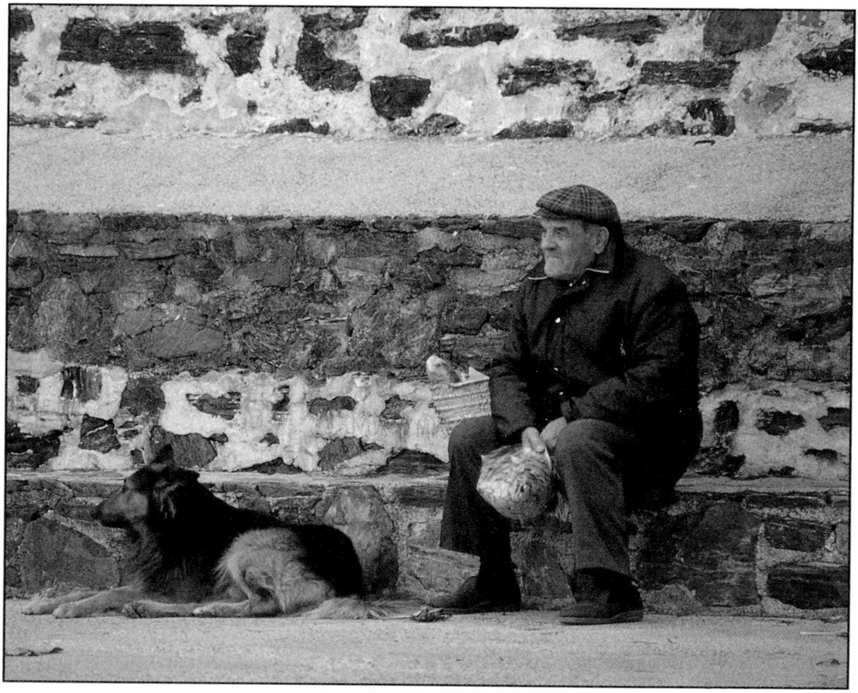

leiten. Das Geräusch eines Wasserfalls ist es, das der unterirdischen Wasserklamm den Namen gab, der sich von *le bœuf qui brame* ableitet (s. Abb. S. 135). Ob sich das kleine Flüßchen La Bonheur beim Verlassen seines 700 m langen unterirdischen Flußbetts wie ›das Brüllen eines Ochsen‹ anhört, mag man bezweifeln, nicht aber, daß es die Führer durch die Kluft geschickt verstehen, das für diese Gegend durchaus normale Phänomen einer im Fels verborgenen Klamm als einzigartiges Naturwunder dazustellen.

Causse Méjean und Causse Noir

Route: Von Stein zu Stein führt die Tour durch die Abgeschiedenheit der Causses in die Felsenwelt ihres Ober- und die ausgehöhlten Tiefen ihres Unterbaus.

Florac – Nîmes-le-Vieux – Meyrueis – Grotte de Dargilan – Lanuéjols – Trèves – Cantobre – Montpellier-le-Vieux – Le Rozier/Peyreleau – Le Truel – Aven Armand – Florac (etwa 175 km, 1 Tag ohne Wanderung und Besichtigungen).

Wanderung: Le Rozier: Sentier des Corniches du Méjean et des Vases.

Im Frühjahr ist der Himmel über den Ebenen oft grau und nah. Man sieht kilometerweit, wie der Regen aus den Wolken fällt. Allein das Grün der Weiden und das Gelb der Ginstersträucher gibt der Landschaft eine Ahnung von Farbe. Im Herbst ist es umgekehrt. Da sticht der tiefblaue Himmel ins Auge, und die ausgedörrten, sonnenverbrannten Plateaus verschmelzen mit ihrem steinigen Unterbau zu einer granitgrauen Eintönigkeit. Das sind die Causses, weltentrückte Gegenden, wie sie nur noch selten in Europa zu finden sind.

Gleich nach Erklimmen der Causseklippen und nur wenige Kilometer vom Col de Perjuret entfernt, taucht man ein in das kleine Felsenmeer von **Nîmes-le-Vieux**, eine wilde Mischung von zerklüfteten Steinbrüchen und ebensolchen Felsformationen. Die Weiler Aures, La Cisterne und Costeguison säumen eine schmale Fahrstraße, die wieder an den Plateaurand führt. Von hoch oben sieht es aus, als würden **Meyrueis** Gassen eines Tages von Causse Méjean und Causse Noir zusammengequetscht, die hier, vom Flußlauf der Jonte gespalten, wie Eisschollen aufeinander zuzutreiben scheinen.

Man entgeht der Enge und dem Trubel der viel zu klein geratenen Ortschaft auf der D 39. Sie leitet auf den Causse Noir hinauf und stellt einen schon bald vor die Entscheidung, nach rechts zur **Grotte de Dargilan** abzubiegen – im Vergleich zum Aven Armand gegen Ende der

Tour nur ein Tropfsteinloch der gehobenen Mittelklasse – oder auf direktem Weg vorbei an **Lanuéjols** inmitten seiner Lavendelfelder und dem unauffälligen **Trèves** an den Zusammenfluß von Trévezel und Dourbie zu fahren. Dort thront in windiger Höhe das Dörfchen **Cantobre** wie ein Adlerhorst auf einem Felsen, der den Erosionskräften der zwei Flüsse entgangen ist, die seit Urzeiten an den bei tertiären Auffaltungen entstandenen Bruchrändern des Causse Noir, Causse Bégon und des großen Causse du Larzac nagen.

Etwa auf halbem Weg nach Millau, wo die Berge der grünen Dourbieschlucht näher aneinanderrücken, schlängelt man sich auf engem Sträßchen durch La Roque-Ste-Marguerite ein zweites Mal hinauf auf

den Causse Noir. Das Ziel: **Montpellier-le-Vieux**, ein ungleich turbulenteres Felsenmeer als Nîmes-le-Vieux, und wie bei den zwei gleichnamigen Städten der überlegene Favorit in der Gunst der Besucher. Zu Fuß über teilweise holprige, bei schlechtem Wetter glitschige Wege (feste Schuhe!) oder von einem etwas lächerlich wirkenden Bimmelbähnchen aus sieht man all das, was frühere Wasserfluten hier vom Caussekalk übrig ließen, u. a. einen natürlichen Felsbogen.

Das Doppelstädtchen **Le Rozier/Peyreleau** bewacht mit seiner imposanteren Südhälfte die Jonte und mit seiner lebhafteren Nordhälfte den Zusammenfluß von Jonte und Tarn und ist wegen seiner guten Lage und Zeltplätzen, die weitläufiger sind als die der Tarnschlucht, ein beliebter Standort für Bootssportler und Wanderer.

Sentier des Corniches du Méjean et des Vases

Dauer: 4 bis 5 Stunden, Länge etwa 12 km, Höhenunterschied ca. 220 m, mittelschwer, es gibt kein einheitliches Wegweisersymbol, statt dessen mit Ortshinweisen beschildert.

Die Wanderung führt hinauf auf die Causse Méjean-Kante oberhalb von Le Rozier, um den Pas du Loup herum und an zwei ansehnlichen, markant modellierten Felsen vorbei zurück nach Le Rozier.

Hinter der Kirche von Le Rozier zweigt von der Fahrstraße ein Weg ab, der zu dem kleinen, am Berg klebenden Weiler Capluc hinaufführt. Zurückgekehrt von einem relativ kurzen, wegen seiner Kletterpartien aber nur schwindelfreien und trittsicheren Wanderern zu empfehlenden Linksabstecher auf die Aussichtsplattform des Rocher du Ca-

pluc, setzt man den 200 m hinter dem Dorf links abzweigenden Sentier Jacques Brunet genannten Weg zum 877 m hohen Col de Francbouteille fort. Wegen des Ausblicks in die Jonte- und Tarnschlucht trägt er auch den Namen ›Col des deux canyons‹.

Den Schildern GR 6A bis zum Col de Cassagnes folgend, ignoriert man den links abzweigenden Pfad zum Rocher de Cinglegros und folgt statt dessen dem rechten, ab hier Sentier Louis Armand bezeichneten, in einiger Entfernung rechts den Weiler Cassagnes passierenden Weg nach Süden auf die Corniches du Méjean.

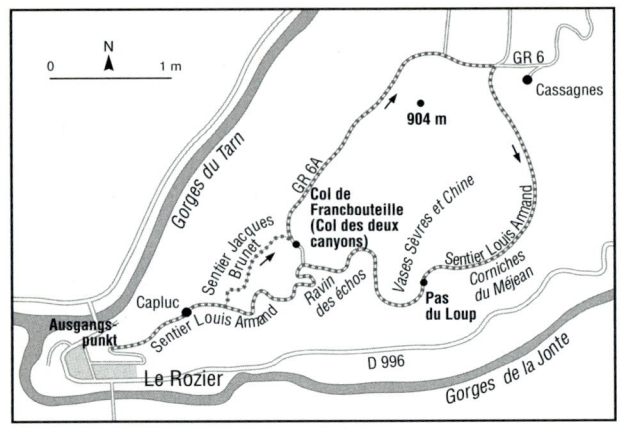

Map labels:
N
0 — 1 m
GR 6
Cassagnes
904 m
Gorges du Tarn
GR 6A
Col de Franchouteille (Col des deux canyons)
Sentier Jacques Brunet
Vases Sèvres et Chine
Sentier Louis Armand
Corniches du Méjean
Ravin des échos
Pas du Loup
Capluc
Ausgangspunkt
Sentier Louis Armand
Le Rozier
D 996
Gorges de la Jonte

Wanderkarte: Sentier des Corniches du Méjean et des Vases

Zwei von Urströmen vasenförmig gerundete Felsen säumen den mit schönen Ausblicken gespickten letzten Wegabschnitt, der allmählich wieder von der Jonteschlucht weg zurück nach Capluc führt.

›Unter Geiern‹ findet man sich wenige Kilometer hinter Le Rozier in Richtung Meyrueis wieder. Legt man kurz vor **Le Truel** den Kopf in den Nacken (linker Hand leicht zu übersehen ein Parkplatz, ausgeschildert mit ›Pas du Loup‹ bzw. ›Belvédère aux Terrasses‹), sieht man in den Abendstunden Aasgeier die Méjeanklippen umkreisen oder, von ihren manchmal bis zu den Pyrenäengipfeln führenden Tages-›Ausflügen‹ zurück, majestätisch in die Jonteschlucht einschweben. Auf 2,80 m breiten Schwingen lassen sie sich durch die aufsteigende Warmluft nach oben zu ihren windigen Nist- und Futterplätzen tragen und standesgemäß verwöhnen: mit ausgelegten Tierkadavern.

Der Beutetrieb ist vielen der vor ein paar Jahren ausgesetzten Zoovögel abhanden gekommen, und für die Selbstversorger unter ihnen gestaltet sich die Futtersuche zunehmend schwierig, seit die ausschließlich von Kadavern lebenden Raubvögel verendete Schafe von ihrer Speisekarte streichen mußten – zu wenige Herden sind noch unterwegs. Was die Geier nicht verlernt haben, ist, sich zu vermehren. Auf etwa 100 Exemplare ist die illustre Vogelschar angewachsen, nicht unbedingt zur Freude der Angestellten des Nationalparks, die alle Hände voll zu tun haben, täglich genügend tote Tiere an die abgelegenen Freßstellen zu schaffen, ohne den scheuen Tieren dabei zu Leibe zu rücken.

Entlang der im zeitigen Frühjahr mit ausreichendem Kanutenkönnen gut zu befahrenden Jonte kurvt man durch das grüne Flußtal und an Meyrueis vorbei wieder hinauf auf den Causse Méjean, um den Rückweg nach Florac für eine von Europas größten und schönsten Tropfsteinhöhlen, den **Aven Armand**, noch einmal zu unterbrechen.

Steter Tropfen macht den Stein

Tief im Caussekarst verbirgt sich ein ›Dreisterneloch‹, die Tropfsteinhöhle Aven Armand. Nur in den südlichen Cevennen und im Aven d'Orgnac an der Ardèche haben unterirdische Flußläufe ebenso gigantische Höhlen aus dem porösen Kalkgestein gewaschen. Nirgendwo sonst aber hat Sickerwasser derart viel monumentale Tropfsteine – darunter einen von Weltrekordhöhe – aufgetürmt. Der Aven Armand verdankt seine Entdeckung im Jahre 1897 dem gleichnamigen Höhlenforscher und ausnahmsweise einmal nicht einem der vielzitierten Hirtenjungen, der auszog, ein verirrtes Schaf zu suchen und den Kadaver nach halsbrecherischen Klettereien in einer unentdeckten Tropfsteinhöhle fand.

Heute gelangt man mit einer hochmodernen Drahtseilbahn in die Urzeit, die in 75 m Tiefe zu besichtigen ist: ein Meer monströser Kalksäulen, über 400 an der Zahl, verteilt in einer 100 m langen, 60 m breiten und knapp 40 m hohen Halle, in der beinahe die Kathedrale Notre-Dame von Paris Platz hätte. Das Ganze hat vor etlichen Millionen Jahren einmal klein angefangen – als bescheidener Riß in der Kalkkruste. *Aven* nennen Speläologen diese Höhlenart und meinen damit einen Hohlraum, der mit der Außenwelt über eine natürliche Öffnung in Verbindung steht, durch die das Oberflächenwasser von oben eindringen und mit dem Erosionswerk beginnen konnte, im Gegensatz zur *Grotte*, die in ihrer Form einem Blinddarm ähnelt und nichts weiter als das ehemalige Endstück eines unterirdischen Flußbetts ist, dessen Wasserlauf versiegt ist oder mittlerweile in größerer Tiefe strömt.

Höhlenstrukturen im Languedoc-Roussillon   (a) vgl. Aven Armand   (b) vgl. Grotte des Demoiselles (s. S. 127)   (c) vgl. Abîme du Bramabiau (s. S. 129 f.)

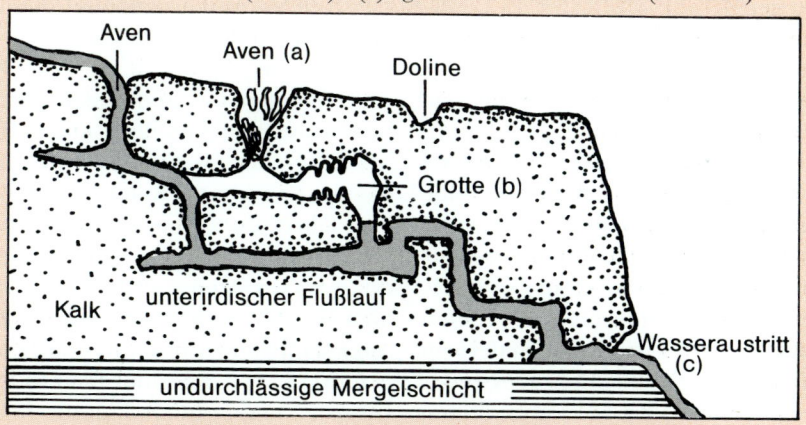

135

Tropfsteine findet man in beiden Höhlentypen, sofern kalkhaltiges Wasser wie bei einer Tröpfcheninfusion durch feine Risse einsickert, weil das poröse Oberflächengestein die Feuchtigkeit nicht halten kann. Perlt das Wasser zunächst die Hohlraumdecke entlang, verfestigen sich die Kalk- und Metallrückstände je nach der Wasserkonsistenz zu herabhängenden Stalaktiten und verschiedenfarbigen, teils dem Faltenwurf einer Gardine ähnelnden Formationen; fallen die Tropfen auf den Grund, entstehen Stalagmiten, die teilweise den Stalaktiten entgegenwachsen und dann mit ihrem Gegenüber zu mächtigen Pfeilern verschmelzen. Der größte Reiz von Tropfsteinhöhlen ist wohl stets aufs neue die ›Entdeckung der Langsamkeit‹: 100 Jahre vergehen, bis eine Kalksäule unter dem Causse um etwa 1 cm gewachsen ist. Klimaschwankungen einmal außer acht gelassen, ist es also 30 000 Jahre her, seit dem 30 m hohen Superstalagmiten der erste Tropfen aufs Haupt fiel.

Gorges du Tarn, mit Abstechern in den Causse de Sauveterre und Causse du Larzac

Route: Nach Durchqueren der Tarnschlucht – das wohl schönste Stückchen Causse – führt die Strecke in wechselnder Entfernung am Rand des Causse de Sauveterre entlang zum Ausgangspunkt zurück oder auf einem bis ins Hérault zu verlängernden Abstecher, am Käsedorf Roquefort vorbei, bis weit auf den Causse du Larzac hinaus.

Florac – Château de Castelbouc – Ste-Enimie – St-Chély-du-Tarn – La Malène – Le Rozier/Peyreleau – Point Sublime – Sauveterre – Florac (etwa 190 km, 1 Tag). Abstecher ab Le Rozier/Peyreleau: Millau – Roquefort-sur-Soulzon – La Couvertoirade (etwa 90 km ein Weg, ½ Tag).

In der lauschigen Tarnschlucht sind alle wild auf Wasser: die Einheimischen, die der Wassermangel auf den Hochplateaus in die *Gorges* trieb und die bereitwillig die Weite der Causses gegen beengte Wohnverhältnisse in den viel zu klein geratenen Dörfchen tauschten; die vielen Autofahrer, die sich der malerisch an die Felsen geklebten Uferweiler wegen hinter das Steuer zwängen und – häufig eingeklemmt in eine Autoschlange – vergeblich nach leicht zugänglichen Park- und Badeplätzchen suchen, und natürlich die vielen Kanu- und Kajakfahrer, die den Tarn als einen der abwechslungsreichsten Flüsse des Zentralmassivs schätzen und auf dem wilden Wasser noch nicht unter Platzmangel leiden, obwohl es auch dort während der Sommermonate zu Staus an den Strudeln kommt. Dennoch geht auch zu Ferienzeiten nicht alles von dem eigenwilligen Charme der Tarnschluchten verloren (s. Farbabb. 5, 21, 27).

Ab Florac, das vielen Wassersportlern wegen beschränkter Unterkunfts- und Campingplatzkapazitäten in den *Gorges* als ›Basislager‹ dient, begleitet einen der Tarn. Die eigentliche Cañonstraße beginnt hinter der Spitzkehre von Molines und führt – durch den Fluß getrennt – am ›Schwalbennest‹ **Château de Castelbouc** vorbei in den größten Tarnort, **Ste-Enimie** mit seiner schwungvollen Brücke, die eine erste durchgängige Querverbindung zwischen den beiden Hochebenen schafft. Das liebevoll restaurierte Gassengewirr des Künstlerdorfes macht sich so harmonisch in dem schwungvoll gerundeten Talkessel breit, daß es sich von oben betrachtet kaum noch von seiner steinigen Umgebung abhebt.

Das Tal wird nun enger und spektakulärer. Es folgen **St-Chély-du-Tarn,** dessen so wenig verkehrsgerechte Lage unterhalb eines nur einspurig zu befahrenden Tunnels zu regelmäßigen Staus führt, des weiteren die nur von ferne zu betrachtende Ufersiedlung **Hauterives** und das malerische Burgdorf **La Malène,** ein weiterer von Haarnadelkurven umzingelter Kreuzungspunkt zweier Caussestraßen (s. Abb. S. 141).

Um den imposantesten Streckenabschnitt der Schlucht von seiner schönsten Seite zu sehen, gibt es nur eins: aufs Wasser. Acht gemächlichleichte Kilometer in gemieteten und auch von Anfängern zu beherrschenden Booten paddelt man sich an schroffen Felsen entlang, tief unterhalb der Straße zum Cirque de Baumes voran, wo einen die Bootsverleiher zum Rücktransport nach La Malène erwarten.

Hinter der Flußenge, in die sich der Tarn jedes Jahr etwa 0,2 mm tiefer hineinfrißt, weiten sich die *Gorges* und führen nun ab Les Vignes schnörkellos nach **Le Rozier/Peyreleau,** das am Ende der Gorges du Tarn Platz genommen hat (s. a. S. 138). Es bleibt aber genug Raum für Zeltplätze und Feriendörfer, die sich zudem einen kleinen Teil des grünen, weitläufigen Tarnufers Richtung Millau erobert haben.

Kurvenreich über Liaucous oder etwas geradliniger an Mostuéjols vorbei umfährt man den Südzipfel des Causse de Sauveterre und erreicht mäßig ansteigend seine ansehnlich begrünten Höhenlagen mit dem Ziel, sich vom **Point Sublime** aus schwindelig zu gucken. Besonders schön ist der Parnoramablick auf die Tarnschluchten in den frühen Morgen- und Abendstunden, wenn leichter Dunst das Sonnenlicht in Strahlen fächert und die Caussemassive im Gegenlicht bläulich und blaß am Horizont verschwimmen.

Die vielen Ausflügler, spätestens aber der Zickzackkurs über Baraque-de-Trémolet (D 46), Baraque-de-Lutran (D 32) und Laval-du-Tarn (D 998) zum Cirque de Pougnadoires holen einen rasch in die Wirklichkeit zurück, die sich allerdings mit ihren weiten Ausblicken auf die Tarnschleife bei St-Chély-du-Tarn und einige Kilometer weiter auf Ste-Enimie auch nicht schlecht ausnimmt. Durch das uralte Dorf **Sauveterre** (D 986) – seiner prototypischen Caussearchitektur wegen –

Château de Castelbuoc

und durch den östlichen Causse de Sauveterre (D 986, D 31) – der Landschaft wegen – gelangt man über den Col de Montmirat (D 35, N 106) zurück nach Florac.

Abstecher von Le Rozier/Peyreleau nach Millau und in den Causse du Larzac

Keine Frage, zumindest beim ersten Teil des Abstechers geht es hauptsächlich darum, das Angenehme mit dem Notwendigen zu verbinden und nach kräftezehrenden Guck- und Kanutouren den Magen zu füllen, z. B. auf äußerst appetitliche Weise in den kleinen und feinen Delikatessenläden des nahen **Millau**. Man erreicht das schon außerhalb der Region Languedoc-Roussillon gelegene Städtchen von Le Rozier/Peyreleau aus in halbstündiger Fahrt –

Küche als die arme Cevennenbevölkerung leisten konnten, und seiner verkehrsgünstigen, im Nordwesten von saftigen Weiden umgebenen Lage an der uralten Larzactangentiale, die seit Römerzeiten die südlichen mit den nördlichen Landesteilen verbindet.

So sind es auch Fundstücke aus jener Zeit, denen das paläontologische, prähistorische und archäologische Musée de Millau et des Causses in der Altstadt viel Platz einräumt. Eine große Grabungsstelle bei Graufesenque, etwa 1 km südwestlich von Millau (N 9, Richtung Montpellier), bestätigte Vermutungen, daß sich hier eines der bedeutendsten Zentren Galliens für die Massenproduktion von Gebrauchskeramik befunden hat. Das Geschirr wurde vornehmlich in die westlichen Gebiete des römischen Imperiums geliefert, nachgewiesen anhand des Herstellersiegels.

Dem Mißgeschick eines Töpfers, der um 40 n. Chr. eine Keramikkollektion bei zu großer Hitze brannte und auf den Abfall warf, verdankt das Museum 15 000 verdellte oder stapelweise miteinander verschmolzene Töpferwaren, die so, wie sie präsentiert werden, an ein surrealistisches Szenario aus Hollywoods Trickfilmstudios erinnern. Millaus jüngere Geschichte findet man im Maison de la Peau et du Gant de Millau dokumentiert, das u. a. eine vollständig erhaltene Produktionsstätte für Handschuhe zeigt. Schwer zu tragen haben die uralten, aus dem 12.–16. Jh. erhaltenen Säulen der Marktplatzkolonnaden, die, schiefwinklig wie sie sind, unter der Last ihrer Häuser zusammenzubrechen

vorbei an den Käsereien des ›Bleu des Causses‹ in Peyrelade, ein Schimmelkäse aus Kuhmilch.

Millau, ein ansehnlicher und lebhafter 23 000-Einwohner-Ort, wurde das, was er ist, durch die Verarbeitung von Schafshäuten zu feinsten Lederhandschuhen. Das, was er ißt, verdankt er der guten Zunge seiner reichen Lederfabrikanten und Kaufleute, die sich von jeher eine bessere

Alles Käse

Liebe geht durch den Magen, dachte sich dereinst ein Hirtenjunge und nahm zu einem Schäferstündchen in die Grotte von Cambalou einen Käse mit, um seiner Verehrten Appetit zu machen. Womit sie ihn stillte, weiß die Legende nicht zu berichten, jedenfalls nicht mit dem Käse, der schnell vergessen war und in einer Felsspalte vor sich hin schimmelte, bis das Pärchen sich ein zweites Mal an dem verschwiegenen Ort traf und nicht nur Gefallen an sich, sondern auch an dem verschimmelten, aber erstaunlich wohlschmeckenden Stück Käse fand. Das hatte ein Nachspiel – für den Käse zumindest, der fortan, und hier endet das Märchen, die Mägen von klugen Denkern und siegreichen Lenkern füllte.

Von Plinius dem Älteren zum Beispiel, der 79 n. Chr. geschmackvolle Worte für den Käse fand, und von Karl dem Großen, der sich nicht nur großer Taten, sondern auch ähnlich dimensionierter Freßgelage rühmte und zu ebensolchem Fest einmal zwei Eselskarren voll Roquefortkäse nach Aachen schaffen ließ. Ludwig XIV. zog als Dreikäsehoch angeblich den Verzehr des schimmeligen Milchprodukts dem Genuß der reinen Milch vor, damit er als zukünftiger Sonnenkönig groß und stark werde, Eigenschaften, die auch Casanova zu schätzen wußte, weshalb er vor seinen amourösen Abenteuern zum Roquefortkäse griff. Das allerdings sind schon wieder Geschichten, wie man sie in den Bars der Umgebung zu hören bekommt.

Tatsache ist jedoch, daß sich nur der Schimmelkäse Roquefort nennen darf, der ausschließlich aus Schafsmilch und nach alter Tradition im Felsen des Cambalou hergestellt wird. Und das geht so: Die 1 Mio. Milchschafe der Umgebung werden zwischen Januar und Juli – der Zeit ohne Trächtigkeit – zweimal täglich angezapft. Das macht bei 140 Melktagen und 124 l pro Schaf rund 0,25 Mrd. l Milch, aus denen pro Jahr rund 6 Mio. Roquefortlaibe geformt werden, zwar nicht in Handarbeit, aber in Zeiten der Vollautomatisierung noch immer mit erstaunlich vielen Handgriffen. Das Geheimnis des Geschmacks beruht jedoch nicht allein auf menschlichem Zutun, sondern auf einem ganz speziellen Klima, das den Reifungsprozeß des Rohkäses fördert, den man zuvor mit dem hier gedeihenden Schimmelpilz *Penicilium roqueforti* durchsetzt hat. Man findet das Ökosystem tief verborgen in den luftdurchlässigen Felsspalten des Bergmassivs, durch die ein kühl-feuchter Nordwind bläst, der die Reifekeller sommers wie winters auf konstante 8° Celsius und 95% Luftfeuchtigkeit hält. Das sind exakt die Bedingungen, unter denen der Käse geschmacklich in Ruhe ausreifen kann, sorgsam kontrolliert von Käsereiangestellten und begehrlich beäugt von täglichen Besuchergruppen, die an den auf Kieferregalen geschichteten Käsereihen vorbeigeschleust werden (Besichtigung der Société des Caves de Roquefort-sur-Soulzon s. S. 371).

drohen. Der Schein trügt, denn wie beim schiefen Turm von Pisa gerieten einige der Stützpfeiler bereits kurz nach ihrer Aufstellung in Schieflage. Die im altokzidentalischen Dialekt abgefaßte Inschrift *Gara qué faras* am Kapitell einer der vier nördlichen Säulen warnt denn auch nicht wegen drohender Einsturzgefahr davor ›aufzupassen, was man tut‹. Angesprochen waren Galgenvögel, unter ihnen nicht selten Käsediebe, die im Mittelalter an dieser Säule aufgeknüpft wurden.

Das wohlschmeckende und mit üppigem Hehlerlohn bedachte Objekt ihrer kriminellen Begierde reift nämlich seit alters nur 20 km entfernt von Millau heran, verborgen im Dunkel des 800 m hohen Felsmassivs Cambalou, an dem das unansehnliche Örtchen **Roquefort-sur-Soulzon** zu dem einzigen Zweck am Felsen klebt, mit gleichnamigem Schimmelkäse in aller Welt den Ruhm Frankreichs als Käseland zu mehren.

Ziel des Abstechers in den entvölkerten Causse du Larzac oder Zwischenetappe auf dem Weg zum näherrückenden Mittelmeer ist das mittelalterliche **La Couvertoirade**, von Roquefort aus am schönsten ›querfeldein‹ über die D 77, D 7 und D 185 oder direkter, der D 999 und N 9 folgend, zu erreichen. 150 Einwohner – Tendenz abnehmend – zählt das karge Festungsstädtchen, in dem seit Ende des 12. Jh. der Templerorden ansässig war und von dem heute vorwiegend selbsternannte Künstler Besitz ergriffen haben. Eine eigentümlich künstliche Atmosphäre beherrscht das Nest. So ist es denn auch weniger der Ort selbst als der Reiz seiner abgeschiedenen Lage inmitten der blaßgrau verwitterten Larzachochebene, der den weiten Weg lohnt.

Das malerische Bergdorf La Malène

Karge Vielfalt

Gard und Garrigue

Der Sommer ist das Problem der Garrigue, nicht der Winter. Die trockene Hitze gilt es zu überstehen. Sie zieht den letzten Tropfen Feuchtigkeit aus dem Boden, macht den Tieren und Pflanzen das Leben schwer und kostet die Bevölkerung viel Schweiß, besonders wenn seltene, dafür um so heftigere Gewitterregen selbst Städte wie Nîmes unter Wasser setzen und mühsam kultivierte Anbauflächen überschwemmen. Oder wenn alte Gehöfte und ganze Siedlungen samt der Vegetation das Opfer von Flammen werden, die sich jedes Jahr weiter in die Garrigue fressen, bewußt angesteckt, um mit neuem Bauland Spekulationsgewinne zu machen, oder entfacht durch Selbstentzündung und achtlos fortgeworfene Zigaretten. So oder so ein Drama, weil es der Natur immer weniger gelingt, die sich häufenden Schäden wettzumachen, obwohl gerade die Flora und Fauna dieser mittelmeertypischen Vegetationsform außerordentlich viele Mechanismen entwickelt haben, um das lebensfeindliche Klima des langen Sommers zu überleben.

Routenkarte: Gard und Garrigue

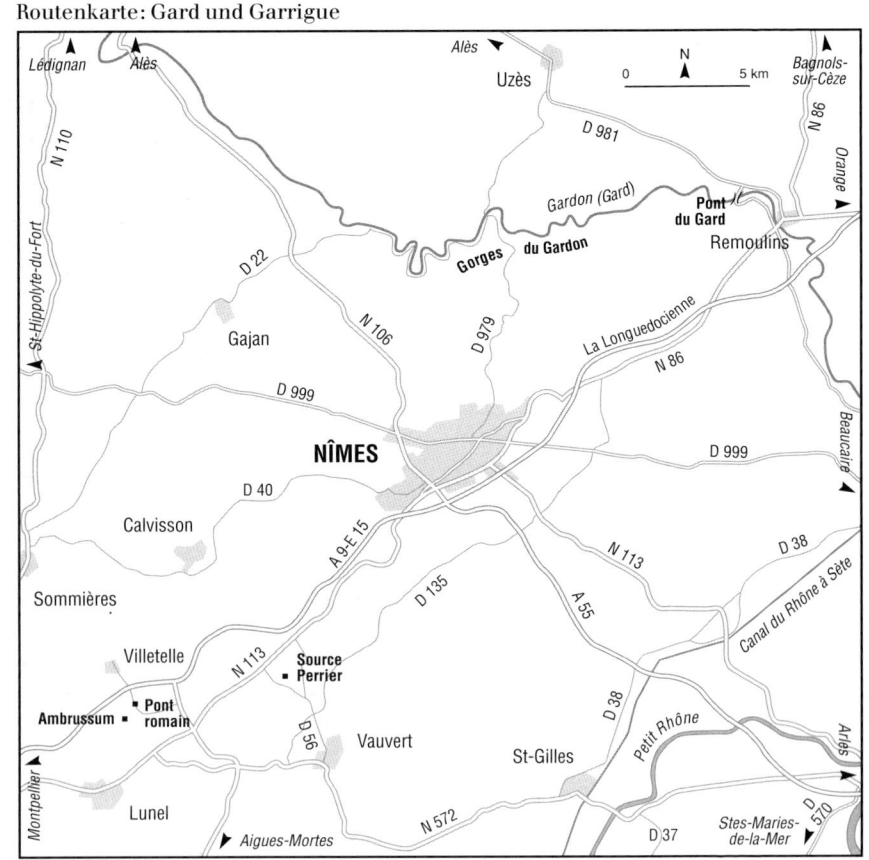

Das Felsheidengebiet der Garrigue füllt die Mittellagen der südwestlichen Cevennenausläufer zwischen der Ardèche und dem Mittellauf des Hérault in einer Höhe von 100–400 m. Der Name, der sich aus dem keltischen Wort *Garric* oder vom provenzalischen *Garoulia* ableitet und wörtlich ›Felsbaum‹, d. h. Steineiche, bedeutet, ist zugleich Synonym für sperriges Gestrüpp, verkrüppelte Bäume, stacheliges, undurchdringliches Buschwerk und die *Herbes de Provence*, Thymian, Rosmarin, Oregano und Salbei mit ihrem würzigen, mittelmeertypischen Duft. Was uns anlockt, soll eigentlich abschrekken, z. B. Tiere, die den Duft der als Verdunstungsschutz wirkenden ätherischen Öle verabscheuen, aber auch Pflanzen, die ihr Wachstum im Dunstkreis der Kräuter verlangsamen und so den Duftpflanzen genügend Freiräume lassen, sich auszubreiten. Warum gerade den Kräutern? Ihr hartes Wurzelwerk dringt tief in die spärlich mit Erde angefüllten Felsspalten und hält auf diese Weise das bißchen Nährboden fest, von dem noch andere Pflanzen profitieren müssen. Auch Sträucher und Bäume wie der leicht an seiner schuppigen Rinde erkennbare Erdbeerbaum, die schirmförmige Pinie, der Wacholder- und Pistazienbaum sind Überlebenskünstler, weil sie sich mit einer dünnen Krume zufriedengeben und immergrün sind, um Energie und Feuchtigkeit zu sparen, die eine jährliche Begrünung erfordern würde.

Vom Wasser also hängt das Wohl und Wehe der Garrigue ab, weil es meistens zu wenig, manchmal aber zu viel davon gibt. Erstaunlicherweise liegt gerade hier, in dieser schwierig zu beherrschenden Landschaft, ein Zentrum frühzeitlicher Zivilisation: die römische Metropole Nîmes. Aber auch der durstige Moloch konnte nur existieren, weil ihn die antiken Baumeister an den Dauertropf hängten, ein Aquädukt, das seine Bevölkerung mit Trinkwasser aus den Bergen versorgte, und die Stadt von Siedlungen und Gütern umgeben war, die mit Hilfe von Bewässerungssystemen genügend Obst und Gemüse für die große Einwohnerschaft produzierten.

Nîmes

Am 3. Oktober 1988 war es wieder einmal soweit. Eine pechschwarze Gewitterwolke, 10 km dick und dreimal so lang, lag in den letzten Zügen und wurde an falscher Stelle undicht. Mehr als 1 Mio. m^3 Wasser gingen in wenigen Minuten über Nîmes und seine Umgebung nieder, kurz darauf schwappte eine Flutwelle durch die Stadt. Autos zerknautschten wie Blechbüchsen, in vielen der engen Gassen staute sich das Wasser zu Kanälen auf, und die berühmte römische Gebetsstätte, die Maison Carrée, verwandelte sich blitzartig in einen Wassertempel. Ein Dutzend Menschen starben, Tausende wurden obdachlos. Hatten die Götter wieder einmal die Stadt verlassen? Kritische Geister glauben zu wissen, wer die wahren Verantwortlichen für das schlimme Ausmaß der Flutkatastrophe sind: Nîmes' Schrittmacher des Fortschritts – Wirtschaftsexperten, Stadtplaner und die Lobbyisten der

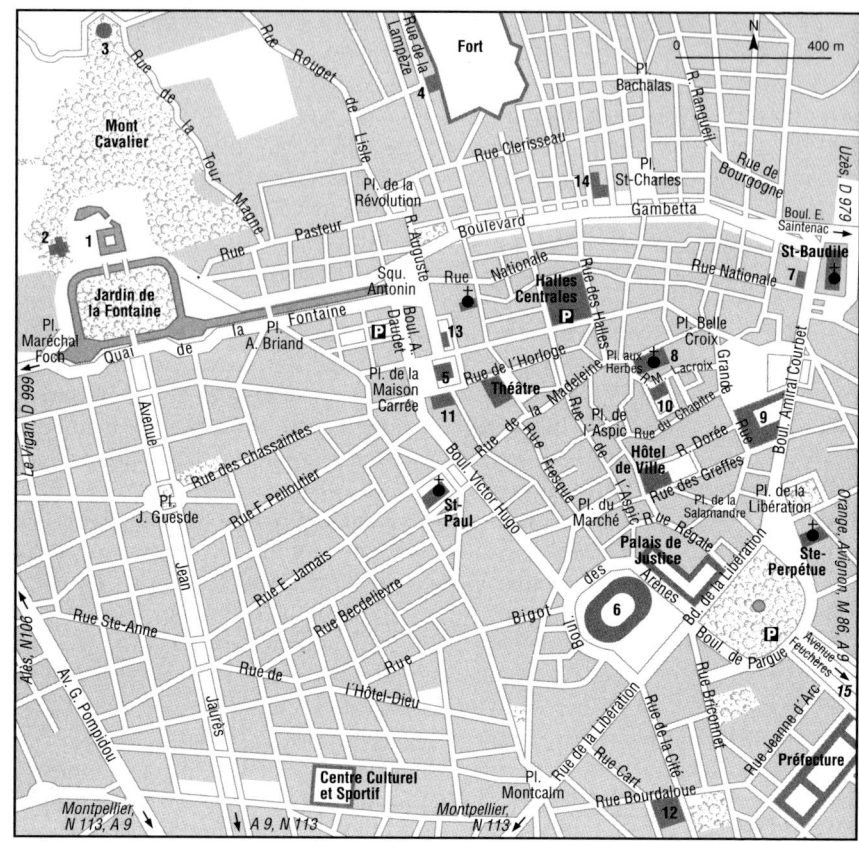

Nîmes 1 Nemausus-Quelle   2 Diana-Tempel   3 Tour Magne   4 Castellum divisorium   5 Maison Carrée/Musée Maison Carrée   6 Arènes   7 Porte d'Auguste (Porta
Arelatensis)   8 St-Castor   9 Musée archéologique/Musée d'Histoire naturelle
10 Musée du Vieux Nîmes   11 Musée d'Art contemporain   12 Musée des Beaux-
Arts   13 Touristeninformation   14 Post   15 Bahnhof/Busbahnhof

regierenden Rathausfraktion, die über lange Jahre von den Kommunisten
gestellt wurde, bis der Eigentümer der Modefirma Cacharel, Jean Bousquet,
Bürgermeister wurde.

Sintflutartige Regenfälle sind zwar nichts Ungewöhnliches am Rande der
Cevennen, und Flutkatastrophen größeren Umfangs ereignen sich in Nîmes
statistisch alle 100 Jahre. Kommt das Wasser jedoch im Herbst, ist der ausge-
dörrte Garrigueboden steinhart, und das Wasser fließt ins Tal, bevor es auf-
gesaugt werden kann. Das war schon den Römern bekannt und hätte auch
den Stadtvätern und Abgeordneten des Departementparlaments von Gard
eine Warnung sein sollen. Anstatt jedoch genügend Flächen von Beton frei-
zuhalten, wurden unverdrossen weitläufige Bauvorhaben im ökologisch fra-

gilen Umland genehmigt und die Böden rings um Nîmes mit neuen Auto-bahntrassen und Schnellstraßen versiegelt: »Das neue Nîmes geht seinen Weg«, verkündeten die stolzen Stadtväter noch kurz vor der Sintflut. Das Wasser auch, nur in die falsche Richtung.

Ob die obersten Bauherren von Nîmes aus der jüngsten Katastrophe gelernt haben und in Zukunft aufwendigen Umweltverträglichkeitsstudien und weniger flächenfressenden Architekturen den Vorrang geben, bezweifeln viele in der Stadt. Zu lange hat Nîmes wirtschaftlich vor sich hin gedämmert, als daß man nicht, wie die anderen Städte der lange vernachlässigten Midiregion auch, rasch von den Geldern profitieren möchte, die seit Inkrafttreten der Gesetze zur Dezentralisation in den Süden fließen (s. S. 49). Behutsame Planungen kosten jedoch Zeit und Geld, und von beidem glaubt man nicht genug zu haben. Und da ist ja auch noch Paris, das als Dank für seine spendable Politik in Zukunft schnelle und möglichst glänzende Erfolge sehen möchte. So hat man zumindest in der Stadtarchitektur schon einmal den Sprung in die Moderne gewagt.

Weit im Süden entstand ein neues Stadion, nach Sportpalästen in Rom und Barcelona die dritte Arena des sportiven Mailänders Vittorio Gregotti. Nicht weit entfernt setzte der Franzose Jean Nouvel ein gläsernes Wohnschiff für den sozialen Wohnungsbau, Nemausus genannt, auf Grund. Der Antike treu geblieben ist der Japaner Kisho Kurokawa. Er leitet die Autofahrer am Kreis-

Nîmes aus der Luft

verkehr Nord durch ein antikisiertes, als halbrunde Wohn- und Büroarena konzipiertes Tor in die Stadt. Dem Architekten gelang dabei das Kunststück, die motorisierten Besucher bei der Ein- und Ausfahrt zu ungewollten Akteuren eines römischen Kampfspiels zu machen: als Wagenlenker, die nach verlorenen Wettrennen um freie Innenstadtparkplätze wie geschlagene Gladiatoren aus der Innenstadt zurückkehren. Siegessicher nach oben gereckt ist dafür der Daumen der Kulturschaffenden, die sich viele Impulse vom Carré d'Art erhoffen, einem neuen Museumstempel des Engländers Norman Forster, in dem vis à vis der Maison Carrée eine Sammlung zeitgenössischer Kunst und eine Mediathek Platz finden werden.

In der Fußgängerzone macht der Stuhl- und Stardesigner Starck mit kleinen ›Stolpersteinen‹ auf sich und die Stadtgeschichte aufmerksam, kupfernen, in den Boden eingelassenen Medaillons, die das Emblem einer römischen Münze zeigen: ein Krokodil, angeleint an eine Palme (s. Titelvignette). Für Kurzsichtige hat er das zum Stadtwappen gewordene Signet noch einmal an der Place du Marché lebensgroß aufgebaut. Es erinnert an die Zeit, als Nîmes unter Agrippa im zweiten Jahrzehnt unserer Zeitrechnung Deportationsort graecoägyptischer Gefangener und luxuriöser Pensionärssitz für Legionärsveteranen des Afrikafeldzuges wurde.

Noblesse hat also Tradition in der Stadt, und so sollen auch das Markthallenprojekt südlich des Boulevard Gambetta, das Kongreßzentrum an der Rue Monjardin und diverse geschmackvoll modernisierte Interieurs wie die Eingangshalle des *Hôtel de Ville* in der Rue des Greffes samt der erwähnten Neubauten den Bogen spannen zu den gut erhaltenen Baudenkmälern römischer Glanzzeiten, die Nîmes den Ruf einbrachten, das Rom Frankreichs zu sein. Mit einer Architektur, an der sich allerdings die Geister scheiden.

Ein Teil der Bevölkerung sieht denn auch durch die Glitzerbauten längst den Bogen überspannt. Man kritisiert sie als schönen Schein, mit dem die Masse der ländlichen und kleinbürgerlichen Bewohner geblendet werden soll, um Mißerfolge bei der Bekämpfung der Arbeitslosigkeit, Mietsteigerungen und sozia-

Das Nemausus-Krokodil im neuen Designergewand: Starcks Brunnen an der Place du Marché

len Spannungen zu vertuschen. Die Mehrheit der Wähler steht jedoch hinter ihrem konservativen Bürgermeister, weil es ihm gelungen sei, die Stadt vom Midimief zu befreien und mit weltweit renommierten Architekten und Designern endlich wieder Kultur in die Stadt geholt zu haben. Im Sommer nämlich, wenn Paris Ferien macht, geht auch die Kunst der Kapitale auf Reisen. Und während früher ihr Weg zumeist an Nîmes vorbei in die Regionalhauptstadt Montpellier führte, ist man stolz darauf, daß Publikumsmagneten sich nun auch hier, in dieser dynamischen und immer jünger werdenden Stadt, ihr Stelldichein geben.

Und wo? Natürlich nicht vor der nüchternen Kulisse der Moderne, sondern traditionsgemäß im nostalgischen Amphitheater. Dort gefällt es allen so gut, daß man nun auch im Winterhalbjahr in den römischen Ring steigt, der zu diesem Behufe von einem deutsch-französischen Architektenteam ein millionenschweres Zeltdach zum Aufblasen erhielt, damit sich die Stars und Sternchen keinen Schnupfen holen und die Schminke hält, denn der Regen kommt manchmal ja recht plötzlich, wie man weiß.

Weil aber Architektur und Kultur allein die Stadt nicht satt machen und man von der Konkurrenzstadt Montpellier keine Angebote zu einer engeren regionalen Wirtschaftsverflechtung erwartet, wenden einige Politiker wieder den Blick verstärkt nach Osten, über die Grenzen des Languedoc-Roussillon hinaus in die Provence. Und da sehen sie mit der Fertigstellung der direkten Autobahnverbindung nach Arles ein Stück römischer Wirtschaftstradition wiedererstehen, die vor knapp 2000 Jahren zwischen Massilia (Marseille), Arelate (Arles) und Nemausus (Nîmes) bestanden hatte und der die Stadt einen Teil ihrer damaligen Prosperität verdankte (s. S. 37).

Das historische Nîmes

Nemausus, ein Sohn von Herakles – die mythologische Verkörperung griechischer Kolonialisierungsanstrengungen in der Mittelmeerwelt –, soll es gewesen sein, der Nîmes an der **Nemausus-Quelle (1)** gegründet hat, wo die keltischen Völker schon lange zuvor ihren gleichnamigen Quellengott verehrt hatten. Gleich daneben, nordwestlich des Jardin de la Fontaine, errichteten die späteren römischen Machthaber in der ersten Hälfte des 1. Jh. n. Chr.

Nîmes im Féria-Rausch

den rudimentär erhaltenen **Diana-Tempel (2)** unterhalb der **Tour Magne (3)**, eines zu repräsentativen und strategischen Zwecken auf dem Mont Cavalier erbauten Turms. Ob Caesar von hier oben aus die schöne Aussicht genossen hat, ist so ungewiß wie das genaue Baudatum der Anlage. Man weiß nur, daß ihm das Plätzchen so gut gefiel, daß er zu Füßen des Hügels ausgedienten Legionären Land zuteilte. Einige von ihnen dürften noch den Bauboom miterlebt haben, den Kaiser Augustus mit der Ernennung der 16 v. Chr. mit einer Mauer umgebenen Siedlung zur ›Colonia Augusta Nemausus‹ auslöste.

Seinem Schwiegersohn Agrippa, der 19 v. Chr. Roms neuer Statthalter in Gallien wurde und in dessen Gefolge sich weitere Veteranen in Nîmes zur Ruhe setzten, wird der Plan zum Bau eines 50 km langen Aquädukts zugeschrieben, weil er kraft seines Amtes erkannt haben muß, daß die Nemaususquelle für die Wasserversorgung der rasch wachsenden Stadt nicht mehr ausreichte. Das Wasser leitete man über diverse Brücken wie den Pont du Gard in das Sammelbecken **Castellum divisorium (4)**, von wo es über diverse – gut erhaltene – Abflüsse auf die einzelnen Stadtteile der bis Ende des 1. Jh. auf 40 000–60 000 Einwohner angewachsenen Stadt verteilt wurde.

In jener augusteischen Zeit entstanden auch die beiden Prunkstücke der beeindruckenden antiken Freilichtsammlung Nîmes, die den nordwestlichen und südlichen Eckpunkt des Altstadtdreiecks markieren: Die **Maison Carrée (5)**, ein wohlproportionierter, vollständig erhaltener Podiumstempel, der Teil eines restlos verschwundenen Forums war, und das salopp **Arènes (6)** genannte, bombastische Amphitheater, das zwar nicht das größte, dafür aber eines der besterhalten inner- und außerhalb Italiens ist. Aus den Jahren der Stadtbefestigungsarbeiten unter Kaiser Augustus, etwa 16 v. Chr., stammt die **Porte d'Auguste (7)**, auch Porta Arelatensis genannt. Die in Teilen erhalteneToranlage markiert heute das nordöstliche Eck der Altstadt und leitete früher den aus Ugernum (Beaucaire) auf der Via Domitia in die Stadt strömenden Verkehr auf die Ost-West-Tangentiale zum gegenüberliegenden Stadtausgang in Richtung Ambrussum (s. S. 158). Die Statue des Augustus ist eine Kopie (s. Abb. S. 40).

Umgeben von römischen Baudenkmälern und umringt von vier großen Boulevards, macht es sich die behutsam restaurierte Altstadt mit jenen Gassen und Plätzchen häuslich, auf denen sich im Mittelalter das städtische Leben abspielte, seit die Geschichte Nîmes zu einer kleinen Stadt zurückgestutzt hatte: Nach Zerbröckeln des römischen Imperiums flüchteten erst die Römer vor den Barbaren, dann die Katholiken vor den Arabern, darauf die Araber vor den Franken, später die Juden vor den Katholiken, schließlich die Katholiken vor den Hugenotten und umgekehrt, und erst als die Religionskriege während der Französischen Revolution endgültig beendet wurden, dehnte sich Nîmes wieder über das heutige Innenstadtdreieck aus, das zu zwei Dritteln Fußgängerzone ist.

Hier findet man die Kunstwerke, Fassaden und Kirchen der letzten 1500 Jahre Stadtgeschichte aneinandergereiht: frühchristliche Sarkophagplatten des 4. Jh., plaziert vor einem gelben Turm, 8, Rue de l'Aspic; die während der Religionskriege wiederaufgebaute Kathedrale **St-Castor (8)** aus dem 11. Jh. an der Place aux Herbes; die Maison Romane aus dem 12. Jh., 1, Rue de la Madeleine; diverse Häuser aus dem 15. Jh. in der Rue de Bernis und aus dem 16. Jh. in der Rue Chapitre; aus dem 17. Jh. das Hôtel Fontfroide, 14, Rue de l'Aspic; aus dem 18. Jh. das Hôtel Marzel, 6, Rue Fresque, schließlich vis à vis des *Hôtel de Ville* in der Rue des Greffes das Maison des Sangliers aus dem 19. Jh., der Zeit, als das vornehmlich von den Hugenotten ins Leben gerufene Textilgewerbe wieder florierte – nicht zuletzt wegen eines Beinkleides, das, zumindest statistisch gesehen, heute ein Viertel der Weltbevölkerung normt und formt: die Jeans. Ihr Erfinder und Cowboy-Couturier, der Amerikaner Levy Strauss, bezog das strapazierfähige Tuch lange Jahre aus Nîmes unter der Stoffbezeichnung *Bleu de Nîmes*. Daraus wurde im Englischen *blue denim*, später umgangssprachlich *Blue Jeans*.

Blut und Spiele
– der spanische Stierkampf

Zu Pfingsten wetzen die Metzger die Messer. Es gilt zu filetieren, was Toreros abgestochen haben: Tag für Tag sechs Kolosse und das zwei Wochen lang. Vor den *Boucheries* baumeln Stierköpfe mit gebrochenen Augen. Drinnen hängt als Delikatesse an Fleischerhaken, was zuvor als furchteinflößendes Muskelpaket durch den Staub gehetzt wurde, um mit gebeugtem Haupt den erlösenden Todesstoß zu empfangen. An Pfingsten feiert Frankreich ›Féria‹, die größte *Corrida* außerhalb Spaniens und das umsatzstärkste Open-air-Schlachtfest überhaupt. 20000 Besucher füllen täglich die Arenaränge – und die Geldbeutel der Veranstalter, die nach jedem Kampf 3 Mio. Francs einstreichen. Tendenz steigend – Olé! Nîmes schickt sich an, Madrid den Rang als Weltmetropole des Stierkampfs abzujagen. Und längst gehört die Féria de Nîmes zu den drei beliebtesten Festivals Frankreichs, neben den Internationalen Tennismeisterschaften von Paris und den Filmfestspielen von Cannes. Fernsehen und Presse mischen kräftig mit, allen Protesten der Tierschützer zum Trotz, denn die Gegnerfront bröckelt, seit französische Frauenverbände ihren Kampf gegen das Machovergnügen eingestellt haben. Zu rapide wächst der Anteil von Fernsehzuschauerinnen an den Stierkampfübertragungen. In den Arenen Frankreichs nehmen Frauen ohnehin seit jeher ein Drittel der Plätze ein.

Und von jeher zittert so mancher Torero eher vor ihrem unerbittlichen Urteilsvermögen als vor dem Stier. Das war schon immer so, auch in Nîmes, wo seit 1813 regelmäßig *Corridas* abgehalten werden. Denn hier wie in aller Stierkampfwelt geht es um Erotik und Macht, um Eroberung und Unterwer-

Die Stiere in Nîmes Arena …

fung. Dazu gehört das tausendfach reproduzierte Ritual am Ende des Kampfes. Hat der Torero den Stier gekonnt durchbohrt, recken sich die Daumen phallusgleich und zustimmend nach oben, solcherart signalisierend, was ohnehin jeder denkt: Auf in den Kampf, Torero, der Stierkampf war nur das Vorspiel. Nun zeig uns mal, daß Du auch Herzen brechen kannst! Erobere die Schönste unter den erwartungsvollen Rosenwerferinnen. Jeder Torero fürchtet diesen verdammten Daumen und weiß nur zu gut, was die Zuschauer andeuten, wenn er nach einem schlechten Kampf zu Boden zeigt.

Dabei ist der Stierkampf schon lange nicht mehr das mystifizierte und von Psychoanalytikern zum Stellvertreterkampf der Geschlechter hochstilisierte Duell. Mehr denn je ist der Kopf der wichtigste Körperteil eines erfolgreichen Toreros. Den kühlsten von allen hat derzeit der Spanier Espartaco, der unbestrittene Publikumsliebling aller Arenen Südwesteuropas, und das nun schon seit mehreren Jahren. Natürlich kommt der Star aus armen Verhältnissen, natürlich ist er streng katholisch erzogen, und natürlich hat er niemals eine Schule besucht – ganz wie es sich für einen geborenen Torero gehört. Am besten stehen für Espartaco die Zeichen augenblicklich in Frankreich, wo das blutige Geschäft so gut floriert, daß der spanische Starzüchter Martín 1990 erstmals dort seine gesamten Stiere – Stückpreis 30000 Francs – von der Hand des spanischen Superstars und seiner hochbezahlten Kampfgefährten abstechen ließ. Zum Ärger der spanischen Fans, die nun u. a. nach Nîmes reisen müssen, um dort ihren Lieblingen beim Stierstechen zuzujubeln – sofern es überhaupt jemandem gelingt, eine Eintrittskarte zu ergattern.

und hinterher

Da das Blut nur nachmittags fließt, gibt es während der zwei Fériawochen in Nîmes für die vielen Besucher zusätzlich Brot und Spiele. Ersteres an der Südseite des Amphitheaters – mit Vip-Zelt, Sekt und Kaviar – und an einfachen Imbißständen entlang des Boulevard Victor Hugo: Zum Angucken an zwei Tagen in der Arena die unblutigen, nie ausverkauften *Courses camarguaises* und die schön anzusehende, eigenwillige *Corrida portugaise*. Zum Anhören viel Musik, Flamenco, gute internationale Folklore und soliden Jazz im Jardin de la Fontaine und in den Gassen und Bistros und schließlich zum Mitmachen: Tanzen und Trinken in kleinen, zu sog. Bodegas hergerichteten Einfahrten, Höfen, Geschäften und Kellern.

Die Jungstars wird man hier allerdings kaum treffen. Sie residieren im Grand Hôtel Imperator Concorde, zeigen sich mit ihren Verehrerinnen allenfalls in Privatbodegas den Fotografen zahlungswilliger Klatschzeitungen und lassen Champagner und Kaviarhäppchen unberührt: Die meisten fürchten um ihre Kondition und vor allem um ihre Figur, nicht allein aus Eitelkeit, sondern aus Angst vor den Stieren, genauer gesagt ihren spitzen Hörnern, vor denen sie sich mit glatten, extrem eng anliegenden Hosen schützen müssen. Verfinge sich das Gehörn in einem Stofffältchen, könnte das den Kampf vorzeitig beenden. Und das wäre doch schade, um den verlorenen Ruhm und den Ruf der Auserwählten, der es laut unwidersprochener Gerüchte traditionell obliegt, ihre Fingerfertigkeit am Torero unter Beweis zu stellen. Denn sie soll es sein, die dem Stierbezwinger ihres Herzens vor Kampfbeginn die Hose mit Nadel und Faden stramm zieht.

Museen
●●●●●●●●

Musée archéologique (9): Die antike Sammlung im ehemaligen Jesuiten-konvent umfaßt Fundstücke aus griechischer, keltischer, gallorömischer und mittelalterlicher Zeit. Hervorzuheben ist die große Skulpturensamm-lung.

Musée d'Histoire naturelle (9): Unter demselben Dach wie das Archäolo-gische zeigt das Naturkundliche Museum ein Sammelsurium volkskund-licher, militärgeschichtlicher, prähistorischer (s. Abb. S. 32) und zoologi-scher Sammlungen.

Musée Maison Carrée (5): Im Tempelraum mit einer originalen Kasset-tendecke hängen seit jüngstem monumentale Schinken des zeitgenössi-schen Malers Julian Schnabel.

Musée d'Art contemporain (11): vor hochmoderner Kulisse Dauer- und Wechselausstellungen zeitgenössischer, vorwiegend französischer Kunst.

Musée des Beaux-Arts (12): Neben dem berühmten römischen Boden-mosaik ›Hochzeit des Admetes‹ ist in diesem Museum der Schönen Künste vorwiegend italienische, flämische und französische Malerei der Renais-sance und des Barock zu sehen.

Musée du Vieux Nîmes (10): Heimatmuseum mit Brauch- und Volkstum der Region.

Rund um Nîmes

Pont du Gard
●●●●●●●●●●●●●

Ob jemals eine zweite Wasserleitung in der Welt entsteht, von der ein Teil-stück so alt und berühmt wie der Pont du Gard werden wird, bleibt abzuwar-ten, denn neben den baulichen und ästhetischen Qualitäten verdankt das römische Aquädukt den außerordentlichen Bekanntheitsgrad vor allem sei-ner fotografischen Abbildung in fast allen der rund um den Globus benutzten französischen Sprachbücher. Nur dem Protest der Einheimischen ist es zu verdanken, daß dieses außerordentliche Bauwerk, eines der meistbesuchten Europas, nicht von einem 300 Mio. Francs teuren Amüsierpark umgeben wurde, sondern noch immer so harmonisch und selbstverständlich in der kargen Garriguelandschaft steht, wie es die genialen römischen Architekten im 1. Jh. n. Chr. geplant hatten (s. Abb. S. 142/143).

Doch nicht zu Repräsentationszwecken entstand diese stabile Wasser-rinne über den Gardon oder Gard, sondern aus der Notwendigkeit, die 50 km lange Versorgungsleitung von der Eurequelle bei Uzès störungsfrei um die steilen Cevennenausläufer herum nach Nîmes zu leiten. Drei insgesamt etwa 50 m hohe Etagen mit Bogen verschiedener Höhe und Breite, die bis auf die obere, wasserführende Arkadenreihe überwiegend mörtellos aus jeweils 6 t schweren Blöcken zusammengesetzt sind, überspannen auf einer Länge von 275 m die beiden Flußufer. Die Quader wurden aus einem Steinbruch bei Vers nördlich des Pont du Gard herbeigeschafft, in dem noch heute Baumaterial gewonnen wird. Dereinst strömten täglich geschätzte 20 000 m^3 über weitere sechs bisher bekannte und nur noch in Resten erhaltene Aquädukte in das Castellum divisorium, die Wasserverteilstation von Nîmes (s. S. 152).

Daß die weithin gerühmte Qualität des frischen Eurewassers im innerstädtischen Leitungssystem erhalten blieb, ist jedoch fraglich, da es durch Röhren zum Verbraucher gelangte, die vornehmlich aus Blei hergestellt waren. Ob die reichen Bürger Nîmes' den Luxus fließenden Wassers mit Gicht und Vergiftungserscheinungen bezahlen mußten, beschäftigt jenen Teil der Altertumswissenschaft, der neben wirtschaftlichen und politischen Schwierigkeiten auch wohlstandsbedingte Ökologieprobleme für den Untergang Roms und seiner Provinzen verantwortlich macht. Wie man herausfand, wurden im ganzen Imperium *Fistulae plumbeae* genannte Bleirohre in zehn genormten Größen hergestellt und überwiegend für Trinkwasserleitungen verwendet.

Dennoch sprechen zwei Gründe dagegen, daß die wohlhabenden Stadtbewohner an bleischweren Knochen zugrunde gingen. Zum einen dürfte das relativ harte Cevennenwasser die Rohre rasch mit einer schützenden Kalkschicht ausgekleidet haben, zum anderen geht man davon aus, daß alle diejenigen Bürger, die sich fließendes Wasser leisten konnten, einen Teil ihres täglichen Flüssigkeitsbedarfs mit Wein deckten, der rings um Nîmes für den Durst der Reichen angebaut wurde – eine These, die allerdings so lange auf wackeligen Füßen steht, bis man weiß, ob es sich dabei um Qualitätswein gehandelt hat. Wenn nicht, hätte sich die Bleikonzentration im Leib der Nîmer durch Weingenuß kaum reduziert. Den Winzern riet man zu Römerzeiten nämlich, minderwertige Weine mit Süßstoffen aufzuzuckern, die in Bleigefäßen hergestellt und aufbewahrt werden sollten, weil das Metall im Gegensatz zur Bronze keinen Geschmack abgibt.

Uzès
•••••

Unübersehbar dominieren vier Türme die Silhouette der römischen Gründung Ucetia, aus der sich im Mittelalter ein schmuckes Bischofsstädtchen entwickelte, als das sich der 8000-Einwoher-Ort mit seiner kleinen geputzten Altstadt auch heute noch präsentiert. Unbestrittenes Glanzstück von Uzès ist ein 42 m hoher, nach italienischen Gepflogenheiten wie ein Campanile freistehend errichteter Glockenturm, die Tour Fenestrelle aus dem 12. Jh. (s. S. 70 f. und Abb. dort), das einzige Überbleibsel der ehemals romanischen, im 18. Jh. neu erbauten Kathedrale St-Théodorit. Kunsthistorisch weniger bedeutend und dennoch sehenswert ist die Tour Bermonde, nicht zuletzt wegen ihrer Zugehörigkeit zu der gewichtigen Duché, dem alten Palast des Herzogs, den eine bemerkenswerte Renaissancefassade ziert. Um dem dritten der signifikanten Türme, die Tour de l'Horloge, deren Gemäuer in Teilen noch aus Karolingerzeiten stammt, etwas entgegenzusetzen, rückte sich der König mit seiner beachtlichen Tour du Roi ins Licht.

Genau das scheut man bei einem Geschäft, das von Mitte/Ende November bis März/April samstags vormittags, von der Masse der Marktbesucher unbemerkt, an der Avenue de la Libération abgewickelt wird (Westausgang der Stadt, Richtung Anduze, D 982). Dabei geht es um nichts anderes als einen unscheinbaren Pilz, allerdings einen ganz besonderen, den Champion unter den ›Champignons‹: die Trüffel. Ohne viel Worte gehen an wechselnden Plätzen Geldbündel von Hand zu Hand, verschwinden wertvolle Knollen blitzschnell in unscheinbaren Beuteln und Kofferräumen bereitstehender Autos. Der Grund für so viel Heimlichkeit sind die Beamten des Finanzamtes, die immer mal wieder versuchen, ein unbemerktes Auge auf die Pilzanbieter zu werfen, weil sich beim Verkauf der Trüffeln enorme Gewinne erzielen lassen. An einem Kilo schwarzer Trüffeln, wie man sie aus der Erde zu Füßen der Garriguesteineichen buddelt, verdient ein Händler je nach Güte problemlos 1500–3000 Francs.

Sommières

Daß die karge Garrigue auch für andere einen goldenen Boden hat, beweist Sommières, das sich als ein ganz und gar lauschiges Örtchen herausstellt, hat man erst einmal die verkehrsreiche Vidourlebrücke überquert, deren Grundstein die Römer legten. Zwischen schiefe Fassaden und tiefe Arkaden zwängen sich zwei Plätzchen, Marché Bas und Marché Haut. Dort stehen sie zu Markttagen hinter ihren duftenden Haufen: die Kräuterhändler der Garrigue mit ihrer guten Nase für Geschäft und Gewürz. So reisen die Hobby- und Profischmecker von weit her an, schnüffeln sich durch Kräuter-, Wurzel- und Blütenberge, reiben Blätter, brechen Zweige, quetschen Stengel, um den Pflanzen ihre ätherischen Duftstoffe zu entlocken, oder lassen sich doch lieber von geübter Hand ihre ganz speziellen Mischungen komponieren. Je nachdem, wie der Wind steht, ziehen an Markttagen die Duftschwaden bis hinauf zum Schloß Villevieille, des hl. Ludwigs (IX.) Residenz und Planungszentrale für den Bau von Aigues-Mortes und späterer Zufluchtsort der Hugenotten zu Zeiten der Religionskriege.

Ambrussum

An die Fahrbahnreste der ehemaligen Römerstraße Via Domitia bei Ambrussum (s. S. 37) gelangt man über **Lunel**, einen lebhaften Ort, der aus seiner Nähe zur Camargue Kapital schlägt und den Stadtsäckel mit Einnahmen aus der Stierzucht füllt (Richtung Norden der D 34 und D 110 E, dann den Schildern folgend). Oder man wählt den direkteren Weg auf einem kleinen, nach Süden aus dem Dorf Villetelle herausführenden Sträßchen. Nicht zufällig rauscht in unmittelbarer Nähe der antiken Trasse der Autobahnverkehr der ›Languedocienne‹ vorbei. Die neuzeitlichen Straßenbauer wären gezwungen gewesen, die landschaftlichen Gegebenheiten neu zu erfinden, hätten sie bei Lunel eine bessere Routenführung als die der Via Domitia konzipieren wollen.

Die Küste

Man verfängt sich leicht im Straßengewirr der Héraultküste, das die Etangs wie Schlingen umgibt, die sich langsam, aber sicher zuzuziehen scheinen. Und wo zwischen den Salzwasserteichen mehr Platz bleibt als für Fahrbahntrassen, machen sich vom Norden her ein internationaler Flughafen, die Vororte von Montpellier, ausufernde Supermärkte und weitere Ferienappartements breit, während im Süden immer neue Hotel- und Ferienanlagen rund um die alten Städte Sète und Agde entstehen. Hat man es bis zu einem der bemerkenswert feinsandigen und bis zu 150 m breiten Strände geschafft, verliert sich zumeist der erste, etwas bedrückende Eindruck von diesem in einigen Abschnitten zweifellos geschundenen Küstenstreifen. Eine liebliche, sich auf den ersten Blick erschließende Landschaft war diese Region allerdings nie.

Eher das Gegenteil ist der Fall: Versandete Ackerkulturen neben sumpfigem Schwemmland, undurchdringliches Gestrüpp und modrig riechende Brackwasserseen, dazu Myriaden von Stechmücken prägten über Jahrhunderte das Aussehen der Languedoc-Küste und machten ihre Besiedlung in weiten Bereichen noch bis zur Errichtung erster Feriensiedlungen unmöglich. Man wird sich nach kurzer Zeit an die teilweise rasante und gut durchdachte Architektur der Küstenbebauung gewöhnen und den strandnahen Appartements mit Meerblick sowie der üppigen Versorgung mit Freizeit- und Wassersporteinrichtungen viel Gutes abgewinnen können.

Ohne Schwierigkeiten haben sich an die veränderte Umgebung jedenfalls die Flamingos angepaßt, die man in den abgelegenen Strandseen der ›Kleinen Camargue‹ häufig vergeblich sucht und ausgerechnet hier, am Ufer des Etang de Mauguio, in unmittelbarer Nähe der vielbefahrenen D 62/D 21 regelmäßig zu Gesicht bekommt. Und es mag beruhigen, daß im Bassin de Thau mit großem Erfolg wohlschmeckende Schalentiere gezüchtet werden, die ausschließlich in sehr reinem Wasser gedeihen: Austern und Muscheln.

La Grande-Motte

Wohl kaum ein Großbauprojekt Frankreichs hat die Gemüter anfänglich mehr erhitzt als La Grande-Motte. Nicht so sehr wegen der damals allzu futuristisch anmutenden Architektur des Avantgarde-Baumeisters Jean Balladur, die sich an ägyptischen Pharaonengräbern orientierte und, entsprechend ihrer Verwendung als Verwaltungs- oder Appartementgebäude, mal mit markig männlich, mal mit eher weiblich anmutenden Stilmerkmalen

3   In den Nordcevennen

4   Das Mas Camargues in den Cevennen

5   In den Gorges du Tarn

6   St-Julien-d'Arpaon mit Burgruine   7   Schäferin mit Herde am Mont Aigoual ▷

8–12 Männer und Frauen im Languedoc-Roussillon

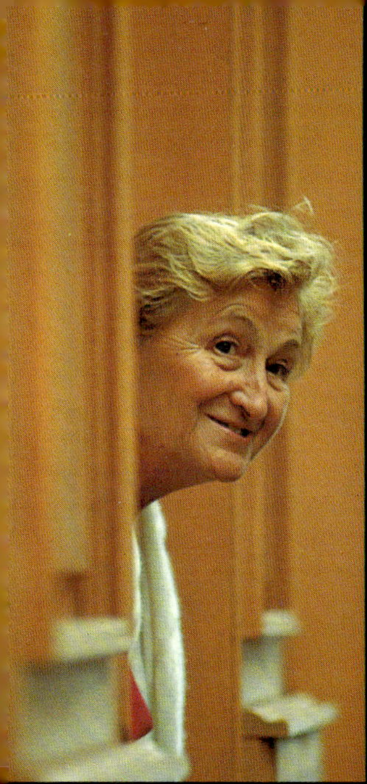
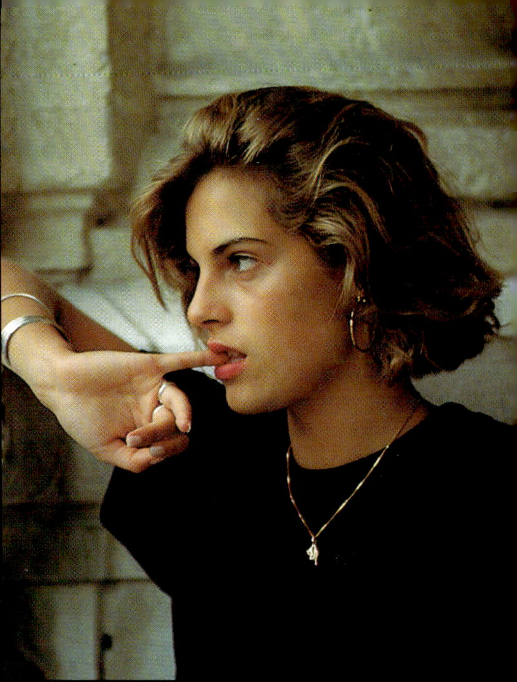
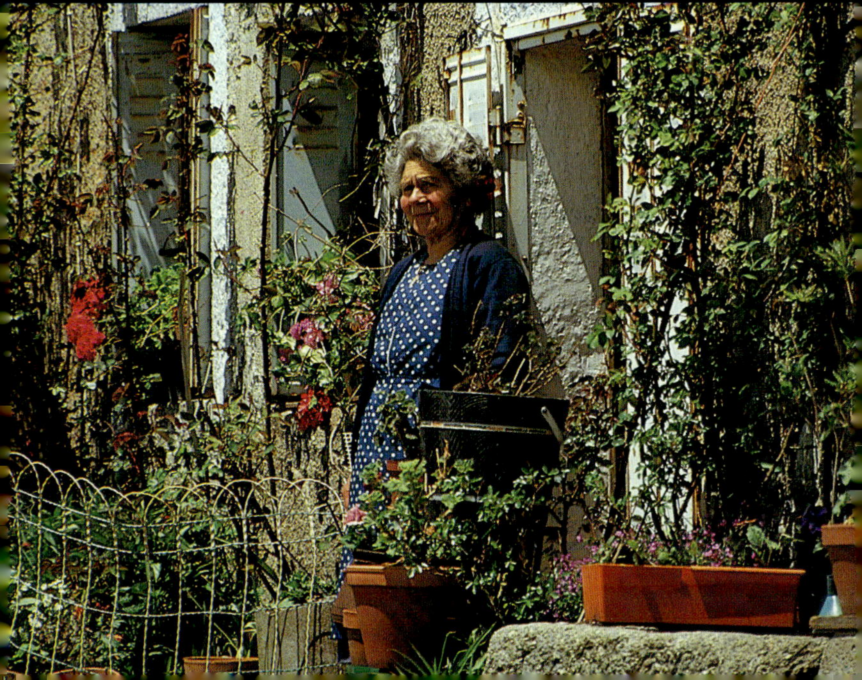

13   Die Ferienkulisse von La Grande-Motte

14   Flamingos am Rande der Camargue

15 Der Mont Canigou von Thuir aus

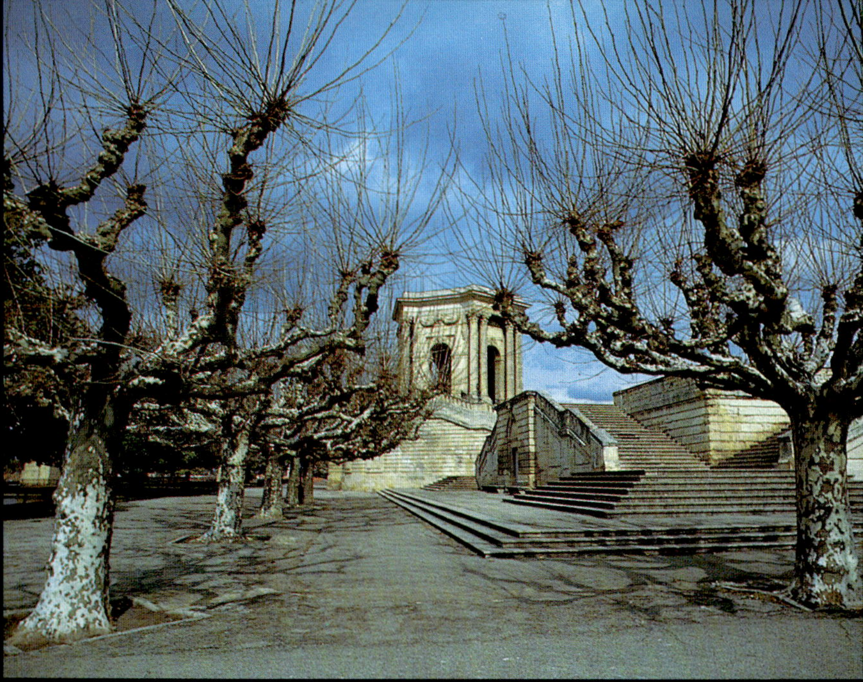

17 Das Château d'Eau in Montpellier

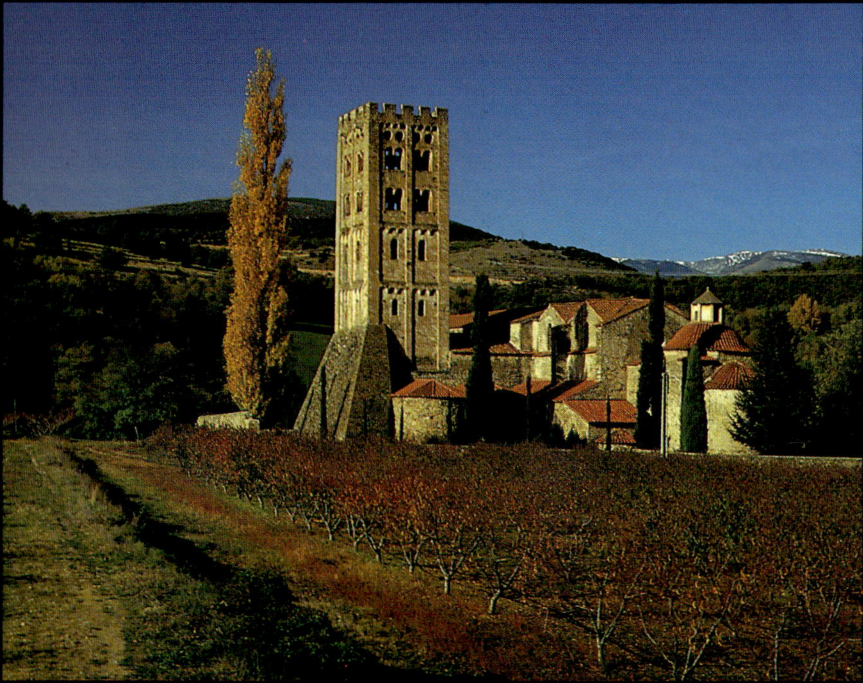

◁ 16 Menhir bei La Cham des Bondons

18 St-Michel-de-Cuxa

9 Château de Peyrepertuse

20 St-Martin-du-Canigou

21 In den Gorges du Tarn

22   Etang-Landschaft in der ›Kleinen Camargue‹

23   Collioure

24   In der ›Kleinen Camargue‹

25   Pont-St-Esprit

26   In den Gorges de l'Ardèche

Verlassenes Dorf in der Nähe des Point Sublime

Aigues-Mortes

ausgestattet wurde. Als Pyramiden waren die Wohntürme jedoch allesamt konzipiert, um jedem Besitzer einer der unzähligen Wohnwaben gleich viel Sonnenschein zu garantieren (s. Farbabb. 13).

Unmut rief vor allem die Art und Weise hervor, mit der die zentralistische Ministerialbürokratie von Paris Ende der sechziger Jahre vorgegangen war, um einen Teil des Urlauberstroms nach Spanien an die bis dahin unbebau-

---

Routenkarte: Departement Hérault

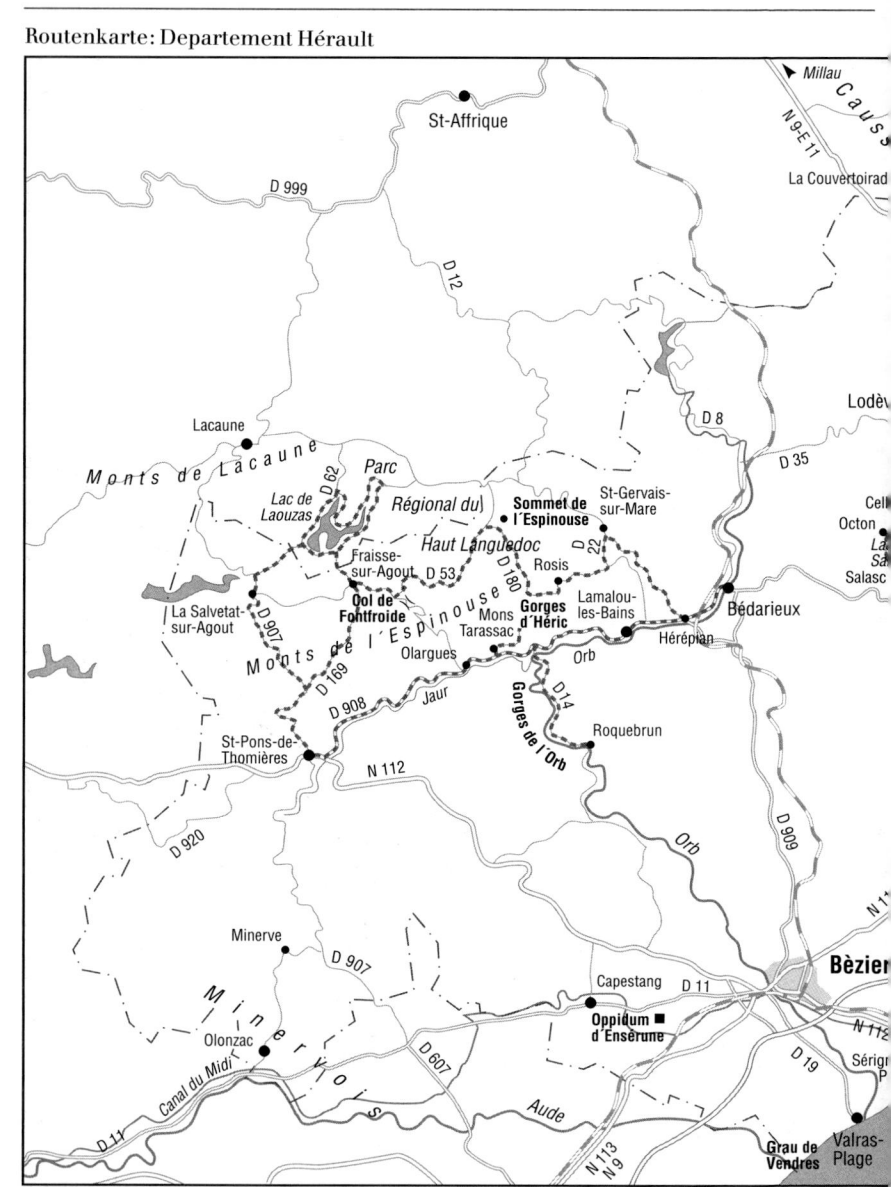

ten Sandstände des Languedoc umzuleiten und zu diesem Zweck La Grande-Motte und fünf weitere Urlaubsretorten für viele Millionen in den Sand setzen ließ – für Millionen von Urlaubern, nicht Francs! Denn gekostet hat den Staat die Erschließung der Sandküste für den Tourismus nichts. Bevor das Projekt öffentlich bekannt wurde, erwarb Paris 1960 durch einen Agenten heimlich etwa 1500 ha Küstenland zu Preisen von durchschnittlich

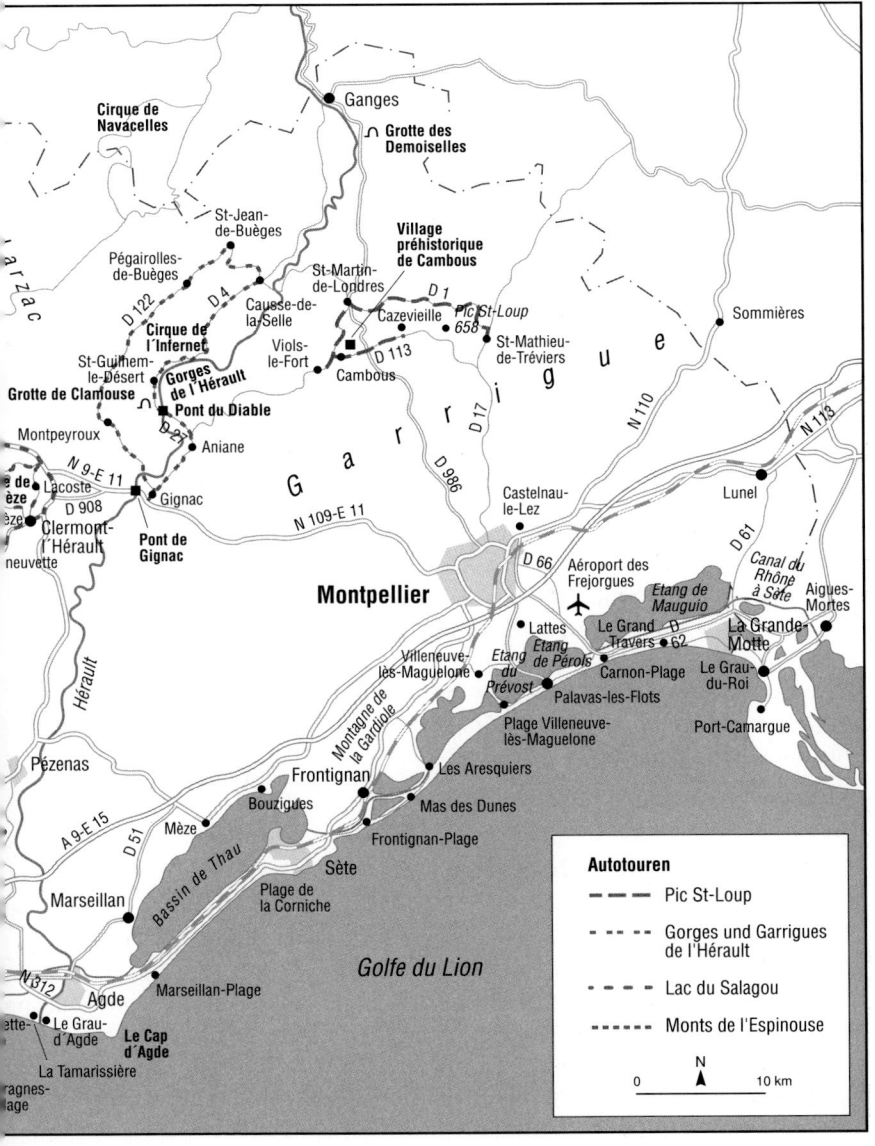

weniger als 2 Francs pro m^2, gab unter der Hand dem Architektenbüro Balladur den Zuschlag für die Planung der Touristenzentren und eignete sich durch Kauf und Enteignung kleinerer Landbesitzer später noch weitere 25 000 ha Küstenland an, um befürchteten Bodenspekulationen vorzubeugen.

1966 wurde der erste Spatenstich getan, dem jahrelange aufwendige Baggerarbeiten folgten. So buddelte man ein Riesenloch – den später Etang du Ponant genannten Baggersee –, um Kiesel und festen Bausand für das Fundament der schweren Betonklötze zu gewinnen, legte aufwendige Bewässerungskanäle an, pflanzte über 20 000 Bäume und schuf Appartements für mehr als 130 000 Sommergäste. Und die rissen nach anfänglichem Zögern den internationalen Maklern – denen Paris zuvor das Land mitsamt der Neubauten ohne Verlust veräußert hatte – die Appartements aus den Händen.

Auch wenn der Midi sich bei dem Geschäft anfänglich von Paris übers Ohr gehauen fühlte und die Gewinne in die Taschen der Baufirmen und Makler aus dem Pariser Raum und dem Ausland flossen, hat der Süden langfristig von der heute wohl nicht mehr zu wiederholenden Nacht-und-Nebel-Aktion profitiert. Längst haben die Bäume Wurzeln geschlagen, ist Gras über die unschönen Begleitumstände der Planungen gewachsen. La Grande-Motte hat einen festen Platz unter den ›in‹-Zielen am Mittelmeer, und besonders jüngere Menschen fühlen sich vom turbulenten Tag- und Nachtleben der Zwei-Monats-Stadt angezogen.

Dafür sorgen ein 6 km langer Sandstrand, den der Yachthafen mit 1400 Liegeplätzen in einen westlichen, den ruhigeren Plage de la Motte du Couchant, und einen östlichen, den Plage du Point Zéro, teilt, ein Freilufttheater mit 4500 Sitzplätzen, diverse Nachtclubs, Diskotheken, Restaurants, zwei Golf- und über 30 Tennisplätze. Und das Geld, das die nur 5000 ständigen Einwohner der Stadt daran verdienen, versetzt die kommunalen Haushaltsplaner in gute Laune, denn es reicht, um über die restlichen zehn Monate des Jahres zu kommen, in denen sich die lebhafte Ferienstadt in eine leblose ›große Scholle‹ verwandelt – wie *La Grande Motte*, der ›große Haufen‹, übersetzt auch heißen kann.

Zwischen La Grande-Motte und Sète

Was die Ferienorte entlang des Küstenstreifens verbindet, ist der Sandstrand, der südlich von La Grande-Motte, bei **Le Grand Travers,** als feiner, breiter und unverbauter Dünenstrand beginnt. Die Sandhügel verhindern hier, so gut es geht, daß die Fahrgeräusche der im Sommer stark frequentierten und zugeparkten Küstenstraße mit dem Wind herübergetragen werden, der öfter vom Land als vom Meer her weht. Wenn es dunkel wird, warten schöne Jungs in den Hügeln jenseits der D 59 auf männliche Kundschaft.

Sandstrand – der sanfte Saubermacher

Sommer für Sommer machen Millionen von Sonnenanbetern eine gigantische Kläranlage platt und merken's nicht – den Sandstrand. Er schluckt und filtert aus dem Meer, was auf natürliche und unnatürliche Weise in das Wasser gelangt. Noch, denn der Riesenfilter leidet an Verstopfung, und es ist bislang nicht abzusehen, ob es gelingen wird, ihn wieder flottzumachen.

Der Sandstrand gleicht einem Schwamm, der sich mit Wasser füllt, wenn eine Welle über ihn hinweggleitet. Dabei sickert ein kleiner Teil des Wassers von oben her in den Oberflächensand, die weitaus größte Menge wird unter der Wellenzunge von dem tieferliegenden Abschnitt des zum Land hin ansteigenden Strandes aufgesogen. Die Welle dringt in die winzigen Lücken zwischen den Sandkörnern ein, durchspült die Hohlräume und entleert sie wieder, wenn sie sich zurückzieht. Dabei entsteht ein Sog, der die feinen Kapillaren mit Sauerstoff füllt. Den benötigen winzige Mikroorganismen zum ›Atmen‹, die in den teilweise haarfeinen Gängen und Luftlücken in 1–2 m Tiefe angesiedelt sind und sich von organischen Molekülen und Plankton ernähren, das als Meerschaum von den Wellen angespült wird. Die Freß- und Verdauungsarbeit dieser hungrigen Mikroorganismen ist für sich genommen unbedeutend, wird durch ihr massenhaftes Vorkommen im Sand und die beständige Wellenbewegung jedoch zu einem gigantischen Klärvorgang, bei dem die feinen, das Wasser trübenden Schwebstoffe dem Meer entzogen werden.

Man hat errechnet, daß durch alle Sandstrände weltweit etwa die gleiche Wassermenge strömt, die sämtliche Flüsse der Welt jährlich den Weltmeeren zuleiten. Das Problem ist, daß der Meerschaum, die Nahrung der Sandorganismen, auch alle jene Stoffe enthält, die sich im Abwasser befinden, das nach internationaler Übereinkunft noch bis zum Jahre 2005 ungeklärt ins Mittelmeer eingeleitet werden darf. Ganz zu schweigen von den Ölpesten, die das filigrane Filtersystem zusätzlich verstopfen, sowie den Küstenbebauungen, die mitsamt den Millionen sich im Sand rekelnden und eingeölten Leiber die Sandoberfläche versiegeln und die Luftzirkulation im Sand unterbrechen – trübe Aussichten für die Waschkraft der Strände.

So, wie **Carnon-Plage** einmal ausgesehen hat, als es noch ein eher bescheidenes, in den dreißiger Jahren auf der Landzunge zwischen dem Etang de Mauguio und dem Meer entstandenes Mittelstandsbadeörtchen war, zeigt es sich am westlichen Ortseingang, wo überwiegend ältere und einfache Ferienhäuser die Straße säumen. Das, wozu sich Carnon-Plage entwickelt hat, gewinnt Konturen, je mehr man sich dem Stadtzentrum und dem neugeschaffenen Yachthafen nähert. Hier werden die Appartementhäuser und Hotels zunehmend höher und schmucker, die Parkplätze rarer und die Boutiquen und Restaurants zahlreicher. Mit der Extravaganz und Größe von La Grande-Motte will und kann sich der Ort nicht messen.

Dasselbe gilt auch für den unmittelbaren Nachbarn **Palavas-les-Flots**, der Einwohner Montpelliers liebster und ältester Badeplatz. Mit der Enge an den 6 km langen Hausstränden Plage Rive Gauche und Plage Rive Droite korreliert die stetig wachsende Bebauungsdichte, vor allem westlich der Kanalpromenade, deren Architektur und Lebhaftigkeit ein wenig an Le Grau-du-Roi erinnert.

An der **Plage Villeneuve-lès-Maguelone**, in etwa dort, wo im frühen Mittelalter Kirchenmänner ihren Blick hinwandten und froh waren, wenn sie nichts sahen, weil sie dann ihre im 12. Jh. vollendete Wehrkirche sicher vor Angriffen wußten, drängeln sich im Sommer locker gemischt halb- und unbekleidete Badegäste, ein eher jüngeres, buntes und teilweise universitär geprägtes Publikum aus Montpellier. Der mit Steinen durchsetzte, unverbaute Sandstrand liegt an der schmalen, wenig befahrenen und über Palavas-les-Flots (Verlängerung der D 62) zu erreichenden Zufahrtsstraße zur Kathedrale von Maguelone, von der ihn ein schmaler Damm trennt. Auch wenn der Hinweis gegenüber den Ordnungskräften, nur die Kirche besichtigen zu wollen, von der Verpflichtung entbindet, das Auto auf dem gebührenpflichtigen Strandparkplatz abzustellen, sollte man nach dem Besuch der Kathedrale der Versuchung widerstehen, sein Auto entlang der engen Straße hinter dem Strand zu parken. Die Polizei verteilt unerbittlich Strafzettel und läßt abschleppen.

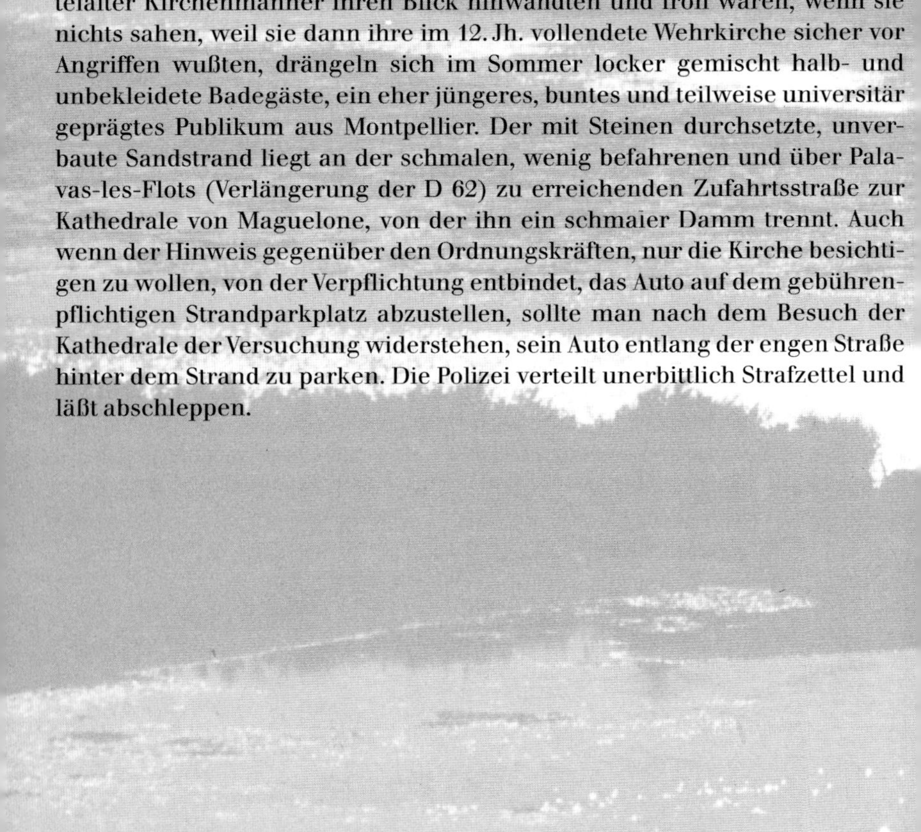

Etang-Landschaft bei Carnon-Plage

Spaziergang zur Kathedrale Villeneuve-lès-Maguelone und um den Etang du Prévost

Die kleine, 10 km lange und etwa zweieinhalbstündige leichte Etangwanderung beginnt am Parkplatz Plage Villeneuve-lès-Maguelone und führt zunächst den Strand bzw. die Straße hinter dem Damm entlang zur Kathedrale Villeneuve-lès-Maguelone, die auch mit dem Auto angefahren werden darf. Nachdem zunächst Araber den im 6. Jh. auf Maguelone ansässigen Bischöfen das Leben schwergemacht hatten und 737 Karl Martell aus Wut über die antikarolingisch eingestellte Geistlichkeit des westlichen Midi den Ursprungsbau hatte schleifen lassen, verlegten die Bischöfe ihren Sitz von dem damals noch als Insel der Küste vorgelagerten Eiland weg nach Castelnau-le-Lez (heute ein nordöstlicher Stadtteil von Montpellier). 1030–1060 errichtete man den heutigen Nachfolgebau, schuf eine Brückenverbindung zum Festland und bot im 12. und 13. Jh. eher den Katharern zugeneigten und deshalb in Konflikt mit der offiziellen päpstlichen Lehre geratenen Kirchenoberen eine sichere Bleibe in dem von Kunsthistorikern – u. a. wegen des beeindruckenden Innenraums und des Türsturzes von 1178 – hochgelobten Kirchengemäuer.

Zurück am Strand, dem man etwa 400 m in westlicher Richtung folgt, zweigt rechts eine schmale, zunächst einen kleinen Etang und schließlich die Insel Maguelone von Süd nach Nord umrundende Straße ab, die dabei einen weiten Bogen links um die Kathedrale herum beschreibt und an einem alten Brückentor vorbei an das diesseitige Ufer des Canal du Rhône à Sète führt. Dem Kanal in östlicher Richtung folgend, trifft man bei einer Brücke auf die D 986 nach Palavas-les-Flots, das man umgehen kann, wenn man sich beim großen Kreisverkehr am Ortseingang rechts hält und zunächst am Ufer des Etangs entlang und schließlich auf der Zufahrtsstraße zum Strand zurückkehrt.

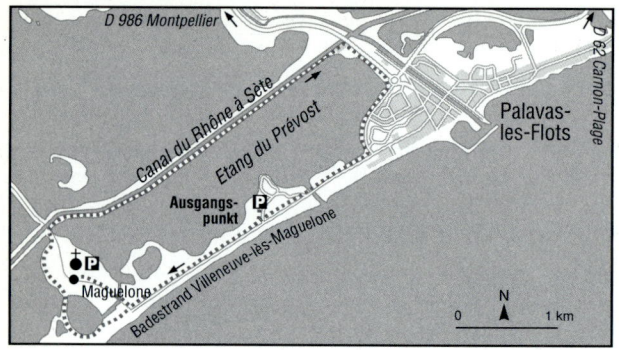

Spaziergang um den
Etang du Prévost

Die ehemaligen Fischersiedlungen **Les Aresquiers, Mas des Dunes** und
Frontignan-Plage profitieren durch ihre Nähe zu Sète von einem bescheidenen lokalen Tourismus und neuerbauten, einfachen Appartementssied-
lungen, leiden aber daran, daß ihnen die Ölraffinerien, Containerumschlag-
und Hafenanlagen von Sète immer mehr zu Leibe rücken und Fernreisende
von einem längeren Aufenthalt abschrecken.

Rund um das Bassin de Thau

Sète
●●●●●

Ein Hügel, ein Hafen und ein Strand schaffen glücklicherweise nicht immer
eine reine Urlauberidylle. In Sète werden Geschäfte gemacht, weniger mit
der Sonne als mit dem Wasser. Und das verdankt die Stadt zwei Männern.
Der eine, Riquet, war Ingenieur und hatte eine zündende Idee, der andere
war Colbert, des Sonnenkönigs Wirtschaftsminister, und hatte das Geld. Bei-
des fand im richtigen Moment zusammen und ermöglichte die Verwirklichung eines Jahrhundertprojekts, den Bau des Canal du Midi, der das Mittelmeer mit dem Atlantik verbindet (s. S. 254ff.). Damit aus dem technischen
auch ein wirtschaftlicher Erfolg werden konnte, benötigte man einen funk-
tionsfähigen Mittelmeerhafen, der endlich einmal nicht, wie in Agde, Narbonne oder Aigues-Mortes geschehen, schon während oder bald nach der
Fertigstellung versandete.

1666 war in Sète der Grundstein für einen Hafen gelegt worden, der sich
zum größten Fischereihafen der französischen Mittelmeerküste entwik-
kelte. Und da so ein Spitzenplatz nun einmal nicht ohne Verkehr, Lärm und
Industrieanlagen zu halten ist, sollte man den Beinamen der Stadt, ›französisches Venedig‹, nicht allzu wörtlich nehmen, zumal die vier Kanäle am Tage
nur wenig an die italienische Lagunenstadt erinnern. Abends aber, wenn
sich die beleuchteten Fassaden im Wasser der alten Hafenzufahrt *la Marine*
spiegeln und sich die Restauranttische entlang des Quai de la Résistance und
des Quai Général Durand unter den Fisch- und Muschelspezialitäten biegen,
dann weht mit dem Duft von Knoblauch, Bouillabaisse Sètoise und Aïoli ein

Hauch von Venedig über die Stadt, selbst wenn hier wie dort der Fisch längst nicht mehr nur aus dem Mittelmeer, sondern immer häufiger auch aus den Kühlräumen überseeischer Großfangschiffe stammt.

Sète lebt seit seiner Gründung neben dem Fischfang vom Umschlag von Handelsgütern und Rohstoffen aus aller Welt. Daß man damit schon zu Kolonialzeiten viel Geld verdienen konnte, zeigen die Fassaden der soliden Kaufmannshäuser in der kleinen Altstadt rund um die Place Aristide Briand und den Marktplatz. Sète ist aber nicht nur eine Stadt technischer und kaufmännischer Taten, sondern ebenso schöner Worte. Sie stammen aus dem Mund und der Feder von Georges Brassens und Paul Valéry, die beide in der Stadt geboren und beerdigt wurden und den Mittelmeerort über Frankreich hinaus bekannt gemacht haben.

Damit erschöpfen sich allerdings ihre Gemeinsamkeiten. Während der Schriftsteller Valéry (1871–1945) spontanes Schreiben verabscheute, Inspirations- und Gefühlslyrik strikt ablehnte und ein schwieriges Werk hinterließ, das nur einem kleinen Kreis zugänglich wurde, waren die Texte des populären, 1921 geborenen Chansonniers bereits zu seinen Lebzeiten Klassiker des französischen Chansons und sind nach seinem Tod im Jahre 1981 ein fester Bestandteil französischer Schulbücher geworden. Brassens, der Kaminkehrer, Arbeiter im Automobilbau und während des Zweiten Weltkriegs Zwangsarbeiter in Deutschland war,

Blick über die Dächer von Sète auf den Hafen

mischte sich in die Politik ein und überschritt mit seinen respektlosen, emotionalen Texten bewußt die Grenzen des guten Geschmacks. Der ›Anarchist mit der sanften Stimme‹, wie er einmal genannt wurde, fühlte sich am wohlsten in der Rolle als ›Feind einer Gesellschaft, die ein Feind des Menschen ist‹.

Brassens ruht wunschgemäß unter seinen größten Verehrern – der Arbeiterschaft von Sète – auf dem kommunalen Friedhof; Valéry hingegen entschied sich noch zu Lebzeiten für eine Ruhestätte mit Aussicht, den südlich der Stadt am Mont St-Clair gelegenen Seemannsfriedhof *Cimetière marin*. Vis à vis der Begräbnisstätte, im Musée Paul Valéry, findet man die beiden berühmten und so unterschiedlichen Künstler friedlich vereint: mit zwei kleinen Dauerausstellungen über ihr Leben und Werk. An dem schön gelegenen Friedhof und der Ausstellungshalle mit einer eher bescheidenen Sammlung von Malerei und lokalem Brauchtum gelangt man auf dem Weg zum Gipfel des 175 m hohen Mont St-Clair vorbei (kurz hinter dem südlichen Stadtausgang auf der N 112 Richtung Béziers beschilderter Abzweig). Die Höhe reicht für einen phantastischen Rundumblick.

Auch Sète hat einen Hausstrand, dessen Name, Plage de la Corniche, jedoch darauf hinweist, daß er an einem schmalen Küstensaum liegt und ihm wenig Platz bleibt, hat er doch die – in Stadtnähe *Corniche* genannte – Küstenstraße nach Agde im Nacken, die überdies ein Viertel des schmalen Damms zwischen dem Meer und dem Bassin de Thau einnimmt. Dennoch entwickelt sich am Südrand der Stadt zunehmend ein lebhaftes, mit Hotels, Appartements und Wassersporteinrichtungen ausstaffiertes Ferienzentrum. Nur von der Qualität des Meerwassers sollte man sich hier nicht allzu viel versprechen, da die ost-westliche Küstenströmung nicht nur Gutes aus Sète herbeitransportiert.

Marseillan-Plage und Marseillan

Wer sein Auto gern in Sichtweite weiß und wen Krach im Ohr und Abgase in der Nase nicht stören, findet entlang der N 112 in Richtung Agde einen knapp 14 km langen, bis zu 100 m breiten, namenlosen und unverbauten Sandstrand, der an seinem Südende in Marseillan-Plage übergeht, den weitläufigen, schönen Sandsaum der Ferienkolonie gleichen Namens, mit leider wenig ansprechenden Appartementkästen und einer etwas langweiligen Strandpromenade. Der jenseits des Bassin de Thau gelegene, eher unauffällige Hauptort Marseillan, wie Agde eine griechische Gründung, steht wegen seines kleinen Hafenbeckens und der Nähe zur Mündung des Canal du Midi in das Bassin de Thau im Zeichen der Kanalschiffahrt.

Le Cap d'Agde

1,5 Mio. Besucher pro Jahr, darunter 100 000 aus Deutschland, 27 000 Wohneinheiten, sieben Strände, ein Yachthafen natürlich, Golf- und Tennisplätze, vier künstliche Inseln, bestückt mit Nightclubs, Kinos und jeder Menge Amüsierbetriebe, und schließlich ein wichtiger Austragungsort der *Jeux Méditerranéens* von 1993, der Olympiade der Mittelmeer-Anrainerstaaten: Das alles ist Le Cap d'Agde, die Ferienretortenstadt mit der höchsten Appartementdichte im Languedoc-Roussillon, der man wegen ihrer FKK-, Wohn-, Camping- und Strandanlage, der größten am Mittelmeer, im Volksmund auch den Namen *Cap d'Acte* gegeben hat. Ein großes, zentral gelegenes Empfangsgebäude, diverse Autoverteilerringe und ein geradezu ›germanisch‹ anmutendes Schildergewirr garantieren eine relativ störungsfreie Lenkung des motorisierten Urlauberstroms zu den verschiedenen Wohn- und Freizeiteinrichtungen dieses ganz und gar durchrationalisierten und wohl deshalb so beliebten Ferienmolochs.

Agde

Die Nähe zu der Ferienabwicklungsmaschinerie Cap d'Agde kann nicht ohne Folgen bleiben. So dient denn auch der kleine sympathische Ort am Hérault, eine Gründung griechischer Siedler aus Massalia (s. S. 34), als Cap d'Agdes ›Überlaufbecken‹, dessen Besucherzahl mit der Belegungsdichte der Appartementkolonie steigt und fällt. Bei ›Niedrigstand‹, also außerhalb der französischen Sommerferien, verwandelt sich das sommers bunt gefärbte Städtchen zurück in seinen Urzustand, einen nur äußerlich grau wirkenden Ort. Für die Farbe ist das Baumaterial zahlreicher Häuser und der mächtigen Wehrkirche, der Kathedrale St-Etienne von 1173 verantwortlich, basaltisches Vulkangestein aus der Umgebung. Das Musée ›Escolo Dau Sarret‹ in der Rue de la Fraternité zeigt Volkskunst und Fundstücke aus den griechischen Tagen der Stadt, u. a. den sog. Epheben von Agde aus dem 4. Jh. v. Chr.

Mèze und Bouzigues

Die beiden von Weinreben umgebenen Seestädtchen stehen ganz im Zeichen der Muschel- und Austernzucht, die schon zu Zeiten der Griechen in diesem größten Küstensee des Departement Hérault betrieben wurde. In Mèze informiert die *Station du lagunage* mit einer kleinen Ausstellung und einem Aquarium über die Unterwasserkulturen des Bassin de Thau. In Bouzigues zeigt das Musée du Bassin de Thau Wissenswertes über die örtliche Muschel- und Fischzucht. In beiden Städtchen stehen natürlich Austern und Muscheln an oberster Stelle auf den Speisekarten. Kein billiges, aber so frisch ein köstliches Vergnügen, sofern man ein Faible für die salzig-graue Glibbermasse hat.

Zwischen Le Cap d'Agde und Valras-Plage

Die bis auf **Le Grau-d'Agde** umständlich zu erreichenden und unscheinbaren Küstensiedlungen **La Tamarissière, Farinette-Plage, Redoute-Plage** und **Sérignan-Plage** halten nicht, was die abgelegene Lage verspricht. Die relative Einsamkeit des kaum erschlossenen Küstenstreifens erkauft man sich – es sei denn, man zeltet auf einem der zahlreichen Campingplätze – mit einer wenig ansprechenden Umgebung und dem weitgehenden Fehlen einer touristischen Infrastruktur. Auch hier gilt wie fast an der ganzen Küste:

Die Auster
– das unscheinbare Millionending

Für die meisten ist es barer Unsinn, für wenige eine Offenbarung: das Austernschlürfen. Vom sensiblen Gaumen dieser feinfühligen Minderheit bzw. deren gutgefülltem Geldbeutel lebt die Austernzucht, ein äußerst einträgliches Geschäft. Und damit das so bleibt, hütet man die hohe, von den empfindlichen Muscheltieren geschätzte Wasserqualität des Bassin de Thau wie eine Perle, die etwa so selten in einer Auster zu finden ist wie reines Salzwasser am Mittelmeer. Das jedenfalls behaupten die Muschelzüchter, von deren gallischem Gemüt und mediterraner Muße wiederum die gute Qualität der Bouziguesaustern abhängt, wie man in den Restaurants der Umgebung zu hören bekommt.

Was auch immer erzählt wird, Geduld braucht man auf jeden Fall für die Austernzucht, die je nach Sorte in Sichtweite der Fischer von Bouzigues oder weit weg im Atlantik und in Japan beginnt. Dort sind nämlich die robusteren *Huîtres creuses* heimisch, eine weitverbreitete, angeblich aber nicht ganz so wohlschmeckende Austernart mit einer sehr bauchigen, gewellten Schale. Diese Sorte wird bei Mèze kultiviert, und so beziehen deren Fischer denn auch von Übersee die bereits geschlüpften und an durchlöcherte Schalen gehefteten Larven, die sie erst hier auf Schnüren oder Stangen aufziehen und vor ihrer Küste versenken. Nach zehn bis zwölf Monaten werden sie von den Importschalen abgepflückt und verbleiben für ein weiteres Jahr, an Nylonfäden aufgereiht, im Wasser, bis sie Marktreife erlangt haben.

Beim Muschelsortieren in Mèze ... und beim Austernessen (rechts)

Anders die sog. *Huîtres plates,* eine im Mittelmeer heimische, auch vor den Küsten von Bouzigues vorkommende und zur Reife gebrachte glattschalige Austernart, deren aus befruchteten Eiern hervorgegangene Larven an das weithin sichtbare Gestänge geheftet werden und dort bis zur völligen Reife verbleiben. Auf ganz ähnliche Weise, während eines gleichlangen Zeitraums und in ›Freßgemeinschaft‹ mit den Austern, werden hier auch Miesmuscheln gezüchtet.

weit und breit kein Baum und Strauch, um sich vor der unerbittlichen Hitze der Midisonne zu schützen.

Valras-Plage

Die Einwohner von Béziers und Umgebung machen wohl den größten Anteil der Besucher von Valras-Plage aus, einem etwas einfallslos gestalteten, einfachen und kinderfreundlichen Badeort ohne Höhepunkte. Seine größte Attraktion ist einmal mehr der weite, feinsandige Strand, von dem ein 4 km südlich gelegener Bereich für FKK reserviert ist.

Grau de Vendres

Die kleine, wenig ansprechende Häuseransammlung an der Audemündung verbindet seit jüngster Zeit eine Brücke mit der bereits im Departement Aude gelegenen Nachbarsiedlung Les Cabanes-de-Fleury. Darüber hinaus haben die beiden Flecken gemein, daß die Audemündung das Meerwasser hier nicht gerade vertrauenerweckend eintrübt und sich die Blicke hoffnungsfroh auf die Baukräne beiderseits des Flusses richten. In ferner Zukunft sollen auch hier Hotels, Feriensiedlungen und Yachthäfen entstehen. Bis dahin bietet dieser Küstenabschnitt wenig, was die umständliche Anfahrt lohnen würde.

Montpellier

In Montpellier wird geklotzt. Zwei Jahre hintereinander hat die Midimetropole mühelos den ersten Preis als aktivste Stadt Frankreichs gewonnen. Die Chancen stehen gut, daß die dynamische Partnerstadt von Barcelona und Heidelberg den Spitzenplatz während der neunziger Jahre hält. Schneller als alle anderen Kommunen des Languedoc-Roussillon hat sich die Stadt auf das nächste Jahrhundert vorbereitet und in den Wirtschaftskreislauf der EG eingeklinkt. Und das kam so: Seit dem Ende des Algerienkrieges 1962 waren 25 000 als *Pieds noirs* (Schwarzfüße) bespöttelte Algerienfranzosen und *Harkis,* Algerier, die mit ihren einstigen Kolonialherren im Algerienkrieg kollaboriert und aus Angst vor der Rache ihrer Landsleute das Land verlassen hatten, nach Montpellier geströmt, allesamt hochmotivierte Arbeitssuchende.

Während man die *Harkis* möglichst rasch in die Landgemeinden des Oberen Hérault abdrängte, um nicht durch die Anwesenheit dieser entwurzelten

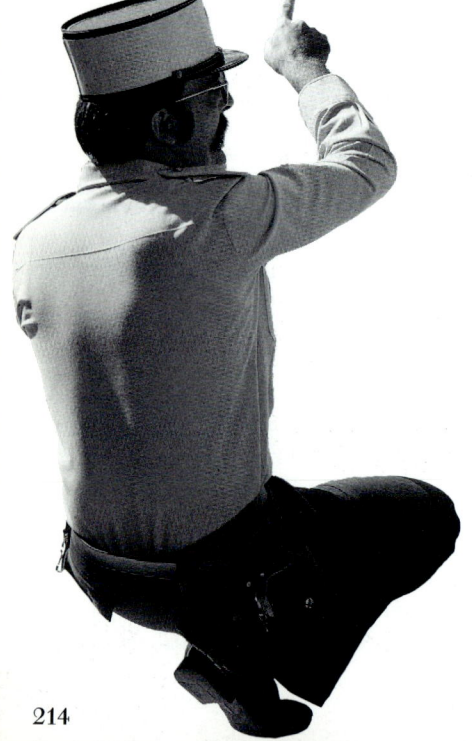

Menschen ständig an eines der unrühmlichsten Kapitel französischer Kolonialgeschichte erinnert zu werden, schätzte man in Montpellier den Ehrgeiz und die Aufsteigermentalität der (weißen) Algerienfranzosen. Die kaufmännisch versierten *Pieds noirs* eroberten sich schon bald ihre in Algerien verlorengegangenen Pfründen zurück, kauften sich in Montpellier und Umgebung Ländereien und Villen und belebten mit ihrem Knowhow und der kolonialen ›Zupack-Mentalität‹ den städtischen Handel. Da traf es sich gut, daß Montpellier 1964 Hauptstadt der Wirtschaftsregion Languedoc-Roussillon geworden war und plötzlich auch genug

Richtungsweisende Ordnungsmacht ... und künstlerische Ratlosigkeit: moderne Plastik an der Place de la Comédie

staatliche Gelder in die Stadt strömten: zum Bau diverser Verwaltungsgebäude und der Fertigstellung von La Paillade, einer Trabantenstadt für 30000 Menschen, zur Erweiterung der hochangesehenen Universität um agrarische, technische und medizinische Fachbereiche, für das große Einkaufszentrum ›Polygone‹ im Herzen der Stadt und schließlich für die Modernisierung des Flughafens. Von der Spendierlaune Montpelliers ließ sich der amerikanische Computerriese IBM anstecken und errichtete ein Zweigwerk, das heute etwa 40 % des Gesamtexports der Region produziert. Damit waren früh die Weichen für die Ansiedlung weiterer Produktions- und Forschungsstätten der High-Tech-Industrie gestellt. Und ganz allmählich verwandelten sich vor den Toren der Stadt die Baugruben entlang der Sandküste in Bettenburgen, im Sommer randvoll mit Urlaubern, die es spätestens nach dem ersten Sonnenbrand von den betonierten Küstenorten weg in die Restaurants und Boutiquen von Montpelliers schönem altstädtischen Gassengewirr zog.

Der Stadt begann es gut zu gehen, so gut, daß die eher konservative Einwohnerschaft politischen Mut bewies und einen linken Juraprofessor zu ihrem neuen Bürgermeister machte. Eine gute Wahl, wie man mehrheitlich meint, denn der Sozialist Frêche trat unverzüglich den langen Marsch durch die Investitionen an. Die Dezentralisierung hatte die bisherige zentralstaatliche Verantwortung für den Wohnungs- und Bürobau in die Hände der Bürgermeister gelegt. Und davon machte Frêche reichlich Gebrauch. Er

steckte das Geld in die Altstadtsanierung, machte die Stadt durch ein neues Kongreßzentrum zum viertgrößten Tagungsort Frankeichs und lockte durch zügige Baulandgewinnung neue Investoren in die Stadt.

Seinen größten politischen Coup landete der agile Bau- und Bürgermeister aber mit einer gigantischen Renommierarchitektur, die europaweit einmalig sein dürfte und ihm wohl mehr Wählerstimmen einbrachte, als sie ihn kostete. Denn was er da in bester Innenstadtlage an Sozialwohnungen aus dem Boden einer ehemaligen Kaserne stampfen ließ, hat so gar nichts von der herkömmlichen Tristesse öffentlich geförderten Wohnraums in Frankreich. Zwar entstanden auch diese Wohnungen in kostengünstiger Skelettbauweise. Anstatt die genormten Betonwaben jedoch im langweiligen Einheitsstil zu verblenden, liefen die Betonmischer weiter auf Hochtouren, um die Fassaden hinter monströsen Säulen, Kapitellen und Tympana aus terrakottafarbenen Betongußteilen verschwinden zu lassen. Ein Zufall, daß man sich an griechisch-römische Tempelbauten erinnert fühlt? Wohl kaum. Der clevere Bürgermeister und sein geschichtsbewußter Architekt nannten das Ganze ›Antigone‹ und schenkten mit jener auf alt getrimmten Neubausiedlung der Stadt das, was ihr die Geschichte verwehrt hatte: ein Stück Antike. Denn im Gegensatz zu den griechischen und römischen Gründungen Nîmes, Pézenas, Béziers, Agde und Narbonne ist Montpelliers junge Geschichte gerade einmal 1000 Jahre alt.

Wie so oft hatte auch bei Montpelliers Entstehung die Kirche ihre

Hand im Spiel. In diesem Fall war es ein Bischof, der Gefallen an einem Hügel mit Namen ›Montiperet‹ gefunden hatte und ihn zum Standort einer neuen Kirche auserkor. 819 etwa war der Bau fertig und wurde bald zur Keimzelle einer kleinen Siedlung, denn der Platz war gut gewählt. Wenige Kilometer entfernt im Süden lag Lattes, seit vorchristlichen Zeiten ein kleiner Mittelmeerhafen, und im Nordosten führte die Via Domitia durch das alte römische Substantion, Montpelliers heutigen Vorort Castelnau-le-Lez (s. S. 229). Die einstige Schnellstraße für römische Streit- und Lastenwagen war zwar längst zu einer Schlamm- und Schlaglochpiste verkommen, aber das arme Frühmittelalter war ein Zeitalter der Fußgänger. Und den vielen Jakobspilgern, die wenige Jahre später auf der Römerstraße an der kleinen Kirche Notre-Dame-des-Vœux vorbei nach Spanien zogen, war zur Läuterung des Geistes ohnehin der mühsame Fußmarsch vorgeschrieben.

Als im 10. Jh. noch ein Feudalherr und Vasall des Grafen von Melgueil mit Namen Wilhelm I. den Nachbarhügel bezog, stand der raschen Entwicklung Montpelliers nichts mehr im Wege, denn der weltliche Platzherr und der Bischof von Maguelone teilten sich friedlich die Macht und schafften damit zum ersten Mal in der Geschichte der Stadt ein gutes Handels- und Investitionsklima. Mit Geschick und Glück gelang es der von Kaufleuten und Handwerkern

Antigone, die ›neue Antike‹ in Montpellier – späte Rache der Götter oder städtebaulicher Geniestreich?

217

geprägten und in Selbstverwaltung von Konsuln regierten Stadt, sich aus den Kämpfen zwischen den Grafenhäusern von Toulouse und Barcelona und den späteren Katharerkriegen herauszuhalten. 1289 erhielt Montpellier vom Papst das Privileg zur Gründung einer Universität, deren medizinische, juristische und philosophische Fakultäten rasch von sich reden machten.

Nach dynastischen Verwicklungen mit dem geteilten Aragoneserreich, während derer Montpellier zeitweilig unter die Regentschaft des Königreichs Mallorca gefallen war, kaufte 1349 die französische Krone den Spaniern die Stadt ab. Nun erstmals unter der zentralstaatlichen Königsknute, ging es mit Montpellier erst einmal bergab, bis Mitte des 15. Jh. Jacques Cœur, Karls VII. Schatzmeister und einer der reichsten und mächtigsten Kaufleute des französischen Mittelalters, für zehn Jahre seinen ›Firmensitz‹ in Montpellier nahm und den alten Kaufmannsgeist der Stadt wiederbelebte. Sein Weggang nach Marseille traf die Stadt nicht allzu hart, denn mittlerweile hatte der Leder- und Textilhandel Fuß gefaßt, der von den Schafherden der nahen Cevennen profitierte.

Ein ständiges Auf und Ab kennzeichnet die Stadtgeschichte der folgenden Jahrhunderte. Kaum hatte sich Montpellier – eine Domäne der geschäftstüchtigen Protestanten – von den Religionskriegen erholt und nach der Ernennung zum Verwaltungssitz des Niederen Languedoc durch Ludwig XIV. einen bescheidenen Aufschwung erlebt, bekam es die Folgen der Kamisardenkriege Anfang des 18. Jh. zu spüren. Die Versorgung der städtischen Handwerksbetriebe mit Rohstofflieferungen aus den Cevennen drohten zum Erliegen zu kommen. Die Schwierigkeiten dieser Jahre wie auch der Phase der Industrialisierung des Midi im 19. Jh., die zu Rezession und 1907 zu blutigen Aufständen der Winzer führten (s. S. 57), überstand die Stadt mit ihrem soliden Kaufmanns- und Handwerkergeist recht glimpflich.

Die 75000 Bürger werkelten, lehrten, studierten und schlummerten vor sich hin und erwarteten die Umbrüche des 20. Jh. mit provinzieller Gelassenheit. Im Zweiten Weltkrieg wurde die Stadt von Zerstörungen verschont. 1960 zählte Montpellier kaum mehr als 100000 Einwohner. Seitdem hat sich die Bevölkerung verdoppelt, und jährlich kommen etwa 8000 Menschen hinzu, zu zwei Dritteln junge Zuzügler. 80% der Einwohnerschaft haben bereits einen anderen Geburtsort als Montpellier im Paß stehen.

Wie verkraftet das die Stadt? »Sehr gut,« ist aus dem *Hôtel de Ville* zu vernehmen, das gleich neben ›Polygone‹ und ›Antigone‹ gelegen ist, den zwei symbolträchtigen Ecksteinen städtebaulicher Entwicklung der letzten 25 Jahre. Stolz blickt man aus den oberen Etagen des Rathauses auf die blitzblanke Place de la Comédie, lebhaftester Schlenderplatz und größtes Open-air-Café im Languedoc-Roussillon, sowie auf *le Corum,* den hochmodernen Kongreßpalast im weitgehend verkehrsbefreiten Zentrum. Und im Norden, wo Montpellier augenblicklich am schnellsten Ringe ansetzt, ist neben dem biomedizinischen Industriekomplex ›Euromédecine‹ eine agrartechnologische Untersuchungsanstalt von Weltruf entstanden, in der auch Genforschung betrieben wird.

›Agropolis‹ nennt man nicht ganz unbescheiden diese Denk- und Pflanzen-zuchtstätte nebst dem gleichnamigen Cité Musée, und mit Recht verweist man auf den unschätzbaren Wert der Forschungsergebnisse für die Dritte Welt. So gelang es beispielsweise, diverse Tropenfrüchte an widrige Klima- und Bodenverhältnisse anzupassen, insbesondere eine in Deutschland sehr beliebte Südfrucht, ein Erfolg, der Montpellier in Spezialistenkreisen jüngst zur heimlichen ›Welthauptstadt der Banane‹ machte. Auch im Süden tut sich Großes. Dort wächst Montpellier allmählich dem Meer entgegen und schickt sich an, im nächsten Jahrtausend zur Hafenstadt zu werden. Zunächst aber ist der Flughafen dran, den man zu einem internationalen Landeplatz aus-baut. Und dann wartet schon das nächste Großbauprojekt auf Geldgeber, ›Port Marianne‹, eine Wasserstadt für 50000 Menschen. Das Bauland wird bereits erschlossen.

Bleibt bei soviel gewinnorientierter Zukunftsmusik noch genügend Phan-tasie und Geld für andere Aktivitäten, für eine liberale Kunst- und Kulturpo-litik zum Beispiel? Ein Garant dafür scheint die Universität zu sein. Unter den mehr als 52000 Studenten, von denen 10% aus dem Ausland stammen,

Avantgardistischer Schein und provinzielles Sein: Altmännerschwätzchen am neu-erbauten Kongreßpalast le Corum

Zurück in die Zukunft?
Mit Antigone ins nächste Jahrtausend

Mit der griffigen Formel »*Changer la ville, pour changer la vie*« trat Georges Frêche, der frischgebackene Bürgermeister von Montpellier, 1977 sein Amt an. Eine seiner ersten Amtshandlungen zur Veränderung der Stadt und ihrer Lebensqualität war ein Anruf über die Pyrenäen. Am anderen Ende der Leitung saß ein Katalane mit Geschäftssinn und ausgefallenem Geschmack: Ricardo Bofill, ein smarter Newcomer der spanischen Architektenavant-garde. Es war der Beginn einer zehnjährigen Männerfreundschaft und der Planungen für ein Bauvorhaben, das Montpelliers Machern groß und gewagt genug erschien, um die Stadt nachhaltig zu verändern. Keine Frage, diesbezüglich hat Frêche Wort gehalten. Aber hat der neue Stadtteil, dessen Name ›Antigone‹ hintersinnig verheißt, daß die Anlage als Gegenpol zum einfallslosen ›Polygone‹ aus der Ära konservativer Amtsvorgänger gedacht ist, auch das Leben der Einwohner positiv verändert? Darüber, aber mehr noch über die Gesamtanlage selbst streitet man sich seit dem Baubeginn 1980 heftig, und das nicht nur in Montpellier, sondern in der ganzen Architektenwelt, wann immer Bofills Baukünste zur Diskussion stehen.

Die Steine des Anstoßes sind, aus ockerfarbenen Betonteilen errichtet, 2200 Sozialwohnungen und Verwaltungsbauten, die den Kritikern als bedenkenlos in neoklassizistische Formen gepreßte Versatzstücke einer pseudoantiken Monumentalarchitektur erscheinen: hier ein bißchen römisches Forum Romanum, dort ein bißchen griechische Akropolis. Und das Ganze beklemmend und streng geometrisch um eine überdimensionierte *Via triumphalis* gruppiert, deren axiale Ausrichtung fatale Anklänge an Stadtmodelle zeige, wie sie gegen Ende der dreißiger Jahre auch für die ehemalige Reichshauptstadt Berlin entworfen und teilweise ausgeführt worden seien. Er und sein visionäres Architektenteam hätten versäumt, die Sozialwohnungen und Verwaltungsgebäude in ein politisch zeitgemäßes und demokratisches Gewand zu kleiden. Ein Vorwurf, der auch für das *Hôtel de Région* geltend gemacht wird, den Sitz des Regionalparlaments für die Region Languedoc-Roussillon, am östlichen Ende des 40 ha umfassenden Areals (s. Abb. S. 53). Anstatt dieses wichtige Gebäude und Symbol des neuen, noch zaghaften dezentralen Staatsdenkens in Frankreich offen und bürgernah zu konzipieren, setze es in seiner Gestaltung als verspiegelter, durch den Wasserlauf der Lez vom übrigen Komplex abgetrennter Triumphbogen zentralstaatliches Denken fort.

Ganz anders sehen das die Befürworter von Montpelliers ›neuer Antike‹.

Für sie ist Antigone ein mutiger und großer städtebaulicher Wurf, ein Beweis des neuen politischen Selbstbewußtseins der vernachlässigten Provinz gegenüber Paris und eine Befreiung aus seiner architektonischen Vormundschaft. Man setzte überdies darauf, daß ›Antigone‹ durch ein weiteres Anwachsen Montpelliers aus seiner innerstädtischen Randlage allmählich ins absolute Zentrum rücke und dadurch zum lebhaftesten *Quartier* der Stadt werde. Und auch die Architektur des *Hôtel de Région* schreckt sie nicht. Mit seinen Anklängen an den Triumphbogen, der Ende des 17. Jh. zu Ehren Ludwigs XIV. auf der entgegengesetzten Stadtseite errichtet wurde, und an den mächtigen *Arc de Triomphe* von Paris empfinde man den Bau nicht als Kopie absolutistischer bzw. zentralstaatlicher Architekturauffassung, sondern eher als deren augenzwinkernde Karikatur.

Daß man die Bewohner bei Sonnenschein häufig mit den Augen blinzelnd durch ihr neues Viertel gehen sieht, hat allerdings nicht unbedingt etwas damit zu tun, daß sie diese Ansicht teilen. Es ist das gleißende Reflexionslicht der hellblanken Steine und Spiegelglasscheiben, das zum Zukneifen der Augen zwingt. Und wenn im Sommer die Temperaturen steigen, heizt sich der Beton rund um die Place du Nombre d'Or und die Portes d'Antigones so sehr auf, daß die Kinder und Jugendlichen im klimatisierten Einkaufszentrum ›Polygone‹ oder an den Wasserspielen und Brunnen der Place de la Comédie Kühlung suchen. Lebhafter geht es dort ohnehin zu.

nicht wenige aus den französischen Überseedepartements Guadeloupe, Martinique und Réunion sowie den ehemaligen Kolonien, findet sich trotz hoher Lernanforderungen und Prüfungsstreß manch kreativer Geist für eine engagierte Kulturarbeit und zuweilen unkonventionelle Subkultur. Und der breite, gut verdienende Mittelstand ist stets ein dankbarer Kunstkonsument, so daß auch die kommunale Kultur selten rote Zahlen schreibt, sofern das Gebotene von so unbestritten hoher Qualität ist, wie man es etwa bei den sechs jährlich stattfindenden internationalen Film-, Musik- und Tanzfestivals zu Gesicht bekommt.

Dem traditionell Ende Juni/Juli veranstalteten ›Festival International Montpellier Danse‹ z.B. schenken selbst die erbarmungslosen Kritiker der kulturellen Megastadt Paris wohlgefällige Beachtung. Und wer sich aus der Innenstadt raus zur Universität Paul Valéry bemüht, findet auf dem Campus der philosophischen und naturwissenschaftlichen Fakultäten weitere Aufführungsorte mit anspruchsvollen Musik- und Filmveranstaltungen, teilweise organisiert vom ›Centre Culturel du Languedoc‹. Universität, Architektur, Kunst und die Nähe zum Mittelmeer machen Montpellier zur spannendsten und attraktivsten Stadt im Languedoc-Roussillon.

In einem unterscheidet sich die kleine Metropole allerdings kaum von ihren Nachbarstädten entlang der Mittelmeerküste: Es ist bisher auch ihr nur ansatzweise gelungen, die Immigranten aus den ehemaligen nordafrikanischen Kolonien zu integrieren. Besonders die Kinder der ersten Einwanderergeneration leiden unter der hohen Jugendarbeitslosigkeit und lassen sich nicht mehr so einfach wie ihre Eltern in das weniger appetitlich glänzende Altstadtviertel ›Gambetta‹ oder die Trabantenstadt ›La Paillade‹ abdrängen, Montpelliers *Banlieue*. Sie werfen den Stadtvätern vor, daß man ihre häufig triste Lebenswirklichkeit hinter den schönen Beton- und Theaterkulissen Montpelliers zu verstecken versuche, anstatt sich gezielt um ihre Probleme zu kümmern. Denn auch in dieser reichen Stadt sind die *Beurs* weitaus stärker von Jugendarbeitslosigkeit betroffen als ihre ›weißen‹ Landsleute gleichen Alters. Man wird sich im Rathaus etwas einfallen lassen müssen, um den sozialen Frieden zu wahren. Aber für ausgefallene Ideen ist man dort ja bekannt.

Das historische Montpellier

Die **Place de la Comédie**, wegen des eierähnlichen Grundrisses auch *l'œuf* genannt, ist der Trichter in die Altstadt und zugleich Montpellier kompakt: zum Schauen und Anfassen, Hören und Riechen, Essen und Trinken, in der Mitte Laufsteg, außen herum Zuschauerparkett, dazu Kunst und Kitsch, Musik und Lärm, für alle Augen und Ohren etwas, am südlichen Platzzugang arrivierte Gesangskunst, philharmonische Orchestermusik in der **Opéra (1)** von 1888, rund um die 1776 geschaffene **Fontaine des Trois Grâces (2),** vor den Einkaufspassagen des **Triangle (3)** und **Polygone (4),** am Nordende, bei den schattigen Parkalleen der **Esplanade Charles de Gaulle** und manchmal

Place de la Comédie an der Oper – Schauen und Schlemmen in Zehnerreihe

auch vor dem Kongreßzentrum **le Corum (5)** Tag um Tag Clownerien, Freilufttheater und Straßenmusik, Tag für Tag anders.

Hinter den westlichen Prunkfassaden des späten 19. Jh. drängelt sich das Gassenlabyrinth der Altstadt. Auch hier lebt die Stadt von drinnen nach draußen, und wo es vor ein paar Jahren nach Katzen und Kötern roch, duftet es heute nach teurem Parfüm und Knoblauch. Tausend Gelegenheiten, in schöner Kulisse einzukaufen, etwa in der **Grand Rue Jean Moulin, Rue de la Loge, Rue de l'Argenterie, Rue St-Guilhem,** in der Markthalle an der **Place Castellane** und in der **Rue de l'Aiguillerie.** Und hundert Möglichkeiten, dem Gaumen etwas Gutes zu gönnen, beispielsweise in den Restaurants, Cafés und Bars an der **Place St-Côme, Place St-Roch, Place Jean Jaurès** und in der **Rue de l'Aiguillerie** (weitere Restaurants im **Quartier Comédie** westlich der Rue Maguelone, zwischen Bahnhof und Polygone.) Ganz nebenbei lassen sich in einem Tag Montpelliers historische Architekturen und Gartenbaukünste erschlendern – sofern man die Museen ausläßt.

Das alte Herz Montpelliers ist zweigeteilt. Südlich der Rue Foch und ihrer gedachten Verlängerung schlägt es seit dem Mittelalter vor allem fürs Geld. Einer seiner Schrittmacher ist heute die Industrie- und Handelskammer mit Sitz im **Hôtel St-Côme (6),** der ehemaligen chirurgischen Abteilung der medizinischen Fakultät. In der mächtigen und zu diesem Zweck Mitte des 18. Jh. erbauten Rotunde wurden anatomische Vorlesungen abgehalten und

Leichen seziert. Nach außen zugeknöpft gibt sich die Vielzahl prächtiger Stadtpaläste reicher Adliger, Krämerseelen und königlicher Schatzmeister, die das Viertel prägen. Einen Blick auf die Fassaden und in die schmucken Innenhöfe lohnen insbesondere das **Hôtel de Jacquet de Bray (7)** bzw. dessen Rückwand mit gotischen Fragmenten (14. Jh.) an der winzigen Place St-Ravy; das **Hôtel des Trésoriers de la Bourse (8)** aus dem 17./18. Jh., Haus Nr. 4 in der gleichnamigen Straße; das **Hôtel des Trésoriers de France (9)**, Haus Nr. 5 in der Straße gleichen Namens, Ausstellungsort des Musée de la Société archéologique de Montpellier, früher Sitz des Schatzmeisters nach der Erhebung Montpelliers zur Verwaltungsstadt des Niederen Languedoc im 17. Jh., mit erhaltenen Gebäudeteilen des ab 1470 von Jacques Cœur bewohnten Komplexes (s. S. 218) und das **Hôtel de Varennes (10)**, 2, Place Pétrarque.

Die provinziell-pompöse Rue Foch wurde in Paris erdacht und 1886 wie ein Keil von Osten nach Westen in die Altstadt vorangetrieben. Zusammen mit der **Préfecture (11)** in einem Gebäude von 1686, dem 1853 errichteten **Palais de Justice (12)** und dem **Arc de Triomphe (13)**, der 1693 zu Ehren Ludwigs XIV. erbaut worden war, sollte die Straße ein Abbild der belebten Pariser Champs Elysées werden. Ein Trugschluß der Planer, denn das Straßenprojekt war trotz heftigen Widerstands der Bevölkerung verwirklicht worden und blieb ein wenig geliebter Fremdkörper in der Altstadt. Zur Ehrenrettung muß man der Rue Foch jedoch zugute halten, daß sie zwischenzeitlich bessere Tage erlebt hat. So kühl und langweilig erscheint der Boulevard erst seit den achtziger Jahren, als ihm die Verkehrsberuhigung die Funktion einer wichtigen innerstädtischen West-Ost-Achse nahm.

Ganz anders die **Promenade du Peyrou**, eine spätbarocke Promenadenanlage, die sich die Stadt Ende des 17. Jh. selbst zum Geschenk machte und die bis heute ein Lieblingsplätzchen der Montpellieraner ist: um vom **Château d'Eau (14; s. Farbabb. 17)** aus, dem krönenden Abschluß eines Wasserspeichers, über eine dem Pont du Gard ähnelnde alte Wasserzuleitung hinweg aufs Massif Central zu schauen, um im Schatten der Alleebäume zu dösen oder ungestört zu klönen, z. B. unter dem 1718 aufgestellten Reiterstandbild Ludwigs XIV., dessen Blick wohlgefällig über die Stadt hinweg nach Osten schweift, in Richtung Morgenland, wie sich das für einen Sonnenkönig gehört. Noch beschaulicher geht es im verwunschenen **Jardin des Plantes** zu, der dem Würgegriff zweier Verkehrsadern und der Bedieselung mit Auspuffgasen erstaunlich gut zu entkommen scheint. Vermutlich reicht dem ersten Botanischen Garten Frankreichs (1593) die verkehrsarme Mittagszeit – während der auch der Garten geschlossen wird – zum Atemholen.

Die nördliche Altstadthälfte gibt sich distinguiert, ganz so, wie sich das für ein altehrwürdiges Universitätsviertel gehört, in dem die älteste medizinische Fakultät Frankreichs ihren Sitz hat. Standesgemäß residiert die **Faculté de Médecine (15)** im uralten Gemäuer eines Benediktinerkollegs, das zu stiften Papst Urban V. anno 1364 höchstpersönlich geruhte. Und da zu jener Zeit die geistige Erleuchtung der Erdenbürger Sache der Kirche war, wun-

Lernen, lernen, lernen
– das französische Bildungssystem

Sonntags ist Montpellier leergefegt. Das ist nicht weiter verwunderlich, denn dieser Tag gehört der Familie. In Frankreich hält man schließlich auf Tradition, auch unter Studenten, von denen nur wenige auf die Idee kommen würden, dieses Ritual zu verletzen. Sonntags kehrt man zurück in den Schoß der Familie. Und das bedeutet zumeist raus *à la campagne*, aufs Land also. Denn erstens, das behaupten jedenfalls die meisten Franzosen, sei ganz Frankreich außer Paris nichts als ländliche Provinz, und zweitens besagt die Statistik, daß jede zweite Familie ihre arbeitsfreien Tage im Wochenendhaus auf dem Lande zubringt. Im Midi kommt noch die Mittelmeerküste hinzu, was die hiesige Zahl der Wochenendhäuser – rein rechnerisch – noch einmal verdoppelt und die Chance auf Null reduziert, am Sonntag in Montpellier französische Studenten und Menschen zu sichten. Damit wäre, zumindest teilweise, die vornehmlich deutsche Studenten bewegende Frage geklärt, warum es in Montpellier so wenige Studentenkneipen gibt, dafür aber an Wochenenden die küstennahe Großdiskothekenszene boomt.

Warum aber ist diese ausgesprochene Unistadt, in der jeder fünfte Stadtbewohner an einer Fakultät eingeschrieben ist, auch während der Wochentage und Vorlesungszeiten relativ wenig studentisch geprägt? Ein Blick auf den Stadtplan offenbart, daß im Zentrum nur einige Universitätsgebäude angesiedelt sind, während der Campus der drei Universitäten bald ein Achtel der weitläufigen Stadtrandzone einnimmt. Hier stehen auch die meisten der Studentenwohnheime, denn das Wohnen zur Untermiete in der Stadt ist in Frankreich wenig verbreitet. Der wahre Grund für die auffällige Abstinenz vom gepriesenen Studentenleben ist aber das straff organisierte und äußerst arbeitsintensive Ausbildungssystem Frankreichs.

Egalité, ›Gleichheit‹, war eine Forderung der Französischen Revolution. Sie bescherte den Gymnasiasten zentral gestellte und absolut anonym korrigierte Abituraufgaben, um das Gebot der Chancengleichheit zu erfüllen. Die Folge sind landesweit genormte Lehrinhalte und ein eher dozierender Unterrichtsstil, bei dem die Lehrer vor dem *Baccalauréat* häufig die Rolle eines Einpaukers übernehmen. Überspitzt gesagt ist die Normerfüllung das pädagogische Ziel und nicht die Befähigung zu kritischer Distanz und selbständigem Denken. Und an den Universitäten? Weitgehend dasselbe Bild. Das Hauptgewicht liegt auch hier im Auswendiglernen von vorbereiteten Skripten und Mitschreiben von Vorlesungen. Weniger gefragt ist der selbständige Umgang mit Büchern und die Eigeninitiative der Studenten bei der Gestaltung von Seminaren.

Es ist deshalb kein Widerspruch, daß im Leseland Frankreich ausgerechnet in studentischen Bücherregalen häufig gähnende Leere herrscht und der Bücherbestand der Universitätsbibliotheken im internationalen Vergleich eher mager ausfällt. Auswendiglernen allein ist jedoch nicht zeitintensiver als beispielsweise Bibliotheksarbeit. Im Gegenteil. Was die Studenten aber gleich zu Beginn des Studiums enger als in anderen Ländern an den Schreibtisch bindet, sind die allgegenwärtigen, endlos vielen Tests und Prüfungen, für die das Egalitätsgebot nur indirekt verantwortlich ist.

Eine liberale Bildungspolitik Frankreichs in den siebziger und achtziger Jahren hat auch in diesem westeuropäischen Land dazu geführt, daß es weniger Studienplätze als Studienwillige gibt. Während in Deutschland hauptsächlich der Numerus Clausus als Korrektiv benutzt wird, um die Studentenzahlen (und die drohende Akademikerarbeitslosigkeit) vor Studienbeginn zu begrenzen bzw. zu kanalisieren, bedient man sich an den französischen Universitäten des Mittels der *Sélection* im Studium, d. h. des ›Herausprüfens‹. Übrig bleiben jene mit dem besten Sitzfleisch und dem größten Talent zum Auswendiglernen, so die internen Kritiker.

Die wirkliche Intelligenz Frankreichs entstammt ohnehin nicht den Unis, sondern den *Grandes Ecoles*, derzeit insgesamt 306 staatliche, auf bestimmte Fachbereiche spezialisierte Eliteschmieden, von denen Montpellier fünf besitzt (u. a. die renommierte agrarwissenschaftliche ›Ecole Nationale Supérieure d'Agronomie‹). Wer hier die Abschlußprüfungen besteht, der hat es geschafft, denn die *Grande Nation* besetzt ihre administrativen, politischen und industriellen Spitzenpositionen in erster Linie mit Absolventen der *Grandes Ecoles* und erst dann mit Hochschulabgängern, so qualifiziert sie auch sein mögen. Und wie verträgt sich das mit dem Egalitätsprinzip? Im allgemeinen gut, denn auch diese exquisiten Lehranstalten stehen generell jedem Abiturienten offen. Er muß nur die schwierigen Zulassungsprüfungen für zweijährige Vorbereitungsklassen schaffen, die mit noch schwierigeren Prüfungen *(Concours)* enden, aus denen die Besten der Besten für die raren Plätze auf den *Grandes Ecoles* herausgesiebt werden.

Und hier geht das Lernen noch einmal von vorne los, weitere drei Jahre lang. Ein überaus harter Weg also von der *Egalité* zur Elite. Und dort angekommen, dreht sich das Karrierekarussell von neuem, denn in so erlauchtem Kreise achtet man auf den feinen Unterschied. Deshalb erhält jeder *Grande Ecole*-Absolvent zum Abschluß ein öffentlich bekanntgegebenes Platzziffernzeugnis, damit jedermann weiß, wer der Allerbeste der Besten ist — sofern er auch auf der allerbesten *Grande Ecole* war. Und das ist augenblicklich die ENA (›Ecole Nationale d'Administration‹), *die* Verwaltungsschule, deren Sitz im Zuge von Dezentralisierungsmaßnahmen von Paris nach Straßburg verlegt wird, und auf der auch Chirac, Giscard d'Estaing und Rocard die Schulbank drückten.

Und warum gehen die Schüler trotz des Chancengleichheit gewährenden Prüfungssystems landesweit und regelmäßig – zuletzt 1990 – zu Hunderttausenden auf die Straße? Weil sie befürchten, bald auf der Straße zu stehen. In Wirklichkeit nämlich, so behaupten sie, sei das französische Schulsystem

Büffeln und beten: Medizinische Fakultät und Eingangsportal der Kollegkirche St-Pierre

nicht egalitär, sondern elitär und dafür verantwortlich, daß in Frankreich die Arbeitslosigkeit mit einer Quote von 40 % bei Jugendlichen unter 25 Jahren im europäischen Vergleich besonders hoch sei. Der Vorwurf geht an die Adresse des Pariser Bildungsministeriums, das mit 1 Mio. beschäftigten Lehrern und Verwaltern größte zentral geleitete Staatsunternehmen Europas. Aber nicht die administrative Schwerfälligkeit ist Ursache dafür, daß die Chancengleichheit im Schulsystem tatsächlich nur unzureichend erfüllt ist, sondern politische Rücksichtnahme auf historische und gesellschaftspolitische Vorgänge.

1905 kam es auf Betreiben der Republikaner zu einer Trennung von Staat und Kirche, die zum Leidwesen der Reformer aber auch zur Spaltung in staatliche Schulen ohne Religionsunterricht und in Privatschulen führte. Diese *Ecoles privées* sind zu 90 % katholisch und werden heute von rund 2 Mio. Schülern besucht, etwa 20 % der Schulpflichtigen. Und das, so die Kritiker, führe zu unterschiedlichen Startchancen, weil in den Privatschulen die Klassen kleiner und das Unterrichtsniveau, die Lehrer und die Betreuung der Schüler besser seien. Außerdem verhindere die Erhebung von Schulgeld, daß Arbeiter- und Ausländerkinder in gleichem Maße von den Vorteilen der Privatschulen profitieren könnten. Ein Streit, der in schöner Regelmäßigkeit als *Querelle scolaire* für Schlagzeilen sorgt und ein politischer Dauerbrenner zwischen den großen Parteien ist.

Die Konservativen und extrem Rechten tun alles, um die konfessionellen, durch staatliche Subventionen und Schulgelder finanzierten Privatschulen zu erhalten. Sie werden in Anspielung auf den Klerus, der während der Französischen Revolution die Monarchie stützte, kurz als *Cathos* karikiert. Die Sozialisten und Kommunisten, die für ein ausschließlich staatliches Schulsystem eintreten, werden von ihren Gegnern als *Laïcs* bespöttelt, in Anspielung auf die von ihren revolutionären Ziehvätern betriebene, Laizismus genannte Trennung von Staat und Kirche. Wie und wann auch immer die Kontroverse gelöst wird, an der Form der Lehrstoffvermittlung, dem Prüfungsstreß der französischen Studenten und folglich am Erscheinungsbild des universitären Montpellier wird das so schnell nichts ändern.

dert es nicht, daß sich gleich nebenan die zugehörige und gleich alte Kollegiatskirche **St-Pierre (16)** mit ihren zwei mächtigen Portalsäulen in den Vordergrund schiebt.

Das Gebiet bis zum nördlichen Altstadtrand ist weiteren Universitätsgebäuden vorbehalten, dem Rektorat und den Lehranstalten der renommierten Juristischen Fakultät, wo die Freuden des Studierens wohl vornehmlich im Büffeln von Paragraphen bestehen. Dies ist aber nicht der einzige Grund, warum man in dem Universitätsviertel nur einen zarten Hauch von Unkonventionellem und Kreativem spürt und vergeblich nach bunten Kneipen und einer ›Szene‹ sucht, wie man sie in universitär geprägten Stadtteilen etwa in Deutschland findet.

Museen

Galerie de Photo (5): Wechselausstellungen zeitgenössischer Fotokunst.

Musée d'Anatomie (15): In respektierlichen alten Glasvitrinen und Schaukästen des *Conservatoire anatomique* befinden sich säuberlich aufgereiht die menschlichen Objekte wissenschaftlicher Begierde – aus Wachs modellierte Nachbildungen von Gliedmaßen sowie in Spiritus aufbewahrte Föten und von Krankheiten befallene Körperteile. Unauffällige Hinweisschildchen weisen den umständlichen Weg durch das Fakultätsgebäude zum Ausstellungsraum.

Musée Atger (15): In einem Seitenflügel der medizinischen Fakultät liegt dieses zweite universitätseigene Museum. Gezeigt werden Zeichnungen und Radierungen der italienischen Schule und Archivmaterial der Universität.

Cité Musée Agropolis (außerhalb des vom Stadtplan – hintere Umschlaginnenklappe – erfaßten Gebiets): agrartechnologisches Museum, das mit neuesten museumspädagogischen Erkenntnissen Interesse für Agrar- und Genforschung sowie Lebensmitteltechnik wecken soll und die Auswirkungen der Forschungsergebnisse auf Umwelt und Gesellschaft dokumentiert (öffnet voraussichtlich 1992).

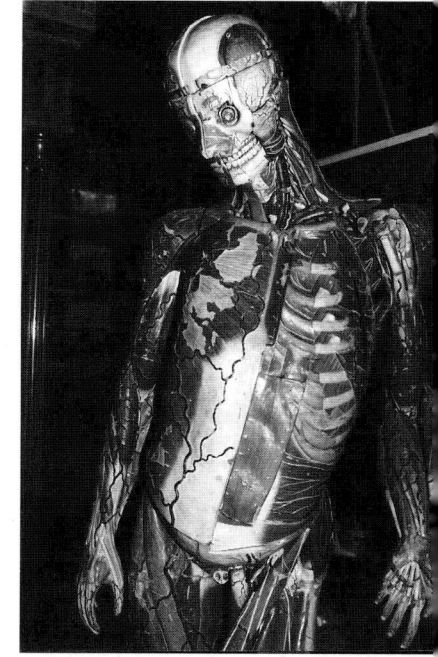

Kunstwerk Mensch: Ausstellungsstück im Anatomischen Museum

228

Musée Fabre (17): Daß Montpellier schon länger eine reiche Stadt mit Sinn für Kunst ist, dokumentieren die hier gezeigten Werke. Umfang und Qualität verdankt die Kunstsammlung vornehmlich Schenkungen von Kaufleuten und Bankiers und des Malers F.-X. Fabre, dessen 1825 der Stadt gestiftete Sammlung Anlaß der späteren Museumsgründung war. Mit Werken u. a. von Delacroix, Courbet, Ingres, Bazille, Dufy und Matisse gehört das Musée Fabre zu den bedeutendsten Kunstmuseen Frankreichs.

Musée Sabatier d'Espeyran (17): Stadtgeschichtliches und Möbelstücke des 18. Jh. in einem schön restaurierten Patrizierhaus.

Musée de la Société archéologique (9): vor- und frühgeschichtliche, antike und mittelalterliche Fundstücke der Archäologischen Gesellschaft Montpelliers.

Vororte

Castelnau-le-Lez: In Montpelliers nordwestlichem Vorort Castelnau-le-Lez, dem römischen Substantion, fördern Archäologen an der Verbindungsstraße nach Crès immer mal wieder Bruchstücke der Via Domitia zu Tage. Ein 1,6 km langer Wanderweg führt an rekonstruierten Fahrbahnteilen, Schautafeln und Nachbildungen hier gefundener Meilensteine *(Bornes militaires)* vorbei, auf denen u. a. die Entfernung nach Narbonne angegeben ist.

Lattes: Auch in den südlichen Vororten steckt der Boden voller Fundstücke. In Lattes (D 986, Richtung Palavas-les-Flots), dem antiken Hafenort aus vorrömischen Zeiten, hat man im Musée archéologique daraus eine sehr interessante, didaktisch gut konzipierte Dauerausstellung gemacht.

Pézenas

Wieder so ein kleiner Ort mit großer Architektur – und großer Kunst, in diesem Fall Komödien. Erdacht und aufgeführt von Molière, der 1622 in Paris auf die Welt kam, aber erst 1650 in Pézenas geboren wurde, als neuer Star der französischen Theaterszene. So sagt man's hier, fern von Paris. Sieben Jahre lang, bis 1657, lebte und arbeitete Molière mit seiner Schauspieltruppe, dem ›Illustre Théâtre‹, in dieser von ihm so geliebten Stadt. Ein gutes Pflaster für die Schauspielerei, denn er fand in dem überaus reichen Gebieter über Pézenas, dem Fürsten Armand de Bourbon-Conti, einen humorvollen und spendablen Theaterfreund, jedenfalls so lange, bis dessen Beichtvater, der Bischof von Alet, die Komödie als Gefahr für Anstand und Moral verdammte. Molières Mäzen gab das Lachen auf, wurde fromm und widmete sich nur noch der Politik – ein Grund für Molière, zurück nach Paris zu gehen und niemals nach Pézenas zurückzukehren.

Das brauchte er auch nicht, denn er fand rasch neue Geldgeber, und das kleinstädtische Milieu von Pézenas mit der provinziellen Kleingeisterei des Klerus, der Fürsten und ihrer Schranzen hatte ihm genügend Stoff geboten, um daraus noch Jahre später Komödien zu machen. Das Stück ›Tartuffe‹

etwa, dessen gleichnamige Hauptfigur, ein religiöser Heuchler, dem kirchlichen Umfeld des Fürsten Conti entstammte. Molières liebster Ort für Charakterstudien war der Barbierladen seines Freundes Gély, ein Haus in bester Lage, wenige Schritte hinter dem großen Parkplatz Place du 14 Juillet gelegen, weshalb in dessen Räumlichkeiten heute das *Syndicat d'Initiative* residiert (Place Gambetta).

Und weil die Stadt so schön und Molière so berühmt ist, erhält man dort kostenlos einen kommentierten Stadtplan (auch auf Deutsch), mit dem man an seinen Wirkungsstätten und anderen prächtigen Häusern der Reihe nach vorbeidefilieren kann, denn die Straßen und Gebäude sind numeriert, wie in einem Freilichtmuseum. Die Richtungsschilder 1–13 leiten durch das Viertel mit vornehmlich mittelalterlichen und frühneuzeitlichen Bauten, 14–23 führen durch Gassen mit Gebäuden, die in der Mehrzahl dem 17. und 18. Jh. entstammen. Folgt man den Wegweisern 24–33, wandelt man auf den Spuren Molières, beispielsweise durch die Rue Conti (Schild 24) zum Hôtel d'Alfonce (Schild 32), einem Stadtpalast, in dessen Hof 1655 u. a. ›Der fliegende Arzt‹ (›Le Médecin Volant‹) uraufgeführt wurde.

Und welchen geschichtlichen Ereignissen verdankt das 9000-Einwohner-Städtchen eine derartige Fülle von prunkvollen Wohnhäusern und Stadtpalästen, insbesondere aus dem 16. und 17. Jh.? Pézenas war für mehrere Jahrzehnte inoffiziell das, was Montpellier anschließend durch den Beschluß Ludwigs XIV. offiziell wurde, die Hauptstadt des Niederen Languedoc. Dazu hatte es die römische Gründung Piscenae und spätere Messestadt mit Hilfe zweier Söhne und eines Schwagers des Familienclans Montmorency-Damville gebracht. Henri I. hieß der erste Sproß, der das Fürstenhaus politisch an die Spitze führte und dem es gelang, das Ständeparlament der Provinz nach Pézenas zu holen. 1632 fiel in diesem Gremium die Entscheidung zur vollständigen Loslösung von Frankreich. Das kostete dem Nachfolger und Wortführer Henri II. zwar den Kopf und der Familie die politische Macht, brachte Pézenas aber einen neuen, einflußreichen Statthalter ein, den Bourbonenprinz und Schwager von Henri II. Und das war besagter Literaturfreund Conti, der den armen Poeten Molière vor Hunger und die Stadt durch seine politischen Kontakte vor dem finanziellen Ruin bewahrte.

Béziers

Der Karstsockel, auf dem Béziers' massiges Wahrzeichen, die Kathedrale St-Nazaire, hoch über der soliden Orbbrücke aus dem 14. Jh. thront, hatte es schon den Kelten und später den Römern angetan, der strategischen Lage und des kühlenden Lüftchens wegen. Denn angenehm sollten es die hier angesiedelten Kriegsveteranen der 7. Legion schon haben, und wo die Römer einmal ihren Fuß hingesetzt hatten, fühlten sich meist auch andere wohl: Bischöfe beispielsweise, die gegen eine gute Aussicht und einen mar-

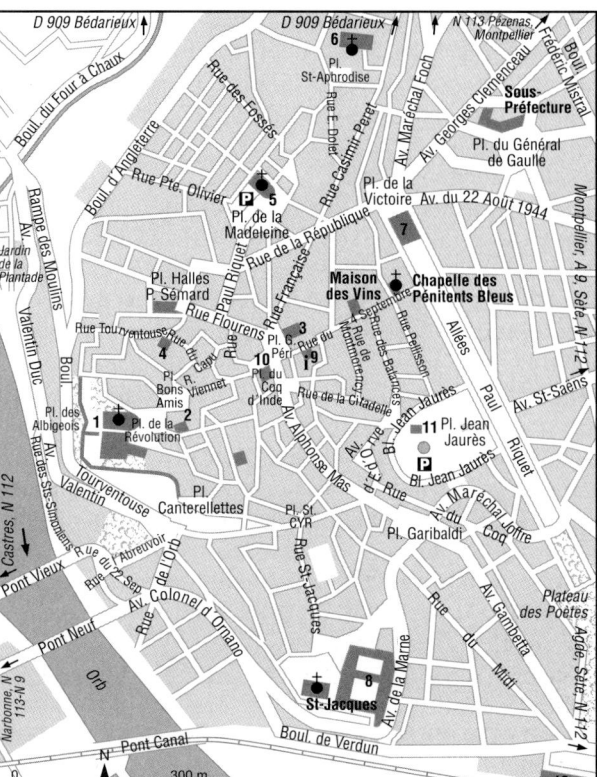

kanten Platz für ihre Kirchenbauten nichts einzuwenden hatten. Und so wurden sie eines Tages im 5. Jh. auch hier ansässig.

Im Mittelalter entwickelte sich Béziers unter der Ägide des mächtigen Toulouser Grafengeschlechts und den kritischen Augen der Kirche zu einer weitgehend unabhängigen und liberalen Stadtrepublik. ›Leben und glauben lassen‹ war die Devise der Stadtväter, die damit aber die Kirche herausforderten. Denn viele Bewohner nahmen ihre weltlichen Herren beim Wort und glaubten, was sie wollten, schlossen sich zu Sekten zusammen und wurden Katharer, ›Ketzer‹ also, von der Kirche verdammt, weil sie das vom Klerus forderten, was der Klerus von seinen Schäfchen forderte: Demut, Armut und sexuelle Selbstbeschränkung. Es kam, wie es kommen mußte, Papst Innozenz III. rief zu den Waffen, organisierte einen Kreuzzug gegen den falschgläubigen Süden und ließ unter der Führung des blutrünstigen päpstlichen Gesandten Simon de Montfort im Juli 1209 die 15000 Einwohner der ›Ketzerstadt‹ niedermetzeln (s. S. 51). »Tötet sie alle, der Herr wird die Seinen herausfinden«, lautete die Devise.

So jedenfalls steht es auf einer Plakette an einem Gemäuer nahe der **Kathedrale St-Nazaire (1)** zu lesen, dem gotischen Nachfolgebau der roma-

nischen Anlage, die von den bewaffneten ›Wallfahrern‹ während ihrer Straf-
expedition geschleift wurde. Übrig blieben nur die Krypta und Kapitelle im
östlichen Langhaus. Alles andere wurde bis zum 15. Jh. im gotischen Stil
wiederaufgebaut und wirft rechtzeitig zur Mittagshitze seine Schatten auf
die Restaurantplätze Place de la Révolution und Place des Bons Amis und die
›Freßgasse‹ Rue Viennet.

Die Place de G. Peri, der das **Hôtel de Ville (3)** seine Front aus dem 18. Jh.
zuwendet, bildet die schöne Mitte der kleinen Altstadt. In Richtung Norden
folgen in geringen Abständen aufeinander das kleine Marktviertel rund um
die Markthalle der Place P. Semard, die **Kirche Ste-Madeleine (5),** der Nachfolgebau des Gotteshauses, in das sich einst Tausende von *Biterrois* (Einwohner Béziers') vergeblich geflüchtet hatten, um den päpstlichen Kreuz-
zugsschlächtern zu entgehen, und die **Kirche St-Aphrodise (6),** eine Gründung von 760 mit Resten des romanischen Ursprungsbaus.

Zwischen dem historischen Zentrum und den nach Norden wuchernden
neuen Vierteln der 90000-Einwohner-Stadt legen sich die Allées Paul Riquet
quer, Béziers' schönste Schlendermeile, mit ihren vierreihig gepflanzten
Baumreihen die prächtigste Platanenallee des Languedoc-Roussillon. Ein
Platz, wo sich wie von selbst mediterranes Lebensgefühl einstellt: farbenprächtige Markt- und Blumenstände, zum Gucken ausgerichtete Bistro-

---

Mittelalterliches Béziers: Orbbrücke und Kathedrale St-Nazaire

stuhlreihen, Alte und Junge beim Gruppenschwätzchen. In der Mitte steht ein Denkmal zu Ehren des berühmten Sohnes der Stadt, Riquet (1604–1680), der mit dem Bau des Canal du Midi den Grundstein für Béziers' Wohlstand legte (s. S. 254 ff. und Abb. S. 52). Besonders der städtische Weinhandel verdankte seinem Jahrhundertwerk exorbitante Gewinnsteigerungen, was sich auch in der Architektur von Béziers bemerkbar machte.

Das 1842 erbaute **Théâtre Municipal (7)** im Norden der Allee etwa profitierte mit seiner aufwendigen Gestaltung von den wachsenden Steuereinnahmen der Stadt, ebenso die 1865 im englischen Gartenbaustil konzipierte Parkanlage Plateau des Poètes im Süden, wo sich die reichen Herrschaften an Sonntagen zum Promenieren einfanden. Außerhalb des historischen Zentrums, an der westlichen Ausfallstraße Avenue St-Saëns / Avenue Emile Claparède zur Autobahn A 9 liegt die 13 000 Zuschauer fassende Stierkampfarena aus dem 19. Jh., wo es Südfrankreichs Helden des 20. Jh. zu bewundern gibt: die frenetisch gefeierten Toreros der blutigen Augustferia.

Museen

Musée des Beaux-Arts (2): Eine schöne Gemäldesammlung mit Werken u. a. von Daumier, Delacroix, Chirico, Holbein, Rousseau und Rubens im Hôtel Fabrégat unweit der Kathedrale.

Die Allées Paul Riquet

Musée des Beaux-Arts (4): Béziers' zweites und denselben Namen tragendes Kunstmuseum ist auf Gemälde und Skulpturen vornehmlich mediterraner Künstler der Zeit zwischen 1830 und 1930 spezialisiert.

Musée du Biterrois (8): Mit der Umwandlung einer ehemaligen Kaserne in Nachbarschaft der romanischen Kirche St-Jacques in ein modernes und nach neuesten museumspädagogischen Gesichtspunkten gestaltetes archäologisches, ethnologisches und heimatkundliches Museum ist den Stadtvätern Béziers' eine bemerkenswerte Umfunktionierung des Militärgebäudes für öffentliche Zwecke gelungen.

Im oberen Hérault

Die im folgenden beschriebenen vier Autotouren eignen sich für Tagesfahrten, auch von der Küste aus, und lassen sich zu einer Mehrtagesfahrt aneinanderreihen.

Pic St-Loup

Route: Rund um den 658 m hohen, nur zu Fuß erklimmbaren Pic St-Loup führt die kleine Tour in die nordöstliche Region des oberen Hérault.

Montpellier – Cazevieille – Le Village préhistorique de Cambous – Viols-le-Fort – St-Martin-de-Londres – St-Mathieu-de-Tréviers – Montpellier (etwa 60 km, ½ Tag ohne Besteigung des Pic St-Loup).

Im klaren Morgenlicht oder im warmen Schein der Abendsonne zeigt sich Montpelliers Hausberg und markanter Caussevorposten, der Pic St-Loup, von seiner schönsten Seite: zwei ungleiche, mit der Garriguelandschaft verwachsene, begrünte und morgens blaßgelb, abends rötlich leuchtende Kalkzacken, die wie eine moderne Plastik beständig ihre Form wechseln, je nachdem von welcher Himmelsrichtung man sie betrachtet.

Um bei einer geplanten oder – ›wenn der Berg ruft‹ – unterwegs spontan beschlossenen Besteigung des Pic St-Loup möglichst angenehme Temperaturen und gute Sichtverhältnisse vorzufinden, empfiehlt es sich, **Cazevieille,** den Ausgangsort der Wanderung, an den morgendlichen Beginn oder das frühabendliche Ende der kleinen Autotour zu legen (ab Montpellier D 986 Richtung Ganges, nach ca. 15 km Abzweig rechts auf die D 113). Vom großen, nicht zu verfehlenden Parkplatz bei der Ferienhaussiedlung aus sind etwa 3,5 km auf einem ausgeschilderten, sachte, nur am Ende steil ansteigenden Weg zurückzulegen und 400 Höhenmeter zu überwinden, um nach ca. 1,5–2 Stunden Gehzeit mit einem Gipfelausblick bis zum Mittelmeer, den Pyrenäen und den französischen Alpen belohnt zu werden. Der Rückweg erfolgt auf demselben Weg.

In dieser an prähistorischen Funden so reichen Gegend findet sich die Grabungsstelle des **Village préhistorique de Cambous,** die einen kleinen Umweg lohnt: Auf der jenseits der D 986 weiterführenden D 113 gelangt man nach ein paar Kilometern zum Château de Cambous,

Die ehemalige Prioratskirche von St-Martin-de-Londres aus dem 11. Jh.

in dessen Gemäuer aus dem 18. Jh. ein Luxushotel residiert. Dort läßt man das Auto stehen und folgt einem breiten, rechts vor dem Schloß von der D 113 abzweigenden und ausgeschilderten Schotterpfad zu einer typischen Schafs- und Ziegentränke, wie man sie entlang der *Drailles* (s. S. 103 ff.), vor allem aber auf den Causses findet. Von hier aus ist es nicht mehr weit bis zu den teilweise wiederhergestellten Steinhäusern, die mit ziemlicher Sicherheit aus der Kupferzeit, um 3000–2000 v. Chr., stammen und zu den ersten befestigten Siedlungen auf den südfranzösischen Kalkplateaus überhaupt gehören.

Versteckt unter einem Grabhügel fand man vier aus bis zu zwölf Hütten bestehende Weiler, die mehr oder weniger gut erhalten geblieben sind. Sie zeigen allesamt Spuren, die auf eine seßhafte Lebensform, wie sie in dieser Gegend früh einsetzte, schließen lassen, und die zur Überbeanspruchung des Weidelandes und zu Brandrodungen führte, wodurch sich das einstige Waldland in eine karge Garrigue verwandelte. Als Nahrungsquelle dienten Schafzucht und bescheidener Ackerbau, als Unterkunft einfache, aber stark befestigte und überwiegend das Material dieser Gegend verwendende Hauskonstruktionen. Grabungsfunde und eine Darstellung über das Garrigueleben der Kupferzeit zeigt eine ›Exposition Préhistoire‹ in **Viols-le-Fort,** einem kleinen, unweit diverser Dolmen und Menhire gelegenen verschlafenen Dörfchen.

Um Steine geht es auch im 8 km entfernten **St-Martin-de-Londres,** das man über D 113 und D 32 erreicht. Hier sind sie allerdings kunstvoll aufeinandergesetzt, zu einfühlsam restaurierten Häuserensembles aus dem 15.–18. Jh. und einem unter dem Niveau des Platzes verlaufenden düsteren Arkadengang, der eine kleine romanische Kirche aus dem 11. Jh. umschlungen hält, die zu den ansehnlichsten Beispielen der Frühromanik im Niederen Languedoc gerechnet wird. Das kurze zweijochige Langhaus und die unverhältnismäßig große Vierung geben dem Gebäude seine ausgewogen-kompakte, für damalige Zeiten ungewöhnliche Form. Auf schöner Strecke (D 122, D 1) umfährt man nördlich den Pic St-Loup und trifft bei dem alten, von Grün umgebenen ehemaligen Wehrdörfchen **St-Mathieu-de-Tréviers** auf die D 17 zurück nach Montpellier.

Die Gorges und Garrigues de l'Hérault

Route: Die Grotte de Clamouse, das Pilgerkloster St-Guilhem-le-Désert, die Héraultschlucht und das abgelegene Buègestal sind die Stationen der Rundfahrt.

Gignac – Pont de Gignac – Pont du Diable – Grotte de Clamouse – St-Guilhem-le-Désert – Causse-de-la-Selle – St-Jean-de-Buèges – Pégairolles-de-Buèges – Gignac (etwa 55 km, ½ Tag).

Die Strecke führt ein weites Stück den Hérault hinauf: was Wunder, daß zwei Brücken den Auftakt der Fahrt bilden. Über die erste fährt man. Es ist der **Pont de Gignac,** auf dem die N 109 etwa 1 km westlich von **Gignac** über den Hérault geführt wird. Eine Treppe leitet zu einer Plattform, von der aus die 1776 begonnene Konstruktion in ihrer ganzen Pracht zu bewundern ist. Die Héraultüberführung soll die schönste französische Brücke des 18. Jh. sein, sicherlich aber ist sie das bemerkenswerteste Bauwerk Gignacs.

An der zweiten Brücke fährt man vorbei. Es ist der **Pont du Diable,** der zwar nicht so formvollendet aussieht, dafür aber schon 750 Jahre länger seine Standfestigkeit beweist. 1039 wurde das behäbige, etwa 4 km nördlich von Aniane den Hérault überspannende Bauwerk fertiggestellt, das den Jakobspilgern fortan die mühselige Strecke nach St-Guilhem-le-Désert verkürzen sollte. Ähnlich direkt gelangt man auf der D 27 in die Héraultschlucht, allerdings über eine Betonbrücke, die nördlich an der alten Flußüberquerung – eine beliebte Bade- und Bootsanlegestelle für Kanufahrer – vorbeigeführt wurde.

Im porösen Karstgestein des Héraultdepartements verbergen sich etwa 2000 bislang entdeckte Höhlen, in die sich jedes Jahr Tausende von Höhlensportlern abseilen. Ein kleiner Teil, so vermutet die Psychologenzunft, preßt sich wohl durch enge Gänge, um im Schoß von Mutter Erde nachzuholen, was uns Menschen die Natur versagt hat: die eigene Geburt zu erleben. Die meisten reizt wohl eher der Nervenkitzel. So

Badefreuden vor der ›Teufelsbrücke‹

zwängt sich, was auf klaustrophobische Ängste – bis dahin – pfeift, bäuchlings durch dunkle und glitschige Gangsysteme, die in düsteren Schlünden enden, aus denen man auf schlingernden Steigleiterdrähten wieder heraus ans Tageslicht findet – unter ortskundiger Leitung, versteht sich (s. S. 360f.), denn Alleingänge enden oft tödlich, weil z. B. die Karbidlampe verlöscht und man die Orientierung verliert. Das alles bleibt einem erspart, wenn man die **Grotte de Clamouse** besichtigt, eine schöne, der Öffentlichkeit zugängliche Tropfsteinhöhle, in der es, je nach Jahreszeit und Wasserstand der unterirdischen Flußläufe, gluckst und gurgelt, wie es der Name der Höhle verspricht.

Wohin im Mittelalter Pilgermassen strömten, pilgern heute Massen von Besuchern, nach **St-Guilhem-le-Désert,** ein eng ins Verdustal geschmiegtes Künstler- und Klosterdorf wie aus dem Bilderbuch (s. Abb. S. 62/63). Und das auch ohne die demontierten 148 Skulpturen und diversen Arkaden und Säulen aus dem Kreuzgang der romanischen Klosterkirche, die heute im Museum of the Cloisters in New York zu besichtigen sind. Dorthin waren die Fragmente Anfang dieses Jahrhunderts

des gleichnamigen Klosters gekommen sein soll. Als Erbauer gilt Wilhelm (Guilhem) ›Kurznase‹, ein Enkel Karl Martells und erfolgreicher Militär Karls des Großen (s. S. 42 f.). Was den Haudegen dazu bewogen hatte, das Schwert gegen die Kutte zu tauschen, war laut zahlloser mittelalterlicher Epen und Heldenlieder der plötzliche, von Wilhelm als göttlicher Fingerzeig gedeutete Tod seiner Frau. Der hatte sie ereilt, während er gerade fern von ihr mit einer Metzelei in Barcelona beschäf-

In St-Guilhem-le-Désert

gelangt, weil ein selbsternannter französischer Kunstliebhaber, der sich skrupellos an dem verfallenden Kirchengemäuer für seine Privatsammlung bedient hatte, eines Tages offensichtlich noch mehr Gefallen an den Dollars eines amerikanischen Kunsthändlers fand.

Was von der Kirche übrig blieb und restauriert wurde, ist glücklicherweise so viel, daß der Ort nicht allein von einer Legende leben muß, der zufolge es um 800 zur Gründung

tigt war. Gegen soviel Gläubigkeit fühlte sich selbst Karl der Große machtlos, der notgedrungen auf die treuen Dienste seines Feldherrn verzichten mußte, das Kloster aber mit einer kostbaren Reliquie ausstattete, so daß sich der Ort – ohnehin günstig auf dem Weg nach Spanien gelegen – zu einem wichtigen Wallfahrtsort der Jakobspilger entwickelte, was ganz im Sinne des Karolingers und seiner Nachfolger war. Wilhelm starb 812 einsam und geläutert und wurde unter dem Chor der 1076 erbauten Kirche beigesetzt, in der teilweise noch aus vorromanischer Zeit stammenden Krypta. Die einstige Abgeschiedenheit und Menschenleere der Héraultschlucht, die St-Guilhem den Beinamen *le Désert*, ›die Wüste‹, eintrug, findet man im zeitigen Frühjahr und Spätherbst noch im benachbarten Buègestal. Dorthin führt, zunächst parallel zum Hérault und an einem als Badestelle genutzten Staubecken oberhalb von St-Guilhem-le-Désert vorbei, die D

tungssichere Straße durch das Nachbartal führte, diente das Buègestal als frequentierte Verbindung zwischen den Cevennen und den Etappenzielen Clermont-l'Hérault und Gignac auf dem Weg in die Ebene und an die Küste. Unverändert ist seitdem wohl nur das ähnlich langsame Reisetempo in dem üppig begrünten Garriguetal geblieben, denn die schmale D 122 zwingt zu einer äußerst vorsichtigen und gemächlichen Fahrweise.

4, dann, in **Causse-de-la-Selle** links abbiegend, die D 122. Daß man in der abgelegenen, schwer zu bewirtschaftenden Karstsenke zu Füßen der Montagne de la Séranne zwei weitere Dörfer findet, etwas verloren im Talgrund den Ort **St-Jean-de-Buèges** und auf einem Hügel thronend **Pégairolles-de-Buèges**, deutet darauf hin, daß es hier nicht immer so ruhig zuging. Als der Hérault noch nicht mit Staustufen gebändigt war und noch keine überflu-

Lac du Salagou

Route: Der von Wassersportlern geschätzte Lac du Salagou und dessen geologisch so abwechslungsreiche Uferregionen sind das Ziel der kleinen Rundfahrt.

Clermont-l'Hérault – Villeneuvette – Mourèze – Salasc – Octon – Celles – Clermont-l'Hérault (etwa 50 km, ½ Tag).

Die Attraktionen von **Clermont-l'Hérault** sind – wie so häufig in süd-französischen Ortschaften – eine Kirche und eine Platanenallee. Hier stehen die Bäume und der trutzige, 1276 begonnene gotische Kathedralbau so dicht bei den Häusern des quirligen Zentrums, daß es unter dem Blätterschirm nur bei Sonnenschein hell wird. Aber nicht der angenehme Schatten im Umkreis der Kirche und die ›naturbelassene‹ Altstadt, sondern der Lac du Salagou sorgt im Sommer für Gedränge im Ort, wenn nämlich die Surfer und Segler der nahegelegenen Campingplätze und Feriensiedlungen (D 908/156 E, östlicher Stadtausgang Richtung Bédarieux) dem See und der Stadt zu Leibe rücken.

Wie Clermont-l'Hérault und die nördliche Nachbarstadt Lodève, die im 17. und 18. Jh. bedeutende Zentren der Textilherstellung waren, brauchte auch das heute so ver-schlafene Fleckchen **Villeneuvette** (D 908) unter der Regentschaft des Sonnenkönigs nicht am Hungertuch zu nagen, denn die Manufaktur fabrizierte Stoffe, was sie der verschwenderischen Kriegspolitik Ludwigs XIV. verdankte, der die Wollwaren indirekt oder direkt für militärische Zwecke benötigte. Kleinere Kontingente ließ der rührige Wirtschaftsminister Colbert deshalb für viel Geld exportieren, um Devisen für die immense Kriegsmaschinerie zu erwirtschaften.

Die größeren Produktionsanteile wanderten in königliche Schneiderwerkstätten, wo sie zu einfachen Soldatenröcken und blitzenden Paradeuniformen verarbeitet wurden. Zeitweilig waren 800 Weber und Färber in der ›Manufacture Royale‹ von Villeneuvette tätig. Ob sie auch der Meinung waren, daß ›Ehre der Arbeit gebührt‹, wie es über dem Eingang der spätbarocken Fabrikationsanlage auf Französisch zu lesen steht, mag dahingestellt bleiben.

Wie nah **Mourèze** am Abgrund steht, sieht man erst, wenn man einem der vom nördlichen Dorfrand hinab in das Felsenmeer des Cirque de Mourèze führenden Fußwege folgt (diverse ausgeschilderte, mit gutem Schuhwerk gefahrlos zu begehende Wege). Kaum hat man sich in die bizarren, weißgrauen Karstformationen eingesehen, ändert sich zwischen **Salasc** und **Octon** die Landschaft wieder. Vom hohen Metallanteil im Boden sind die Hügel und Schlackehaufen rotbraun gefärbt. Hier war einmal – für diese Gegend ungewöhnlich – ein Vulkan tätig, der allerdings nichts mit dem Entstehen des Lac du Salagou zu tun hat, so sehr der große Teïch mit seinem kargen Ufersaum im Nordwesten und dem Spitzkegel in der Mitte auch einem Kratersee ähnelt.

Es handelt sich in Wirklichkeit um einen Stausee, den zu füllen man zwei Jahre, von 1968–1970, benötigte, und der das kleine Dörfchen **Celles** (D 148 Richtung Lodève) zu einer Geisterstadt machte. Aufgrund eines Vermessungsfehlers siedelte man die Bewohner aus, obwohl tatsächlich nur das Ortsschild und eine Scheune von den steigenden Fluten erfaßt wurden – Celles dient heute als Filmkulisse.

Etwa 2 km vor Zusammentreffen der D 148 mit der geradewegs nach Clermont-l'Hérault zurückführenden N 9 zweigt rechts eine ungeteerte, für den öffentlichen Verkehr zeitweilig gesperrte und nur mit guten Reifen befahrbare *Route forestière* ab. Sie belohnt mit schönen Ausblicken auf den See und führt über das Örtchen Lacoste auf Schleichwegen ebenfalls zurück nach Clermont-l'Hérault.

Der Lac du Salagou

Reiselust und Wanderfrust – die Jakobspilger auf Wallfahrt

Im 9. Jh. rollte die erste langanhaltende Reisewelle des mittelalterlichen Abendlandes an, zunächst noch stockend, nach gekonnten Werbefeldzügen des burgundischen Klosters Cluny im 11. und 12. Jh. aber wie geschmiert – zur Freude seiner kirchlichen Initiatoren und königlichen Förderer. Was war geschehen? Wie es der Zufall wollte, behauptete im Jahre 818 ein erleuchteter Hirte im Nordwesten Spaniens, die Gebeine des Apostels Jakob gefunden zu haben, just zu jener Zeit, als sich die abendländische Christenheit wegen der arabischen Besetzung der Iberischen Halbinsel in einem Stimmungstief befand. Welch ein Geschenk des Himmels! Kirche und König waren gern bereit, die Knochen für echt zu erklären, obwohl bekannt war, daß Jakob nie in Spanien geweilt hatte. Die Machteliten wußten nur zu gut, welche positive Wirkung das ›Wunder‹ auf ihre Untertanen haben mußte, die, abergläubisch wie sie waren, große Bereitschaft zeigten, sich mit blindem Gottvertrauen durch die politisch und wirtschaftlich schwierigen Zeiten vor und nach der Jahrtausendwende zu retten.

Darüber hinaus hatten sich die Kreuzzüge als grandiose Überschätzung christlicher Allmacht erwiesen. Es war dringend erforderlich, den Gläubigen neue Angebote zur friedlichen Identifikation mit der christlichen Lehre zu machen und das wachsende Bedürfnis nach Mobilität und Kontaktaufnahme mit Ausländern in die richtigen Wege zu leiten. Was bot sich da besser an, als Pilgerrouten zum angeblichen Jakobsgrab in Santiago de Compostela zu installieren, den unruhigen Massen ein klares Ziel zu geben und sie auf den anstrengenden Weg zu schicken?

Auch der mittelalterlichen Kirche war durchaus bekannt, daß körperliche Ertüchtigung ein gutes Mittel gegen aufgestaute Aggressionen ist. Von den vier Routen durch Frankreich führte die südliche Via Tolosana aus Italien über Arles, St-Gilles, St-Guilhem-le-Désert und Toulouse hinüber auf die spanische Pyrenäenseite, wo die verschiedenen Pilgerrouten zu einer Wallfahrtsstraße nach Santiago de Compostela gebündelt wurden. Zeitweilig waren im Jahr bis zu einer halben Million Pilger unterwegs nach Spanien. Die großen Wallfahrtsorte Rom und Jerusalem hatten Konkurrenz bekommen.

Und da auch für das Reisen im Mittelalter galt, daß man jenseits des heimatlichen Horizontes nur das sieht, was man weiß, gab es damals schon Reiseführer, die den Pilgern die Augen auf ihrer Wanderschaft nach Santiago de Compostela öffneten und sie mit Tips und Tricks versorgten, um die Gefahren einer solchen Reise zu überstehen. Und wer nicht lesen konnte, was wohl für die Masse der Wallfahrer zutraf, der konnte darauf vertrauen, daß die wichtigsten Informationen aus den Führern an den Pilgerstationen, Verköstigungsstellen, Klöstern und Hospizen von Mund zu Mund gingen.

Vor Reisebeginn galt es, sich zunächst mit einer Art Kranken- und Diebstahlversicherung auszustatten, einem breitkrempigen Hut, der das Haupt vor Sonne und Regen schützen und den ganzen Mann vor Überfällen bewahren sollte: indem seine Krempe zur Befestigung von Pilgerzeichen und Heiligenbildchen diente, die den Hutträger als Wallfahrer und friedlichen Jakobusfan auswiesen. Aber das allein garantierte noch keine angenehme Reise, und so war man dankbar, daß es Reiseführer gab, die sich des wichtigen Problems der Nahrungs- und Unterkunftssuche annahmen, weil Beten bekanntlich nicht satt macht und, der Bibelweisheit zum Trotz, nicht immer Raum auch in der engsten Hütte war.

Die Jacobs Brüder.

Auf alle diese Grundfragen des Reisens wußte ein Pilgerführer besonders viele Antworten, ein etwa 1140 entstandenes Opus, vermutlich aus der Feder des französischen Priesters Aimeric Picaud. Es muß sich um einen äußerst sportiven Kirchenmann gehandelt haben, denn so manche der empfohlenen Tagesetappen dürften für einen normalsterblichen Pilger unmöglich in derselben Zeit zu schaffen gewesen sein. Darüber hinaus war der reisefreudige Priester wenig um Objektivität bemüht und brachte seine Vorlieben und Vorurteile deutlich zum Ausdruck. Seine Abneigung galt beispielsweise den Navarresern und Basken, denen er jede nur erdenkliche Untat zutraute. Lebhaftes Interesse zeigte er jedoch u. a. für die Gräber von Märtyrern, deren Besuch er zur Erlangung des Seelenheils dringend empfahl und damit nach Meinung der Historiker bestimmte Regionen nicht nur geistig, sondern auch wirtschaftlich prägte.

Die Wallfahrer nämlich zeigten sich an den jeweiligen Pilgerstationen der Kirche gegenüber spendabel und bedurften zudem einer bescheidenen, aber funktionierenden Grundversorgung mit Lebensmitteln, Schneidern, Schustern und Barbieren. Letztere Zunft sorgte für medizinische Hilfe, etwa bei Zahnschmerzen, nicht aber für Haarschnitt und Rasur, denn der spirituelle Erfolg einer Pilgerreise hing nach kirchlicher Auffassung vom Maß der Selbstkasteiung ab. Und dazu gehörte auch, daß die Pilger dem Allmächtigen während der Wallfahrt ungewaschen, unrasiert und mit ungeschnittenen Haaren unter die Augen treten mußten. Kein Wunder, daß es für sie nicht immer leicht war, unterwegs Platz in einer Herberge zu finden.

Die Monts de l'Espinouse

Route: Der Kontrast zwischen der eher herben Mittelgebirgslandschaft rund um den 1124 m hohen Espinousegipfel und der ganz im Zeichen des Weinanbaus stehenden mediterranen Flußebene zu seiten des Jaur und Orb machen den Reiz dieser Tour aus.

Bédarieux – Hérépian – St-Gervais-sur-Mare – Rosis – Sommet de l'Espinouse – Col de Fontfroide – Fraisse-sur-Agout – Lac de Laouzas – St-Pons-de-Thomières – Olargues – Mons – Gorges d'Héric – Lamalou-les-Bains – Bédarieux (etwa 160 km, 1 Tag, ohne Wanderung in den Gorges d'Héric).

Alternative ab Mons: Tarassac – Roquebrun (etwa gleiche Distanz).

An seinen Berghängen wuchernde Dornenbüsche gaben dem Espinousemassiv den Namen. Zum Gipfel führt eine landschaftlich abwechslungsreiche Strecke von **Bédarieux** (D 908, aus Clermont-l'Hérault und Montpellier kommend) oder **Hérépian** (D 909, von Béziers her) über **St-Gervais-sur-Mare** (D 13) und **Rosis** (D 22 und D 180). Die streckenweise basalt-graue, mit Laubwäldern, Kiefern, Ginsterbüschen und ausgedehnten Viehweiden bedeckte Gebirgslandschaft ist Teil des ›Parc régional du haut Languedoc‹. Die Verwaltung des Regionalparks ist bemüht, mit wirtschaftlichen Fördermaßnahmen die Landflucht und den Verfall der alten Bergweiler aufzuhalten und Ökonomie und Naturschutz in Einklang zu bringen.

Von den zwei nordwestlich des **Col de Fontfroide** (D 53) und wenige Kilometer hinter dem Ort **Fraisse-sur-Agout** (D 14) gelegenen Stauseen ist der für Wassersportler freigegebene **Lac de Laouzas** (D 169) wegen seines gänzlich unbebauten Ufers und der leicht zugänglichen Sandbuchten wohl das lohnendere Etappenziel. Schnell und fast schnörkellos führt die D 907 ab La Salvetat-sur-Agout aus dem

Hochland heraus gen Süden. Kurvenreicher passiert man auf der D 169 die Schwelle vom nördlichen zum mediterranen Vegetationsgürtel.

In **St-Pons-de-Thomières** empfängt einen der Midi mit der vertrauten südfranzösischen Atmosphäre und Stadtarchitektur, zu der leider auch hier eine überlastete, durchs Zentrum geführte Verkehrsschneise gehört. Betriebsam war es schon

immer in dem vitalen Ort, dessen Boden bereits im Neolithikum besiedelt war, der Jakobspilgern jahrhundertelang als Zwischenstation nach Spanien diente und der heute als westlichste Stadt des Departements trotz seiner nur 3000 Einwohner Sitz diverser Verwaltungen ist. 936 wurde der Grundstein für die Kathedrale von St-Pons gelegt, eine zwischen dem 14. und 18. Jh. mehrfach umgebaute Wehrkirche, die von 1318 bis 1789 Bischofssitz war. Aus prähistorischen und jüngeren Geschichtsepochen sind im Musée de Préhistoire Grabungsfunde und volkskundliche Exponate zu sehen.

Begleitet von den Ausläufern des Espinousemassivs sowie dem Gebirgsfluß Jaur, der zum Kanufahren geeignet ist, schlängelt sich die D 908 nach **Olargues**, das wie hingegossen am rechten Uferhang liegt. Nach Osten hin rücken nun die weit-

läufigen Anbaugebiete der Coteaux du Languedoc-Weine näher an die Straße. In La Trivale zweigt ein kurzer Abstecher zu einem kleinen Cañon ab, mit dem sich das Espinousegebirge von seiner schönsten Seite zeigt. Man folgt der Straße nach **Mons**, durchquert die kleine Häuseransammlung in nordwestlicher Richtung und gelangt den Hang hinauf.

Am nicht eindeutig auszumachenden Ende der D 14 E beginnt ein teilweise geteerter, für Anlieger befahrbarer Weg in die **Gorges d'Héric**. Nach etwa 90 Minuten Gehzeit ist der nördliche Ausgang der Schlucht erreicht, durch die auch in trockenen Sommern genügend Wasser rinnt, um mit kleinen Kaskaden die zahlreichen zum Baden geeigneten Granitbassins zu füllen. Mit etwas Glück hat am Ende des Weges das kleine Café im Bergweiler Héric geöffnet, der nur noch von zwei Familien bewohnt ist.

Zurück auf der D 908 und vorbei am geputzten Kurort **Lamalou-les-Bains**, dessen Gäste ein wenig den Eindruck erwecken, als ließe sich mit Langeweile das Leben verlängern, gelangt man zurück nach Bédarieux. Oder man folgt ab Mons der D 14 in südlicher Richtung, überquert die D 908 und setzt die Fahrt, begleitet vom Flußlauf des Orb und vielen Kanufahrern, nach **Roquebrun** fort: im Rückspiegel die gezackten, hinter Zypressenwipfeln verschwindenden Bergkämme der Monts de l'Espinouse und vor sich struppige Garriguehügel und endlos aneinandergereihte Rebzeilen – eine Landschaft zum Schauen und Staunen.

Der Name Minervois, so heißt es, stamme von der römischen Göttin des Handwerks, Minerva, deren Zuneigung die abergläubischen und ebenso pragmatischen Römer benötigten, um den Aufbau Narbonnes zur Regierungszentrale der neuen Kolonie Gallia Narbonensis komplikationslos über die Bühne zu bringen. Wer mag dieser von Arbeit geprägten Agrarregion schon eine zupackende Göttin als Namensgeberin absprechen wollen? Ein Großteil der ländlichen Einwohnerschaft tut das, allen voran die Winzer. Ihnen gefällt nämlich eine andere Legende besser, die den Namen Minervois auf die Äußerung eines Klerikers zurückführt – nicht weil sie sich der katholischen Kirche besonders verbunden fühlen, sondern weil die Erinnerung an diese Version der Namengebung angeblich ihr politisches Stehvermögen verbessert, etwa, wenn es mal wieder Ärger mit Paris oder Brüssel wegen der stagnierenden Weinerzeugnisse gibt. Was ist das für eine Geschichte, die solche Kräfte weckt?

Ein rechtgläubiger Kirchenmann, so die favorisierte Überlieferung, soll Anfang des 13. Jh. seinem Unmut über ein falschgläubiges Katharernest am Fuße der Montagne Noire mit den Worten *tu m'énerves toi* (›du da nervst mich‹) Luft gemacht haben. Die Kirche zu ärgern war zwar nicht das erklärte Ziel der hier ansässigen Katharer, aber der zu ›Minerve‹ ge-

Weinstraße bis nach Paris: Seit im Minervois vermehrt Qualitätswein erzeugt wird, löscht auch die Hauptstadt ihren Durst mit Rebsaft aus der fernen Weinprovinz

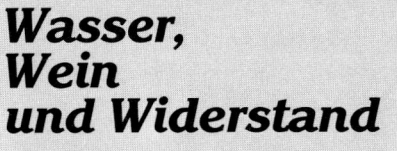

Wasser,
Wein
und Widerstand

das MINERVOIS

wordene Ortsname gewann rasch Symbolkraft für den erbitterten Widerstand der Katharer gegen die Staats- und Kirchenmacht, die mit einem Kreuzzug und Inquisitionsgerichten auf die Ketzer reagierte (s. S. 286 ff.). Daß bei
der blutigen Unterwerfung auch die sich formierende königliche Zentralmacht auf seiten der ›Kreuzzügler‹ stand, hat man hier nie vergessen, war es
doch der Beginn der zentralstaatlichen Geschichte Frankreichs, die häufig
den Midi benachteiligte und dafür sorgte, daß der Süden eine eigene
Geschichte schreiben mußte: die des Widerstands.

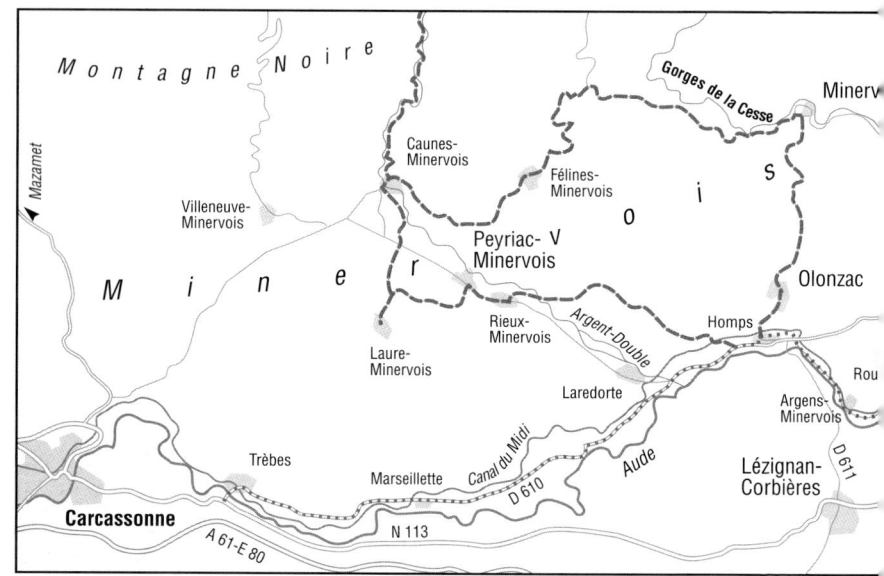

Routenkarte: Minervois

Da macht es sich gut, daß nicht nur ein Ort ›Minerve‹ heißt und die vielen
kleinen Nachbarorte ›Minervois‹ im Beinamen tragen, sondern die ganze
Landschaft einen Namen hat, der an die Ursprünge der Unterdrückung und
des Widerstands im Audetal erinnert. Darum mögen viele Winzer diese Version der Namenslegende, und deshalb hält man hier Tradition und Geschichte wach. Es ist eine Geschichte der armen Leute. Es ist auch eine Geschichte
der Abhängigkeit vom Wasser und vom Wein. Und damit wäre man wieder bei
der Göttin Minerva angekommen, denn spricht man im Minervois von Wasser
und Wein, dann sind die Römer nicht fern. Mit ihnen beginnt um 118 v. Chr. die
eigentliche Geschichte des Minervois, der Landschaft am Fuß der östlichen
Montagne Noire-Ausläufer, zwischen den Flüssen Orb und Aude.

Die Gegend hatte alles, was die Kolonialisten aus Rom für die Verwaltungs-
zentrale ihrer neuen *Provincia* brauchten: Sonne, Ankerplätze, eine weitläufige Ebene, die den Zugang nach Nordwesten zum Atlantik ermöglichte.

Aude, Orb und Gebirgsbäche der Massif Central-Ausläufer stellten die Versorgung mit Wasser sicher – zum Durstlöschen und zum Bewässern der Äcker, auf denen bald die ersten, von den Römern eingeführten Weinstöcke sprießten. Auch die einfallenden Germanenhorden, für die die Römer im 5. Jh. den Küstenstreifen endgültig räumen mußten, tranken gern und reichlich Wein. Für einen kontinuierlichen und großflächigen Weinanbau reichte es jedoch nicht. Der Süden verarmte. Große Klimaschwankungen mit Hochwasser, Kälte und Trockenzeiten gaben den Reben bis zur Jahrtausendwende bei-

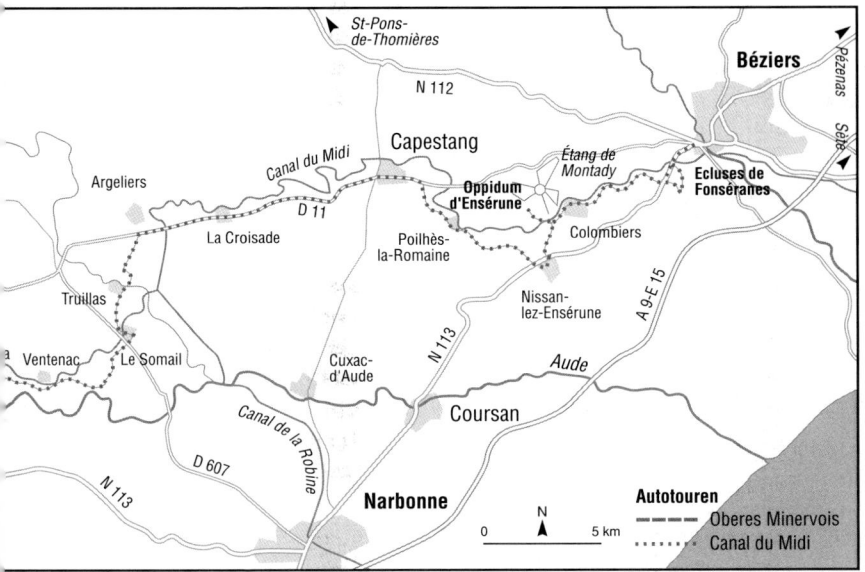

nahe den Rest, wären da nicht Abteien gewesen, die sich mit Weingärten umgaben, um den Bedarf an Meßwein zu decken.

Ein konjunkturelles Zwischenhoch und verbesserte Verkehrswege brachten den Weinbau seit dem 11. Jh. zögerlich in Schwung, bis 1348 die Pest ausbrach, die im Verlaufe eines Jahrhunderts für einen rapiden Bevölkerungsrückgang sorgte und natürlich auch einen Großteil der Winzer und Konsumenten dahinraffte. Als der ›Schwarze Tod‹ ein Jahrhundert später weitgehend besiegt war, stieg die Lebensfreude und mit ihr die Bevölkerungszahl und der Weinverbrauch. Im Minervois und anderswo im Süden lohnte es sich wieder, Wein anzubauen, zumindest für eine kurze Zeit, denn die Bevölkerung wuchs weiter, nicht aber die agrarisch nutzbaren Flächen. Eine steigende Zahl von Landpächtern und -besitzern mußte sich durch Erbaufteilung und Parzellierung immer kleinere Äcker teilen. Und dort rupfte man die Rebstöcke aus dem Boden und pflanzte statt dessen Weizen an, denn auf leeren Magen bekam der Alkohol keinem gut.

Winzer in Caunes-Minervois zu Beginn der fünfziger Jahre

Richtig satt wurde man aber dennoch nicht. Die arme Landbevölkerung drückte der Pachtzins für die Grundherren, der Zehnt für die Kirche und die königliche Steuerschraube, an der Richelieu drehte und die Mitte des 17. Jh. von Colbert, dem Finanzminister Ludwigs XIV., noch einmal kräftig angezogen wurde. Darüber hinaus vernachlässigte der königliche Geldeintreiber die Landwirtschaft zugunsten eines auf Export von Industriewaren und Textilprodukten gerichteten Merkantilismus. Mit Wein ließ sich nicht viel verdienen. Der Sonnenkönig brauchte jedoch Unsummen für seine Großmachtpolitik. Wer sich von den Kleinbauern und Winzern dagegen wehrte, wurde bevorzugt in Uniformen gesteckt, weil der absolutistische Herrscher einen ebenso großen Bedarf an Soldaten hatte.

Doch manchmal gibt es auch Gerechtigkeit im Leben: Was die Winzer des Minervois im 17. Jh. restlos in die Knie zwang – die ruinöse Königssteuer –, sollte ihnen später wieder auf die Beine helfen, denn der Sonnenkönig fand Gefallen an den Plänen des Südfranzosen Riquet zum Bau eines Verbindungskanals zwischen dem Atlantik und dem Mittelmeer. Sollte das Projekt gelingen, würde sein Glanz um so heller strahlen. Und so floß ein nicht unbeträchtlicher Teil der im Niederen Languedoc erhobenen Steuern aus Paris zurück ins Minervois, zum Bau der zwischen Toulouse und Agde Canal du Midi genannten Wasserstraße. Wenige Jahrzehnte nach dessen Eröffnung 1681 nahm der Weinanbau im Minervois einen sichtbaren Aufschwung, weil der kostbare Rebensaft schnell und sicher zu seinen Abnehmern fand.

Was sich durch den Canal du Midi im frühen 18. Jh. bereits anzudeuten begann, führte der Eisenbahnbau im 19. Jh. fort. Die Geographie des französischen Weinanbaus wurde auf den Kopf gestellt. Das Minervois entwickelte sich zusammen mit den Nachbarlandschaften zum flächenmäßig größten Weinanbaugebiet Frankreichs. Lange Transportwege spielten keine wesentliche Rolle mehr für den Absatz nördlich der Loire. Aber Monokultur macht anfällig. Das bekam man im Midi schmerzlich zu spüren. Zunächst vernichtete die europaweite Reblausplage zwischen 1865 und 1890 den gesamten Rebstockbestand des Languedoc, ein Totalverlust für die Winzer. Die daraufhin gepflanzte amerikanische Rebsorte war widerstandsfähig, aber auch ertragreicher. Einer Weinschwemme – der ersten von vielen weiteren – folgte ein Preissturz. Der Weinbau warf nichts mehr ab.

1907 gingen die besonders hart betroffenen kleinen Winzer zu Hunderttausenden auf die Straße, allen voran die kampferprobten Weinbauern aus dem Minervois, angeführt von Marcellin Albert, einem Mann, der wegen seines Mutes einmal mehr Erinnerungen an die Katharerzeit wachrief und den Beinamen ›Erlöser‹ erhielt. Der Midi stand vor einem Bürgerkrieg, und Paris schickte das Militär. Das Problem wurde dadurch nicht gelöst. Im Gegenteil. Zahlreiche Großunternehmen kauften den Winzern ihre kleinen Äcker ab und machten sie zu Arbeitern auf ihrem veräußerten Land. Und mit der Öffnung des Marktes durch die EG und der wachsenden Konkurrenz nordafrikanischer Konsumweine verschärfte sich der Preiskampf weiter. Noch bis in die achtziger Jahre gipfelte er im Minervois häufig in heftigen Protesten und Aktionen, bei denen die Trauben nach der Lese auf die Straße anstatt in die Keltern gekippt wurden.

Aber das Minervois ließ sich nicht unterkriegen. Hier und anderswo dämmerte es den Winzern, daß die Devise ›Klasse statt Masse‹ lauten müsse. Mit billigem Tafelwein waren keine neuen Märkte zu erobern. Also begann man, in geeigneten Weinlagen Qualitätsweine mit der Bezeichnung ›AOC‹ zu produzieren (Appellation d'Origine Contrôlée, s. S. 347). Dem Minervois ist die Umstellung recht gut gelungen, und das bedeutet auch für diese alte Weinlandschaft zwischen den Departements Hérault und Aude: strikte Begrenzung der Parzellierung und Auswahl der Rebsorten, strenge Festlegung der Ertragsmenge pro Hektar Anbaufläche und saubere Kellerarbeit. Denn erst hierbei erhält der Wein seinen letzten Schliff.

Oberes Minervois

Route: Weinlandschaften und romanische Katharerstädtchen stehen im Mittelpunkt der Rundfahrt durch die nördlich der Aude und des Canal du Midi gelegenen Mittellagen des Minervois.

Homps – Olonzac – Minerve – Gorges de la Cesse – Caunes-Minervois – Rieux-Minervois – Homps (etwa 60 km, ½ Tag, kombinierbar mit Canal du Midi-Tour, s. S. 253–259).

Das Minervois bedient alle Klischees einer mediterranen Weinlandschaft: ruppige Kalksteinverwerfungen, gewellte Hügel, schattige Platanenalleen, krumme Sträßchen und wie Scheitel gezogene Rebzeilen, dazwischen eingestreute Kapellen und Zypressenreihen – Haltepunkte fürs Auge und perspektivische Gliederung der weitläufigen Landschaft – und mittendrin die unprätentiöse Gebrauchsarchitektur kleiner Winzerorte: zu beiden Seiten der Aude und des Canal du Midi das gleiche Landschaftsgemälde.

Die Route führt auf der D 910 vom Kanaldorf **Homps** in den Norden. Hier erreicht man bald hinter **Olonzac** auf der D 10 die malerische Mitte des oberen Minervois, **Minerve**, ein hübscher Ort mit schlimmer Geschichte, die ihn mit den anderen Zufluchtsstätten der Katharer im Languedoc verbindet. Geteiltes, jedoch nicht halbes Leid, denn nach der Eroberung von Carcassonne leisteten die päpstlichen Schergen im Schreckensjahr 1209 auch in Minerve, nach einer wochenlangen Belagerung, ganze Arbeit.

Wer sich nicht zum Katholizismus bekannte, landete auf dem Scheiterhaufen, und das waren fast 200 Menschen. Was die ›Kreuzzügler‹ von Minerve übrigließen und einer späteren Abrißverfügung Ludwigs XIII. widerstand, ist heute als typisch mittelalterliches Architekturensemble zu besichtigen, in dem kaum 100 Menschen dauerhaft leben. Mehr

Die Katharerhochburg Minerve im oberen Minervois

Einwohner können die Weinreben ringsum nicht ernähren.

Oberhalb der nur zu erahnenden **Gorges de la Cesse** schlängelt sich die D 10 E/D 182 an winzigen, in Karstmulden gebetteten Weinbergen vorbei nach St-Julien-de-Molières. Ab hier führen die D 12 und D 115 in einem weiten Bogen an den Ausgang der verwunschenen Argent-Double-Schlucht und nach **Caunes-Minervois**, einer Gründung der Benediktiner mit einer romanischen Kirche aus dem 11./12. Jh. und Bauten im Renaissancestil.

Die Attraktion von **Rieux-Minervois** (D 11), die Kirche St-Pierre-et-St-Paul aus dem 11. Jh., gibt sich äußerlich bescheiden. Drinnen entpuppt sie sich als sehenswerter romanischer Zentralbau, der einzige erhaltene im Languedoc. Den Ausgangsort Homps erreicht man auf der D 206, die hinter Azille in die D 806 übergeht.

Der Canal du Midi zwischen Béziers und Carcassonne

Route: Zwei Drittel der Strecke führen auf Nebenstraßen – wann immer möglich – nahe oder unmittelbar am südlichen Canal du Midi-Ufer zwischen Béziers und Carcassonne entlang.

Béziers – Colombiers – Oppidum d'Ensérune – Poilhès-la-Romaine – Capestang – Le Somail – Ventenac – Paraza – Roubia – Argens-Minervois – Homps – Trèbes – Carcassonne (etwa 90 km, ½ Tag, ab Homps kombinierbar mit Minervois-Tour, s. S. 252 f.).

Unmittelbar nach Verlassen von Béziers über die Orbbrücke Pont-Neuf biegt man links auf die D 19 in Richtung Valras ab. Nach Überquerung des Kanalseitenarms Port Notre-Dame unterquert man den Canal du Midi, der wenige hundert Meter linker Hand, auf einer sehenswerten Kanalbrücke (Pont Canal), über den Orb geleitet wird. Ein zweites Meisterstück Riquets erreicht man – zurück zum Abzweig – über die N 9 Richtung Narbonne, die man alsbald nach Unterquerung einer Eisenbahnlinie rechts abbiegend verläßt und einem Sträßchen folgt, das einen wenig später links unter der N 9 hindurch zu den Ecluses de Fonserannes leitet.

Neben den sechs unmittelbar aufeinanderfolgenden Schleusenkammern, die wie Treppenstufen einen Höhenunterschied von knapp 14 m überwinden, hat man einen hydraulischen ›Wasserkeil‹ konstruiert, ein fahrbares Hebewerk, das aber wegen technischer Mängel, ganz im Gegensatz zu Riquets 300 Jahre alter Konstruktion, niemals richtig funktioniert hat.

Die heute elektrifizierten Schleusen sind ein beliebtes Ziel von schadenfreudigen Zaungästen und vorausschauenden Mietern von Hausbooten, die sich hier ansehen, was man bei einer Schleusenbenutzung alles verkehrt machen kann. Die nächste Schleuse Richtung Carcas-

Riquets raffinierte Rinne

– der Canal du Midi

Da zerbrachen sich seit Römerzeiten Kanalbauexperten vergeblich ihre klugen Köpfe, wie man das Mittelmeer mit dem Atlantik durch eine künstliche Wasserstraße verbinden könne, und wer hatte die zündende Idee? Ein königlicher Steuerbeamter und Hobbyingenieur, der Herr von Riquet aus Béziers. Auf Wanderschaft in der Montagne Noire fiel dem genialen Tüftler die Lösung für das Problem der gleichmäßigen Wasserversorgung des Kanals ein. Per Zufall hatte er herausgefunden, daß die südwärts strömenden Bergflüsse zu gleichen Teilen Richtung Mittelmeer und Atlantischer Ozean fließen und, zu Seen aufgestaut, das Kanalbett ganzjährig mit Wasser füllen können (s. S. 274 f.). Fast noch wichtiger als diese Entdeckung war sein guter Draht zur Kirche. Der Bischof von Toulouse gewann den Finanzminister für Riquets Kanalbaupläne, und dieser machte bei Ludwig XIV. das Geld locker. Der König trat Riquet sämtliche Lehnsgüter ab, durch deren Gebiet der Kanal zukünftig fließen sollte, und beteiligte ihn an den Gewinnen aus der im Midi erhobenen Salzsteuer und den Abgaben der Bauern.

1666 war der erste Spatenstich getan, für zwei Talsperren in den Bergen und das Kanalbett zwischen Toulouse und dem ebenfalls von Riquet konzipierten Hafen Sète. 12 000 Arbeiter hoben eine 240 km lange Fahrrinne aus, bauten 64 Schleusen, 126 Brücken, 55 Aquädukte, pflanzten 100 000 Platanen und verbrauchten 17 Mio. Livres (Pfund) Steuergelder. Nach nur 15jähriger Bauzeit fuhr 1681 das erste Schiff auf dem Canal du Midi – gezogen von Gäulen auf dem Treidelpfad, einer Extraspur längs des Kanalufers. Daß seine Majestät, der Sonnenkönig, die damals noch ›Canal entre deux mers‹ genannte Wasserrinne als Jahrhundertwerk preisen ließ und man den Kanal im Süden als größten Geniestreich eines Minervoisfreundes feierte, bekam Riquet nicht mehr mit. Er hatte sich trotz der königlichen Zuwendungen finanziell und körperlich übernommen und war ein halbes Jahr vor der Fertigstellung völlig verarmt gestorben (s. Abb. S. 52).

Reich wurden seine Erben, die für die Fahrt auf dem Privatkanal reichlich Zoll- und Benutzungsgebühren einstrichen, bis Napoleon zu Beginn des 19. Jh. den Wasserweg zwischen Toulouse und Sète in Staatseigentum überführte. Mitte des 19. Jh. wurde auch der Canal latéral à la Garonne fertiggestellt, der den Canal du Midi ab Toulouse mit der Garonne und dem Atlantik verband. Viel zu spät, denn bald darauf interessierten sich die Transporteure nur noch für das neue Jahrhundertwerk, die Eisenbahn. Sie war dem Kanal schon bald auf ganzer Linie überlegen, weil der Gütertransport auf dem Wasserweg zu lange dauerte und für rentable Schiffsgrößen die Fahrrinne zu schmal und die Schleusen zu klein geraten waren.

So ist hier alles noch wie zu Riquets Zeiten – vermutlich sogar noch schöner und beschaulicher. Die 300 Jahre alten Platanen sind zu einem lichten

Unter Platanen: Gemächliche Fahrt auf dem Canal du Midi und Einfahrt in die Schleuse (S. 256)

Sonnenschirm zusammengewachsen und tauchen das Wasser in ein glitzerndes Licht- und Schattenspiel. Gemächlich gleiten die Boote dahin, begleitet von gutgenährten Mückenschwärmen. Am Ufer sitzen vereinzelt Angler und fischen mit Gelassenheit und wenig Aussicht auf Erfolg im Trüben des stehenden Kanalgewässers. Und die hölzernen Schleusentore ächzen liebenswert altmodisch in ihren rostigen Scharnieren, wenn sie von den Schleusenwärtern mit einer quietschenden Kurbel zum Ausgleich des Wasserstandes geöffnet bzw. geschlossen werden, je nachdem, aus welcher Richtung die Hausboote nahen.

Häufig werden die Schleusen zu Hürden für den Schiffsverkehr, denn der größte Reiz des Kanals ist natürlich nicht das Wasser, sondern das Bootfahren. Und davon wird so reichlich Gebrauch gemacht, daß sich im Sommer vor den *Ecluses* die Schiffe stauen. Das hat auch sein Gutes, denn so findet man Zeit, sich bei anderen die Kniffe des sachgemäßen Anlegens und Leinelassens in den engen Schleusenkammern abzugucken. Ganz so einfach nämlich, wie es die zahlreichen Hausbootverleiher in einer routinemäßigen Kurzeinweisung versprechen, ist die Beherrschung der Schiffe keineswegs.

Und die gepriesenen ›Freuden der Langsamkeit‹ stellen sich nicht von alleine ein, sondern sorgen zunächst für Hektik hinterm Steuerrad. Nicht weil die Schiffsmotoren auf 8 km/h Höchstgeschwindigkeit gedrosselt sind –

damit der Kanal nicht überschwappt–, sondern weil die Boote mit erheblicher Verzögerung auf Steuerbewegungen reagieren. So ist Vorausdenken gefragt, um bei entgegenkommenden Schiffen nicht ins Schlingern zu geraten. Am ersten Tag an Bord eines Hausbootes wird man also nur Augen für das Steuerruder und den Schiffsverkehr haben. Bleiben noch sechs streßfreie Tage, sofern man den üblichen Wochentörn gebucht hat.

Die Zeit reicht aus, um von Béziers oder den nahegelegenen Kanaldörfern Colombiers, Poilhès-la-Romaine und Capestang bis nach Carcassonne zu schippern und – erlaubterweise – überall am Ufer festzumachen, wo Einkaufsmöglichkeiten und Restaurants in erreichbarer Nähe sind, oder wo es einem gut gefällt. Und das wird häufiger als geplant der Fall sein, weil dieser Streckenabschnitt mit den schattigen Baumalleen, verträumten Dörfern und Spazierwegen in den umliegenden Rebhügeln der schönste Teil des Canal du Midi ist. Deshalb findet man hier auch nicht nur die meisten Bootsverleiher und den dichtesten Bootsverkehr des südfranzösischen Kanalnetzes (s. S. 361 f.), sondern auch viele ›Landgänger‹, zu Fuß, mit dem Fahrrad, Motorrad und Auto: auf den Treidelpfaden entlang des Kanals oder motorisiert auf einem Zickzackkurs über schmale Sträßchen, die streckenweise am Ufer vorbeiführen, ohne die Ruhe der Bootsfahrer empfindlich zu stören.

sonne ist allerdings dank genialer Streckenführung knapp 54 km entfernt. Zurück auf der N 9 biegt man gleich nach Unterquerung der D 64 nach rechts auf ein Sträßchen ab, das einen am diesseitigen Kanalufer entlang nach **Colombiers** bringt, ein wenig aufregendes Örtchen mit zwei Bootsverleihern.

Das nächste Ziel, das **Oppidum d'Ensérune**, ist auf ausgeschildertem Weg zu erreichen, der zunächst das Ufer entlang und dann rechts über den 163 m langen Kanaltunnel von Malpas hinweg auf einen Hügel und Parkplatz führt. Ein Ort mit Geschichte. Auf der Erhebung finden sich die Reste eines Oppidums, das laut Analysen der reichhaltigen Grabungsfunde seit dem sechsten vorchristlichen Jahrhundert von Siedlern unterschiedlicher Herkunft bewohnt war (s. S. 34).

Das Museum stellt Grabungsstükke bis zum 1. Jh. v. Chr. aus. Fast beeindruckender als die Ruinen ist die schöne Lage Ensérunes und der Blick auf den kreisrunden Etang de Montady, dessen sternförmige Unterteilung in gleich große Flächen auf ein Entwässerungssystem zurückgeht. Erdacht und konstruiert wurde es zwischen der Jahrtausendwende und dem Ausbruch der Pest im Jahre 1348, als man dem Hunger der schnell wachsenden Bevölkerung durch Landgewinnung begegnen mußte.

Das Oppidum d'Ensérune oberhalb des im Mittelalter trockengelegten und parzellierten Etang de Montady

Das Dörfchen **Poilhès-la-Romaine**, in dem ebenfalls Hausboote vermietet werden und die bescheidenen Reste eines Speichers auf die frühere Anwesenheit der Römer schließen lassen, verbindet ein fern des Ufers verlaufendes Sträßchen mit **Capestang**: Ein etwas zugeknöpftes Städtchen mit einer Bootscharterfirma, einem größeren Marktplatz, mehreren großen Geschäften – und einer zu groß geratenen gotischen Kirche des Erzbischofs von Narbonne. Um wieder nahe an den Kanal zu gelangen, folgt man der D 11, die bei La Croisade das Ufer streift und als D 5 weiter nach Argeliers führt, wo man links von der Durchgangsstraße abbiegt.

Auf der D 326, an Mirepeisset und nahe am Zusammenfluß vom Canal du Midi mit dem erst 1789 eröffneten Canal de la Robine nach Narbonne vorbei, gelangt man nach **Le Somail**. Es ist einer von den vielen kleinen Kanalorten, die nun im kurzen Abstand aufeinanderfolgen, wenn man die Fahrt zunächst nach St-Nazaire-d'Aude fortsetzt, um bei **Ventenac** erneut und diesmal für einen längeren Streckenabschnitt ans Kanalufer zu gelangen.

Den Audefluß und das Weinanbaugebiet der Corbières zur Linken, den Kanal und die teilweise bis ans Ufer reichenden Reben der südlichen Minervoislagen zur Rechten, schmiegt sich das schmale Sträßchen eng an die Fahrrinne, auf deren anderes Ufer man über die Brücken gelangt, die zu den Orten **Paraza**, **Roubia** und **Argens-Minervois** führen. Hinter dem Kanaldamm war man vor der Aude geschützt, die hier früher häufig über die Ufer trat.

Passionierter Schleusenwärter in Pension

Daß die Boote nun dichter aufeinanderfolgen, liegt daran, daß jetzt wieder Schleusen das größer werdende Gefälle ausgleichen müssen und man die Schiffe im Pulk durch die Flutungskammern schleust. Ginge es nach den Schleusenwärtern und ihren Frauen, könnten die Staubecken viel größer sein, denn je klei-

alle Schleusenwärter ihren Job und zählen Jahr für Jahr die Boote, denen sie zur Weiterfahrt verholfen haben.

Auf über 2100 Durchfahrten kam der Schleusenwärter von Pechlaurier im Juli 1990, durchschnittlich 70 Boote pro Tag. Auch wenn diese meist zu viert über die Wasserschwelle gehoben werden, heißt das zwanzigmal am Tag die zwei Tore der einen Seite öffnen, die Bötchen raus und neue rein lassen, die zwei Tore wieder schließen und nach Absenkung des Wasserspiegels auf der anderen Seite den schweißtreibenden Vorgang in umgekehrter Reihenfolge wiederholen. Die Mithilfe der Bootsbesatzungen bei der Kurbelarbeit wird deshalb selten abgelehnt. Außerdem ist es eine gute Gelegenheit für ein Schwätzchen in den Verschnaufpausen.

In **Homps** (Ausgangsort der Minervois-Tour), das mehr Hafen als Dorf und von Bootsverleihern und vor Anker liegenden Schiffen geprägt ist, endet das Ufersträßchen. Von nun an wird es schwieriger, von außen an den Kanal zu gelangen.

Carcassonne kündigt sich bereits durch stärker werdenden Verkehr und ein dichteres Straßennetz an, das sich bei **Trèbes** endgültig und etwas verwirrend verknäult. Von der Hektik ist hier am Kanal nur wenig zu spüren. Unter den Augen von Restaurantgästen einer umgebauten Mühle passiert das Wasser eine Dreierschleuse, bevor es in einem weiten Bogen nach **Carcassonne** fließt und in Nachbarschaft zum Bahnhof in ein Hafenbecken mit Versorgungseinrichtungen und Bootsverleihern mündet.

ner sie sind, desto weniger Boote passen hinein und desto öfter muß man sich die Arme müde kurbeln, um die schweren Schleusentore zu betätigen. Es ist eine Knochenarbeit, wovon man sich an den vier aufeinanderfolgenden Schleusen Argens, Pechlaurier, Ognon und Homps überzeugen kann. Dennoch lieben

Wo die Sonne das Wetter macht

das Departement Aude

Zwischen dem Südwestrand des Zentralmassivs und den Corbières, mit denen die Pyrenäenausläufer nach Norden hin verebben, macht sich die Audeebene breit, eine konkav geformte Landschaft, deren Bergränder die Sonnenwärme reflektieren und in der Mitte bündeln. Dort verwandelt sich das flache Hügelland im Sommer in einen Brutkessel. Selbst wenn die Regenwolken in der heißen Jahreszeit einmal tief genug hängen, um mit den Bergkämmen im Norden und Süden zu kollidieren, verlieren sie ihre nasse Fracht nur selten einmal über der Audeebene. Den endlos vielen Reben scheint die Trockenheit nichts auszumachen, zumindest was die produzierte Menge betrifft. Mit den hier gedeihenden Weinen hat das Departement einen erheblichen Anteil daran, daß sich das Languedoc nach der letzten Jahrhundertwende zum größten zusammenhängenden Weinanbaugebiet der Welt entwickelte.

Was die Qualität anbelangt, rangiert der Audewein eher auf dem unteren Rang, denn für Spitzenweine ist der Boden zu karg, um ohne kostenintensive Pflege auszukommen. Eine Investition, die den großen Weinbaugesellschaften jedoch überflüssig erschien, solange sie genug Geld mit der Massenproduktion von einfachen Konsumweinen verdienten. Erst allmählich beginnt man auch hier, ähnlich wie im Minervois, vereinzelt Qualitätsweine zu erzeugen, überwiegend in den Corbières, nach denen übrigens fast das gesamte Audeanbaugebiet benannt ist (s. S. 350).

Mit dem Minervois verbindet das Departement Aude sowohl die Geographie als auch die gemeinsame Geschichte der römischen Besiedlung, des Weinbaus und der Auseinandersetzungen zwischen den Katharern und der Kirche. Carcassonne und die Fluchtburgen in den südlichen Hochlagen der Corbières bekamen die Folgen des Konflikts ähnlich hart zu spüren wie die Katharerstadt Minerve. Bis heute ist die Audeebene, in der sich die größeren Dörfer und Städte wie Narbonne, Lézignan-Corbières, Carcassonne und Castelnaudary wie Perlen entlang der großen Fernwege aneinanderreihen, kaum mehr als eine wichtige Verkehrsschneise geblieben.

Dominiert wird sie von der weit im Westen gelegenen Metropole Toulouse, die mit ihrer Wirtschaftskraft wie ein Magnet auf die Bevölkerung des vom Weinbau geprägten Landstrichs wirkt. Dem Audedepartement fehlt bislang ein starker wirtschaftlicher Gegenpol, denn weder mit Carcassonne noch mit Narbonne hatte es die Geschichte gut gemeint. Um so mehr profitiert das südliche Languedoc von seiner schönen Geographie: im Norden die dichtbegrünten Mittellagen der Montagne Noire, im Südwesten die wilden und verwunschenen Bergregionen der Pyrenäen, in der Mitte ein sanft gewelltes Rebland und im Osten ein breiter Sandstreifen, dessen Badeorte sich in den letzten Jahren zu modernen Ferienzentren entwickeln konnten.

Routenkarte: Departement Aude ▷

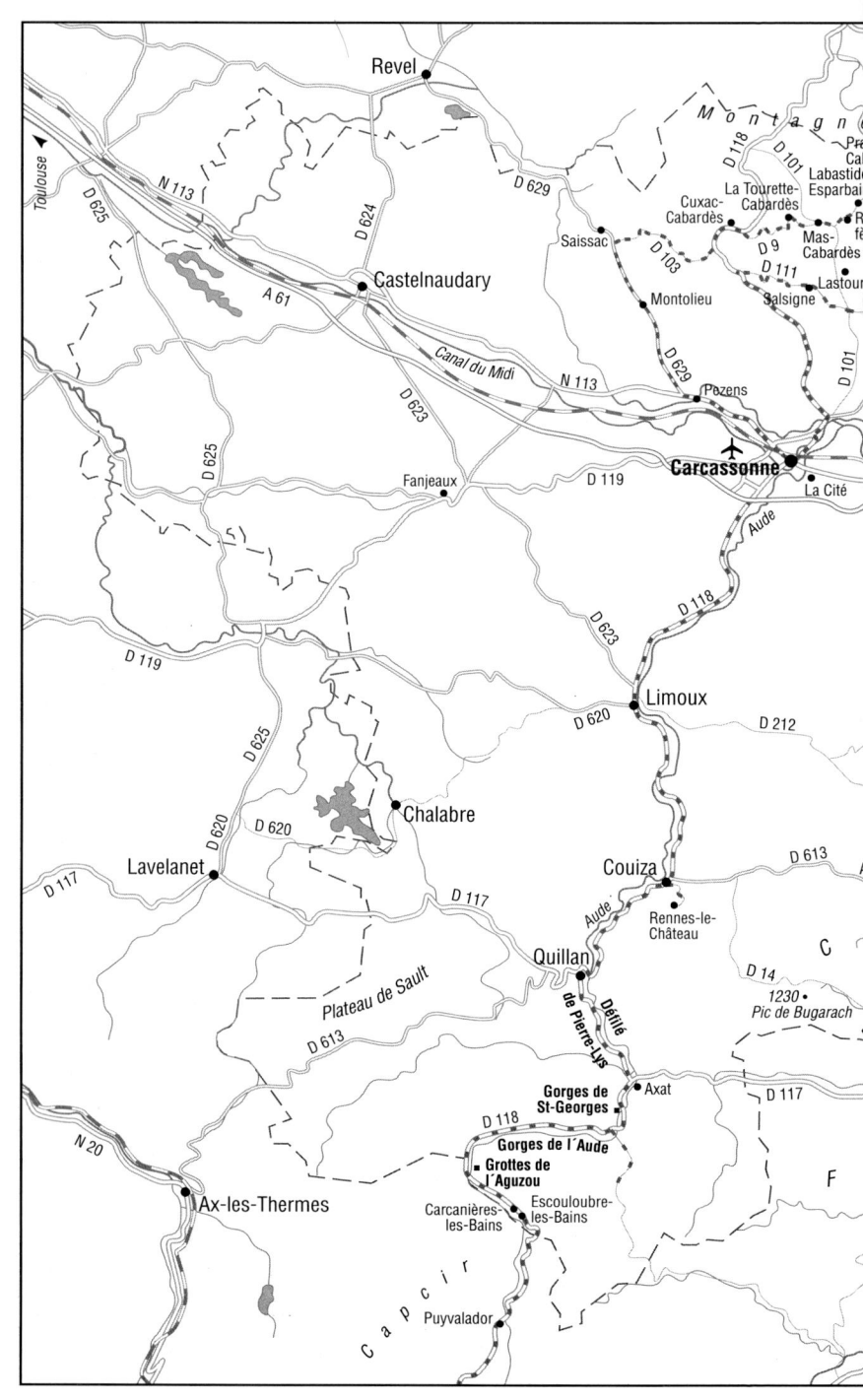

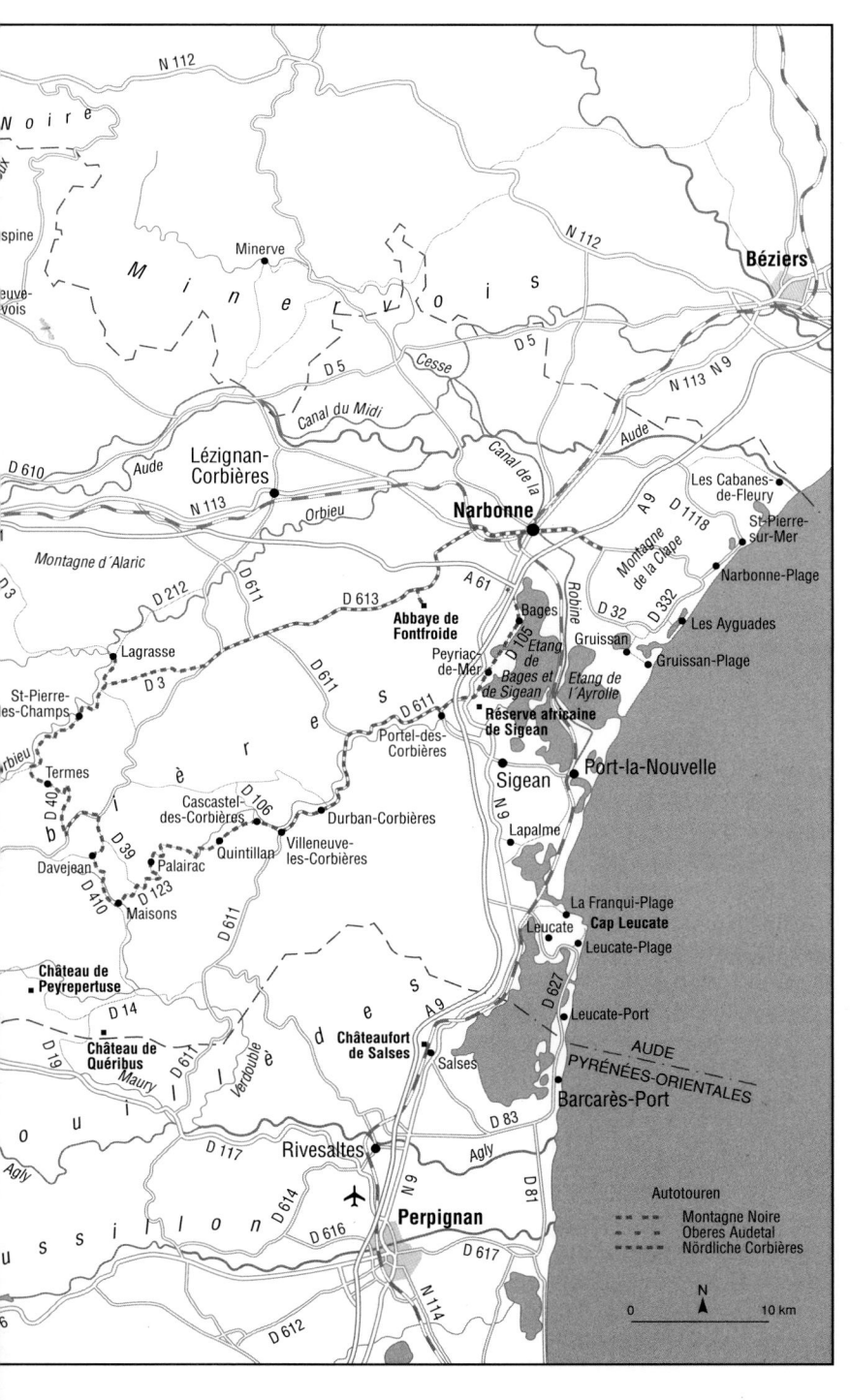

Les Cabanes-de-Fleury

Die umständliche Anfahrt endet vorerst noch bei einer wenig ansehnlichen Fischersiedlung mit einem kleinen Hafen, schattenlosen Campingplätzen und vor allem einer großen Baustelle, die sich in ein paar Jahren in eine neue Ferienkolonie verwandelt haben soll. Eine die Aude überspannende Brücke zum nördlichen, ebenfalls im Ausbau befindlichen Grau de Vendres ist bereits fertiggestellt (s. S. 213). Die Wasserqualität läßt wegen des einmündenden Flußes zu wünschen übrig.

St-Pierre-sur-Mer

Die Montagne de la Clape, ein kleines, 200 m hohes Karstmassiv mit einem schönen Pinienwald, bringt Abwechslung in das streckenweise recht eintönige, flache Hinterland der Sandküste. Am Rande der Hügelausläufer und eines rudimentär vorhandenen Altstadtkerns ist hier ein weiterer funktionaler und weitgehend gesichtsloser Ferienort entstanden, der von seiner Nähe zu Béziers und Narbonne profitiert. Den schönsten Anblick bieten auch hier der bis zu 200 m breite, feinkörnige Sandstrand und das Meer.

Narbonne-Plage

Die gigantischen Parkplätze entlang der Uferpromenade von Narbonne-Plage deuten darauf hin, daß die größte Welle vom Land her auf den Hausstrand Narbonnes schwappt: die der Badeurlauber. Narbonne-Plage, das mit St-Pierre-sur-Mer und dem Yachthafen Port de Brossolette in der Mitte allmählich zu einer durchgehenden Appartement- und Hotelzeile zusammenwächst, hat Kapazitäten für über 25 000 Übernachtungsgäste, zu denen sich in der Hochsaison noch einmal soviel Besucher aus dem Hinterland gesellen. Wen der Rummel nicht schreckt, der findet auch hier den gewohnt breiten Sandstrand und alle Urlaubseinrichtungen für mittlere Ansprüche.

Gruissan-Plage, Gruissan, Gruissan-Port

Am Fuß des schönen Höhenzuges der Montagne de la Clape, umgeben von Salinen und einem Hauch von Camarguestimmung, liegt Gruissan-Plage. Der Ferienort hat, was andere moderne Ferienzentren der Audeküste gerne

Blick über Gruissan zum Hafen, im Hintergrund die Salzgärten

hätten: eine fast 100jährige Geschichte als Badeort und in Sichtweite ein schönes, wenn auch touristisch herausgeputztes Dorf namens Gruissan. Der 1500-Einwohner-Ort, dessen Gassen sich wie ein Schneckenhaus um eine Burgruine winden, wurde zum Schutz der im 14. Jh. versandeten Hafenzufahrt nach Narbonne gegründet.

Auf einer dieser immer noch anwachsenden Schwemmlandzungen, die das Schicksal Narbonnes als Hafenstadt besiegelten (s. S. 267), entstand Ende des 19. Jh. eine ständig erweiterte Pfahlbausiedlung, wie man sie eigentlich von Meeresstränden mit großem Gezeitengefälle her kennt. Zwischen den eigenwilligen, *Pilotis* genannten Stelzenhäusern von Gruissan-Plage und dem Dorf Gruissan ist in den letzten Jahren rund um einen modernen Yachthafen das Urlaubszentrum Gruissan-Port entstanden, das mit seiner Schachtelarchitektur vom tristen Strickmuster manch anderer Küstenorte abweicht. An schönen Stränden herrscht kein Mangel. Sowohl der Hausstrand von Gruissan-Port, der Strand bei den Pfahlbauten, Plage des Pilotis, als auch die Strände an den beiden Etangs, Ayguades du Pech Rouge und Mateille, sind wie gewohnt breit, lang und feinkörnig.

Port-la-Nouvelle

In dem Hafenstädtchen wird viel gearbeitet und weniger an Urlauber gedacht. Am Ortseingang steht ein Zementwerk, dessen Erzeugnisse im betriebsamen Industriehafen umgeschlagen werden. So ist es denn auch nicht der Küstensand, sondern der weiße Zementstaub, der einem beständig zwischen den Zähnen knirscht: kein Ort zum Erholen, obwohl auch hier zögerliche Anstrengungen zum Aufbau einer touristischen Infrastruktur wahrnehmbar sind.

La Franqui-Plage

100 Jahre ist das Pinienwäldchen alt, zwischen dessen Bäumen sich die meisten Häuser des kleinen Badeörtchens verstecken. Und genauso lange ist es her, seit hier die ersten Badegäste durch das seichte Wasser wateten. Bei all den vielen Buddeleien für neue Ferienanlagen scheint man das Nest vergessen zu haben. So wirkt hier vieles etwas abgeblättert, aber gerade das macht den Charme des Örtchens aus, das nur über ein Hotel, ein paar neue Appartementkomplexe und einige Zeltplätze verfügt, darunter einen auf dem Sandbuckel Les Coussoules im Etang de Lapalme.

Leucate, Leucate-Plage

Auch in Leucate, das tatsächlich noch von etwas anderem als der Freizeit anderer lebt, nämlich von der Muschelzucht und dem Weinbau, und in seinem Vorposten am Meer, dem kleinen Badeort Leucate-Plage, geht es selbst zur Hochsaison mediterran-gemächlich zu. Ein kleines Kap, ein paar schöne Tauchgründe, eine kleine Promenade, einige wenige Hotel- und Eigenheimbauten und viel Sand, damit kommt der kleine Ort aus. Noch, denn vom Süden her rücken bereits die Appartementkomplexe von Leucate-Port an.

Leucate-Port

Erstaunlich, daß die schmale Sandzunge, die den großen Etang de Leucate vom Meer trennt, noch nicht im Wasser versunken ist. 10 km ist sie lang, und über die gleiche Distanz erstrecken sich die schnörkellosen, massiven Betonburgen aus der jüngsten Epoche der französischen Urlaubsgeschichte. Auf seiten des Audedepartements bietet die Sommerstadt Platz für etwa 40 000 ›Mittelstandsurlauber‹, auf seiten Roussillons, im Zwillingsort Barcarès-Port, ist Raum für weitere 60 000 ›Übernachtungsgäste der mittleren Anspruchskategorie‹, so wie es 1963 in Paris für diesen Küstenabschnitt ausdrücklich geplant und mittlerweile verwirklicht wurde.

Man wird also keine anheimelnde oder gar exklusive Urlaubsatmosphäre erwarten können, dafür aber alles, was den Zweieinhalbmonats-Trubel der Hochsaison noch turbulenter macht: am Tage entlang des 10 km-Strandes und innerhalb einer FKK-Zone mit einem ›Centre Naturaliste‹ alle nur erdenklichen Sportarten; Segeln und Surfen gleich vor der Haustür, auf dem Meer oder dem Etang de Leucate; für den täglichen Kauf- und Guckrausch etwas Yachthafenflair und endlose Uferpromenaden mit ebenso endlosen Restaurant- und Geschäftszeilen, und wenn es dunkel wird, viel Glitzer und etwas Glamour in diversen Diskotheken, einem Freilichtkino und einer multifunktionalen Arena für Konzerte und Theateraufführungen. Wem das nicht reicht, der wechselt über die kaum noch auszumachende Ortsgrenze in die Nachbarstadt Barcarès-Port, wo noch einmal dasselbe Programm abläuft – noch ein bißchen größer und noch ein bißchen anonymer (s. S. 292).

Das Hinterland

Narbonne

Die Stadt hat einfach Pech gehabt. Von Narbo Martius, der prächtigen Hauptstadt der römischen Provincia Gallia Narbonensis, sind nur ein paar Trümmerhaufen übriggeblieben. Als die Römer das Feld räumten, machten sich Westgoten, Burgunder, Araber und Karolinger über die Hafenstadt her. Hafenstadt? Auch daran erinnern allenfalls noch ein paar Steine, in diesem Fall gotische. Mit derart wehrhaften Außenbauten wie denen der Kathedrale St-Just bestückte man die himmelstürmenden Kirchenbauten nur dann, wenn man Angriffe, etwa vom Meer her, fürchten mußte. Ähnliche Beispiele sind die küstennahen Kathedralen von Maguelone und Agde.

Sedimentablagerungen der Audemündung, die mit der Küstenströmung beständig nach Süden treiben, und Schwemmsand vom Meergrund ließen die Hafenzufahrt durch den Etang de Bages allmählich versanden und Narbonne im 14. Jh. endgültig stranden. Schon im 13. Jh., als Narbonne in französischen Besitz gelangte, gab es hier nur noch wenig, was die Krone hätte bewegen können, die Stadt zu reaktivieren. Und zu allem Übel führte Riquet im 17. Jh. den Canal du Midi weit an der Stadt vorbei. Erst 100 Jahre später, im Revolutionsjahr 1789, war man durch den Canal de la Robine mit dem Canal du Midi und dem Meer verbunden: zu spät, denn bis dahin hatten längst andere Städte entlang Riquets Kanal das große Geld gemacht.

So ganz umsonst war der Stichkanal allerdings nicht, denn er bescherte Narbonne die schönste innerstädtische Kanalführung im westlichen Midi und absolut zentral gelegene – wenn auch laute – Ankerplätze für gemietete Hausboote. Auch sonst ist die Stadt, die heute vornehmlich von Weinhandel und mittelständischem Gewerbe lebt, attraktiver als ihr Ruf. Daß der nicht gerade überzeugend ist, hat wohl weniger etwas mit dem heutigen Erscheinungsbild der Stadt zu tun als vielmehr damit, daß Narbonne in den vielen anderen schönen Städten im Languedoc-Roussillon eine übermächtige Konkurrenz hat.

Der Canal de la Robine und seine grünen Promeniermeilen zu beiden Seiten des Ufers teilen den Stadtkern in zwei Hälften, von denen die nördliche mit den Hauptsehenswürdigkeiten aufwartet, allen voran die **Kathedrale St-Just (1).** Was da zusammen mit den Nachbargebäuden fast ein ganzes *Quartier* einnimmt, ist eine der höchsten – das Kirchenschiff mißt vom Scheitel bis zur Sohle etwa 40 m (!) – und voluminösesten gotischen

Alte Pracht und neue Sorgen: Die Kathedrale von Narbonne und ein hochdekorierter Harki (s. S. 214) vor einer Straßenbarriere, die jugendliche Beurs (s. S. 61) aus Protest gegen ihre Diskriminierung im Juni 1991 errichtet haben

Kathedralen Frankreichs. St-Just ist bereits der vierte Kirchenbau, der an dieser Stelle seit dem Toleranzedikt von Mailand (313) errichtet wurde. Nachdem 1271 die Grafschaft Toulouse der französischen Krone zugefallen war, konnte diese erstmals ihren Einflußbereich bis ans Mittelmeer ausdehnen. Unverzüglich begann man, für Toulouse und Narbonne Kathedralen im modernen gotischen Stil zu planen, um mit dieser neuen ›Königskunst‹ zu demonstrieren, wer von nun an das Sagen im Lande hatte (s. S. 72 f.).

In Narbonne wurde 1272 mit dem Bau begonnen. Als Grundstein spendierte Papst Clemens IV., ehemals Erzbischof von Narbonne, einen geheiligten Gesteinsbrocken aus Rom. 1354 war der Chorraum fertiggestellt. Als mit Clemens VII. 1523 ein weiterer Erzbischof Narbonnes zum Papst gewählt wurde, baute man noch immer an der Kathedrale herum. Erst im 18. Jh. konnten die Arbeiten abgeschlossen werden, die wegen Geldmangel, Mauer- und Turmeinstürzen (1405) und diverser Umbauten immer wieder verzögert wurden. Einzig der 1354 begonnene Kreuzgang im Süden des Chors blieb unvollendet.

Unmittelbar südlich schließt sich der kaum weniger monströse **Palais des Archevêques (2)** an. Ein Durchgang teilt den ehemaligen Bischofspalast in zwei Gebäudekomplexe, in denen Narbonnes wichtigstes Museum, das Musée archéologique, ferner das Musée d'Art et d'Histoire und schließlich das **Hôtel de Ville (3)** untergebracht sind. An der quirligen Place de l'Hôtel de Ville konkurriert die mächtige Rathausfassade mit der verspielten Fin de siècle-Front eines schräg gegenüberliegenden Kaufhauses, das einst ›den Damen Frankreichs‹ gewidmet wurde, wie es in verblichenen Lettern auf

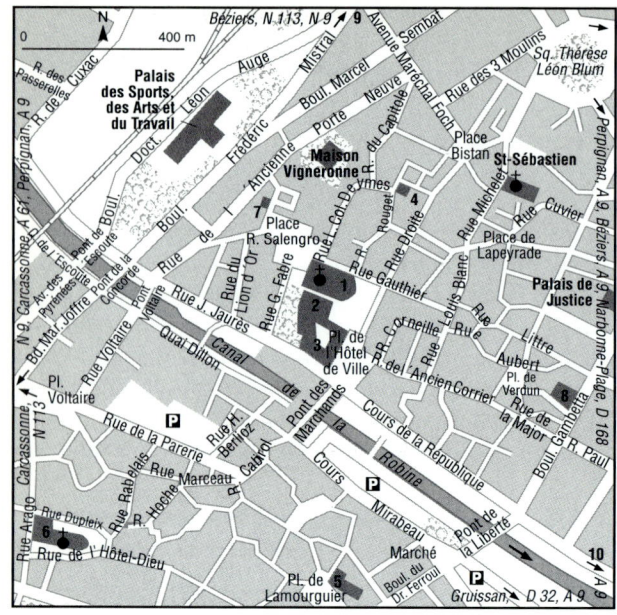

Narbonne
1 Kathedrale
  St-Just
2 Palais des Arche-
  vêques/Musée
  archéologique/
  Musée d'Art et
  d'Histoire
3 Hôtel de Ville
4 Musée de
  l'Horreum
5 Musée lapidaire
6 Kirche St-Paul-
  Serge
7 Touristen-
  information
8 Post
9 Bahnhof
10 Busbahnhof

der Hauswand zu lesen steht. Mehr für die Schönheit findet sich in den Fußgängerpassagen rund um die nordwestliche Platzseite.

Unweit des **Musée de l'Horreum (4),** das Einblick in römische Kellergewölbe gewährt, erwartet einen an der kleinen Place Bistan all das, was von dem ehemaligen römischen Forum übriggeblieben ist: ein paar Steinblöcke. Etwas mehr aus den gallorömischen Zeiten Narbonnes ist im **Musée lapidaire (5)** zu sehen, das gleich hinter der großen Halle des *Marché* im Gemäuer einer Kirche aus dem 13. Jh. eingerichtet wurde. Die **Kirche St-Paul-Serge (8),** 1224 bei den Resten des vermutlichen Grabes (2./4. Jh.) des ersten Bischofs von Narbonne errichtet, ist wegen der romanisch-gotischen Stilmischung nicht ganz uninteressant.

Museen
● ● ● ● ● ● ● ●
Musée archéologique (2): vor- und frühgeschichtliche sowie mittelalterliche Funde, frühchristliche Sarkophage und Reste aus römischer Zeit. Wertvollstes Stück ist der südlich von Narbonne gefundene Meilenstein der Via Domitia, der als Erbauer der Straße Domitius benennt und die älteste lateinische Inschrift Galliens von 117 v. Chr. trägt.

Musée d'Art et d'Histoire (2): Malerei des 16.–20. Jh., Keramik und Skulpturen.

Musée de l'Horreum (4): ehemaliges römisches Warenlager zur Vorratshaltung temperaturempfindlicher Güter in engen Kellergewölben.

Musée lapidaire (5): Hier lagert so ziemlich alles, was von den gallorömischen Zeiten der Stadt übriggeblieben ist und nicht als wertvoll genug erachtet wurde, um in die Sammlung des Musée archéologique aufgenommen zu werden, über 1300 aufgehäufte Ausstellungsstücke, u. a. Skulpturen und spärliche Reste von Gebäuden.

Carcassonne

Kulissen sind für die Betrachtung von ferne gemacht. Aus der Nähe verlieren sie zumeist an Reiz, und schaut man hinter sie, ist die Illusion dahin. Das gilt auch für Carcassonne, genauer für *la Cité*, die mittelalterliche Oberstadt des 50 000-Einwohner-Ortes und millionenfach reproduzierte Vorlage von Puzzlespielchen, Ausschneidebogen und Spielzeugburgen – romantisierte Fassaden, die zu einer verklärten Geschichtsbetrachtung verführen. So ist das

Carcassonne 1 Promenade des Lices 2 Porte Narbonnaise (Eingang) 3 Kathedrale St-Nazaire 4 Tour de l'Inquisition 5 Château Comtal 6 Musée des Beaux-Arts 7 Chapelle des Carmes 8 Touristeninformation 9 Post 10 Busbahnhof 11 Bahnhof

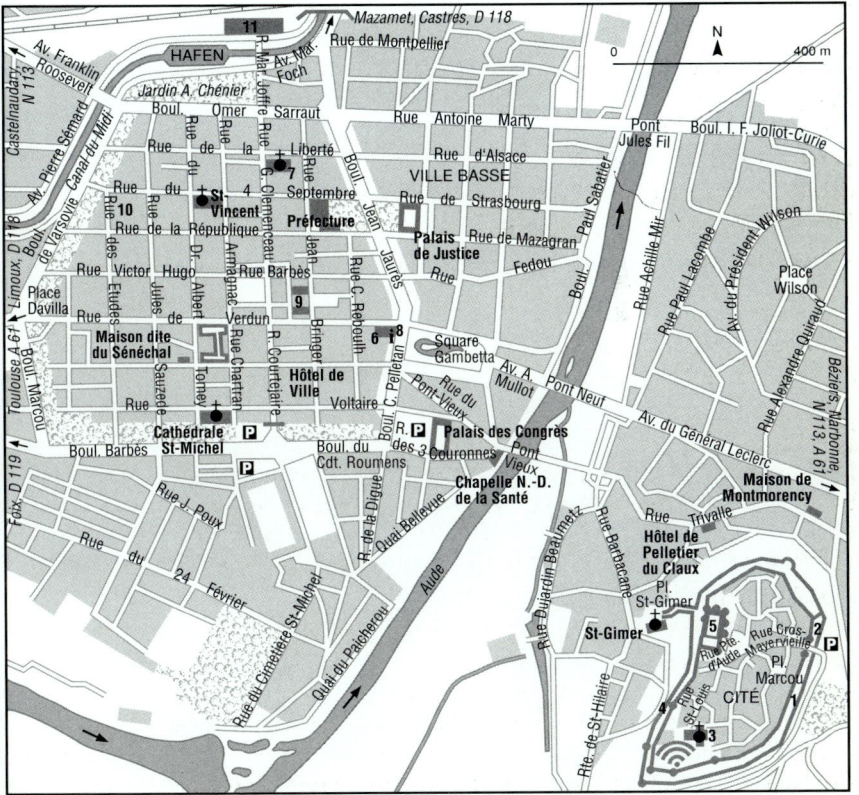

eben, wenn ein Ort herausgeputzt und in eines der meistbesuchten Touristenziele Europas verwandelt wird.

In der turmbewehrten Festungsstadt tummelten sich auch nur selten vor Liebe schmachtende Troubadoure und lanzenschwingende Recken, wie jährlich abgehaltene Ritterspiele glauben machen. Für so viel Lebensfreude war wenig Gelegenheit, denn die Geschichte der Burg ähnelt der wechselvollen Historie fast aller Orte in diesem Teil Frankreichs. Römer, Westgoten, Franken, Araber und Karolinger verjagten sich nacheinander von dem ehemals keltischen Siedlungsplatz Carcasso. 1130 gehörte der Boden den Grafen von Béziers, die darauf eine erste Burg errichten ließen, hinter deren Mauern bald Katharer Zuflucht suchten. Ludwig VIII. ließ die verhaßten Ketzer später im Büßergewand durch die Gegend treiben. 1247 ging Carcassonne in den Besitz der französischen Krone über, wurde wegen befürchteter Übergriffe des benachbarten Aragón zur Festung ausgebaut, verfiel aber nach dem Pyrenäenfrieden von 1659 wieder, weil die Grenze zu Spanien nunmehr über die Pyrenäen verlief. Mitte des 19. Jh. begann der Wiederaufbau der Festung, in der sich aber nur wenige Menschen ansiedelten, da jenseits des Audeufers bis zum 17. Jh. eine neue Stadt entstanden war, das eigentliche Carcassonne. Von dessen grüner Flußpromenade und der alten Brücke Pont Vieux aus, von weitem also, bietet die Cité den erfreulichsten Anblick, besonders wenn die Abendsonne die Zinnen zum Leuchten bringt.

In der Morgensonne, bevor die Besuchermassen die Festung stürmen, stellt ein Spaziergang zwischen den zwei Festungsmauern auf der **Promenade des Lices (1)** eine erwägenswerte Ergänzung oder Alternative dar zu einem allzu ausführlichen Rundgang durch die mit Touristenfallen gespickte Attrappenstadt. Man betritt sie vom Parkplatz aus durch die nach Osten weisende **Porte Narbonnaise (2)**. Über die linker Hand gelegene Place Marcou und die Rue du Plô erreicht man das am wenigsten malträtierte Gemäuer der Cité, die **Kathedrale St-Nazaire (3; s. Abb. S. 72)** von 1269 mit ihren sehenswerten Fenstern und Statuen. Unweit südlich, in der **Tour de l'Inquisition (4)**, kann man sich beim Anblick von Halseisen und Kerkern den obligaten Schauer einer solchen Burgbesichtigung über den Rücken laufen lassen. Durch die Rue St-Louis gelangt man nach Norden zum **Château Comtal (5)**, in dem sich das Musée lapidaire mit Fundstücken aus den wichtigen Epochen Carcassonnes und seiner nahen Umgebung befindet.

Die Unterstadt, die *Ville Basse*, hat kein aufregendes Stadt-, geschweige denn Abendleben zu bieten und wirkt wegen ihrer am Reißbrett geplanten Straßenverläufe, inmitten derer das **Musée des Beaux-Arts (6)** Malerei des 17.–20. Jh. zeigt, etwas eintönig. Betriebsam geht es auf der verkehrsbefreiten Rue G. Clemenceau zu. Sie führt zum Bahnhof und Canal du Midi, vorbei an der **Chapelle des Carmes (7)**, in deren Frontpartie sich wie selbstverständlich Geschäfte befinden – Kirche und Kommerz, friedlich vereint.

Mittelalter für Millionen: Festungsstadt Carcassonne bei Nacht

Castelnaudary

Ein deftiger Eintopf aus weißen Bohnen, sonstigem Gemüse, Würstchen, Schweinefleisch und viel Gänseschmalz hat das mit nur 11 000 Einwohnern drittgrößte Städtchen des Departements zur Hauptstadt eben dieses magenfüllenden *Cassoulets* gemacht, das angeblich nirgends so gut schmeckt wie hier. Was die Einwohner sonst noch ernährt, ist neben Weinbau und bescheidener Industrie die Nähe zu Toulouse und der Canal du Midi. Der Stolz des wenig touristischen Städtchens ist die gotische Kollegiatskirche St-Michel mit einem die Dächer weit überragenden Glockenturm.

Montagne Noire

Route: Die landschaftlich ungemein schöne, äußerst kurvenreiche Strecke führt an z. T. vergessenen Katharerörtchen vorbei durch die südlichen, waldreichen ›schwarzen Berge‹ der Massif Central-Ausläufer.

Carcassonne – Montolieu – Saissac – Cuxac-Cabardès – La Tourette-Cabardès – Mas-Cabardès – Roquefère – Labastide-Esparbairenque – Pradelles-Cabardès – Pic de Nore – Caprespine – Villeneuve-Minervois – Lastours – Salsigne – Carcassonne (etwa 130 km, 1 Tag).

Der Regen, der im Sommer der Audeebene fehlt, fällt in der Montagne Noire, wann immer es ein Tiefausläufer aus Südosten über das Mittelmeer und die Pyrenäen bis hierher schafft. Gleich hinter **Carcassonne** ändert sich deshalb der Pflanzenwuchs. Und je mehr man sich jenseits der alten Tuchmacherorte **Montolieu** (von *Mont des Oliviers*, ›Olivenberg‹; hier verläuft die mediterrane Vegetationsgrenze), **Saissac** und **Cuxac-Cabardès** den Höhenlagen nähert, desto grüner werden die Weiden und desto dichter die Mittelgebirgswälder mit seltenen Baumarten wie der Araukarie, hochgewachsen zu französischen Rekordhöhen. Hier oben, im westlichen Cabardès, fand der Kanalbauer Riquet jene Bäche, die er bei Lampy und St-Ferréol zu Seen aufstauen ließ, um

Montolieu am Fuße der Montagne Noire

den Canal du Midi gleichmäßig mit Wasser versorgen zu können.

Und hier waren die kleinen Täler im Mittelalter so schwer zugänglich und dicht begrünt, daß sie den Katharern im 13. Jh. eine Zeitlang Schutz vor den päpstlichen Kreuzzugs- und Inquisitionstruppen boten. **La Tourette-Cabardès** ist so ein gottverlassener Zufluchtsort gewesen. Man passiert ihn auf dem Weg nach **Mas-Cabardès**, dessen uralter Baumbestand der schönen Dorfarchitektur beinahe die Schau stiehlt. **Roquefère, Labastide-Esparbairenque** und **Pradelles-Cabardès** sind drei weitere sehenswerte und ganz unterschiedliche Ortschaften, an denen sich das Sträßchen zum **Pic de Nore** vorbeimogelt, der mit 1210 m höchsten Erhebung der Montagne Noire.

Auf einer rasanten Talfahrt nach Süden kehrt man nun unversehens schnell in die mediterrane Landschaft der Audeebene zurück. Sie ist mit ihren wilden Höhenzügen so ansehnlich, daß man sich dem Minervois vielleicht doch langsamer nähert, als es die gut ausgebaute Straße erlaubt. Darüber hinaus erwartet einen bei **Cabrespine** der ›Gouffre Géant de Cabrespine‹, ein erst seit 1988 der Öffentlichkeit zugängliches Riesenloch, in das man von einer Plattform aus gucken kann. Bei **Villeneuve-Minervois** taucht man in die grüne Reblandschaft des östlichen Minervois ein, die man bald wieder hinter sich läßt, sobald die Straße nach **Lastours** Richtung Norden führt.

Hier krönen den Hügel gleich vier ehemalige Burgen, in die sich einst Katharer unter dem Schutz des Eigners, eines Herren von Cabaret, zurückgezogen hatten (erreichbar nur zu Fuß, etwa eine halbe Stunde). Die Mauern hielten den Kreuzzugstruppen stand, nicht aber der armen Bevölkerung, die den Festungen später zu Leibe rückte und die hochherrschaftlichen Mauersteine zum Bau eigener Häuser verwendete – ein Schicksal, das im 17. Jh. auch der Cité von Carcassonne beschieden war, wohin man auf schnellem Wege über **Salsigne** zurückgelangt.

Oberes Audetal

Route: Die D 118 entlang des Audeoberlaufs verbindet die mediterrane Audeebene im Norden mit den Ausläufern der Pyrenäen im Süden und führt nahe an die alpinen Hochlagen des Capcir im südwestlichen Roussillon heran.

Carcassonne – Limoux – Couiza – Rennes-le-Château – Quillan – Défilé de Pierre-Lys – Axat – Gorges de St-Georges – Gorges de l'Aude – Carcanières-les-Bains – Escouloubre-les-Bains – Puyvalador (etwa 100 km, ½ Tag).

Die zu zwei Dritteln gut ausgebaute und auf 1600 m Höhe führende Nord-Süd-Verbindung trifft im Capcir auf die N 116 Richtung Perpignan und bietet sich als Alternative zu den Küstenrouten an (Carcassonne – Perpignan etwa 210 km, 1 Tag).

Auf den ersten 50 km begleitet einen das vertraute Bild: endlose Platanenalleen und Weinreben, die am Horizont in den Himmel wachsen. Fast zu schnell durchrauscht man auf der Schnellstraße diese Landschaft bis nach **Limoux**, bekannt für Wärmendes aller Art: die Produktion von Schuhen und Textilien, einen ausgiebig gefeierten Februarkarneval und den in ganz Frankreich getrunkenen Blanquette de Limoux, einen Wein, den man hier bereits zum Schäumen brachte, lange bevor der Champagner erfunden wurde. Eine Fahrtunterbrechung lohnt sich, zum Schaumweinkauf und Kurzbummel durch den schönen Ortskern.

Auch wenn noch ein erhebliches Wegstück vor einem liegt, sollte man sich zusätzlich Zeit für einen kleinen Abstecher nehmen: Am Südausgang des Textilstädtchens **Couiza** schlängelt sich ein 3,5 km langes Sträßchen bergauf, nach **Rennes-le-Château**, einem schmucken Dörfchen, das fotogen auf einer Kuppe klebt, im Hintergrund die Pyrenäen und Richtung Meer die einsamen Hügelketten der südwestlichen Corbières. Zurück auf der D 118 erreicht man schließlich am Schnittpunkt zweier großer Straßen und Landschaften den eher unauffälligen Durchgangsort **Quillan**.

Unversehens ändert sich schon bald die Umgebung. Im **Défilé de Pierre-Lys** reichen schroffe Granitfelsen dicht an die Straße heran. Gleich nach Passieren des letzten von drei Tunneln und der Ortschaft **Axat** verschwindet die D 118 zwischen den steilen Steinwänden einer weiteren Schlucht, der **Gorges de St-Georges**. Es ist nicht die letzte spektakuläre Bresche, durch die sich die sachte ansteigende Straße zwängen muß, denn schon wenig später erzwingen der dichte Baumbewuchs und die **Gorges de l'Aude** erneut einen kurvenreichen Straßenverlauf.

Bevor man das Ende der Schluchten erreicht, kündigen Hinweisschilder die **Grottes de l'Aguzou** an, ein Höhlensystem, das man unter sachkundiger Führung und ausgerüstet mit Helm, Lampe, Sicherungsseil und Proviant in sechs bis acht Stunden durchwandern kann (Auskunft und Anmeldung s. S. 361).

Wenig später tauchen aus dem Halbschatten längs der Straße halbverfallene Weiler und Wassermühlen auf – Waldromantik wie im Heimatfilm: Oben rauscht der Wind und unten das Wasser. Südlich der ergrauten Nester **Carcanières-les-Bains** und **Escouloubre-les-Bains**, deren Tage als Bade- bzw. Kurörtchen gezählt scheinen, verlieren sich die nun steiler ansteigenden Serpentinen allmählich im dichten Blätterdach eines sattgrünen Buchenwaldes. Er bedeckt mehr als die Hälfte des Audehochtals und zählt zu den größten weitgehend intakten Waldgebieten dieser Art in Frankreich. In einer Höhe von etwa 1200 m treten die Wälder allmählich wieder von der Straße zurück und machen südlich der Ortschaft **Puyvalador** (s. S. 323) Platz für Roussillons Bergseen, Almen und Zweitausender.

Nördliche Corbières

Route: Auf verschlungenen Sträßchen führt die Strecke am Etang de Bages vorbei ins wilde Weinland der Corbières.

    Narbonne – Bages – Peyriac-de-Mer – Réserve africaine de Sigean – Portel-des-Corbières – Durban-Corbières – Villeneuve-les-Corbières – Cascastel-des-Corbières – Quintillan – Palairac – Maisons – Davejean – Termes – St-Pierre-des-Champs – Lagrasse – Abbaye de Fontfroide – Narbonne (160 km, 1 Tag).

Der Etang de Bages gilt als schönster Strandsee der Küste, nicht zuletzt wegen seiner zwei Schmuckstücke, dem Künstler- und Fischerdörfchen **Bages** und dem Salzstädtchen **Peyriac-de-Mer**. Die Weinstöcke entlang der Salinen holen sich bisweilen nasse Füße, und bei Südwind hört man hier manchmal Löwengebrüll. Es stammt von der nahegelegenen **Réserve africaine de Sigean**, ein Freiwildgehege mit etwa 1000 Tieren, die zu zwei Dritteln aus Afrika stammen – die einzigen Attraktionen des wenige Kilometer entfernten Städtchens Sigean.

    Jenseits von Autobahn und Nationalstraße wartet eine völlig andere Welt: selbstvergessen vor sich hindämmernde Dörfer und Burgruinen, eingebettet in Millionen von Weinstöcke, in spärlich begrünte Karsthügel oder schüttere Wäldchen. Vereinzelt ragen aus gezirkelten Rebzeilen und sorgsam gefurchten Ackerparzellen Zypressenreihen

In der Réserve africaine bei Sigean

hervor – die starren Wächter verwitterter Friedhöfe. Nur ab und zu bringen kräftige Windböen Bewegung in die stille Landschaft. Allein die vielen Burgruinen deuten noch darauf hin, daß die Corbières einst unruhiges Grenzgebiet zu Katalonien und heftig umkämpftes Katharerland waren (s. S. 283).

Portel-des-Corbières, Durban-Corbières und **Villeneuve-les-Corbières** sind die ersten kleinen Orte mit Grenzlandgeschichte, die man passiert, bevor sich die Straße durch das wellige Land und an **Cascastel-des-Corbières, Quintillan** und **Maisons** vorbei nach Norden orientiert. Bald nach **Davejean** windet sich das schmale Sträßchen im Zickzackkurs nach **Termes**, einem schön gealterten Häuserhaufen, der sich am Fuße einer Burgruine (mit improvisiertem Parkplatz, die letzten Meter hinauf zu Fuß) zwischen Fels und Flußschleife zwängt.

Spätestens nach Verlassen des unauffälligen Straßenweilers **St-Pierre-des-Champs** hat man auch die abgeschiedenen Corbières hinter sich gelassen und muß sich die zwei letzten Sehenswürdigkeiten der Fahrt mit erheblich mehr Besuchern teilen: zunächst **Lagrasse**, das sich mit seinen Häuserzeilen und dem, was von der Abtei Ste-Marie im Laufe ihrer 1200jährigen Geschichte übrigblieb bzw. dazugebaut wurde, malerisch am Zusammenfluß von Sou und Alsou ausbreitet. 778 gegründet, entwickelte sich das Kloster zu einem der großen Grundbesitzer der Gegend, wurde an der

Wende zum 14. Jh. erweitert, während der Französischen Revolution geplündert und im 18. Jh. kurz vor dem vollständigen Verfall restauriert, erweitert und als Kloster wiederbelebt.

Am Nordostzipfel der Corbières, etwas versteckt in einer flachen Gebirgsfalte, besiedelten 1093 ein paar Mönche nahe einer Quelle ein Stück unwirtliches Land. Es war ihnen vom Vizegrafen Narbonnes überlassen worden, der bald grünes Licht zur Gründung eines Klosters erteilte, dessen Orden sich 1146 den Zisterziensern unterstellte. Die **Abbaye de Fontfroide** entwickelte sich in rasantem Tempo zu einem der einflußreichsten Zisterzienserklöster im Süden Frankreichs und zu einem unerbittlichen Bollwerk gegen die Häresie der Katharer. Nicht zufällig stammten zwei der Legaten, die Anfang des 13. Jh. im Dienst des Papstes Jagd auf die Ketzer machten, aus Fontfroide.

Die Religionskriege und die Französische Revolution gingen relativ spurlos an dem schönen Gemäuer vorüber, so daß die öffentlich zugängliche Klosteranlage – seit 1908 in Privatbesitz – zu einer der besterhaltenen im Süden des Landes zählt. Ihre Prunkstücke sind der Kapitelsaal und ein Kreuzgang mit spitzbogig überfangenen und von einem Bogenfenster oder mehreren Okuli durchbrochenen Bogenfeldern. Sie ruhen auf rundbogigen Arkaden, die von Doppelsäulchen getragen werden. Das Kloster ist nur im Rahmen einer Führung zu besichtigen.

Der Kreuzgang der Zisterzienserabtei von Fontfroide ▷

Was sich da klangvoll Roussillon nennt, heißt in der Verwaltungssprache nüchtern ›Pyrénées-Orientales‹, ist das abgelegene, fünfte Departement der Wirtschaftsregion Languedoc-Roussillon und Frankreichs kleinster Verwaltungsbezirk – aber was für einer. An seiner Côte Ver-

Frankreichs »spanische Ecke«

das Roussillon

meille, dem schönsten Stück Küste zwischen Camargue und Costa Brava, reichen die Pyrenäen bis ins Meer. Um von Null auf 2784 m Höhe zu kommen, hat man es von hier nur 90 km weit auf den Pic du Canigou. Näher ist es von Perpignan ins Skigebiet des Capcir, wo in manchen Jahren bis in den Mai Ski gelaufen wird – vormittags, denn nachmittags tauschen nicht wenige die zwei kleinen Bretter gegen ein großes und jagen mit geblähten Surfsegeln die Küste rauf und runter, angetrieben vom Tramontane, dem ›Mistral des westlichen Midi‹. Er sorgt für starken Wind und klaren Himmel. Und der ist hier so tiefblau wie nirgends in Frankreich.

Eine der wenigen weiblichen Bruderschaftsangehörigen trägt auf der Karfreitagsprozession von Perpignan im Jahre 1950 die Statue der hl. Veronika

Das behaupteten jedenfalls Maler wie Picasso und Matisse. Und die müssen es ja wissen, denn schließlich haben sie und viele andere Künstler hier gearbeitet, gelebt und geliebt, bevor sie ans andere Ende der französischen Mittelmeerküste wechselten. Mit der Côte d'Azur hat das ›französische Katalonien‹ noch mehr als die Künstler gemeinsam. Wie beim östlichen Gegenstück werden hier Zitrusfrüchte reif, ißt man mehr Fischsuppe als anderswo und bleibt an der engen Felsküste nur wenig Platz für Straßen und Sandstrände. Beide Randstücke der Republik gehören zudem erst seit dem 16. bzw. 17. Jh. zum alten Zentralstaat und beheimaten nach wie vor viele Bewohner, die sich auch der Kultur und Sprache der Nachbarländer verbunden fühlen.

Eins aber unterscheidet Collioure, Port-Vendres und Banyuls-sur-Mer von Nizza und Menton: Hier sind alle Orte ein paar Nummern kleiner, und man nimmt den Sommertrubel gelassener, denn der Küste und dem Hinterland fehlt es am überdrehten, millionenschweren Urlauberrummel der Côte d'Azur. Und anders als dort, wo so manche alte Siedlung von Zweitwohnsitzen und ›Schöner-Protzen‹-Bauten erdrückt wird, leben hier die meisten Dörfer noch nicht vom Urlaubergeld. Viele der zahllosen romanischen Kirchen und Klöster liegen so verborgen wie eh, abseits der modernen Bebauungen und Verkehrsströme.

Die ältesten dieser Bauwerke stammen aus dem 8. Jh., als Pippin und sein Sohn Karl der Große die Araber aus dem Roussillon verdrängt hatten und diese erste *Recon-*

quista auf iberisch-fränkischem Boden nach architektonischen Ausdrucksformen für eine christliche Erneuerung im benediktinischen Geiste suchte. Während des 11./ 12. Jh., als das Roussillon von der zeitweiligen Toleranz seiner klerikalen und weltlichen Herrscher und der Zugehörigkeit zu Katalonien profitierte, erlebte die hiesige Romanik ihre zweite Blütezeit. Nur in der Provence sind auf so engem Raum und in einem vergleichbaren politischen Klima ähnlich viele romanische Bauwerke entstanden und erhalten geblieben wie im Roussillon.

350 Jahre ist es nun her, seit der katalanische Südzipfel Richelieu signalisierte, daß man sich auch mit dem Gedanken anfreunden könne, ein Teil Frankreichs zu werden. Man war der Bevormundung durch die erzkatholischen Kastilier überdrüssig geworden, die ihren Einfluß auf das Roussillon hatten ausdehnen können. Paris schickte das Militär. 1659 wurde der Pyrenäenvertrag geschlossen und das Roussillon französisch, zumindest auf dem Papier, denn der Pariser Zentralismus erschien den Toleranz gewohnten Katalanen diesseits der Pyrenäen kaum weniger repressiv als der ihrer ehemaligen spanischen Herrscher. So pflegte man – offen oder heimlich, je nach politischer Lage – die katalanische Geschichte und Sprache und die Illusion, eines Tages unabhängig zu werden.

Es ist weitgehend bei der Pflege kultureller Traditionen geblieben, von denen heute nicht viel mehr als

Beim Sardanafestival in Céret

Espadrilles, Sardanatänze und zweisprachige Ortsschilder übriggeblieben sind. Ernsthaft glaubt hier keiner mehr daran, ohne Frankreich wirtschaftlich überleben zu können. Und auch die im Rahmen des europäischen Binnenmarktes forcierte Regionalisierung wird kaum zu einer Wiederbelebung des pyrenäenübergreifenden katalanischen Geistes führen. Dafür ist das spanische Katalonien und sein Wirtschaftsmotor, die Olympiastadt Barcelona, dem kleinen Nachbarn zu überlegen. Dort hat man sich ohnehin längst starke Handelspartner und Absatzmärkte gesucht. Die meisten Bewohner Roussillons sind darüber gar nicht traurig, denn es verschont diesen schönen Zipfel Frankreichs vor einer Schwemme landschaftsfressender Industrieansiedlungen und abrupter gesellschaftlicher Umbrüche. Die Dezentralisierungsgesetze der achtziger Jahre haben bereits mehr kulturelle und politische Freiräume geschaffen als in den 350 Jahren zuvor. Und mit denen läßt es sich hier augenscheinlich ganz gut leben.

Im alten Grenzland zwischen Languedoc und Roussillon

Zwischen Fenouillèdes und Corbières

Route: Die Strecke verläuft durch uraltes Katharer-, Grenz- und Feindesland, eine wildromantische Weinregion mit schroffen Bergen, schönen Burgen und einer schauerlichen Geschichte.

Salses – Châteaufort de Salses – Tautavel – Château d'Aguilar – Château de Padern – Cucugnan – Château de Quéribus – Château de Peyrepertuse – Gorges de Galamus – Ermitage de St-Antoine – Ansignan – Sournia – Montalba-le-Château – Estagel – Rivesaltes (etwa 180 km, 1 Tag).

Vielen Besuchern kommt das **Châteaufort de Salses** spanisch vor (s. Abb. S. 28 f.). Aus gutem Grund. Bis zum Abschluß des Pyrenäenvertrages 1659 verlief hier die spanische Grenze, was die Franzosen nie so recht hatten einsehen wollen, so daß sie über Jahrhunderte hinweg militärische und politische Vorstöße unternahmen, um ihr Reich bis an die ›natürliche‹ Grenze der Pyrenäen auszudehnen. 1497 hatten die Spanier davon die Nase voll. Das Herr-

scherpaar, Ferdinand II. von Aragón und Isabella von Kastilien, beauftragte seinen Gouverneur im damals Spanien angegliederten Roussillon, eine Festung bauen zu lassen.

Prächtig sollte sie werden und vor allem uneinnehmbar. Nur war sie auf Dauer strategisch leider wertlos, weil wieder einmal das Mittelmeer nicht mitspielte. Es schwemmte so viel Sand an, daß die Burg bald fern der Küste auf dem Trockenen saß und leicht zu umgehen war. 1542

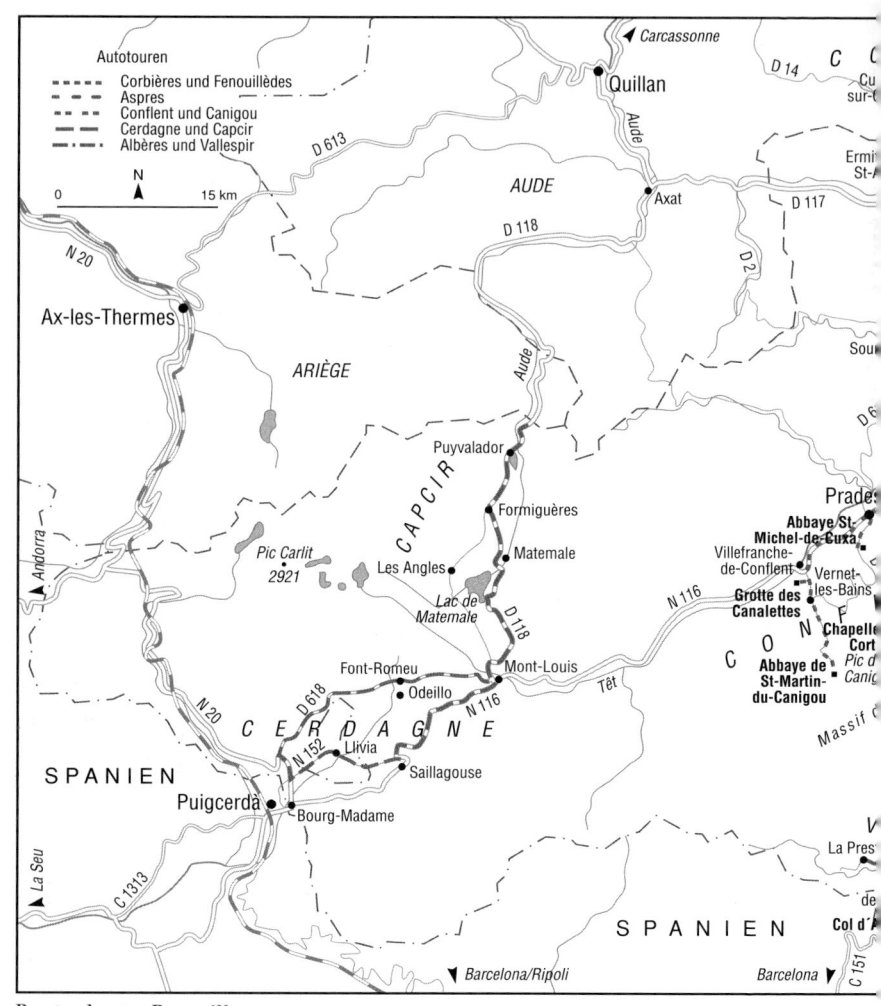

Routenkarte: Roussillon

zeigte der Franzose Franz den Spaniern, wie man das machte, als er bei einem Anmarsch auf Perpignan mit seinen Truppen den Weg am Meer entlang über Leucate wählte.

Es ist daher nicht ganz verständlich, warum des Sonnenkönigs angeblich so genialer Stratege und Festungsbauer Vauban das Châteaufort im 17. Jh. noch mit einem Wall umgab, als es längst franzö-

284

sisch und der militärische Nutzen ohnehin fragwürdig geworden war. Die Region zumindest dankt es ihm, denn mit der Festung ist sie um eine ansehnliche Attraktion reicher: ein beeindruckender Klotz mit zwei Festungsringen, mächtigen Zwillingstürmen, Zugbrücke sowie gerundeten Mauerabschlüssen und Türmen, um Artilleriegeschosse abzulenken, die seit dem 15. Jh. zum

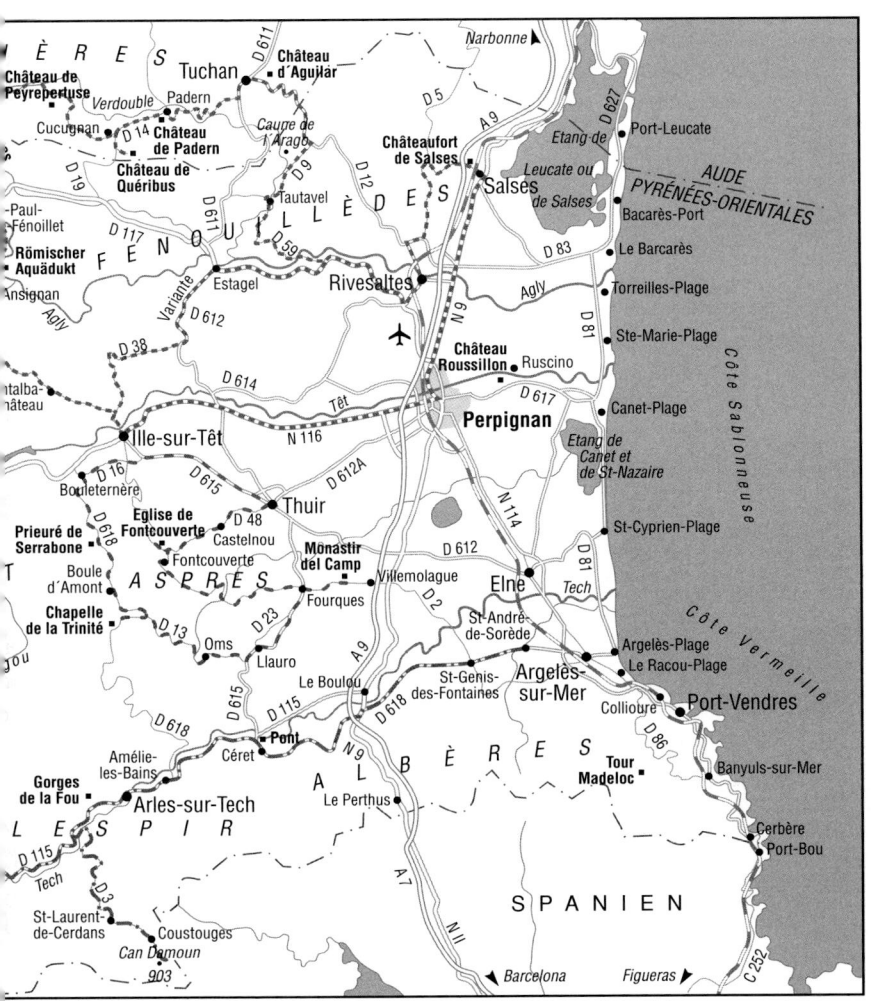

Waffenarsenal der Europäer gehörten. Pfeilspitzen, Faustkeile, vor allem aber den ältesten bisher bekannten Schädel Europas fand man 1971 in der Höhle ›Caune de l'Arago‹, ein paar Kilometer nördlich von **Tautavel** (s. S. 29f. und Abb. dort). 455000 Jahre soll das Knochenfragment alt sein und eine männliche Hirnmasse umschlossen haben, die zwar schon zum Denken taugte, nicht aber zur Entdeckung des Feuermachens. Dafür waren dem *Homme de Tautavel* bereits Weintrauben bekannt. Knochen und sonstige Funde aus insgesamt 20 verschiedenen Bodenschichten sind in einem kleinen Museum zu bewundern, und gleich nebenan kann man recht guten Wein aus örtlicher Produktion probieren. Beeindruckender als Schädel und Wein ist die Umgebung

Kirche, König und Katharer:
die Geschichte einer Unterwerfung

Im Mittelalter hatte das Weltbild der Menschen eine feste Ordnung. Jedermann spürte im täglichen Leben, daß nur wenige oben und der große Rest unten standen. Eine Machtverteilung, die auch dem damaligen Dogma der Kirche entsprach. Der Himmel war für Gott und das Gute reserviert, während das Böse, der Teufel, in der Hölle angesiedelt war. Und dort gehörten eigentlich auch alle Menschen hin, da sie per se Sünder waren.

Diese einfach gestrickte dualistische Glaubensauffassung vertraten im Prinzip auch die Katharer (von griechisch *Katharoi, ›*die Reinen‹, wovon sich vermutlich das deutsche Wort ›Ketzer‹ ableitet). Die Sekte, deren Vorläufer während des 10. Jh. im byzantinischen Balkanraum unter Führung des bulgarischen Priesters Bogumil urchristliche Ideale verkündeten, breitete sich zunächst im Rheinland und nach 1160 im ganzen mittel- und westeuropäischen Raum aus. 1167 waren im Languedoc bereits vier Bischofssitze mit Katharern besetzt, in Agen, Carcassonne, Toulouse und Albi, weshalb man die Katharer auch Albigenser nennt.

Wie die katholische Kirche waren die Katharer der Auffassung, daß man den Teufel nicht in der Hölle suchen müsse, sondern ihn bereits auf der Erde fände. Allerdings zogen sie aus diesem Glauben wesentlich radikalere Schlüsse: Da eine derart mißratene Welt ihrer Meinung nach unmöglich von Gott beabsichtigt, geschweige denn erschaffen worden sein könne, gelte es, sich als gläubiger Mensch von allem Irdischen zu trennen. Auch die von der katholischen Kirche zur Läuterung empfohlene harte Arbeit war für die Katharer inakzeptabel, wenn sie zur Schaffung materieller Güter führte, die das weltliche Dasein des Menschen zwar verbessern, diese dadurch aber eher noch stärker an die böse Welt binden würde. Die Konsequenz daraus war die Ablehnung des Alten Testaments, strenge Askese und Verneinung alles Weltlichen von der Ehe bis zum Fleischgenuß, um sich Gott und dem Guten spirituell zu nähern.

Das einfache Erklärungsmodell für alle irdischen Mißstände kam bei der armen Bevölkerung des Midi gut an, da sich die katholische Kirche eher durch Prasserei, Ausbeutung und Arroganz als durch geistige Führerschaft auszeichnete. Ein weiterer Grund für die schnelle Ausbreitung der katharischen Häresie im damaligen Okzitanien lag in der wirtschaftlichen und politischen Stärke der Feudalherren von Carcassonne, Toulouse und Albi begründet, die ihre Grafschaften unabhängig von der französischen Krone regierten. Diese Stellung galt es möglichst geschickt zu festigen. So bedienten sich die selbstbewußten Grafen nur allzu gerne der Katharer und übernahmen die klaren Glaubensideale als Argumentationshilfe für ihre Auseinandersetzung mit der Kirche, deren Machtanspruch sie noch stärker zu begrenzen gedachten. Neben den Katharerpriestern und -bischöfen wußten sie auf diese Weise auch ihre Untertanen hinter sich, deren Sektierertum sie offiziell anerkannten und vor kirchlichen Anfeindungen schützten.

Dies kam einer unerhörten Provokation der römischen Kirche und ihres geistlichen und weltlichen Führungsanspruchs im christlichen Abendland gleich. Zudem mußte Rom befürchten, daß die spirituelle, irdische Güter ablehnende Geisteshaltung der Katharer dazu führen werde, die Arbeitsmoral und damit die Einkünfte der Kirche zu senken. Innozenz III., Gottes damaliger Stellvertreter in Rom, zögerte nicht lange und reagierte sehr menschlich, indem er zu einer bewaffneten Wallfahrt aufrief. Das Mittel des Kreuzzugs zur Unterwerfung und Kolonialisierung eines Landes hatte die Kirche bereits im Nahen Osten recht erfolgversprechend angewendet. Es bedurfte nur noch eines offiziellen Anlasses für die Mobilisierung der päpstlichen ›Friedenstruppen‹.

Verurteilung und Verbrennung eines Ketzers im Beisein des Klerus, Holzschnitt aus dem 14. Jh.

Den lieferte ein Dienstmann des aufmüpfigen, 1207 mit einem Kirchenbann belegten Grafen Raimund VI. von Toulouse, als jener aus Rache für die Bestrafung seines Herrn einen päpstlichen Legaten umbrachte. Fraglich blieb zunächst, ob für die militärische Strafaktion im Midi auch der französische König Philippe-Auguste zu gewinnen war, der wegen des Krieges mit England eigentlich andere Sorgen hatte. Schließlich ließ sich der Kapetingerkönig Ludwig VIII. zur Teilnahme seiner Truppen an dem Kreuzzug überreden, augenscheinlich vom Papst mit dem Argument geködert, daß ein im wahrsten Sinne des Wortes kopfloser Süden leicht dem Königreich einzuverleiben sei.

Wie recht Innozenz III. hatte, konnte sein erfolgreichster ›Schlächter im Kirchenrock‹, Simon de Montfort, ein kleinadliger Aufsteiger aus dem Norden Frankreichs, bereits 1209 beweisen, als er und seine Christentruppe die gesamte Bevölkerung Béziers' wahllos massakrierten. In wenigen Tagen starben 15000 Menschen. Viele Städte ergaben sich angesichts dieser unglaublichen Brutalität kampflos, schworen der neuen Lehre ab und lieferten aus Angst vor Repressalien unbeugsame Katharer ans Messer der päpstlichen Inquisitoren und ihrer Folterknechte.

Bevor der Kreuzzug richtig begonnen hatte, war daraus schon ein schmutziger Krieg geworden. Nach einer blutigen Säuberungswelle im Süden, die Raimund VI. von Toulouse lebend überstand, griff Ludwig VIII. in den Kirchenkrieg ein, eroberte bis auf Toulouse den ganzen Südwesten und verschaffte sich Zugang zum Meer. Mit Abschluß des Gebietsvertrages von Paris im Jahre 1229 wurde der Albigenserkrieg beendet, die Macht der Katharer und Grafen weitgehend gebrochen und die okzitanische Eigenständigkeit zerstört. Zugleich war der Grundstein für eine zentrale kapetingische Königsmacht in Frankreich gelegt, wie es der Papst prophezeit hatte. Rom und Paris waren höchst zufrieden.

Nur wenigen Katharern war es gelungen, den päpstlichen und königlichen Schergen im unwegsamen Gelände der Corbières vorläufig zu entgehen. Erst 1244 fiel ihre wichtigste Fluchtburg, Montségur (im benachbarten westlichen Departement Ariège), Quéribus konnte sich bis 1255 halten, während Peyrepertuse bereits 1240 an den Nachfolger Ludwigs VIII., den gleichnamigen Kapetinger mit der nächsthöheren Ordnungsnummer, gefallen war. Als allerletzter Katharer gilt ein gewisser Guillaume Bélibaste, den ein Inquisitionsgericht noch 1321 auf den Scheiterhaufen brachte. Er und seine anderen gemeuchelten Glaubensbrüder wurden zu Märtyrern, die den Interessen der alten und neuen Machthaber in Frankreich geopfert wurden.

des Fundortes, das urzeitliche ›Verdoubletal‹, durch das man ins Weinanbaugebiet Fitou und zu den Ruinen des **Château d'Aguilar** gelangt (Besichtigung kostenlos, zehnminütiger Aufstieg). Es ist die erste von drei weiteren Burgen entlang des Weges durch diesen früher unwegsamsten Teil der Corbières, der zu den am heftigsten umkämpften Gebieten während der Katharerkriege gehörte.

Nach Passieren der ehemaligen Grenzbastion **Château de Padern** und des ansehnlichen **Cucugnan** (s. Abb. S. 11/12) wendet sich die Straße nach Süden und folgt dem Blick nach oben, wo sich ein eigenwilliger Bergzacken beim Näherkommen als Burgruine entpuppt, deren Donjon zu Fels geworden zu sein scheint. Ob die exponierte Lage von Vorteil war,

um von so schwindelerregender Höhe aus den Feind frühzeitig erspähen zu können, oder eher ein Handicap, weil man eine gute Zielscheibe abgab, läßt sich für das **Château de Quéribus** (30minütiger Aufstieg vom Parkplatz aus) nicht eindeutig entscheiden.

Es wurde im 11. Jh. ursprünglich als Beobachtungsposten im französischen Grenzgebiet und erst später von den Katharern als Fluchtburg genutzt. Nicht gerade ein anheimelndes Plätzchen, denn selbst im Sommer pfeift einem der Wind in 728 m Höhe so kräftig um die Ohren, daß es bisweilen schwierig ist, sich auf den schwindelerregenden Treppenfragmenten zu halten.

Burgfans wird das kaum abhalten, auch noch die Nachbarfestung **Château de Peyrepertuse** (s. Farbabb.

19) zu besteigen, deren Ruinen wie urtümliche Zahnstümpfe aus einem versteinerten Kieferknochen ragen (vom Parkplatz aus ein wiederum 30minütiger Aufstieg über einen teilweise holprigen Pfad, gelenkbelastend ist auch das Gelände im unteren Burgbereich der insgesamt fast 300 m langen Anlage). Die ebenfalls als Guckposten konzipierte Doppelburg diente den Katharern zeitweilig als Unterschlupf und erhielt nach dem Albigenserkrieg bis zur Einverleibung des Roussillon 1659 ihre ursprüngliche Funktion zurück, ohne seither auf den militärischen Nutzen hin geprüft zu werden. Es fehlten schlicht die Feinde, die man von hier aus hätte beobachten und aufhalten können. Erst die Mauer- und Bastilletürmer der Französischen Revolution gaben der gewaltigen Burganlage den Rest.

Durch die schroffen Schluchten der **Gorges de Galamus** läßt man das Languedoc hinter sich und taucht bei der **Ermitage de St-Antoine** wieder im Roussillon auf. Ein kurzer Weg und ein paar Treppenstufen führen zu der bewirtschafteten Einsiedelei aus dem 15. Jh., deren Häuser sich, schön anzusehen, in eine schroffe Bergflanke schmiegen. Kurz vor **Ansignan** taucht linker Hand der Straße ein römischer Aquädukt auf, über den immer noch Wasser fließt. Wohin die Römer vor 2000 Jahren das Wasser leiteten, ist ungeklärt. Ebenso rätselhaft blieb den Archäologen, warum hier ein so aufwendiges Bauwerk entstand, das neben der Wasserrinne über einen erstaunlichen Tunnel zwischen den beiden Brückenbogen verfügt, der von seiner Größe her auch Warenverkehr zuließ.

Man vermutet, daß die badefreudigen und gesundheitsbewußten Römer, die das Roussillon wegen seiner vielen Heilquellen schätzten, womöglich auch in dieser Gegend über Thermen verfügten bzw. deren Bau ins Auge gefaßt hatten. Daß man bisher keine aufschlußreichen Grabungsfunde gemacht hat, dürfte an der Zerstörungswut der Vandalen liegen, die im 4. Jh. das Roussillon heimgesucht und kaum einen römischen Stein auf dem anderen gelassen hatten.

Kurz bevor die Arme vom vielen Lenken durch das hügelige Weinland der Fenouillèdes und den Ort **Sournia** endgültig erlahmen, trifft die kurvenreiche Strecke südlich von **Montalba-le-Château** oder bei dem lebhaften Winzerort **Estagel** auf gut ausgebaute Straßen zurück nach Perpignan oder Rivesaltes.

Die Sandküste ›Côte Sablonneuse‹

Den Pyrenäenausläufern verdankt das Roussillon eine zweigeteilte Küste. Der 30 km lange Südzipfel, die Côte Vermeille, besteht aus einem steilen Felsufer mit vergleichsweise bescheidenen Stränden, allerdings vor einer teilweise atemberaubend schönen Berg- und Dorfkulisse. An der nördlichen, ebenfalls etwa 30 km langen Côte Sablonneuse ist es genau umgekehrt. Dort protzt Roussillons Küste mit ebenso durchgehend breiten, feinkörnigen und schattenlosen Sandstränden wie entlang der nördlichen Nachbardepartements Aude, Hérault und Gard. Aus dem gleichen Beton wie dort sind aber auch die meisten der modernen Ferienstädte und Appartementsilos gegossen, nach den Plänen von Architektenbüros, die im Rahmen des touristischen Erschließungsprogramms der westlichen Mittelmeerküste seit den sechziger Jahren tätig sind. Das bedeutet zu 90 % normierte Ferienabwicklung in standardisierten Unterkünften und Restaurants. Und den Atem raubt hier eher der starke Urlauber- und Verkehrsstrom.

Lange bevor sich an Roussillons Küste die ersten Feriengäste drängelten, lebten im ehemaligen Sumpf- und Mückengebiet zwischen Le Barcarès und

›La Baigneuse drapée‹, Plastik von Aristide Maillol am Strand von St-Cyprien-Plage

St-Cyprien zeitweilig über 100 000 Menschen – unfreiwillig und unter schlimmen Verhältnissen in Internierungslagern zusammengepfercht. Sie gehörten zu jenen etwa 500 000 Republikanern, die sich als Unterlegene im Spanischen Bürgerkrieg 1939 vor Franco und den Faschisten nach Frankreich retten konnten. Für den größten Teil der Flüchtlinge, zumeist Kommunisten, begann die erhoffte Freiheit in sog. *Camps de Concentration,* die man in *Centres d'Hébergement* umbenannte, als bekannt wurde, welchem Zweck die Lager gleichen Namens im Nazideutschland dienten.

An den schlimmen hygienischen Zuständen in den Massenlagern änderte das nichts. Zu Hunderten starben die Insassen an Infektionskrankheiten, weil die völlig überforderte und kopflos reagierende französische Zentralbürokratie die Emigranten aus Angst vor politischen Unruhen von der Bevölkerung und selbst einer ausreichenden medizinischen Versorgung abschottete. Einige Monate später leerten sich die Lager, nachdem sich die meisten Insassen – überwiegend Katalanen – als Gegenleistung für ein Bleiberecht in Frankreich zum Arbeitsdienst gemeldet hatten. Als die Nazis in Frankreich einmarschierten, füllten sich die Lager wieder, dieses Mal mit Intellektuellen und Oppositionellen, die aus Deutschland vor Hitler geflohen waren, von den Franzosen jedoch zunächst unterschiedslos als feindliche Ausländer behandelt und unter den gleichen schlechten Bedingungen festgehalten wurden. 1941 schloß man die Lager, an die heute nichts mehr erinnert.

Barcarès-Port, Le Barcarès

Die erstgeborene der Zwillingsstädte Barcarès-Port und Leucate-Port (s. S. 266) unterscheidet sich von ihrer kleineren und unwesentlich jüngeren Schwester im Norden durch noch größere, teilweise aber architektonisch gelungenere Hotel- und Appartementkomplexe sowie ein aufgetakeltes Wrack. Es heißt Lydia, liegt auf Sand, ist den französischen Straßenkarten einen gesonderten Eintrag wert und bringt der Stadt viel Geld, denn es hat ein Kasino an Bord. Dort kann jedermann seine Ferien vorzeitig an stillosen Spielautomaten und vornehm an Roulettetischen beenden. Die Siedlungen liegen zu beiden Seiten der Durchgangsstraße, zur Meerseite das namengebende ältere Wochenenddorf Le Barcarès, des weiteren Grande Plage, Lido und Port, zum Surfsee, dem Etang de Leucate, hin Coudalère, der architektonisch wohl schönste Komplex, ferner Cap de Front und Presqu'île.

Torreilles-Plage und Ste-Marie-Plage

Die zwei kleinen, etwas verloren und zerfleddert in der Landschaft stehenden Ferienörtchen halten die beiden großen Konkurrenten Barcarès-Port und Canet-Plage auf Abstand. Um Feriengäste buhlen die beiden Siedlungen allerdings auch: Torreilles-Plage mit großen Camping- und Ferienmobilplätzen, flachen Ferienhäusern und dem ›Village des sables‹, einer merkwürdigen Ansammlung von halb im Sand verbuddelten runden Wohnklötzen, und Ste-Marie-Plage mit Resten örtlicher Traditionen, so der jährlich am 15. August abgehaltenen ›Zigeuner‹-Prozession zum Meer und diversen kleineren, allerdings recht einfalls- und stillosen Appartementsiedlungen, vornehmlich für Wochenendurlauber. Die schöneren Hälften der zwei Badeorte sind die dazugehörigen Dörfer im Hinterland.

Canet-Plage

Der große Badevorort von Perpignan feiert auch im Sommer Weihnachten, im Musée du Père Noël, dem mit über 4000 Ausstellungsstücken größten Weihnachts- und Spielzeugmuseum des Landes. Der Besuch ist eine wirklich lohnende Unterbrechung der UV-Dauerbestrahlung, zu der einen der schöne feinkörnige Strand, die andere Attraktion von Canet-Plage, verleiten mag. Eher als Beschäftigungstherapie wirken hingegen das Oldtimermuseum im Süden der weit auseinandergezogenen Uferbebauungen, das Spielkasino und ein kleines Aquarium im Hafen. Canet-Plage ist eine Mischung von mäßig modernen Appartementkästen und alten Privathäusern aus der Jugendzeit des Badeortes.

St-Cyprien-Plage

Wie fast alle Retortenorte entlang der Sandküste ist auch St-Cyprien-Plage die moderne ›Zweigniederlassung‹ eines alten, kleinen Örtchens im Hinterland, dessen Einwohnerzahl im Sommer spielend um das Hundertfache überboten wird. St-Cypriens bekannteste Frau steht im Herzen der Stadt am Boulevard Maillol, ist eine Plastik des gleichnamigen Künstlers und dreht dem Meer den Rücken zu, weil man das bei der Aufstellung des Kunstwerks nach langen Debatten so entschieden hat. Der Stolz der Stadtoberen ist schließlich nicht das Meer und das Ufer, denn ersteres ist hier so blau und letzteres so breit und feinsandig wie überall entlang der Sandküste, sondern die großflächige Appartementkulisse. Die hat zwar auch fast jeder größere Badeort der Küste, aber hier wird immer noch weiter gebaut, so daß man bald die Bettenkapazität des bisher größten Badeortes im Roussillon, Barcarès-Port, erreicht hat. Schönster Teil des Ortes ist das Südende am Plage Sud, auch Plage des Capellans genannt, wo die Pyrenäen näher und die Bauten flacher sind.

Argelès-Plage und Le Racou-Plage

Hier sind es die Ausläufer der Pyrenäen, die nahen Weinberge und das Grün eines Pinienwäldchens, die der Monotonie der flachen 200 km-Sandküste ein Ende setzen und dem Badeort mit einem eher jungen Publikum und einer ausgewogenen Mischung neuer und älterer Bauten Atmosphäre verleihen. Das haben natürlich schon viele vorher entdeckt, so daß im Hochsommer auch die kleine Häuseransammlung Le Racou-Plage am äußersten Südzipfel des breiten Strandes kaum noch über freie Zelt- und Hotelplätze verfügt. Die Suche danach lohnt sich, besonders für standfeste Surfer, da der Tramontane an dieser Ecke für guten Wind sorgt.

Die Felsenküste ›Côte Vermeille‹

Ein paar Kurven hinter Le Racou-Plage übernehmen die Pyrenäen die Regie. Kühle Fallwinde aus dem Bergland ziehen den Himmel frei, legen die Farben bloß und sorgen für Blaulicht von oben und unten. Das Meer spiegelt die Farbe des Äthers und zerlegt das Sonnenlicht in warme Violettöne. Eisenoxide lassen die Felsen rostrot schimmern. Gegen Abend leuchten sie um die Wette mit den Grüntönen der Rebhänge. Der Zufall hat es so gewollt, daß die

Pyrenäen hier einigermaßen glatt ins Meer rutschen und Platz machen für mehrere natürliche Hafenbecken mit ein paar schmalen Sandsäumen, an denen seit frühesten Zeiten Fischer, Handwerker und Kaufleute siedelten.

Collioure

Nacheinander entdeckten alle der hier durchreisenden Völker und Stämme diese schönste der vier schiffbaren Buchten für ihre Zwecke, und sei es nur, um zu zerstören, was feindliche Okkupanten zuvor gebaut hatten: Phönizier, Kreter, Phokäer, Etrusker und Römer, die den Ort Caucoliberis nannten, später Westgoten, Araber, sogar Normannen und schließlich die Könige von Aragón, deren Baumeister 1171 eine erste Burg in Collioure errichteten (s. Farbabb. 23). Im 13. Jh. fanden diverse Orden Gefallen an Collioure und den Weinbergen ringsum. Templer, Johanniter, Zisterzienser und Dominikaner schickten nacheinander ihre frommen Brüder. Und wie sie kamen, so verschwanden sie wieder, zuletzt die Templer, in deren Hauptdomizil Trouillas (bei Thuir) 1285 das Verfahren zur Herstellung eines natursüßen Weins entdeckt wurde, dessen Anbaugebiete längs der Côte Vermeille später nach dem Haupterzeugerort Banyuls benannt wurden.

1659, mit Abschluß des Pyrenäenvertrages, ergriff Ludwig XIV. Besitz von Collioure und ließ den Hafenkomplex vom Militärarchitekten Vauban zu einer zeitgemäßen Festungsstadt ausbauen. Das von Jakob dem Eroberer im 13. Jh. zwischen den zwei Hafenteilen Port d'Amont im Norden und Port d'Avall im Süden aufgeführte Château Royal verschwand hinter mächtigen Schanzwällen, für die mehrere Häuserzeilen plattgemacht wurden. Dem Fort Miradou auf der steilen Nordküste setzte man zwei kleinere Festungen vor die Nase, und als Ersatz für ein Gotteshaus, das den Umbauten weichen mußte, errichtete man 1684–1691 am Plage de Vincent die großzügig ausgestattete Barockkirche St-Vincent. Im Laufe der Jahre vernarbten die Wunden, und rund um das nördliche Vieux Quartier du Mouré gesellten sich Häuser und Gassen hinzu, in denen sich seit je das warme Licht der Abendsonne verfängt und eine rosafarbene Linie über das Pflaster zieht.

Maler sehen so was, packen die Pinsel aus und bleiben. Matisse gehörte dazu. In Paris war ihm kein Glück beschieden, wo andere seiner Idole und Künstlerfreunde längst ihren Malstil gefunden hatten. Matisse suchte ihn noch und hoffte, ihn im einfachen Collioure zu finden, weil ihm für die teure Côte d'Azur das Geld fehlte. So quartierte er sich im Sommer 1905 in einem Hotel am Bahnhof ein, malte, was die Farben hergaben, und sprach eines schönen Morgens zwei werbewirksame Sätze für Stadtchronisten, Biographen, Touristikmanager und Reiseführerautoren: »Es gibt in Frankreich keinen blaueren Himmel als den von Collioure. Ich brauche nur die Fensterläden zu öffnen, und schon habe ich alle Farben des Mittelmeers bei mir.«

Seither kommen jedes Jahr bedrohlich mehr, um die Farben anzusehen. In natura, d. h. in den geputzten Gassen, auf den Hügeln ringsum und an den

Im Hafen von Collioure in den dreißiger und vierziger Jahren: Entladen von Fracht-
seglern und Fischerfrauen beim Netzeflicken

fünf kleinen Stränden, nicht aber auf der Leinwand. Denn weder das kleine Musée Peske an der Straße nach Port-Vendres noch die Nachkommen seiner Freunde im Ort besitzen noch einen Original-Matisse. Auch die berühmte, vis à vis des Königsschlosses am Douy-Kanal gelegene Hostellerie des Templiers nicht mehr, in der die Wände mit Bildern armer Künstler zugehängt sind, denen wie Matisse öfter das Geld für die Zeche ausging. Dabei entstanden während der zehn Jahre seines wiederholten Aufenthaltes in Collioure Hunderte von Zeichnungen und viele seiner berühmtesten Gemälde. Darunter auch die ›Frau mit Hut‹, die Matisse zum Begründer der Fauvisten machte, weil sie einem Kritiker auf einer Ausstellung in Paris so ›wild‹ gemalt erschien, daß er sich zu dem Entsetzensausruf *»je me sens au milieu des fauves«* hinreißen ließ.

Anstatt Matisse-Malerei bekommt man draußen auf der Restaurantterrasse der ehrwürdigen Hostellerie des Templiers und von den benachbarten Cafés, Bars und Bistros aus ein gutes Bild vom heutigen Sommerleben in Collioure geboten (nicht vom Essen, da sich die Restaurants mit guter Küche überwiegend an den Hügel des südlichen Port d'Avall zurückgezogen haben). Frühmorgens trotten zuerst die Hobbymaler, dann die Schnickschnackverkäufer vorbei und stellen bei den Fischerbooten an der Uferpromenade Boramar ihre Staffeleien und Verkaufsstände auf. Später setzt ein unablässiger Strom der Besucher und Badegäste ein: zu den Stränden rund um die Kirche St-Vincent und zum Sentier de la Moulade, einem bequemen

Pfad, der zwischen Meer und Klippen entlang zu einer Kiessandbucht Richtung Le Racou-Plage führt (hin und zurück etwa 45 Minuten).

Nur von den knapp 3000 Einwohnern sieht man hier wenig. Ab und zu fahren noch ein paar Anchovisfischer aufs Meer. Die restlichen Fische werden billiger aus Port-Vendres, vor allem aber aus dem Atlantik angeliefert. Die Jüngeren stecken im Koch- und Kellnerdress oder fahren zum Geldverdienen nach Perpignan. Und die alten Männer spielen *Boules*, wo immer sich dafür noch Platz findet, oder warten Touristen beguckend darauf, daß endlich die Geschäfte schließen und das Essen auf den Tisch kommt.

Seit den fünfziger Jahren sind die Zeiten vorbei, als die Frauen am frühen Abend mit ihren Männern draußen am Hafen saßen und beim Schwatzen die Fischernetze flickten, aus Schnüren die Sohlen für *Espadrilles* flochten und Anchovis entgräteten. Dafür verdienen hier heute auch die Frauen so gut wie nie zuvor und finden zwischen Herbst und Frühjahr genügend Zeit zum Geldausgeben in Perpignan und zum Ferienmachen – in Collioure z. B., das während dieser schönen Monate Atem schöpft für den nächsten Sommeransturm.

Port-Vendres

Der schönste Ort der Felsküste ist Collioure, selbst wenn mehr und mehr Neubausiedlungen der Altstadt zu Leibe rücken. Pech für das nachfolgende Hafenstädtchen Port-Vendres, daß Collioure auch der erste ist, durch den man auf dem Weg nach Süden kommt. So hat man sich leicht an dessen Licht und Lage müde geguckt und übersieht schnell, daß auch der größere, nur 3 km entfernte Nachbarort noch etwas mehr als die langgestreckte Uferstraße zu bieten hat, über die sich leider der gesamte Durchgangsverkehr quälen muß. Den Fischerei- und Handelshafen z. B., dessen Gebäude längs der Hafeneinfahrt zu Spielzeughäuschen schrumpfen, wenn an ihren Kaimauern die großen Pötte vor Anker gehen. Für Augen und Magen interessanter sind eine Handvoll Fischkutter. Abend für Abend machen sie nach 17 Uhr am stadtnahen, nördlichen Hafenabschnitt fest, und Seeleute verkaufen einen Teil ihrer Fänge vom Boot weg, bevor der große Rest in die Fischauktionshalle wandert.

Port-Vendres ist eine gute Adresse für Fisch, von dem allerdings immer weniger – ob bei Tage mit Netzen oder des Nachts mit Locklampen – aus den küstennahen Fanggründen geholt wird. Das Mittelmeer ist hier nicht sehr fischreich, und Großfangschiffe räumen die Weltmeere wesentlich billiger mit ihren kilometerlangen Schleppnetzen leer. Schlechte Zeiten für die kleinen Fischer und Schiffseigner und gute für Geldanleger, die in leergewordenen Häusern Boutiquen und Ferienappartements einrichten und die freien Schiffsliegeplätze an Besitzer von Segel- und Motoryachten vermieten. Ein Ort für längere Badeferien ist Port-Vendres dadurch aber nicht geworden.

Geschichte und Architektur der Stadt sind eng mit der Funktion verbunden, die ihr Hafen zu allen Zeiten für die jeweiligen Nutzer bedeutete. Den Römern, die das Plätzchen ›Hafen der Venus‹ nannten, verdankt das 6000-Einwohner-Städtchen wieder einmal den Namen, allerdings auch einen ewigen Archäologen- und Historikerstreit, ob hier oder bei Collioure die sagenumwobene Stadt Pyrène mitsamt dem großen Venusheiligtum gelegen habe. Die einschneidenden baulichen Veränderungen stammen aus der Zeit von 1772 bis zur Französischen Revolution. Nach den bereits 100 Jahre alten Plänen von Vauban, dem Kriegsarchitekten des Sonnenkönigs, ließ Ludwig XVI. das kleine Rund der Ankerplätze in einen Kriegshafen umbauen. Bauschutt und Aushub häufte man zu der (unvollendeten) Place d'Obélisque an der nördlichen Hafenzufahrt auf und krönte sie mit einem die *Grande Nation* verherrlichenden Obelisken zu Ehren des Königs.

Kunsthistorisch bedeutsamer und als Antikriegsdenkmal gedacht ist die Plastik für die Opfer des Ersten Weltkrieges gleich nebenan. Sie stammt von Aristide Maillol, entstand 1923 und zählt zu den zentralen Werken des geschätzten Künstlers, der im benachbarten Banyuls-sur-Mer geboren wurde. Die Chaussée de la Jetée führt in Richtung Hafendamm zu mehreren kleinen Kiessandbuchten, wo die Badefreuden allerdings durch wenig vertrauenerweckendes Wasser getrübt werden. Südlich des Cap Béar Richtung Banyuls-sur-Mer verstecken sich vier weitere kleine Badebuchten mit einer improvisierten Getränke- und Nahrungsversorgung. Das Wasser macht hier zumindest optisch einen besseren Eindruck (Zufahrt über die N 114).

Banyuls-sur-Mer

Banyuls-sur-Mer

Warum das Badeörtchen Banyuls-sur-Mer noch am ehesten Collioure das Wasser reichen kann? Vielleicht ist es der Baustil einiger Häuser, in denen sich die Nähe von Spanien bemerkbar macht. Vielleicht ist es die weite Bucht und die nahe ans Meer gerückte Hügelkette der Albères. Vielleicht ist es aber auch die Geräuschmischung aus dem Blätterrascheln der Promenadenpalmen und jenen hellen Klängen, die Takelleinen erzeugen, wenn sie der Wind an Hunderte von Masten schlägt. Das wird's wohl sein, denn Banyuls-sur-Mer hat sich in den letzten Jahren zu einem recht flotten Yachthafen und Ferienort mit einem Hauch von Côte d'Azur-Stimmung entwickelt, ohne dabei eine zweigeteilte Stadt zu werden, weil landschaftsschindende Appartementklötze weitgehend fehlen.

Dem ›Laboratoire Arago‹, einem meeresbiologischen Institut der Sorbonne, das in seinen Gebäuden am Südende des Hafens über die Wasserqualität der Küste bis nach Spanien wacht, ist es zu verdanken, daß Banyuls-sur-Mer über recht klares Meerwasser und sehr gute Tauchgründe verfügt. In einem öffentlichen Institutsaquarium ist die örtliche Meeresflora und -fauna zu sehen. Ganz in der Nähe der südlichen Hafenspitze erinnert das Monument aux Morts hoch auf einem Felsen an die Folgen des Ersten Weltkrieges und zugleich an Aristide Maillol, den bekanntesten Bildhauer Roussillons und Sohn von Banyuls-sur-Mer, der hier 1861 geboren wurde. Er starb 1944,

nachdem er seiner Heimat, besonders den katalanischen Frauen, diverse Denkmale gesetzt hatte, die ein Frauenbild zeigen, mit dem sich die jüngeren Französinnen des Roussillon allerdings nicht unbedingt mehr anfreunden können (s. St-Cyprien-Plage S. 293 und Perpignan S. 306).

Banyuls-sur-Mer ist nicht nur Kunst-, sondern auch Weinkennern ein Begriff, denn auf den Weinbergen rund um die Stadt und entlang der Côte Vermeille reift die Rebsorte Grenache, aus der man einen Wein mit einem Restzuckergehalt von über 250 g, d. h. mehr als 14 % Alkohol pro Liter, keltert. Sehr süß bzw. schwer ist er also, der ›Banyuls‹, der als junger Wein zum Aperitif getrunken wird. Seine besondere Süße erhält er durch Zusatz von Weingeist während des Gärungsprozesses, eine Erfindung aus der Zeit, als der Templerorden im Roussillon ansässig war.

Außer dem kaum 20 m breiten, grobkieseligen Hauptstrand findet man in der Nähe des südlichen Ortsausgangs den kleinen Strand Plage du Troc für ebensolche Ansprüche und weiter in Richtung Cerbère, am Cap de l'Abeille, den abgeschotteten Strand Plage de Taillelauque, der nur mit Spürsinn und gutem Schuhwerk zu finden ist.

Eine landschaftlich schöne, 20 km lange Strecke ist die serpentinenreiche, wenig befahrene D 86, die von Banyuls-sur-Mer aus zunächst zu der 652 m hoch gelegenen Tour Madeloc führt, einen alten Wach- und Signalturm der Könige von Mallorca. Die Albèresausläufer querend gelangt man in weitem Bogen zurück nach Collioure (Stichstraße auch nach Port-Vendres). Von der Höhenstraße aus erschließt sich die ganze Geographie der Côte Vermeille, und selbst bei relativ diesiger Sommerluft kann man in Richtung Norden die Sandküste hinauf bis nach Canet-Plage sehen.

Cerbère

In dem Grenzort herrscht ein wenig Endzeitstimmung – dank Fortschritten in der Angleichung von EG-Normen. Die Spurbreite der spanischen Eisenbahn wird bald auf die Kontinentaleuropas umgestellt sein. Die Tage des riesigen internationalen Umlade- und Umsteigebahnhofs sind damit gezählt und viele Arbeitsplätze in Gefahr. Im Rathaus setzt man auf Neubeginn, und der heißt Tourismus. Ob dem auf Zweckmäßigkeit hin konzipierten Grenzort die Umstellung gelingt, wird sich zeigen. Die Bucht ist eng und mit den zwei kleinen Strändchen nicht viel Staat zu machen. Dennoch sind bereits ein paar Ferienappartements entstanden. Und Tauchsportler haben schon die guten hiesigen Gründe entdeckt – eine Rarität, da sie an der Sandküste gänzlich fehlen.

Port-Bou

Das spanische Grenzörtchen ist das Pendant zu Cerbère: ein überdimensionierter Bahnhof, etwas Strandleben und graue, verwinkelte Gassen mit täglicher High-noon-Stimmung zur Siestazeit. Auf einem Felssporn, dem schön-sten Ort über der Stadt, liegt ein Friedhof, auf dem Walter Benjamin begra-ben ist (Grab Nr. 563). 1940 war dem Philosophen die von Freunden organi-sierte Flucht auf einem alten Schmugglerpfad über den Puis d'el Mas von Banyuls-sur-Mer nach Port-Bou gelungen. Dort teilten ihm die Grenzbeam-ten mit, daß Spanien nur noch Personen mit einem gültigen französischen Ausreisevisum einreisen ließe – eine falsche Auskunft, wie sich erst später herausstellte. Walter Benjamin, der befürchtete, nach Frankreich zurück zu müssen und dort in die Hände der Nazis zu fallen, nahm sich noch in dersel-ben Nacht vom 26. auf den 27. September mit Tabletten das Leben. Der Pfad, auf dem noch weiteren deutschen Emigranten die Flucht vor deutschen Folterkammern gelang, diente später als Transportweg für geschmuggelte Zitrusfrüchte. Unter Umgehung des französischen Zolls ließen sich deut-sche Besatzungsoffiziere aus Francos Spanien mit Vitaminen versorgen.

Die Ebene

Perpignan

Mallorca kennen viele. Ihre alte Zweit-Hauptstadt Perpignan nur wenige. Die ›Kapitale Französisch-Kataloniens‹, wie man sie hier gerne nennt, ist Sitz der Departementverwaltung und mit rund 140000 Einwohnern die Heimat eines Drittels der Roussilloneinwohnerschaft, ein quicklebendiger Ort, auch im Sommer, wenn er sich zu Frankreichs wärmster Stadt aufheizt und die Hitze in den Gassen steht.

Die iberischen Temperaturen waren es nicht, die Perpignan im 13. Jh. zum Festlandsregierungssitz des spanischen Inselkönigreichs werden ließen, sondern eher kühle Politik: Das seit Karolingerzeiten von autonomen Gebietsgrafen regierte Roussillon wurde 1172 durch Erbschaft ein Teil Ara-góns, eines Königreichs mit streitbaren Katalanen an der Spitze. Im Langue-doc war nichts mehr zu holen, denn dort machten sich seit Ende der Albigen-serkriege die Kapetinger breit. Also blickte Aragóns politische Führung nach Südwesten, und dort sah sie sich Arabern gegenüber, die seit ihrer Invasion im 8. Jh. weite Teile Spaniens ihr eigen nannten. König Jakob beschloß das zu ändern, jagte den Muslimen mit Beginn des Jahres 1229 nacheinander Ibiza, Mallorca, Valencia und Murcia ab und hatte nichts dagegen, für seine Leistung bewundernd ›der Eroberer‹ genannt zu werden.

Was ihn allerdings störte, war die ungelöste Erbfrage, da er aus zwei Ehen je einen Sohn hinterließ, die beide Ambitionen auf seine Nachfolge hatten. So

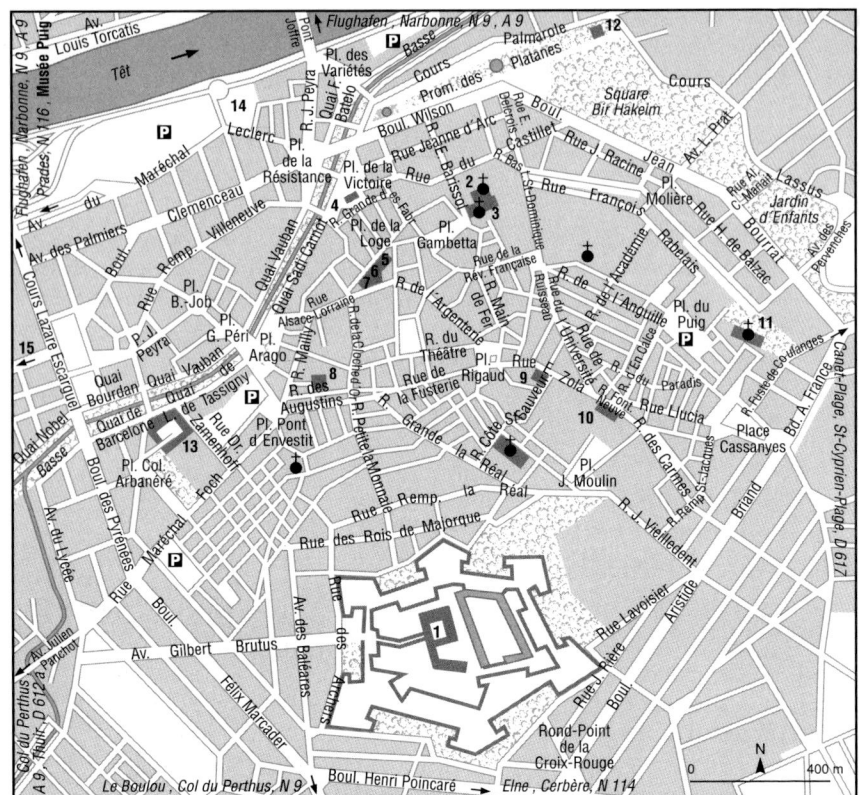

Perpignan 1 Palais des Rois de Majorque 2 Kirche St-Jean-le-Vieux 3 Kathedrale St-Jean 4 Le Castillet/Musée Catalan 5 Loge de Mer 6 Hôtel de Ville 7 Palais de la Députation Provinciale 8 Musée Rigaud 9 Hôtel Pams 10 Hôtel de Cagariga/Musée d'Histoire naturelle 11 Kirche St-Jacques 12 Touristeninformation 13 Post 14 Busbahnhof 15 Bahnhof

teilte er sein Reich und überließ noch zu Lebzeiten seinen Söhnen das Regieren. Peter III. aus seiner ersten Ehe erhielt Aragón und Valencia, Jakob II. die Balearen und alle östlich der Pyrenäen gelegenen katalanischen Besitzungen, zusammengefaßt zum Königreich Mallorca. Von der gleichnamigen Insel im Südwesten, die allzu weit von den neuen Untertanen und Handelsplätzen im Osten entfernt lag, wollte der Königssohn sein Reich aber nicht regieren. Also besann auch er sich aufs Teilen und machte Palma und Perpignan zu zwei halben Regierungsstädten.

Und weil der Herrscher und seine Regierungsbeamten nun hin und her pendeln mußten, wollten sie es in beiden Orten repräsentativ und bequem haben. Das versprach den königlichen Baumeistern ein volles Auftragsbuch und hieß für die Untertanen, den Gürtel enger zu schnallen, denn was in Perpignan schließlich dabei herauskam, war ein Palais, das mit seinen späteren Umfriedungen noch heute im Süden des historischen Zentrums die Fläche eines ganzen Stadtviertels einnimmt – gleichermaßen ein Filetstück unter Perpignans damaligen Baugeländen: Gleich nach Testamentsbekanntgabe 1272, vier Jahre vor dem Tod seines Vaters und bevor die Hauptstadtfrage endgültig geklärt war, hatte Jakob II. vorsorglich in Perpignan ein schönes Grundstück mit der Residenz der ehemaligen Gebietsgrafen des Roussillon erworben.

Das Gebäude war für die königlichen Ansprüche allerdings zu popelig. 1276 ließ der Jungkönig deshalb den Grundstein zum Bau des **Palais des Rois de Majorque (1)** legen, in dem er bereits 1285 Hof hielt. Bis 1344, als das Inselkönigreich wieder an das aragonesische Stammreich fiel, residierten hier die Könige von Mallorca. Nur 68 Jahre hatte das kleine Reich existiert. Die kurze Epoche reichte aber, um, etwas übertrieben, als ›Goldenes Zeitalter‹ Roussillons in die Geschichte einzugehen. Unbestreitbar profitierten Perpignans Händler und Handwerker von der Nähe zu den Königen, die für ein gutes Investitionsklima sorgten. Das ursprüngliche Palais (Zugang über die Rue des Archers im Westen der Anlage) gibt nur noch eine Ahnung vom guten Leben der mallorquinischen Könige.

Ihrer Zeit entstammen der zentrale Innenhof, u. a. mit den östlichen, auffällig offen gestalteten doppelstöckigen Arkaden zu beiden Seiten der Westfront zweier übereinanderliegender Kapellen, ferner die Höfe des Königs und der Königin sowie im Südteil der ersten Etage der große Saal der Könige, in dem repräsentiert, gefeiert und regiert wurde, wo aber außer den Kaminen fast nichts mehr aus jenen Tagen erhalten ist. In den Räumlichkeiten unter dem Saal wird eine darstellende Übersicht der Kunst im Roussillon gegeben. Der Ausbau zur Festungsanlage erfolgte auf Veranlassung der aragonesischen Könige im 14. und 15. Jh., im 16. Jh. ließ Karl V. einen Festungswall ziehen, dem Philipp II. weitere Befestigungen und das äußere, als Triumphbogen gestaltete Eingangstor folgen ließ.

Aus der ›guten alten Zeit‹ Perpignans stammt auch das größere der beiden Kirchengebäude an der Ostseite der Place Gambetta. Mauer an Mauer mit der Pfarrkirche **St-Jean-le-Vieux (2)**, die im 11. Jh. während der Herrschaft von Roussillons Gebietsgrafen errichtet worden war, sollte auf Geheiß des mallorquinischen Königshauses eine Kathedrale entstehen, vor der selbst die französischen Kathedralbauexperten im Osten und die Aragoneser im Westen den Hut ziehen würden. Leider reichte dazu weder das Geld noch die kurze Herrschaftszeit. So präsentiert sich die im 15. Jh. vollendete **Kathedrale St-Jean (3)** wesentlich kleiner als geplant und mit einer fast ärmlichen Westfront, hinter der sich allerdings ein prächtiger gotischer Kirchenraum befindet.

Der größte Schatz für Perpignans Gläubige ist ein Kruzifix, das 364 Tage im Jahr an der Wand einer kleinen Seitenkapelle hängt (Zugang unmittelbar neben dem Südportal). Am Karfreitag holen die ›Kapuzenmänner‹ den *Dévôt Christ* von der Wand und führen ihn bei der Sanch-Prozession mit sich. Die Schnitzarbeit eines rheinländischen Künstlers (etwa 1304) mutet in ihrer expressionisti-

schen Darstellung des leidenden Ge-
kreuzigten seltsam modern an und
ist auf ungeklärte Weise Anfang des
16. Jh. nach Perpignan gelangt.

Auch nach der Wiedervereinigung
des geteilten Aragón im Jahre 1344
ließ es sich in Perpignan zunächst angenehm leben. Die Stadt wurde von
der flauen Wirtschaftslage am Mittelmeer wegen ihrer verflochtenen
Handelsbeziehungen nur wenig getroffen. Die örtlichen Handwerker
und Baumeister erhielten neue Bau-
aufträge, diesmal von den Aragonesen, die Perpignan zum Schutz vor
den Franzosen befestigen und nach
1386 die markante Torfestung **Le
Castillet (4)** errichten ließen (schöne Aussichten auf Stadt und Land und
interessante Ansichten katalanischer Volkskunst in einem kleinen
Museum). 1388 gründete man das
›Consulat de Mer‹, eine Handelskammer zur Überwachung des Seehandels nebst Gericht und Börse, das seinen Sitz in der **Loge de Mer (5)**
nahm. Das 1397 begonnene Gebäude
erhielt erst Mitte des 16. Jh. seinen
filigranen gotischen Dekor. Auch das
1315 erbaute **Hôtel de Ville (6)**
gleich nebenan (mit einem Haupt-
werk Maillols, der Plastik ›la Médi-

terranée‹ im Innenhof, s. S. 299f.) und das benachbarte **Palais de la Députation Provinciale (7)**, der ehemalige Sitz der Provinzabgeordneten, 1448 im
katalanischen Stil errichtet, erfuhren je nach politischer und finanzieller
Situation bauliche Veränderungen, das Rathaus zuletzt im 17. Jh.

In diesen 300 Jahren erlebte die Stadt einen kontinuierlichen wirtschaftlichen Abstieg und sah Herrscher aus Spanien und Frankreich kommen und
gehen. 1491 folgte auf die Franzosen, von denen die Stadt verschiedentlich
attackiert und besetzt worden war, das erzkatholische kastilisch-aragonesi-
sche Königspaar Ferdinand und Isabella, das die Aktivitäten der toleranten
und wirtschaftlich liberalen Stadt völlig lähmte. Im 16. Jh. nahmen unter
dem Habsburger Karl V. (auch König von Kastilien) und Philipp II. die zentralstaatlichen Repressalien Spaniens eher noch zu. Es dauerte dennoch
weitere 100 Jahre, bis die Katalanen diesseits der Pyrenäen offen gegen die

kastilische Unterdrückung revoltierten und Richelieu bei der Besetzung des Roussillon den Weg bahnten. 1659 wurde das Gebiet samt Perpignan französisch. Nicht lange, und die Katalanen mußten schmerzlich erfahren, daß sie den spanischen gegen den französischen Zentralstaat getauscht hatten, zu dessen ersten Amtshandlungen das Verbot gehörte, katalanisch zu sprechen. Anfang des 20. Jh. lebten noch immer kaum mehr als 25 000 Menschen in Perpignan, das bis zur Gründung der EG im provinziellen Dämmerschlaf versunken blieb. Seinen Bevölkerungsaufschwung verdankt die Stadt dem Ausbau zu einem lebhaften Umschlagplatz für Agrarerzeugnisse, der Nähe zu spanischen Handelsplätzen und, seit Ende des Algerienkrieges, dem Zustrom nordafrikanischer und später spanischer und portugiesischer Einwanderer.

Von Platz zu Platz durch die Altstadt

Die Seele einer Altstadt sind ihre Plätze. In Perpignan, wo die ethnischen Spannungen groß sind, werden sie immer unentbehrlicher für die gefährdete Einheit der Stadt: als kleinster gemeinsamer Nenner des Zusammenlebens. Denn was sich abends fein säuberlich entsprechend der Hautfarbe und des Sozialstatus auf Plätzen und in Restaurants trennt, muß sich am Tage wohl oder übel mischen, weil die Altstadt zu klein ist, die Wege zu kurz sind und die Plätze zu dicht beieinander liegen, um sich völlig aus dem Wege zu gehen. Und wenn Wochenendmarkt ist, spricht Madame sogar ein Wort mit den *Gitanes* und Monsieur mit den *Arabs*. Was will man machen, wenn das beste Obst und Gemüse an Wochenenden auf der Place Cassanyes im arabischen Viertel verkauft wird, wo all jene Zigeuner und Immigranten wohnen, um die man sonst einen Bogen macht?

Die grüne Lunge der Altstadt ist der langgestreckte **Square Bir Hakeim** mit einem *Jardin d'Enfants* (Garten für Kinder), gleich südlich des *Palais des Congrès* und der Touristeninformation (12), unweit der Parkplätze am Têtufer: ein Ort zum Dösen und Klönen in der Mittagshitze unter dem dichten Blätterdach von Laubbäumen und Palmen. Stilgerecht betritt man die Altstadt durch das alte Stadttor Le Castillet. Ehe man sichs versieht, hat man die lauschige **Place de Verdun** überquert, denn die gegenüberliegenden Gassen ziehen einen unwillkürlich weiter, zur ›handtuchgroßen‹ **Place de la Loge,** Perpignans Nummer Eins unter den Plätzen. Und das ist sie schon seit dem Bau der Loge de Mer, denn wo sonst kann die Schaulust besser befriedigt werden als dort, wo es um Haben und Sein geht. Von 1400–1740 waren es das Gericht und die Börse des ›Consulat de Mer‹, die darüber entschieden. Heute übernimmt ein Schnellrestaurant diese Aufgabe, das nun schon einige Jahre äußerst erfolgreich unter den Augen einer korpulenten Maillol-Grazie in diesem gotischen Kommerzpalast logiert. Es hält seine Klientel mittels eines schmalen Durchgangs auf Halbdistanz zu den teuren Bistros der gegenüberliegenden Platzseite. An der **Place Arago** zahlt man in allen Cafés an dem verkehrsumtobten, lebhaften Palmenplatz fürs Sehen und Gesehenwerden ähnliche Preise. Auf dem Weg von der studentisch geprägten **Place Pont d'Envestit** – dort befindet sich die Kunsthochschule und ganz in der Nähe das **Musée Rigaud (8)** – über die winzige **Place des Pollus** (mit einem täglichen Markt) zur **Place Rigaud** verengen sich die Gassen, überlassen geputzte Fassaden einfacheren Häuserfronten das Feld. An der Place Rigaud, vom Volksmund ›Platz der Arbeit‹ getauft, arbeiten das Arbeitsamt und der Wirt der Bar gegenüber für die, die keine Arbeit haben. Es sind zu einem beträchtlichen Teil Bewohner aus dem benachbarten Armeleuteviertel Quartier St-Jacques, in das die großzügige Rue Emile Zola führt. Bevor man sich dort unversehens im Orient wiederfindet, zeigt die abendländisch-bürgerliche Architektur, was sie zu bieten hat: das **Hôtel Pams (9),** eine prachtvoll ausgestattete Stuckvilla von der Jahrhundertwende, in der die Stadtbibliothek untergebracht ist, und ein paar Häuser weiter das **Hôtel de Cagariga (10),** Sitz des Naturkundemuseums.

Besonders sonntags – ohnehin der beste Tag für Stadtbesichtigungen – könnte der Kontrast zwischen der nordwestlichen und der nordöstlichen Altstadt größer nicht sein. Während hier das Leben den ganzen Sonntag nicht richtig in Gang kommt, verwandeln sich keine 500 m entfernt die Gassen in einen großen Basar und die **Place Cassanyes** jeden Samstag und Sonntag vormittag in den lautesten, buntesten, duftendsten und bestsortierten Markt der Stadt. In der Mitte wird das Geld verdient und in den Kaffeehäusern drumherum ausgegeben. Es herrscht orientalische Herzlichkeit und Geselligkeit. Überall stehen Männer in Gruppen beisammen, engagiert debattierend, aber immer seltener lachend. Auch in Perpignan hat die Ausländerfeindlichkeit in den letzten Jahren zugenommen, wächst auf der einen Seite die Angst vor Überfremdung, auf der anderen Seite die Furcht vor Diskriminierung, Arbeitslosigkeit oder Abschiebung.

Dazu kommen die Probleme der Ausländer untereinander. Die vielen tausend Zigeuner des Viertels wollen nicht mit den später eingewanderten Marokkanern in einen Topf geworfen werden, die sich wiederum nicht gut mit den algerischen und tunesischen Fundamentalisten verstehen, von denen die wenigen christlichen und besonders die jungen Algerier der zweiten Generation gemieden werden. Und während die ältere Ausländergeneration Vorurteile, schlechte Arbeitsplätze und übersteuerte Unterkünfte widerspruchslos hinnahm, verschaffen sich deren in Frankreich geborene Kinder immer lautstärker Gehör und fordern zunehmend massiv die Gleichbehandlung bei Ausbildung und Vergabe von Arbeitsplätzen. Auch in Perpignan wird Frankreich von den ungelösten Problemen seiner afrikanischen Kolonialgeschichte und Ausländerpolitik eingeholt (s. S. 57–61).

Südlich der **Place du Puig**, um die sich teilweise triste Wohnblocks türmen, sind die Gassen so eng, daß die Häuser alle Intimitäten ausplaudern und man mit der Nase zu Gast an Dutzenden von Mittagstischen ist. Die **Place Gambetta** zu Füßen der Kathedrale ist nicht mehr von Müllsäcken, sondern von eleganten Geschäften und Hotels gesäumt. Der Platz wird täglich gereinigt, und es riecht nach französischen Backwaren und Parfüm, so wie es sich viele für die ganze Altstadt wünschen.

Museen

Musée catalan des Arts et Traditions populaires (4): Brauchtum und Volkskunst ›Französisch-Kataloniens‹.

Musée d'Histoire naturelle (10): Flora und Fauna des Roussillon.

Musée numismatique Joseph Puig: Münzsammlung mit Stücken von der Antike bis zum Mittelalter.

Musée Hyacinthe Rigaud (8): Das nach dem Hofmaler Ludwigs XIV. benannte Kunstmuseum in den Räumlichkeiten des sehenswerten Hôtel de Lazerme aus dem 17. Jh. zeigt Malerei vom 13. Jh. bis zur Moderne, u. a. von Rigaud, Alechinsky, Breughel, Calder, Ingres und Picasso.

Musée d'Avions: privates Flugzeug- und Luftfahrtmuseum.

Blutsbrüder im Büßergewand:

die Karfreitagsprozession der ›Confrérie de la Sanch‹

Jedes Jahr am Karfreitag bricht in Perpignan das Mittelalter aus. Dann schlüpfen 600 gestandene Männer, vom örtlichen Metzger bis zum Bankdirektor, freiwillig in eine düstere Verkleidung. Sie verstecken ihre Bäuche unter den schwarzen oder roten Faltenwürfen bodenlanger Kutten, ziehen dunkle Handschuhe an und stülpen sich die *Caparutxa*, eine Spitzkappe mit zwei furchterregenden Sehschlitzen, über den Kopf. Danach sehen sie aus wie Mitglieder des Ku-Klux-Klan und sind doch nur Angehörige der friedlichen und sozial engagierten ›Confrérie de la Sanch‹, einer christlichen Bußbruderschaft mit langer Tradition. Man führt sie auf den katalanischen Dominikanerprediger Vincent Ferrier zurück, den eine Missionsreise 1415 nach Perpignan brachte, wo seine flammenden Reden – wie andernorts – die Menschen in spontan organisierten Prozessionszügen zusammenkommen ließen. 1416 rief man in der **Kirche St-Jacques (11)** zur Erinnerung an den Prediger und nach spanischem Muster die Bußbruderschaft ›vom kostbaren Blut des Herrn Jesus Christus‹ ins Leben, die sich im folgenden vornehmlich um soziale Randgruppen kümmerte.

Die Ambivalenz in der heutigen Beurteilung der *Confrérie* hat zweierlei Gründe. Zur Zeit der Inquisition machten sich die Blutsbrüder zu Handlangern kirchlicher Folterknechte, weil sie zum Tode Verurteilte zum Schafott begleiteten – in Gewändern, die auf fatale Weise der Henkerskleidung ähneln. Darüber hinaus nahm die Bruderschaft im Laufe der Jahrhunderte immer stärker Züge eines märtyrerhaften Geheimbundes an, dessen Mitglieder versuchten, sich durch blutige und verstümmelnde Selbstgeißelungsrituale in Gefühlszustände zu bringen, die denen des Erlösers vor dessen Tod nahekommen sollten. 1777 wurde deshalb die Bruderschaft verboten, zumal der Zentralstaat nicht kontrollierbare politisch-religiöse Untergrundtätigkeiten vermutete (s. a. Abb. S. 280/281).

Erst 1950 rief man die ›Sanch‹-Bruderschaft ins Leben zurück, etablierte ihre Zentrale im Castillet und dehnte die Karfreitagsprozession über das Viertel St-Jacques bis zur Kathedrale St-Just aus, dem Aufbewahrungsort des *Dévôt Christ* (s. S. 303f.). Wie ehedem wird der Zug in Perpignan vom rotgewandeten Bruderschaftsältesten, dem *Regidor,* angeführt, der eine Eisenglocke mit sich führt. Glockenklang, Gesang und dumpfer Trommelschlag begleiten den merkwürdigen Umzug, der auch in Arles-sur-Tech und in Collioure veranstaltet wird (dort in der Nacht auf Karfreitag im schauerlich-schönen Fackelschein).

Gänsehaut und Mittelalterromantik bleiben auf den Karfreitag beschränkt. Am Ostersonntag beginnt man die Auferstehung zu feiern, und zwar so, wie sich das für Katalanen gehört: mit ausgiebigen Tafelfreuden an der frischen

Perpignans erste Karfreitagsprozession nach der Wiederzulassung der Confrérie de la Sanch 1950: die Kreuzträger beim Aufstellungnehmen

Luft – wenn nicht gerade der kalte Tramontane die Menschen in die Häuser treibt –, mit Musik und Sardana und vielen, vielen Schaulustigen, für deren kirchlich-kulturelle Bedürfnisse während der Karwoche ein Kirchenmusik-Festival ins Leben gerufen wurde. Spielorte sind diverse Kirchen und Kapellen im Roussillon.

Unverwüstliches aus zwei Epochen: zählebige Symbolträger französischer Lebensart vor der mittelalterlichen Westfassade der Kathedrale von Elne

Elne

Um das 6000-Einwohner-Städtchen im Herzen der Ebene, das zwischen 587 und 1602, also über 1000 Jahre, die einzige Bischofsstadt im Roussillon war, kommen Romanikfans nicht herum. Von dem antiken iberischen Illiberis, das später Konstantin so sehr schätzte, daß er den Ort an der Via Domitia auf den Namen seiner Mutter Helena in ›Castrum Helenae‹ umbenennen ließ, ist bis auf ein paar Steine nichts mehr übriggeblieben. Um so mehr hat sich von der 1062 geweihten, dreischiffigen Kathedrale und dem Kloster erhalten: eine mächtige Westfassade im lombardischen Stil (s. S. 69) – der rechte Turm stammt allerdings aus dem 15. Jh., der linke ist noch jüngeren Datums – und vor allem ein völlig intakter Kreuzgang mit äußerst kunstvollen Kapitellen und Bildhauerarbeiten aus dem 12.–14. Jh. Der Kreuzgang steht in direkter Nachfolge zu St-Michel-de-Cuxa (s. S. 316 f.). In der Chapelle St-Laurent ist ein kleines Museum mit Grabungsfunden aus der iberischen und römischen Epoche der Stadt eingerichtet.

Ruscino

Aus Chronistenpflicht sei hier auf Ruscino hingewiesen, neben Illiberis die wohl größte iberische Siedlung diesseits der Pyrenäen (4.–2. Jh. v. Chr.). Der Ort, der es den Römern wert war, durch eine Stichstraße mit der Via Domitia verbunden zu werden, ist mit den Jahren auf die Fundamente eines Forums und einiger Wohnstätten geschrumpft. Sie sind derzeit nur durch die Maschen eines Zauns zu betrachten, da weitere Grabungen im Rahmen der Via Domitia-Forschung geplant sind (Anfahrt ab Perpignan über die D 617 Richtung Canet-Plage). Die Grabungsstelle befindet sich in unmittelbarer Nähe des Château Roussillon.

Die Aspres

Route: Der Wechsel zwischen Ebene und Hügellagen, Weinfeldern und knorrigen Korkeichenwäldern, dazu eine Fülle schlichter Dörfer und herausragender romanischer Sakralbauten prägen diese Landschaft am östlichen Ausläufer des Canigoumassivs.

Thuir – Castelnou – Eglise de Fontcouverte – Monastir del Camp – Llauro – Oms – Chapelle de la Trinité – Boule d'Amont – Prieuré de Serrabone – Bouleternère – Thuir (etwa 90 km, ½ Tag).

Es gibt Kulturlandschaften, da paßt alles zusammen, das Licht, das Klima, die Vegetation und die Geographie, eine Harmonie, der die Menschen ihre Architektur und die Art der Erwerbstätigkeit wie selbstverständlich anpaßten. Die ›langsamen‹ Jahrhunderte vergangener Epochen ließen dazu die Zeit, andererseits blieb beim harten Kampf ums tägliche Brot zu wenig Zeit, die Straßen und Dörfer aufwendiger zu bauen, als es fürs Überleben unbedingt nötig war. Die Aspres sind so eine klare und einfache Landschaft. Und obwohl auf drei Seiten von Fernstraßen eingeschlossen, sind die Veränderungen der letzten Jahrzehnte für die Gegend glimpflich ausgegangen (s. Farbabb. 15).

Wer die vielen Wermutweine wie etwa den Cinzano, Américano, Dubonnet und Ambassadeur auch probieren möchte, deren Produktionsstätten man in **Thuir** besichtigen kann, sollte den Besuch wohl besser ans Ende der Tour legen. Unter der Ägide der zwei größten Pastis-Produzenten Frankreichs werden in der betriebsamen Kleinstadt pro Jahr 20

Mio. l mit Kräuter-, Blüten- und Wurzelextrakten aromatisierte Aperitifs produziert. Wein und Zutaten liefert zu einem großen Teil die Umgebung. Byrrh, den wohl besten und eigentlich nur in Frankreich bekannten Wermut aus Thuir, hatte ein katalanischer Apotheker im 19. Jh. ursprünglich als Medizin erdacht. Das Eine-Million-Liter-Faß, in dem der Aperitif jahrzehntelang zur geschmacklichen Reife gebracht wurde, ist ebenfalls zu besichtigen (s. S. 387).

Eine Burg, ein Berg und ein paar autofreie Gassen, das ist der alte Grafensitz **Castelnou.** Ein Dorf, dessen Häuser dort am Rand der Aspres genauso selbstverständlich den Hügel hinaufgewachsen sind, wie man es für diese Landschaft nicht anders erwartet. Aus dem dichten Grün der Umgebung windet sich die D 48 heraus ins Freie und führt über terrassierte, von Bränden kahlrasierte Hügelketten auf knapp 700 m Höhe. Der Ausblick auf die gegenüberliegende südöstliche Albèreskette ist noch weiter und fotogener von der romanischen **Eglise de Fontcou-**

verte aus (wenige hundert Meter der D 2 in Richtung St-Michel-de-Llotes folgen). Die zypressenumstandene Einsiedelei erinnert in Baustil und Lage an provenzalische Kapellen.

Zurück in der Ebene, lohnt das **Monastir-del-Camp** einen 4 km-Abstecher auf der D 2 über den Ort Fourques hinaus, Richtung Villemolague und Autobahn. Das ehemalige Kloster (Privatbesitz, Besichtigung auf Anfrage möglich) soll Karl der Große einer Legende zufolge gestiftet haben, als Dank für einen Sieg über die Araber, der ihm hier auf dem Schlachtfeld (daher *del camp,* von lateinisch *campus,* ›das Feld‹) dereinst gelungen war. Wahr oder nicht, gelungen ist die 1087 fertiggestellte Kirche und vor allem der um 1300 entstandene gotische Kreuzgang.

In einem zweiten Anlauf taucht man nun endgültig ein in die Aspresberge und in die Korkeichenwälder von **Llauro** und **Oms**. So schön der Anblick von verwilderten, knorrigen Bäumen auch sein mag, die Bewohner hätten lieber eine gepflegte Baumkultur so wie früher vor Augen, als die beiden Orte noch von der Korkenproduktion lebten. Könnte man sich Praktischeres vorstellen, als im Tal den Wein und in den Hügeln die dazugehörigen Flaschenverschlüsse zu produzieren? Offensichtlich ja, denn preiswerter Konkurrenzkorken aus Portugal und Übersee drückte die Preise und führte zu einer Verlagerung der Produktionsstätten in das verkehrsmäßig besser erschlossene Techtal.

So sieht man hier fast nur noch Eichenstämme mit einer groben und wulstigen Rinde. Keiner macht sich mehr die Mühe, die harte, zur Korkherstellung unbrauchbare ›männliche‹ Außenschicht abzuschälen, um der weichen ›weiblichen‹ Rinde Licht und Platz zum Gedeihen zu geben. 12–15 Jahre dauert es, bis man eine Korkeiche dieser Region zum ersten Mal schälen kann, weitere zehn Jahre etwa, bis die weibliche Rinde genügend Ringe angesetzt hat, um ihrerseits geschält und zu Korken verarbeitet zu werden.

Je mehr man sich dem Col Fourtou nähert, desto öfter blitzt das bis in den Hochsommer hinein schneebedeckte Canigoumassiv durch die zerzausten Baumwipfel (s. Farbabb. 15). 2 km abseits der Route (D 618 Richtung Amélie-les-Bains) verbirgt sich eine weitere, besonders wegen eines romanischen Kruzifixes und eines volkstümlich gestalteten Altars sehenswerte Pilgerkirche, die **Chapelle de la Trinité** aus dem 12./13. Jh. Weiter nördlich bleibt die Landschaft verwunschen und grün. Und ebenso kurvenreich wie bisher schlängelt sich die D 618 an der romanischen Kirche und den Häusern von **Boule-d'Amont** vorbei nach Bouleternère.

Dazwischen liegt nur noch eine schlichte Kirche (4 km lange Zufahrt von der D 618, 5 km hinter Boule-d'Amont, nach Westen abzweigend). Die allerdings sollte man sich unbe-

---

Castelnou, bekrönt von der im 19. Jh. restaurierten Burg der Grafen von Besalù

dingt ansehen, denn sie gehört mit ihrer Lage und ihrem kunstvollen Innenleben zu den wohl bemerkenswertesten Beispielen romanischer Baukunst und Weltanschauung im Roussillon des 11. Jh. Die Prioratskirche **Prieuré de Serrabone** stand früher nicht als einziges Bauwerk in dem abgelegenen Seitental, sondern war von Klosteranlagen und Häusern umgeben. Der Graf von Cerdagne, ein gläubiger und spendierfreudiger Herr, gilt als Gründer von Serrabone. 1151 wurden Kirche und Kloster in Anwesenheit so erlauchter Herren wie des Bischofs von Elne und der Äbte von St-Michel-de-Cuxa geweiht und den Augustinern zur Nutzung übergeben. Nachdem die Mönche wieder abgewandert waren und das Kloster 1592 säkularisiert

wurde, verfielen die Gemäuer bis auf das Kirchengebäude.

Was Serrabone indes so einzigartig macht, ist der Skulpturenschmuck der Arkaden und Säulenkapitelle, auf denen die Sängerkanzel im Zentrum des einfachen, fast strengen Kirchenschiffs ruht. Die Bildhauer jener Jahre hatten ihrer Phantasie bei der künstlerischen Umsetzung heilsgeschichtlicher Szenen und irdischer Laster freien Lauf lassen können. So sehr die bildhauerische Arbeit auch vom regional und individuell unterschiedlichem Aberglauben der Künstler geprägt sein mochte, die Bildsprache blieb für jeden Gläubigen des Mittelalters verständlich. So verbergen sich beispielsweise hinter Adler, Stier, Mensch und Löwe die Evange-

listen Johannes, Lukas, Matthäus und Markus, hinter dem Hirsch wohl ein Symbol des Glaubens.

Die Aspres-Tour endet im Conflent ähnlich malerisch, wie sie östlich von Thuir begonnen hat, mit einem gut erhaltenen mittelalterlichen Hügeldorf. Im Gegensatz zu Castelnou stehen in **Bouleternère** viele der Gebäude, u. a. die beiden Wachtürme, im oberen Ortsteil sogar noch fast so unverändert da, wie sie dort im 13. Jh. errichtet wurden – erstaunlich, wenn man bedenkt, welches politische Hin und Her über Jahrhunderte im Têttal geherrscht hat, bis das Roussillon 1659 an Frankreich fiel.

Conflent und Canigou

Route: Romanik und ›Bergromantik‹ stehen im Zentrum der Tour ins Herzland des Roussillon.

Prades – Abbaye St-Michel-de-Cuxa – Villefranche-de-Conflent – Vernet-les-Bains – Abbaye de St-Martin-du-Canigou (etwa 30 km, ¾ Tag). Abstecher: Prades – Chalet/Hôtel des Cortalets (der höchste mit dem Auto zu erreichende Ort unterhalb des Pic du Canigou-Gipfels; etwa 25 km ein Weg, ½ Tag).

Rund um den Pic du Canigou rauschen die Bäche. Sie schaffen das Wasser für den Têt heran, was schon den Römern bekannt war. Deshalb nannten sie das wichtige Verbindungstal zwischen Mittelmeer und den südwestlichen Pyrenäen *Pagus confluentis,* ›Land des Zusammenflusses‹, woraus später *Conflent* wurde. Und spätestens seit Römerzeiten führte durch das Tal eine Straße. Sie kreuzte sich in der Ebene mit der Via Domitia, die über den Col du Perthus nach Spanien reichte. Aus der römischen Epoche sind leider keine, aus der romanischen dafür um so bedeutendere Bauwerke in dem weiten und betriebsamen Tal erhalten geblieben, dessen Klima und Vegetation von der Nähe des 2784 m hohen Pic du Canigou und den anderen Pyrenäenmassiven zu jeder Jahreszeit beeinflußt werden.

Wirtschaftliches und kulturelles Zentrum des Conflent ist **Prades,** mit knapp 7000 Einwohnern immerhin die zweitgrößte Stadt des Roussillon. Davon merkt man allerdings wenig, es sei denn, man kommt im Hochsommer, wenn die Teilnehmer der katalanischen Sommeruniversität, des Pablo Casals-Musikfestivals und des Cineastentreffens (s. S. 286), zu Tausenden (!) in die zugeknöpfte Stadt strömen und Leben in die durchschnittlichen Restaurants und – unterdurchschnittlichen – Hotels bringen. Warum es den berühmten spanischen Cellisten und unermüdlichen Menschenrechtskämpfer Pablo Casals auf der Flucht vor Franco 1937 gerade hierhin verschlug, weiß

Die Prioratskirche von Serrabone – Harmonie von Architektur und Natur

niemand so genau. Vermutlich fand er hier die Ruhe, um sich von seinen Konzerttourneen zu erholen.

1950 folgten zum ersten Mal hochkarätige Solisten und Kammermusiker seiner Einladung zu einem kleinen Festival, das sich zu einem der bedeutendsten Südfrankreichs entwickelte und jährlich in der nahegelegenen Abtei St-Michel-de-Cuxa veranstaltet wird. Ganzjährig herausragend und gut besucht ist der Dienstagsmarkt auf dem Platz an der Kirche St-Pierre. Wenn sich auf den Ständen die Obst- und Gemüseberge türmen, wenn die halbe Stadt zum Schwatzen und Einkaufen zusammenströmt und in den zwei, drei Bistros am Platz kaum ein freier Stuhl zu finden ist, kommt etwas von jener Atmosphäre auf, die man dem gutgelegenen Standort für Unternehmungen im Conflent während der ganzen Woche über wünscht.

Ein Teil dessen, was die **Abbaye de St-Michel-de-Cuxa** (sprich: ›kuscha‹) im Süden von Prades zum stilistischen Vorbild für andere Klöster wie z. B. Serrabone (s. S. 314), Monastir-del-Camp (s. S. 313) und St-Martin-du-Canigou (s. S. 320) werden ließ, steht heute in schöner Lage am Hudson River. Es ist ein halber Marmorkreuzgang, der älteste des Roussillon, 1140 errichtet und 1907 für den Verkauf an das Museum of the Cloisters in New York demontiert. Als man das als Frevel erkannt hatte, entschloß man sich im Roussillon zum Nachbau. Nun hat die Neue Welt einen alten und die Alte Welt einen neuen Kreuzgang, dem seine Jugend kaum anzusehen ist, weil für die Rekonstruktion von zwei Flügeln nach der Demontage aufgefundene Originalteile wie etwa die Kapitelle wiederverwendet wurden.

878 gegründet und durch Schenkungen reich geworden, wurde St-Michel-de-Cuxa frühzeitig zum architektonischen Vorbild für Sakralbauten im Roussillon. Zu verdanken war dies Graf Oliba, einem Sproß der eifrig Klöster gründenden Grafen

Gekonnte Rekonstruktion: der in Teilen nach Amerika verkaufte und wiederhergestellte Kreuzgang des Klosters St-Michel-de-Cuxa

von Cerdagne. Er wurde 1007 auf den prestigereichen Abtstuhl von Cuxa berufen, nachdem er sich zuvor fünf Jahre lang in einem anderen Kloster auf den avisierten Leitungsposten vorbereitet hatte.

Was er dort neben abendländischer Philosophie über Architektur lernte, kam den Umbauten in Cuxa zugute, bei denen zum ersten Mal im Roussillon ostromanische, d. h. lombardische Stilmerkmale verwendet wurden, wie sie im Katalonien jenseits der Pyrenäen bereits früher Verbreitung gefunden hatten (s. S. 69). Auf Olibas Geheiß wurden u. a. der Chor eingewölbt, um den Hauptchor ein Umgang mit drei Apsiden in der Ostwand geschaffen, zwei Türme errichtet – von denen einer Mitte des 19. Jh. zusammenfiel – das Langhaus verlängert und die runde Krypta Notre-Dame-de-la-Crèche gebaut (s. Farbabb. 18).

Abstecher auf den Pic du Canigou
Nicht irgendein ›Fast-Dreitausender‹ ist der Pic du Canigou, sondern so etwas wie der ›Fujiyama des Roussillon‹. Heilig wie jener den Japanern ist der hiesige Berg den Katalanen zwar nicht mehr, nachdem sich herausstellte, daß man ihn über Jahrhunderte fälschlich für den höchsten Gipfel der Pyrenäen gehalten hatte. Ein Symbol der Unbesiegbarkeit freiheitsliebender Katalanen ist er für die Alten jedoch geblieben (s. Farbabb. 15).

Aber auch dafür kann der Berg wohl nicht mehr herhalten, seit man ihn mit dem Auto in eineinhalb Stunden bis knapp unterhalb seines 2784 m hohen Gipfels bezwingen kann. Aus Richtung Prades kommend, sind es 5 km auf der D 24 bis nach Villerach und ab Ortsende noch einmal 20 km auf einer ungeteerten *Route forestière* bis zum Chalet/Hôtel des Cortalets, einer 80 Betten-Unterkunft auf 2150 m Höhe. Beileibe kein Katzensprung, denn die im Winterhalbjahr gesperrte Schlaglochpiste erfordert eine äußerst umsichtige Fahrweise.

Einfacher ist es, sich von Prades oder Vernet-les-Bains frühmorgens mit einem Jeep auf den Berg fahren zu lassen (s. S. 315, 320). So oder so bleibt aber noch ein Fußmarsch für die letzten Kilometer auf den Gipfel. Angesichts der vielen plattgefahrenen Frösche, Blindschleichen und Feuersalamander auf der holprigen Piste ist es ohnehin sinnvoll, den gesamten Weg auf den Berg entweder mit dem Mountainbike oder zu Fuß zurückzulegen.

Wie letzteres geht, hat Tucholsky 1925 ausprobiert und in seinem ›Pyrenäenbuch‹ der Nachwelt überliefert: »Das war ein Gebirgsmarsch wie aus dem Bilderbuch. Der Nachtportier schließt frühmorgens das Hotel auf, im Rucksack ist das Frühstückspaket, weil ich nicht weiß, wann ich wieder herunterkommen werde, und kaum sind acht Stunden vergangen, bin ich oben. Mir war das Meer versprochen worden, doch dick verhängt lag das Land. Aber darauf kam es gar nicht an. Unterwegs war es viel schöner als oben.«

Wer wie Tucholsky den Weg für das Ziel hält, sollte sich in den *Syndicats d'Initiative* von Prades oder Vernet-les-Bains über die vielen ständig erweiterten Wanderungen erkundigen, zu denen auch die erwähnte *Route forestière* ab Villerach gehört. Sie wird von einem schmalen, oft den direkteren, also steileren Weg nehmenden Wanderpfad gesäumt, der wie die Forststraße an zwei unbewirtschafteten Wanderhütten vorbeiführt. Zunächst geht es 7 km nach Villerach und sodann in 849 m Höhe an der Refuge forestier du Mas

Malette vorbei, die mit Wasser und Feuerstellen versorgt ist und einen Raum mit Kamin, aber ohne Schlafmöglichkeiten bietet.

Und nach weiteren 5 km, in 1183 m Höhe an der Refuge de la Mouline vorbei, die über Wasser und einen Raum mit einem Kamin und 8–10 Schlafstellen verfügt. Für die 20 km bis zu dem Chalet/Hôtel benötigt man 6–8 Stunden. Um anders als Tucholsky von oben das Meer zu sehen, empfiehlt es sich, am Tag zuvor bis zum Chalet/Hôtel zu wandern und früh am anderen Morgen in 1½–2 Stunden auf den Gipfel zu steigen, bevor er sich in Dunst hüllt.

In **Villefranche-de-Conflent** ist fast alles echt. Nur wenige Häuserfronten haben sich seit ihrem Entstehen im 12., 13. und 14. Jh. verändert, die Kirche St-Jacques ruht mit ihrem romanischen Portal und den Skulpturarbeiten inmitten schiefer Winkel und krummer Dächer wie für die Ewigkeit gebaut, und der Festungswall, der bis zu Vaubans Zeiten von Jahrhundert zu Jahrhundert dicker wurde, hat seinen Zweck erfüllt und die alte Grenzbastion gut beschützt.

Dennoch wirkt dieses Dorf, das eigentlich eine Stadt ist, weil den Einwohnern seit Gründung 1089 die Bürgerrechte zuerkannt wurden, merkwürdig künstlich, romantisiert und leblos – vermutlich, weil 200 Häuser und Wohnungen für knapp 400 Einwohner zuviel sind. Da verlieren sie sich leicht zwischen den allsommerlich anrückenden Besuchermassen, nutzen sich ihre

freundlichen Gesichter vom vielen Angegucktwerden ab und nehmen im Laufe der Zeit das Aussehen von Wachsfiguren eines Freilichtmuseums an.

Etwas weniger Rummel herrscht auf der Festungsmauer, auf der man um die Stadt herumspazieren kann. Am wenigsten turbulent geht es auf der Vaubanfestung Châteaufort Liberia hoch über den Dächern von Villefranche zu. Der Weg dorthin ist steil, und es kostet viel Eintrittsgeld, wenn man sich durch die ehemaligen Soldatenunterkünfte und Verliese in Privatbesitz herumführen lassen möchte. Dafür ist Villefranche-de-Conflent aus der erhöhten Halbdistanz nett anzusehen und der schnurgerade überdachte Abstieg zurück fast schon sein Geld wert.

Eine wirklich schöne Art, der Stadt in Richtung des Hochplateaus der Cerdagne den Rücken zu kehren, ist der *Petit train jaune*, ein ›kleiner gelber Zug‹, der von hier aus in der Regel ganzjährig und mehrmals täglich Richtung spanische Grenze startet. 1911 wurde die Bahnlinie zwischen Villefranche-de-Conflent und Latour-de-Carol eröffnet. Während der dreistündigen Fahrt durch 19 Tunnel und über 20 Brücken, von denen die 222 m hohe Hängebrücke, der Pont Gisclard, den Besuchern den schönsten Schwindelschauer über den Rücken jagt, überwindet die Schmalspurbahn – im Sommer teilweise mit offenen Anhängern – fast 1600 Höhenmeter. Sie passiert 22 Haltestationen, darunter Bolquè-

Mittelalterliches Musterstädtchen: Villefranche-de-Conflent

re-Eyne, Frankreichs höchstgelegenen Bahnhof, an dem sie nur auf Bestellung hält, was übrigens für die Hälfte der Stationen gilt.

Richtung Süden runden die nahegelegenen Grottes-les-Grandes-Canalettes mit ihren Tropfsteinen das touristische Beschäftigungsprogramm rund um Villefranche-de-Conflent ab und absorbieren einen kleinen Teil der vielen Sommerbesucher. Ein paar Kilometer weiter das Cadytal hinauf verbirgt sich hinter viel Grün und in klimatisch angenehmer Mittelgebirgshöhe der Kurort **Vernet-les-Bains,** dessen Heilwasser sich schon die Römer und im späten 19. Jh. auch Angehörige des englischen Jet-sets vor der britisch beeinflußten Hotel- und Parkkulisse über ihre rheumatischen Glieder fließen ließen. Zu lange sollte man den Aufenthalt im Rahmen einer Rundtour vermutlich nicht ausdehnen.

Es sei denn, man verzichtet auf den Besuch der **Abbaye de St-Martin-du-Canigou,** die hoch auf einem Felssporn thront (s. Farbabb. 20), wohin vom südlichen Nachbarörtchen Casteil aus ein 45minütiger, recht steiler Aufstieg führt (ab Vernet-les-Bains kann man sich auch mit einem Jeep zum Kloster hochfahren lassen). Aus kunsthistorischer Sicht gebührt St-Michel-de-Cuxa wegen seiner architektonischen Vorreiterrolle zwar der erste Rang unter Roussillons Sakralbauten, dafür ist die Lage von St-Martin-du-Canigou im ganzen Languedoc-Roussillon jedoch unübertroffen und lohnt schon deshalb einen Besuch. Und baulich kann die Abtei durchaus mithalten, schließlich wurde ihre Kirche 1020 zum ersten Mal im Roussillon mit einer neuen Technik vollständig eingewölbt, und überdies dürfte es sich bei dem Glockenturm um den ersten seiner Art handeln, der nach lombardischem Vorbild isoliert errichtet wurde.

Um 1000 legte Graf Guifred von Cerdagne, ein Bruder des Cuxaabtes Oliba, an der Stelle einer Einsiedelei den Grundstein für ein Kloster, in dem er sich später einmal mit seiner Frau zur ewigen Ruhe betten lassen wollte. Oliba war höchst erfreut über so viel Frömmigkeit in seiner Familie und lieh seinen begabten Baumeister Sclua aus, der hier die Gelegenheit nutzte, die für ihn neue, aus Nordspanien importierte Technik eines steinernen Tonnengewölbes auszuprobieren und zwei dreischiffige Kirchen übereinanderzubauen.

Auch der Kreuzgang bestand ursprünglich aus zwei Galerien, deren obere allerdings erst im 14. Jh. aufgesetzt und bei einer späteren Rekonstruktion dann weggelassen wurde, weil man deren Gesteinsreste zur Wiederherstellung der unteren Galerie verwendete. Im 15. Jh. brachte ein Erdbeben Teile der Anlage zum Einsturz, die nach der Französischen Revolution, ebenso wie St-Michel-de-Cuxa, verfiel, bis man in diesem Jahrhundert wieder mit dem Aufbau begann. In dem Kloster lebt heute eine benediktinische Mönchsgemeinschaft, deren Mitglieder die Führungen organisieren.

Cerdagne und Capcir

Route: Der Südostzipfel des Roussillon, das alpine Grenzland zu Spanien, ist das Ziel der Tour.

Mont-Louis – Llivia (spanische Enklave) – Odeillo (Sonnenkraftwerk) – Font-Romeu – Les Angles – Matemale – Formiguères – Puyvalador (etwa 90 km, ½ Tag), kombinierbar mit der Tour durch das obere Audetal (s. S. 275).

Alternativ zum Auto bietet sich, zumindest für die Cerdagne, die Zugfahrt mit dem *Petit train jaune* an, der zwischen Villefranche-de-Conflent und Latour-de-Carol, nördlich des spanischen Grenzortes Puigcerdà, verkehrt (s. S. 319).

Auch das ist Roussillon: Almen, Kühe, Skilifte, ringsum bis in den Sommer hinein schneebedeckte Pyrenäengipfel und zu Füßen des Pic Carlit, des mit 2921 m höchsten Berges des Departements, eines der höchstgelegenen Seengebiete Europas. Gleich hinter dem unversehrten, etwas dusteren Garnisonsstädtchen **Mont-Louis**, das auf Geheiß Ludwigs XIV., der dem Pyrenäenfrieden mißtraute, im 17. Jh. zu einer Grenzbastion ausgebaut wurde, beginnt die Cerdagne, *la frontière sauvage,* das ›wilde Grenzland‹, wie man die Bergprovinz hier nennt.

Auch sie gehört nach unruhigen Jahrhunderten erst von 1659 an zu Frankreich, d. h. nicht ganz, denn wenige Kilometer hinter Saillagouse, wo man in Richtung spanischer Grenze von der N 116 auf die kleinere D 33 abbiegen kann, hat sich 1659 ein kleines Stück Spanien ganz legal in Feindesland geschmuggelt, die kleine Enklave mit dem unscheinbaren Ferienhausörtchen **Llivia.** Und die erinnert das diplomatisch so versierte Frankreich seit 350 Jahren daran, daß die königlichen Unterhändler bei der Formulierung des Pyrenäenvertrages unachtsam waren. In dem Vertragstext, der die

Übergabe eines Teils der spanischen Cerdagne regelte, war ausdrücklich nur von den dazugehörigen 33 Dörfern die Rede. Das kleine Llivia genoß aber als einziger Ort –

Europas größtes Energiebündel: das Solarkraftwerk Four Solaire bei Odeillo

was den Unterhändlern entgangen war – Stadtrechte und blieb somit spanisches Hoheitsgebiet.

Nicht am Mittelmeer, das kaum 60 km Luftlinie von hier entfernt ist, sondern bei **Odeillo**, an der Nordseite der Cerdagne, scheint Frankreichs Sonne am häufigsten, nämlich durchschnittlich 3000 Stunden im Jahr. Seit 1969, lange bevor ›Solarenergie‹ den meisten ein Begriff wurde, bündelt man hier die Sonnenstrahlung mit einem 40 m hohen Parabolspiegel, um mit der erreichten Hitze von bis zu 4000° Celsius Grundlagenforschung zu betreiben, etwa für hitzebeständiges Material. Die etwas verwirrende Ausstellung im Foyer des ›Four Solaire‹ ist nicht gerade erhellend.

Vom Glanz der Belle Epoque, während der die feine Gesellschaft in der Cerdagne zu kuren geruhte, ist im benachbarten **Font-Romeu** noch etwas zu spüren. Einen Hauch von Morbidität umweht das pompöse Grand Hôtel, das die Eignergesellschaft des *Petit train jaune* 1920 hatte errichten lassen, um ihre spärlich besetzten Züge zu füllen.

Ansonsten haben Appartementbauten heute die Oberhand über die alte Architektur von Font-Romeu gewonnen, das sich von einem Wallfahrtsziel zu einem modernen Skiort entwickelte und über ein hoch gelobtes Höhentrainingslager verfügt, in dem auch Olympioniken trainieren. Daß Spanien nah und Barcelona nur zwei Autostunden entfernt ist,

hört man an der Sprache auf den Skipisten ringsum. Hier oben in den Bergen sind sich die beiden Hälften des ehemals pyrenäenübergreifenden Katalonien wieder recht nahe gekommen.

Auch im Capcir wird viel Katalanisch gesprochen, seit Urlauber aus Spanien und dem Roussillon das Nachbartal entdeckten und der 220 Seelen-Ort **Les Angles** binnen weniger Jahre 19000 Ferienbetten anbieten konnte. Weil man hier auf Skiern die Berge nicht nur runter, sondern im Sommer mit überall zum Verleih angebotenen Mountainbikes auch wieder rauf kommt und der Stausee bei **Matemale** zum Surfen freigegeben wurde, ist im Capcir im Sommer fast so viel los wie im Winter.

Ähnlich übergangslos, wie zwischen dem Conflent und der Cerdagne die mediterrane Landschaft in eine alpine übergeht, vollzieht sich der Vegetationswechsel vom Capcir zum tiefergelegenen Audetal. Kaum hat man das dörflich gebliebene Verwaltungszentrum des Capcir, **Formiguères,** und dessen schiefergedeckte Holzhäuser passiert, enden bei dem unauffälligen Örtchen **Puyvalador** Almen und Krüppelkiefern. Und ein paar Windungen weiter verschwindet die Straße in den weiten Buchenwäldern des Audeoberlaufs (Fortsetzung der Route Richtung Norden siehe das – allerdings im Nord-Süd-Verlauf beschriebene – Obere Audetal.

Die Festung Mont-Louis vor der ›alpinen‹ Kulisse der Pyrenäen

Route: Die Strecke durch Roussillons südlichstes und grünstes Hochtal beginnt bei Stätten der Kultur und endet bei Städtchen für die Kur.

St-Genis-des-Fontaines – St-André-de-Sorède – Céret – Amélie-les-Bains – Arles-sur-Tech – Gorges de la Fou – St-Laurent-de-Cerdans – Coustouges – Prats-de-Mollo – La Preste (80 km, 1 Tag).

Erst seit den sechziger Jahren ist das Techtal an seinem Ende durch einen offiziellen Grenzübergang am Col d'Ares mit Spanien verbunden. Bis dahin war es vornehmlich die ›grüne‹ Grenze, über die der Kultur- und Warenaustausch in den abgelegenen Bergschneisen des Vallespir abgewickelt wurde, relativ unbehelligt von den Ordnungshütern beider Seiten. Kein Dorf und Weiler entlang der südwestlichsten Pyrenäenflanke, der nicht irgendwann vom Schmuggel profitierte und andererseits mit dem Problem heimlicher Grenzübertritte von Straftätern oder Kriegsimmigranten konfrontiert wurde. Das Gedächtnis der Alten ist voller Geschichten davon, die längst Geschichte sind.

Im 11. und 12. Jh. war das Roussillon noch kein konfliktgeladenes Grenzland zwischen Spanien und Frankreich. Jenseits der Pyrenäen herrschten die Katalanen und Aragonesen, und diesseits hatten die toleranten Toulouser Grafen das Sagen, ohne daß ihnen die französische Krone ins Regieren reinredete. In liberalen und friedlichen Zeiten läßt sich gut bauen.

Daß die Architektur hiesiger Kirchen und Klöster stilbildend für die Romanik späterer Jahre und anderer Regionen wurde, verdankt sie dem iberischen Nachbarland. Von dort aus fanden sowohl der lombar-dische, in Frankreich *premier art roman* genannte Stil als auch die bewährten karolingischen und westgotischen Einwölbtechniken über die Pyrenäen den Weg in das katalanisch sprechende Freundesland Roussillon (s. S. 69 und vgl. St-Michel-de-Cuxa, S. 316f. und St-Martin-du-Canigou, S. 320).

Wenn es in diesem Zusammenhang um die Herausbildung romanischer Bildhauerkunst geht, werden besonders zwei Orte im Roussillon genannt: **St-Genis-des-Fontaines** und **St-André-de-Sorède**. Sie liegen dicht beieinander an den nördlichen Albèresausläufern, wo Tech und Têt die Ebene des Roussillon geschaffen haben und das Klima mild und die Vegetation mediterran ist. Auch die im 9. Jh. aus dem Westen ins Land strömenden Mönche hatten es gerne warm, und das sumpfige Schwemmland für den Acker- und Weinbau trockenzulegen erwies sich als jene wahrhaft biblische Aufgabe, die man für ein gottgefälliges Leben gesucht hatte.

Um dem Herrgott für soviel Arbeit zu danken, sein Wort zu verbreiten und ein Dach über dem Kopf zu haben, baute man Klöster und Kirchen auf Landparzellen, die den Mönchsgemeinschaften von Gebietsgrafen überlassen wurden. So oder ähnlich hat es sich zur Zeit Karls des Großen überall in der südwestlichen Mittelmeerregion zugetragen, vermutlich auch hier, wo es im 9. Jh. zur Gründung der beiden Klöster kam.

Während von letzterem nur noch die Kirche steht, hat man in St-Genis den in den USA vermuteten, tatsächlich aber nach der Demontage in einem Privatschloß bei Paris bis 1983 verborgengehaltenen Kreuzgang wiederaufgebaut. Nur drei der Säulen sind Kopien, deren Originale im Rahmen des Kunstschachers Anfang des 20. Jh. nach New York gelangten (s. S. 316). Was die beiden Kirchen so berühmt macht, ihre Türstürze, ist echt und seit jeher am zugedachten Ort verblieben.

Das für die romanische Bildhauerkunst wegweisende Relief stammt von 1020 und überspannt den Eingang der ehemaligen Klosterkirche von St-Genis-des-Fontaines (s. S. 71). Es ist die älteste eindeutig datierte Skulpturarbeit der Romanik Frankreichs. Das Flachrelief zeigt in der Mitte Christus in einer Mandorla (ein die ganze Figur umgebender Heiligenschein), getragen von zwei Engeln, denen jeweils drei Apostel oder Heilige zur Seite sitzen. Der Türsturz von St-André-de-Sorède ist ganz offensichtlich später angefertigt worden, da er motivisch zwar ähnlich, insgesamt aber bereits plastischer und lebhafter gestaltet ist; ob derselbe Künstler auch dieses Relief ausführte, wie vielfach vermutet wird, ist ungeklärt.

Kirschen und Kunst haben **Céret** bei Kennern berühmt gemacht, geliebt wird die 6500 Einwohner-Stadt für die Atmosphäre ihrer kleinen Altstadt, wo sich auf knapp 250 Metern im Quadrat mehr katalanisches und mediterranes Leben anhäuft als im ganzen übrigen Vallespir. Hier stehen die uralten Platanen fast so dicht wie die Bistrostuhlreihen darunter. Hier ist jeden Samstag vormittag Markt mit dem größten Angebot biodynamischer und katalanischer Produkte weit und breit (s. Frontispiz). Und hier drängelt sich während des Sardana-Tanzfestivals, das jährlich am ersten Augustwochenende beginnt, alles, was beim Tanzen Rang und Namen und einen Platz zum Zuschauen gefunden hat (s. Abb. S. 282).

Von der Winter- und Frühjahrskälte bleibt der Ort zumeist verschont, weil die Geographie der Um-

Der Türsturz von St-Genis-des-Fontaines

gebung für ein günstiges Mikroklima sorgt. Besonders den Kirschen bekommt das gut. Sie werden hier früher als anderswo in Frankreich reif, und das erste Körbchen erhält traditionell der Präsident der Republik. Im Sommer hingegen fällt ein beständiger Wind von den Berghängen der Albères. Er wirkt wie eine Klimaanlage, saugt die Hitze aus den Gassen, bläst, ohne viel Wind zu machen, frische Luft in die Stadt und färbt den Himmel ähnlich blau wie an der Côte Vermeille. Kein schlechter Ort zum Leben, dachten all jene Künstler, die das Roussillon für sein Licht und seine katalanische Widerborstigkeit mochten und denen Collioure im Winter zu kalt und im Sommer zu überfremdet war.

Der katalanische Bildhauer Manolo, der Komponist Déodat de Séverac und der Maler Franck Burty Haviland waren zuerst da und lockten Freunde von der Küste und Paris weg nach Céret. Marc Chagall, Juan Gris kamen und blieben, zeitweilig auch Henri Matisse. Sogar Picasso und Braque stellten hier ihre Staffeleien auf und malten in dem Stil weiter, mit dem sie zuvor in Paris begonnen hatten, dem Kubismus. Nicht lange, und Céret erhielt den im provinziellen Überschwang kreierten Titel ›Mekka des Kubismus‹.

Wen es von der malerischen Altstadt zur Malerei zieht, der findet in dem 1990 großzügig erweiterten Musée d'Art moderne einiges, was während der Künstleraufenthalte in Céret entstanden ist. Überdies sind zwei Plastiken in der Altstadt aufgestellt: vor dem *Syndicat d'Initiative,* an der Avenue Georges Clemenceau, Manolos Denkmal für Déodat de Séverac und an der Place de la Liberté im Süden ein Kriegerdenkmal Maillols. Am nördlichen Ortsausgang

Der Vieux Pont aus dem 14. Jh. überspannt noch heute den Tech bei Céret

an der D 115 überspannt der Vieux Pont, eine einbogige Steinbrücke aus dem 14. Jh., den Tech.

Cérets Nachbarort **Amélie-les-Bains** fehlt es an nichts, was man von einem besseren Kurort erwartet, der auf eine 2000jährige Tradition als Heilbad zurückblickt: viele gute Cafés und Konditoreien, gehobene Boutiquen und Schmuckläden, teure Restaurants und Hotels, also alles, was einem zum Geldausgeben in den Sinn kommt, derweil man

sich unter Fangopackungen und in Anti-Rheuma-Bädern langweilt. In einem Ort, wo viel Geld für Gesundheit und Gediegenheit ausgegeben wird, wirkt leider auch die wildeste Vegetation leblos und künstlich. Man sollte dennoch näher hinsehen, denn im feucht-milden Klima von Amélie-les-Bains gedeihen Mimosen, Palmen, Kakteen, Agaven und Oleander so gut wie nirgendwo sonst im Languedoc-Roussillon.

Das gesunde Klima und die Nähe zu Amélie-les-Bains haben aus dem früheren Industrieort **Arles-sur-Tech** eine Pensionärsstadt gemacht, in der es entsprechend gemächlich zugeht. Eine Unterbrechung der Fahrt lohnt die Abteikirche **Ste-Marie-de-Vallespir.** Karl der Große persönlich ließ das Kloster gründen. Es wurde nach normannischen Zerstörungen im 11. Jh. an etwas anderer Stelle neu gebaut. Großzügige Landschenkungen der Feudalherren schufen die wirtschaftliche Voraussetzung dafür, daß sich das Kloster nach St-Michel-de-Cuxa zum zweitgrößten des Roussillon entwikkeln konnte.

Die Fassade des etwas düster wirkenden dreischiffigen Bauwerks ist aus ungeklärten Gründen – anders als üblich – geostet, während der Altarraum nach Westen zeigt. Das kreuzförmige Flachrelief im Tympanon des Hauptportals weist stilistische Ähnlichkeiten mit denen von St-André und St-Genis auf. Im Süden schließt sich ein licht gestalteter gotischer Kreuzgang an. 2 km hinter Arles-sur-Tech hat eine Felsenflanke des Pic du Canigou besonders schroffe, enge Schluchten gebildet: **Gorges de la Fou** heißt diese bis zu

300 m tiefe Spalte, über deren Grund ein (kostenpflichtiger) Weg führt.

Wen es aus dem Tal auf die Höhe zieht, der sollte die Gelegenheit zu einem Abstecher auf der D 3 durch die Mittelgebirgswälder des Quératals nach **St-Laurent-de-Cerdans** nutzen. Interessanter als der Ort selbst ist seine landschaftliche Umgebung und seine Geschichte. Was hier oben etwas verschlafen vor sich hinzudämmern scheint, war Ende des 17. Jh. noch ein Industriestädtchen ähnlich wie Arles-sur-Tech, in dem mit der Weiterverarbeitung der Eisenvorkommen im Tal für damalige Verhältnisse recht viel Geld verdient wurde. Welcher Ort im Roussillon hatte zu jener Zeit schon die Mittel für eine eigene Schule, in der über 100 Kinder regelmäßig unterrichtet wurden? Nach Rückgang der Eisenvorkommen gelang St-Laurent-de-Cerdans recht problemlos die Umstellung auf die Produktion von bis dahin aus Spanien importierten bzw. geschmuggelten *Espadrilles,* jenen spanischen Schuhen, die aus Hanf und Tuch gefertigt werden. Noch heute werden hier, wenn auch in bescheidenem Umfang, Stoffschuhe hergestellt. Wie man das früher machte, zeigt eine komplett erhaltene Werkstatt im Musée de l'Histoire, in dem auch eine nachgebaute Eisenschmiede aus dem 17. Jh. ausgestellt ist. Auf ein tragisches Kapitel der jüngeren Vergangenheit von St-Laurent weist ein anderer Ausstellungsraum hin. Hier sind ein Teil jener Holzverhaue aufgebaut, hinter denen kurzfristig bis zu 70 000 Republikaner gehaust hatten, die 1939 auf einer Massenflucht vor Franco über die grüne Grenze in das völlig überforderte St-Laurent geströmt waren. 1940 wurden die Lager wegen unhaltbarer hygienischer Zustände aufgelöst und die Flüchtlinge in den französischen Arbeitsdienst gesteckt (s. S. 291). In dem kleinen, kurz vor der spanischen Grenze gelegenen **Coustouges**, das den Römern einst als Garnison und Guckposten gedient hat, werden viele Fensterländen am Tage gar nicht erst geöffnet. In der kleinen Häuseransammlung gibt es wohl nicht viel für die Dorfbewohner zu sehen. Für die Besucher auch nicht, es sei denn, sie sind wegen der 1142 geweihten Kirche Ste-Marie gekommen, einen schlichten, aus rotem Sandstein und Granit errichteten Bau, der neben seinen klaren Proportionen durch seine malerische Lage an einem Felsbuckel beeindruckt. Vom 3 km weiter südlich gelegenen, 903 m hohen Can Damoun kann man bei gutem Wetter in der Ferne die Costa Brava sehen. **Prats-de-Mollo** ist der letzte größere Ort am Ende des Techtals. Seine Höhenlage, die alles überragende gotische Kirche von 1689 (!) mit einem erhaltenen romanischen Turm und Vaubans Festungsanlage verleihen dem Ort mehr Kühle und Strenge, als man sie in den Gassen wiederfindet. Bis zur Öffnung des nahen Grenzübergangs nach Spanien war hier auch für die Bewohner die Welt zu Ende. Nach Norden versperrt der Pic du Canigou den Weg, in den Süden gelangte man nur auf einem unsicheren Schmuggelpaß über den unwegsamen Col d'Ares, und ein paar Kilometer westlich gab es allenfalls noch die Thermalquellen im eher enttäuschenden **La Preste**.

Praktische Reiseinformationen

Das Reisegebiet im Überblick

Um einerseits den geographisch-kulturellen Zusammenhang des westlichen Midi mit Nachbargebieten zu wahren und andererseits innerhalb der Grenzen dessen zu bleiben, was gemeinhin unter der Westhälfte Südfrankreichs verstanden wird, ist der Nordteil des Departement Lozère ausgespart worden. Demgegenüber wurden bei zwei Gebieten die Reisebeschreibungen über die Grenzen der Wirtschaftsregion Languedoc-Roussillon hinweg ausgedehnt: im Nordosten durch Einbeziehung der Gorges de l'Ardèche, die bereits zum Departement Ardèche und der Wirtschaftsregion Rhône-Alpes gehören; im Nordwesten durch die Beschreibung des Causse Noir und Causse du Larzac, die in das Departement Aveyron reichen, das der Wirtschaftsregion Midi-Pyrénées angehört.

Die wichtigsten Sehenswürdigkeiten im Überblick

Romanische Kirchen von Serrabone (s. S. 314), St-Michel-de-Cuxa (s. S. 316) und St-Martin-du-Canigou (s. S. 320)

Größe und Verwaltung

Die Wirtschaftsregion Languedoc-Roussillon bedeckt eine Fläche von ca. 27350 km^2, was etwa der Ausdehnung des Bundeslandes Nordrhein-Westfalen gleichkommt. Das Verwaltungsgebiet mit einem gewählten Regionalparlament *(Conseil Régional)* an der administrativen Spitze (s. S. 48f.), umfaßt fünf unterschiedlich große und dicht bevölkerte Departements mit jeweils einer Präfektur, dem › langen Arm ‹ der Zentralverwaltung und -regierung in Paris, und ebenfalls frei gewählten Departementparlamenten (*Conseil Général*).

Lozère: Autokennzeichen 48 (die Kennziffer entspricht den zwei ersten Stellen der Postleitzahl), ca. 80000 Einwohner, Hauptverwaltungsort Mende.

Gard: Autokennzeichen 30, ca. 535000 Einwohner, Hauptverwaltungsort Nîmes.

Hérault: Autokennzeichen 34, ca. 750000 Einwohner, Hauptverwaltungsort Montpellier.

Aude: Autokennzeichen 11, ca. 300000 Einwohner, Hauptverwaltungsort Carcassonne.

Pyrénées-Orientales (Roussillon): Autokennzeichen 66, ca. 350000 Einwohner, Hauptverwaltungsort Perpignan.

Hauptstadt der Region und Sitz des im wesentlichen für Wirtschafts- und Kulturfragen der Region zuständigen *Conseil Régional* ist die Universitätsstadt Montpellier.

Wirtschaft und Tourismus

Das Languedoc-Roussillon lebt, so heißt es, vom Wetter und vom Wein. Zwar verfügt die Region mit einer Rebfläche von etwa 505000 ha über das größte zusammenhängende Weinanbaugebiet der Welt, die Jahresproduktion von etwa 30 Mio. hl Wein ist jedoch nur ein – wenn auch wichtiger – agrarischer Wirtschaftsfaktor. Obst- und Gemüseanbau, Schaf- und Ziegenzucht nehmen eine ähnlich bedeutende Rolle ein. Die Umsätze beim Fischfang verlieren kontinuierlich an Bedeutung, weil das ohnehin nährstoffarme Mittelmeer zunehmend überfischt wird und Großreedereien ihre Treibnetzfänge aus dem Atlantik wesentlich preiswerter auf den französischen und europäischen Markt bringen können. Einen wirtschaftlichen Aufschwung erhofft sich die Region von der Ansiedlung informationstechnologischer Produktionsbereiche rund um Montpellier.

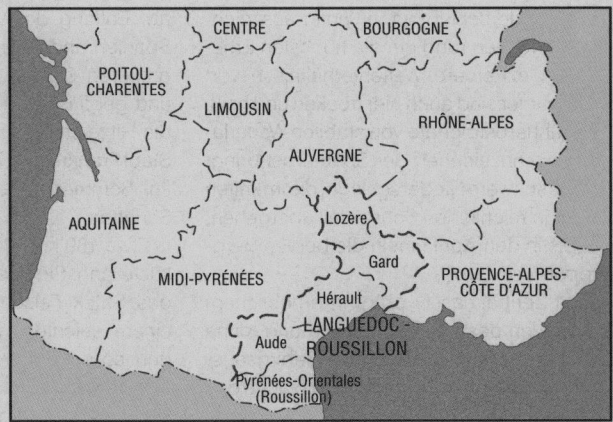

Die Region
Languedoc-
Roussillon

Der Mangel an Industrieproduktionen und das völlige Fehlen von Schwerindustrie kommen dem Tourismus zugute. Das Languedoc-Roussillon wurde 1991 von über 6 Mio. Urlaubern besucht und nimmt damit den dritten Rang unter den französischen Reisegebieten ein. Etwa ein Fünftel der Gäste stammen aus dem Ausland. Den größten Anteil ausländischer Besucher stellen die Belgier mit etwa 340000, gefolgt von jährlich etwa 320000 Deutschen. Einschließlich Campingplätzen und Ferienwohnungen verfügt die Region über ein Beherbergungsangebot von etwa 950000 Plätzen. Die Einkünfte aus dem Tourismus betragen jährlich über 6 Mrd. Francs.

Geographie und Klima

Landschaft und Klima des westlichen Midi sind außerordentlich vielfältig. Im Norden durchziehen die Ausläufer des Massif Central (Zentralmassiv) die Departements Lozère und Gard und bilden die überwiegend vegetationsreichen Mittelgebirgslagen der Cevennen sowie die kargen Kalkplateaus der Causses. Höchste Erhebungen dieser Region sind der Mont Lozère (1699 m) und der Mont Aigoual (1565 m). Während die Südausläufer der Cevennen und Causses im Einflußbereich des Mittelmeers liegen und sich durch trocken-heiße Sommer und recht milde, niederschlagsarme Winter auszeichnen, herrschen rund um die höchsten Erhebungen extremere Wetterverhältnisse vor: Die Sommer sind auch hier trocken und heiß, die Frühherbstmonate von stabilen Wetterlagen gekennzeichnet; der Spätherbst bringt bereits schwere Niederschläge, die im kalten Winter in reichlichen Schneefall übergehen, der bis in den April hinein die beiden Bergkuppen weiß färbt.

Das Zentralmassiv prägt in erheblichem Maße auch das Landschaftsbild und Klima des mittleren Languedoc. Die Gebirgsausläufer nehmen etwa die Hälfte der Fläche des Departement Hérault ein und verebben am Nordrand des Departements Aude nach Westen hin. Zu flach und mittelmeernah für länger anhaltende Schlechtwetterperioden, Schneefall und strenge Winterkälte, bilden die bis zu 1200 m hohen Ausläufer dennoch eine Wasser- und Klimascheide. Sofern atlantische Tiefausläufer während der stabilen, heißen Monate Mai bis Mitte Oktober diese trockene Region erreichen, kommt es in den Höhenlagen zu kräftigen Wolkenbrüchen und sehr kurzzeitigen, aber spürbaren Temperaturrückgängen. Die extremsten geographischen und klimatischen Gegensätze herrschen im Roussillon, wo Mittelmeersaum und alpine Hochlagen nur 50–60 km auseinanderliegen. In den Bergregionen der Pyrenäenausläufer und rund um den 2784 m hohen Pic du Canigou verliert die ›Klimaanlage Mittelmeer‹, die im Sommer kühlt und im Winter wärmt, an Einfluß. Sommerlich warm wird es in den Hochtälern erst im Juni, und auf einen kurzen Herbst folgt ein alpiner, schneereicher Winter.

Zwischen Küste und Bergen breitet sich von Norden nach Süden eine 25–40 km breite Ebene aus, zu zwei Dritteln eine ruppig-karstige, sanft gewellte Garriguelandschaft, die sich im Sommer rasch aufheizt. Das Landschaftsbild ist mediterran geprägt. Platanen, Steineichen, Oliven, Pinien und Zypressen dominieren unter den Bäumen, und Obstplantagen wechseln sich mit Weinreben ab. Entlang der Verkehrsachsen Richtung Spanien und Atlantik reihen sich sämtliche größeren Städte, in deren engen Gassen und gepflasterten Plätzen sich im Sommer die Hitze staut. In Perpignan, der heißesten Stadt Frankreichs, erreicht das Thermometer im Sommer regelmäßig 40° Celsius im Schatten.

Etwa 180 km ist die westliche Mittelmeerküste lang. Sie besteht bis auf ein 20 km langes Stück Felsenküste im Roussillon aus einem seichten, von flachen Strandseen, den sog. Etangs, durchbrochenen Sandsaum. Auf einem Küstenabschnitt von 160 km erstrecken sich Badestrände, bis auf we-

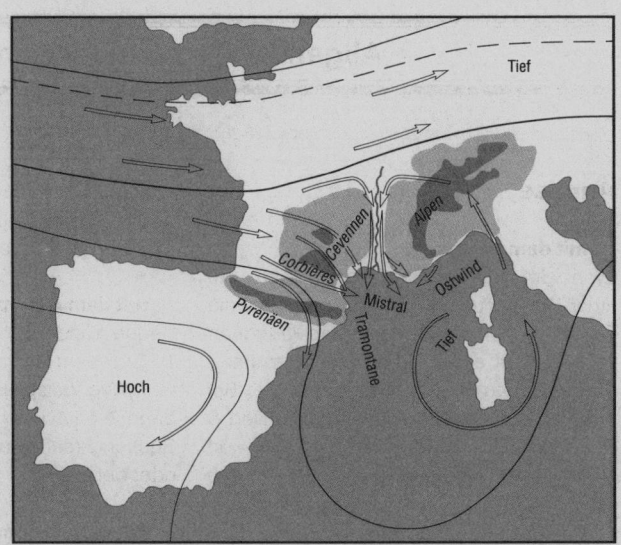

**Die Entstehung von
Tramontane und
Mistral**

nige Ausnahmen 100–200 m breit, durch spärliche Dünen vom Hinterland getrennt, heiß und schattenlos, weil in dem salzhaltigen Schwemmland kaum ein Baum oder Strauch Wurzeln schlägt. Vom Mittelmeer, das sich im Juli auf 25° Celsius erwärmt, darf man während der Sommermonate kaum Erfrischung erwarten.

Neben dem Hauptklimafaktor Mittelmeer gestalten zwei Fallwinde das Wetter im Languedoc-Roussillon. Sie sind daran beteiligt, daß in der Küstenregion etwa 300 Tage im Jahr die Sonne scheint. Der eine bläst ganzjährig mit unterschiedlicher Stärke und heißt Tramontane, weil er sich über (lateinisch: *trans*) den Bergen (lateinisch: *mons*, französisch: *montagne*) des Zentralmassivs und der Pyrenäen aufbaut. Er sorgt für einen klaren Himmel an der Küste, auch wenn landeinwärts schlechtes Wetter ist, und paniert frisch eingeölte Sonnenanbeter mit einer gleichmäßigen Schicht des schönen feinen Ufersandes. Überwiegend zwischen Herbst und Frühsommer bekommt man es in der Camargue und dem nördlichen Hérault immer mal wieder mit dem gefürchteten Mistral zu tun, dessen Hauptwucht allerdings die benachbarte Provence trifft. Eigentlich sollte man sich über den Wind freuen, der nach zwei bis vier Tagen so plötzlich abflaut, wie er aufgekommen ist, denn der Mistral sorgt wie der Tramontane für einen blauen Himmel am Mittelmeer, selbst wenn es ringsum regnet. Herrscht demgegenüber eine stabile Wetterlage, dann bleibt auch der Mistral aus – ein durchaus praktischer und urlauberfreundlicher Wind also, wäre er nicht so eisig kalt, und würde er nicht mit einer Windstärke bis zu zehn blasen. Was den trockenen Nordwind so in Fahrt bringt, ist ein Tiefdruckgebiet über dem Golfe du Lion, das aus dem engen Rhônetal wie durch eine Düse kalte, kontinentale Luft anzieht.

Selten und kaum wetterbestimmend ist ein warmer, meist mit Regen vermischter Wind, der aus Nordafrika über das Mittelmeer weht und auf Stadt und Land, Campingzelte und blitzblanke Autos eine gleichmäßig rote Sandschicht legt (s. S. 14). Nach seinem Abflauen lassen sich völkerkundliche Studien über das Verhältnis der einzelnen Nationalitäten zu ihren Autos betreiben.

Allgemeine Informationen

Anreise

... mit dem Flugzeug

Lyon wird von Air France, Lufthansa, Austrian Airlines und Swiss Air angeflogen, die Flughäfen Montpellier, Nîmes und Perpignan derzeit noch ausschließlich von der innerfranzösischen Fluglinie Air Inter ab Paris. Bei einer Kombination von ›Apex‹-Superflieg & Spartarifen der Air France (für Flüge von Deutschland nach Paris) und von ›Visite France‹-Spartarifen der Air Inter (für Anschlußflüge ins Languedoc-Roussillon) kostet ein Hin- und Rückflugticket beispielsweise von Berlin über Paris nach Montpellier etwa 790,– DM, von Frankfurt etwa 580,– DM und von München etwa 675,– DM. Nach Nîmes liegen die Tarife um etwa 30,– DM, nach Perpignan um etwa 60,– DM höher (Stand Frühjahr 1992).

... mit dem Zug

Ab Paris erreicht man mit dem Hochgeschwindigkeitszug TGV (*Train à Grande Vitesse*), der allerdings bislang nur auf dem Teilstück Paris – Lyon mit Höchstgeschwindigkeit fährt, beispielsweise Nîmes in 4 h 15, Montpellier in 4 h 40, Béziers in 5 h 25, Narbonne in 5 h 45 und Perpignan in 6 h 30. Die französische Staatsbahn S.N.C.F, ohnehin schon preiswerter als die Deutsche Bundesbahn und Reichsbahn, gewährt Tickets zum halben Fahrpreis für Jugendliche unter 26 Jahren (›Carré Jeune‹), für Reisende über 60 Jahren (›Carte Vermeil‹) und diverse weitere Ermäßigungen auf Langstrecken.

Auskünfte über die Mitnahme von Fahrrädern z. B. als Begleitgepäck, ›Vacances‹-Sondertarife und Fahr- und Streckennetzpläne erhält man bei der Generalvertretung der französischen Staatsbahn: S.N.C.F., Rüsterstraße 11, 6000 Frankfurt/Main, ∅ 069/ 728444/45/46 und, etwas weniger detailliert, bei der Bundes- bzw. Reichsbahn.

... mit dem Autoreisezug

Bequem und teuer reist es sich im Autoreisezug, mit dem man ab Deutschland auf direktem Weg beispielsweise zu den Verladebahnhöfen Avignon und Narbonne gelangt. Buchung (sehr frühzeitig!) bei Reisebüros oder der Bahn.

... mit dem Autobus

Zwischen den deutschen und französischen Städten existiert kein Fernbusverkehr wie zu anderen europäischen Ländern. Busreisen sind nur im Rahmen von Pauschalreisen möglich.

... mit dem Auto und Motorrad

Bis auf die Hauptreisezeiten in Frankreich (s. S. 353) herrscht auf den gebührenpflichtigen Autobahnen erheblich weniger Verkehr als in Deutschland. Im allgemeinen erhält man an den Auffahrten per Knopfdruck ein Ticket, das erst bei Verlassen der Autobahn bzw. Erreichen eines neuen Streckenabschnitts abgerechnet wird. In wenigen Fällen muß man im voraus bezahlen bzw. die angezeigte (zumeist kleinere) Geldsumme in einen Trichter werfen, damit sich die Schranke öffnet. Bis auf das Autobahnteilstück Paris – Caen werden an allen Mautstationen (*Péage*) die gängigen Kreditkarten wie Eurocard, Mastercard und Visa akzeptiert. Bei größeren Städten ist die Autobahn in einem Umkreis von 10–20 km gebührenfrei. Der Beginn der gebührenpflichtigen Zone wird durch den Hinweis ›Péage‹ angezeigt. Die Autobahnraststätten sind zumeist mit größeren Supermärkten ausgestattet. Im kinderfreundlichen

Frankreich hat man sog. *Relais Bébé* mit Wikkelräumen eingerichtet, in denen Windeln und Öltücher kostenlos ausgegeben werden.

Obwohl die zumeist parallel zur Autobahn verlaufenden Nationalstraßen sehr gut ausgebaut sind, erhöht sich hier die Fahrzeit wegen der vielen Geschwindigkeitsbegrenzungen und des starken Verkehrs um mindestens 50%.

Kurzabstecher
von der Rhônetal-Autobahn

Auf der meistbefahrenen Anreiseroute ins Languedoc-Roussillon, der Autobahn A 6/A 7, ist mit der Ende 1992 fertiggestellten östlichen Lyon-Umfahrung Frankreichs gefürchtetster Autobahnengpaß entschärft worden, Lyons unfallträchtiger und abgasverpesteter Fourvièrestadttunnel. Bei Anse, etwa 20 km nördlich von Lyon, zweigt nunmehr die A 46 von der A 6 ab, mündet 20 km südlich der Stadt bei Givors in die nach Süden führende A 7 und entlastet Lyons stets verstopften ›Bauch‹ vom Durchgangs- und Schwerlastverkehr. (Hoffentlich) vorbei sind die Zeiten, als man in Lyon nur ein riesiges Verkehrshindernis sah. Die Stunden, die früher für die Stadtdurchquerung in die Fahrzeit einkalkuliert werden mußten, hat man nun für eine Stippvisite der unbekannten Rhônemetropole oder einen Kurzabstecher von der Rhônetal-Autobahn in die Departements Drôme und Vaucluse gewonnen.

Lyon

An- und Abfahrt

Durch den – nun verkehrsentlasteten – Fourvièretunnel gelangt man wie folgt in die Altstadt Vieux Lyon: Man bleibt, von Norden kommend, auf der A 6 und folgt unmittelbar am südlichen Tunnelausgang, noch vor Erreichen eines weiteren Kurztunnels, der Ausfahrt ›Vieux Centre‹ bzw. ›Perrache‹. Entlang des westlichen Saôneufers und unterhalb des linker Hand gelegenen Fourvièrehügels gelangt man auf dem Quai des Etroits, der gleich hinter der Autobahnausfahrt in den Quai Fulchiron übergeht, zu den Uferparkplätzen am Palais de Justice (s. Karte). Da es sich bei den Quais um Einbahnstraßen handelt, führt der schnellste Weg zurück zur A 6/A 7 (nach Süden Richtung Vienne/Valence/Marseille einordnen) über eine der Saônebrücken und die gegenüberliegenden Quais am linken Flußufer.

Stadtgeschichte

Das Drei-Sterne-Restaurant des medienbewußten Küchenpapstes Paul Bocuse (etwa 13 km vor den nördlichen Toren der Stadt, Pont de Collonges, 69660 Collonges-au-Mont-d'Or, ✆ 0033/78 22 01 40, langfristige Reservierung erforderlich, Anfahrt über die D 433, D 51) und elf weitere besternte Gourmettempel machen Lyon zur unbestrittenen Welthauptstadt der Gastronomie. Warum gerade Lyon?

Guter Geschmack hat hier Tradition, denn Lyon, das sich mit Marseille um den Platz als Frankreichs zweitgrößte Millionenstadt streitet, liegt inmitten ertragreicher und äußerst vielfältiger Wein- und Agrarlandschaften. Daß allerdings eine ganze Stadt dem kollektiven Kochkult verfiel und seit Jahrhunderten Frankreichs kreativste Küchenkünstler hervorbringt, liegt wohl eher an seiner wohlsituierten Einwohnerschaft, die während der mehr als 2000jährigen Stadtgeschichte selten am Hungertuche nagte. Im Gegenteil! Die Herstellung feinster Stoffe und deren Export in alle Welt hat die Bürger der alten römischen Handels- und späteren Messestadt wählerisch und reich gemacht. Produziert wurden die kostbaren Webwaren nördlich der Saône im dichtbebauten Stadtviertel Croix-Rousse, das auf einem kleinen Berg gelegen ist, den man in Lyon den ›Arbeitshügel‹ nennt.

Den Segen fürs Geschäft spendeten die Priester auf dem gegenüberliegenden Four-

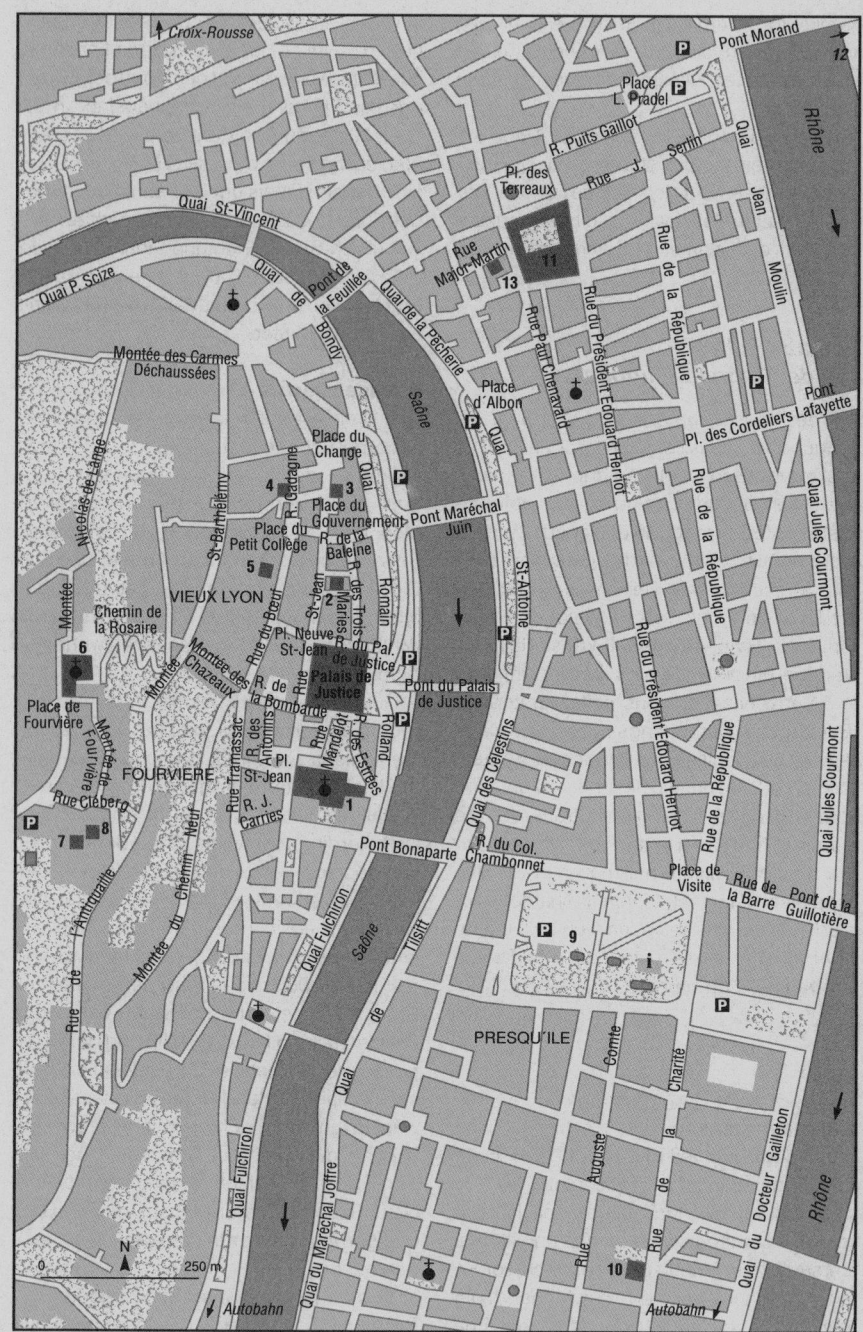

vièrehügel, im Volksmund ›Bethügel‹ genannt, wo im Schutze der viertürmigen, knapp 1000 Jahre alten Kathedrale St-Jean im 16. Jh. das Reiche-Leute-Viertel St-Jean entstand, mit 24 ha das größte erhaltene Renaissanceensemble nach Venedig. Zu jener Zeit führte eine der wichtigsten westeuropäischen Handelsrouten von Genua über Lyon nach Norden, und neben heimischen Händlern ließen sich hier viele italienische Kaufleute nieder, um nicht für jede der jährlich mehr werdenden Messen anreisen zu müssen. Als es dort zu eng wurde, dehnte sich die Stadt auf die Halbinsel Presqu'île aus, deren distinguiert-prächtige Architektur den soliden Wohlstand der Stadt offenbart.

Im 17. Jh. schon hatte sich Lyon zur reichsten Stadt Frankreichs entwickelt. Ihr hohes Steueraufkommen und eine äußerst geringe Arbeitslosenquote veranlassen Frankreichs Presse auch heute noch zu regelmäßigen Mutmaßungen darüber, ob nun in Lyon oder Paris die meisten Millionäre wohnen. Eine Stellungnahme Lyons zu dieser die ›Grande Nation‹ bewegenden Frage verbietet selbstverständlich die einer Kaufmannsgilde und feinen Gesellschaft eigene Diskretion. Über Geld redet bekanntlich nur, wer davon zu wenig hat. Und dem Ziel, auch in Zukunft Frankreichs zweitwichtigste Kunst-, Handels-, Banken- und Messestadt zu bleiben, kann derlei imageförderndes Understatement kaum schaden.

Stadtbesichtigung

Von den günstig gelegenen Uferparkplätzen aus bieten sich zwei Rundgänge an. Auf dem einen Weg hat man eher Kunsthistorisches im Auge. Er führt durch die Renaissancealtstadt auf den Fourvièrehügel mit römischen Grabungsstätten und einem weiten Ausblick auf die harmonische Stadtlandschaft (Dauer zwei bis drei Stunden ohne Besuch der Museen; s. Kartenziffern 1–8). Der andere, etwa gleichlange und ebenerdige Weg hat das attraktive großbürgerliche (Geschäfts-)Straßengewirr auf der von Rhône und Saône umflossenen Halbinsel Presqu'île zum Ziel (s. Kartenziffern 9–13).

Rundgang 1, Renaissanceviertel St-Jean und Fourvièrehügel:

1 Kathedrale St-Jean, Baubeginn 11. Jh.

2 Rue St-Jean Hausnummer 19, Durchgang (sog. *Traboule*, aus dem Lateinischen *transambulare* = hindurchgehen: lyontypischer Verbindungsweg zweier Gassen quer durch Häuserblocks und Innenhöfe) zur Rue des Trois Maries. Weiter über die Place de la Baleine und Place du Gouvernement.

3 Zurück auf die Rue St-Jean und vorbei an den wohl schönsten Renaissanceinnenhöfen des Viertels, Hausnummer 11 und 7. Hinter der Place du Change links in die Rue Gadagne abbiegen.

4 Hôtel de Gadagne, Hausnummer 10–14, größtes Renaissancehausensemble, Mitte 15. Jh. Weiter über die Place du Petit Collège in die Rue du Bœuf.

5 Cour des Loges, Hausnummer 1–4, gelungenes Beispiel eines modernisierten Renaissancestadtpalais (Hotel).

6 Über die Treppen der Montée des Chazeaux, dann ein kleines Stück links die Straße Montée St-Barthélémy bergan und wenig später rechts auf dem serpentinenreichen Parkweg Chemin de la Rosaire hinauf auf den Vorplatz der wohl eher mißlungenen Basilika Notre-Dame de Fourvière, errichtet nach dem deutsch-französischen Krieg von 1870/ 71.

Lyon 1 Kathedrale St-Jean 2 Haus Nr. 19 3 Häuser Nr. 7, 11 4 Hôtel de Gadagne 5 Cour des Loges 6 Basilika Notre-Dame-de-Fourvière 7 Römische Ausgrabungen 8 Gallorömisches Museum 9 Place Bellecour 10 Historisches Stoffmuseum 11 Kunstmuseum 12 Pralinengeschäft Bernachon 13 Café des Fédérations

7 Über die Montée de Fourvière zu Lyons römischen Ausgrabungen, Ruinen eines Theaters, Odeons und Tempels sowie einer Handwerkersiedlung aus dem Jahrhundert nach der Gründung von ›Lugdunum‹ im Jahr 43 v. Chr.

8 Lohnenswert das anschaulich gestaltete Antikenmuseum Musée de la Civilisation gallo-romaine (17, Rue Cléberg, außer Mo, Di und feiertags geöffnet von 9.30–12 und 14–18 Uhr). Zurück zum Ausgangsort über die Montée St-Barthélémy.

Rundgang 2, Presqu'île:

9 Über die Brücke Pont Bonaparte zur Place Bellecour, einem der größten Stadtplätze Frankreichs, umgeben von mächtigen klassizistischen Häuserblocks aus der Zeit um 1800.

10 Besuch des Musée historique des Tissus (34, Rue de la Charité, außer Mo und feiertags geöffnet von 10–17 Uhr): größte öffentlich zugängliche Sammlung europäischer Stoffe des 14.–18. Jh., orientalischer Tuchwaren sowie von Musterexemplaren aus den Seidenwebereien Lyons.

11 Über die Rue de la République zur schwülstig-monumentalen Place des Terreaux mit dem *Hôtel de Ville* an der östlichen Kopfseite und dem nach dem Louvre bedeutendsten Kunstmuseum Frankreichs, untergebracht in einem ehemaligen Kloster. Das besonders für seine Sammlung von Malerei (19./20. Jh.) bekannte Musée des Beaux-Arts ist außer Mo, Di und feiertags geöffnet von 10.30–17 Uhr.

12 Abstecher über die Rhônebrücke Pont Morand und die Place Lyautey zu *dem* Pralinengeschäft Frankreichs an der vornehmen Modemeile Cours Franklin-D.-Roosevelt, Hausnummer 42. In ehrwürdigem Ambiente präsentiert Monsieur Bernachon, einer der weltbesten Chocolatiers, seine süßen Gaumenschmeichler wie Tiffany-Schmuck.

13 Zur Stärkung für die Weiterreise in das Café des Fédérations, 8, Rue Major-Martin, ∅ 78282600, den berühmtesten der etwa

20 *Bouchons* (wörtlich: Korken) von Lyon. In dieser für Lyon so typischen Kneipe laben sich die oberen und unteren Zehntausend einträchtig nebeneinander (sofern in der engen Beize Platz ist) an preiswerten Einheitsgerichten, etwa am ›Kaviar der Armen‹, schmackhaften Linsen und Schweinepasteten, begleitet von hervorragenden Hausweinen aus dem nahen Beaujolais. Zurück zum Ausgangsort über die Rue Paul Chenavard, die Place d'Albon, den Quai St-Antoine und den Pont du Palais de Justice.

Stippvisiten im östlichen Rhônetal

Erstaunliches

›**Le Palais Idéal du Facteur Cheval**‹ **in Hauterives** (zwischen Vienne und Valence, täglich außer Januar geöffnet von 9.30–12 und 14–17.30 Uhr): Das zu Stein und Zement gewordene Luftschloß eines armen Briefträgers – laut Inschrift nach einer Bauzeit von »10000 Tagen, 93000 Stunden, 33 Jahren der Mühe« 1912 vollendet – ist wohl einer der surrealistischsten Privatbauten Frankreichs, eine verspielte Mischung aus Hindutempel, Moschee und Neuschwansteinromantik auf einer Grundfläche von etwa 26 × 14 m (Autobahnausfahrt Chanas, südlich von Le Péage-de-Roussillon, etwa 25 km).

Erquickliches

Valence: Schlendern durch die Fußgängerzone der von breiten Boulevards des 19. Jh. umgebenen Altstadt; Schlemmen beim Drei-Sterne-Koch Monsieur Pic, einem der Besten unter Frankreichs Besten (5-Gänge-Menü ca. 500 FF, 8/9-Gänge-Menü mit reichlicher Verwendung exquisiter Drômetrüffel ca. 600 FF, Hotel-Restaurant, 285 Avenue Victor Hugo, Richtung Autobahnkreuz Valence-Sud, ∅ 0033/7544 1532, täglich geöffnet außer August, Februar-

Schulferien, So-Abend und Mi, langfristige Reservierung erforderlich).

Erhebendes

Dieulefit: ›Von Gott gemacht‹ – so die Übersetzung – ist der Legende nach der schön gelegene Ort, von Künstlerhand geschaffen ist die Keramik und Glaskunst, für den die 3000 Seelen-Gemeinde berühmt ist. Bei weiter Aussicht und schöner Ansicht von **Le Poët-Laval** läßt es sich stilvoll und gut speisen im romanischen Gemäuer des Ein-Sterne-Hotel/Restaurants Les Hospitaliers hoch über dem kleinen Hügeldorf (geöffnet vom 1. März–15. November, ✆ 0033/7546 8341; Autobahnausfahrt Montélimar-Nord/ Le Logis-Neuf, etwa 40 km).

Ernüchterndes

La Garde-Adhémar: Hoch über dem Rhônetal thront das in den erlesenen Kreis der 100 schönsten Dörfer Frankreichs gewählte Bilderbuch- und Zweitwohnsitzdorf. Vom luftigen, mittelalterlich-entrückten Kirchplatz schweift der Blick weit über die Rhônebegradigung hinweg auf die Ikonen des 20. Jh., die AKWs und nukleartechnologischen Militärforschungsstätten von Tricastin und Mondragon (Autobahnausfahrt Montélimar-Sud/Malataverne, etwa 14 km).

Erdrückendes

Mornas: Die Neugier erweckend nah an die Autobahn gerückte Häuser- und Felsenkulisse des mittelalterlichen Orts entpuppt sich bei der Besichtigung als stranguliertes – aber dennoch sehenswertes – Dorfensemble. Eisenbahngleise und Straßen haben die eng an den Felsen geschmiegten Häuserzeilen fest im Griff, in der Ferne dröhnt die Autobahn, und von der idyllisch gelegenen, auf halbem Weg zur Schloßruine (12. Jh.) quer zu einem breiten Felsdurchlaß errichteten Kirche hat man einen Postkartenblick auf die dampfenden Kühltürme des AKWs von Marcoule (Autobahnausfahrt Bollène/Pont-St-Esprit, etwa 11 km).

Auskunftsstellen

Allgemeine Auskünfte und Prospektmaterialien zum Languedoc-Roussillon erhält man bei den französischen Fremdenverkehrsämtern ›Maisons de la France‹.

in Deutschland

Kaiserstraße 12, Postfach 100 128, 6000 Frankfurt/Main 1, ✆ 069/75 60 08 30, Telex 414459, Telefax 069/75 21 87
Berliner Allee 26, 4000 Düsseldorf, ✆ 02 11/8 03 75

Für Anfragen aus Berlin und den neuen Bundesländern:
Postfach 150 465, 1000 Berlin 31, ✆ 030/2 18 20 64, Telefax 030/2 14 12 38

in Österreich:

Walfischgasse 1, A-1010 Wien, ✆ 2 22/31 28 50

in der Schweiz:

Bahnhofstraße 16, CH-8001 Zürich, ✆ 01/2 11 30 85/86

Speziellere, die gesamte Region Languedoc-Roussillon betreffende Anfragen richtet man an:
Comité Régional de Tourisme, 20, Rue de la République, F-34000 Montpellier, ✆ 67 92 67 92

Anfragen zu den einzelnen Departements sind an das zuständige ›Comité Départemental de Tourisme‹ zu richten.
im Aude:
39, Boulevard Barbès, B. P. 862, F-11000 Carcassonne, ✆ 68 71 30 09
im Gard:
3, Place des Arènes, B. P. 122, F-30011 Nîmes CEDEX, ✆ 66 21 02 51
im Hérault:
1, Place Marcel-Godechot, F-34000 Montpellier, ✆ 67 54 20 66
im Lozère:

Place Urbain V, B. P. 4, F-48002 Mende CEDEX, ✆ 66 65 34 55

in den Pyrénées-Orientales (Roussillon):

Quai de Lattre-de-Tassigny, B. P. 540, F-66005 Perpignan CEDEX, ✆ 68 34 29 94

Für Auskünfte vor Ort und spezielle, etwa eine bestimmte Stadt betreffende Informationen wendet man sich an die zuständigen kommunalen Verkehrsämter, im allgemeinen *Syndicat d'Initiative*, manchmal auch *Office du Tourisme* genannt (Adressen bei den Ortsinformationen, s. S. 367 ff.). Postalisch sind die touristischen Auskunftsstellen das ganze Jahr über erreichbar. Besonders in kleinen Orten sollten schriftliche Anfragen auf französisch oder englisch abgefaßt werden. Für Publikumsverkehr sind die *Syndicats d'Initiative* in den größeren Städten überwiegend ganzjährig vor- und nachmittags geöffnet, in kleineren Orten und ausgesprochenen Urlaubsregionen zumeist nur während der Sommersaison zwischen Ostern und Ende September.

Autofahren

Allgemeines

Auf Autobahnen gilt ein Tempolimit von 130 km/h (bei Nässe 110 km/h), auf Landstraßen von 90 km/h (bei Nässe 80 km/h), innerorts von 50 km/h. Die Promillegrenze liegt bei 0,8. Bis auf äußerst abgelegene Tankstellen ist überall bleifreies Benzin (*Essence sans plomb)* bzw. Superbenzin *(Super sans plomb*) erhältlich. Es werden die gängigen Kreditkarten akzeptiert.

Die Parkplatzsuche in den Stadtzentren von Nîmes, Montpellier, Béziers, Narbonne und Perpignan gestaltet sich zunehmend schwieriger. Zum Schutz vor dem sommerlichen Autoansturm haben sich die Altstädte mit Fußgängerzonen und einem Ring von Einbahnstraßen sowie einem Wald von Hinweis- und Verbotsschildern eingeigelt. Es ist daher dringend angeraten, in den Hauptreisezeiten das Auto an den Stadträndern zu parken und auf öffentliche Verkehrsmittel umzusteigen oder aber den durchweg recht guten Parkleitsystemen zu vertrauen und die gebührenpflichtigen Parkhäuser zu benutzen.

Stellt man sein Auto für längere Zeit in einer Straße ab, sollte man unbedingt auf Hinweisschilder achten, die eventuell zur Räumung einer bestimmten Straßenseite an festgelegten Tagen auffordern, etwa, um Platz für Marktstände zu schaffen. Denn entweder werden falsch geparkte Autos abgeschleppt, oder man verwandelt sie mit mediterraner Gelassenheit in Ausstellungsflächen. In der *Zone bleue* (blauen Zone) darf nur mit Parkscheiben geparkt werden, mit gelben Streifen markierte Straßenränder verheißen absolutes Parkverbot.

Die Zeiten, in denen Ausländer bei Verkehrsverstößen von den *Flics* nachsichtig behandelt wurden, sind vorbei. Darüber hinaus werden nach und nach alle Autobahnen mit fest installierten Radarfallen ausgerüstet. Bei Geschwindigkeitsüberschreitungen von 15 km/h sind etwa 900 FF, von 25 km/h etwa 1500 FF fällig. Das Überfahren eines Stoppschildes kostet ebenso wie die Mißachtung eines Überholverbotes mindestens 900 FF. Für falsches Parken wird eine Buße zwischen 30 und 600 FF erhoben, und die Überschreitung der Promillegrenze kostet zwischen 1800 und 30000 FF. Sofern man ›auf frischer Tat‹ ertappt wird, lassen die *Flics* oder Verkehrshostessen nichts unversucht, direkt zu kassieren. Zahlt man bar, erhält man demnächst einen Rabatt von 30%, um die Verwaltungen zu entlasten.

Pannen und Unfälle

Polizeinotruf ✆ 17. Die Grüne Versicherungskarte ist nicht vorgeschrieben, bisweilen aber noch immer von Vorteil. Billiger als Deutschlands größter Automobilclub bieten Autoversicherungen Auslandsschutzbriefe an, mit denen in bestimmten Fällen u. a. die Kosten für Abschleppdienst, Auto- und Krankenrückführung sowie außerplanmäßi-

Badeorte Bade- und Ferienorte an der Küste	Camping	FKK	Segel- und Surfschulen	Tauchzentren	Spielkasinos	Schwimmbäder	Tennisplätze	Reitställe	Nächster Bahnhof
Argelès-Plage	X		X	X	X	X	X	X	Argelès
Banyuls-sur-Mer	X		X	X			X	X	Banyuls
Barcarès-Port	X		X		X	X	X	X	Perpignan
Les Cabanes-de-Fleury	X		X			X	X		Narbonne
Canet-Plage	X		X	X	X		X	X	Perpignan
Le Cap d'Agde	X	X	X	X	X	X	X	X	Agde
Carnon-Plage	X		X	X			X	X	Montpellier
Cerbère	X			X			X		Cerbère
Collioure	X		X	X			X		Collioure
Farinette-Plage	X						X		Agde
La Franqui-Plage	X		X				X		Leucate
Frontignan-Plage	X		X			X	X	X	Frontignan
La Grande-Motte	X		X	X	X	X	X	X	Montpellier
Le Grau-d'Agde/ La Tamarissière	X X		X	X		X	X		Agde
Grau de Vendres	X		X	X		X	X		Béziers
Le Grau-du-Roi	X		X	X			X	X	Le Grau-du-Roi
Gruissan-Plage/Port	X		X		X	X	X	X	Narbonne
Leucate-Plage/Port	X	X	X			X	X	X	Leucate
Marseillan-Plage	X		X				X	X	Marseillan-Plage
Narbonne-Plage	X		X	X			X	X	Narbonne
Palavas-les-Flots	X		X	X	X		X		Perpignan
Port-Camargue	X	X	X	X		X	X	X	Le Grau-du-Roi
Port-la-Nouvelle	X		X	X			X	X	Port-la-Nouvelle
Port-Vendres	X			X			X		Port-Vendres
Redoute-Plage	X		X					X	Béziers
Sérignan-Plage	X	X	X			X	X	X	Béziers
Sète	X		X	X		X	X	X	Sète
St-Cyprien-Plage	X		X	X	X	X	X	X	Elne/Perpignan
St-Pierre-sur-Mer	X		X				X	X	Narbonne
Ste-Marie-Plage	X		X	X			X		Perpignan
Torreilles-Plage	X		X				X		Perpignan
Valras-Plage	X		X		X		X	X	Béziers

ge Hotelübernachtungen bei Reparaturaufenthalten abgedeckt werden.

Mietwagen

In der Hauptferienzeit von Mitte Juni bis Mitte September sollte man Mietwagen über deutsche Agenturen vorausbestellen. Einige Unternehmen gewähren bei längerfristiger Vorausbuchung einen Rabatt. Die Adressen der Mietwagenfirmen entnimmt man den örtli-

chen Telefonbüchern bzw. den Listen der *Syndicats d'Initiative* oder erbittet für die Vermittlung eines Mietwagens die Hilfe der Hotelrezeption.

Wohnmobil

Um der rapiden Zunahme von platzraubenden Wohnmobilen Herr zu werden, ist in manchen verkehrsbelasteten Städten das Abstellen derartiger Vehikel im Innenstadt-

Eisenbahnverbindungen im Languedoc-Roussillon

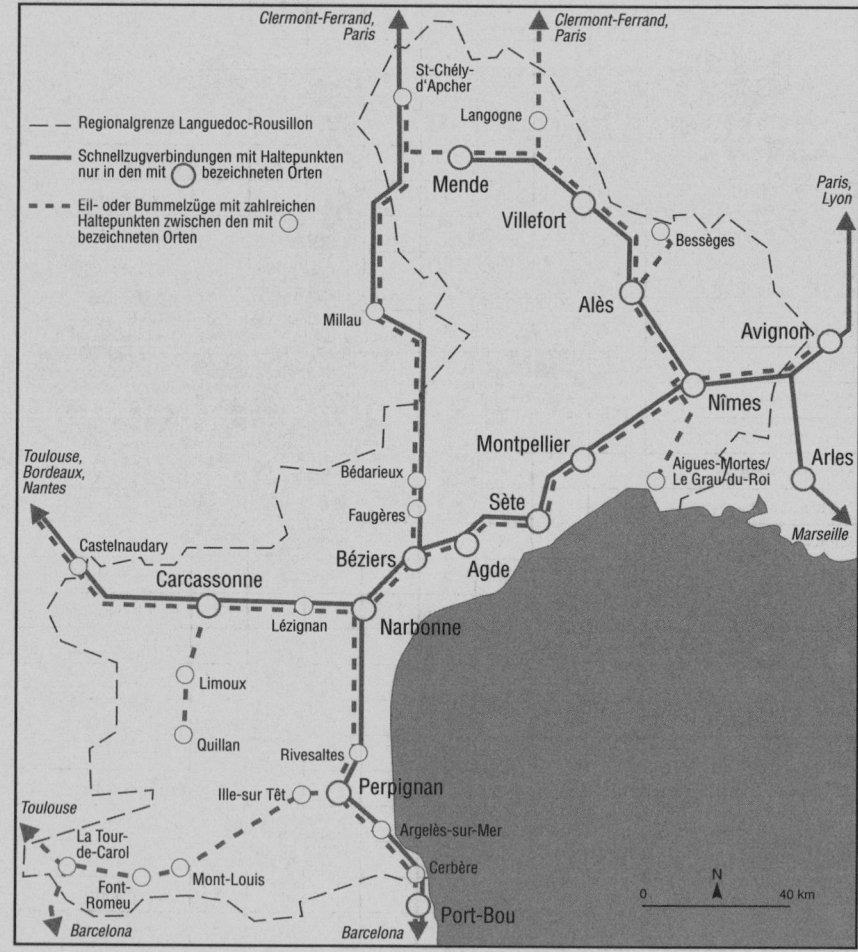

bereich bereits verboten. Ab und zu weisen diesbezügliche Hinweisschilder auch auf ein innerstädtisches Übernachtungsverbot in Wohnmobilen hin.

Bahn- und Busnetz

Während die Urlaubszentren an der Küste und die großen Städte zu Hauptferienzeiten relativ gut mit Bahn und Bus erreichbar sind,

muß man ganzjährig sehr viel Zeit und Nerven aufbringen, falls man mit öffentlichen Verkehrsmitteln durch das Hinterland reisen will. Sehr häufig verkehren dort die Busse zwischen den Dörfern nur ein- bis zweimal am Tag, und zwar in der Regel am frühen Morgen und Abend, was eine urlaubsfreundliche Tagesgestaltung erheblich einschränkt. Auskunft, Fahrpläne und Tickets erhält man an den Busbahnhöfen *(gare routière)*.

Busverbindungen im Languedoc-Roussillon

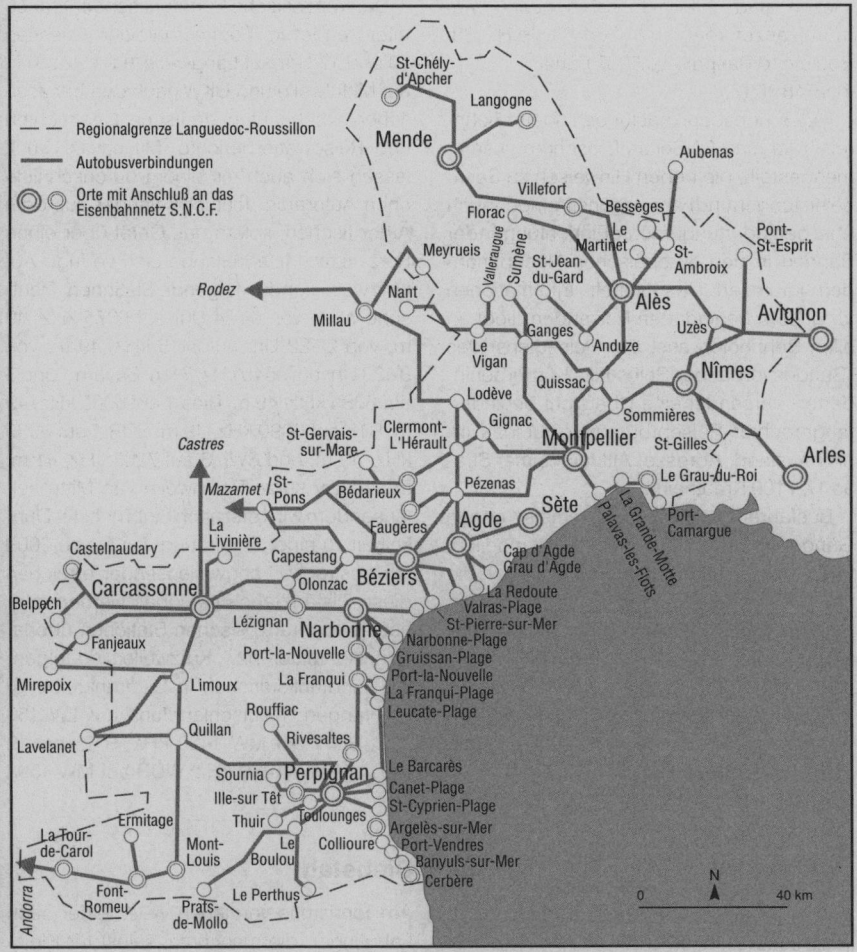

343

Behinderte

Noch immer lassen die Reise- und Unterkunftsbedingungen für Behinderte erheblich zu wünschen übrig. Dennoch hat sich bei der Beförderung einiges verbessert, und fast alle Hotels verfügen mittlerweile über behindertengerechte Zugänge zu Zimmern, nachdem die Hoteliers dazu gesetzlich verpflichtet wurden. Das ›Comité National Français de Liaison pour la Réadaptation des Handicapés‹ hat ein Informationsheft für Reisende herausgegeben, die auf den Rollstuhl angewiesen sind. Titel: »Touristes quand même!«, anzufordern bei C. N. F. L. R. H., 38, Boulevard Raspail, F-75007 Paris, ∅ 45 48 90 13.

Die Bundesbahn hat für behinderte Bahnreisende eine 80-Seiten-Broschüre zusammengestellt, die neben Hinweisen zu Serviceleistungen und Fahrvergünstigungen auch über behindertengerechte Einrichtungen der Bahnen in den europäischen Nachbarländern informiert. Das Infoheft ›Informationen für unsere behinderten Reisenden‹ liegt an allen Bahnhöfen aus. Der Reisedienst des ›Bundesverbandes Selbsthilfe Körperbehinderter‹ versendet eine Übersicht behindertengerechter Reiseprogramme für das In- und Ausland, Adresse: Altkrautheimer Straße 17, 7109 Krautheim.

Busfahren ist trotz der zumeist engen Gänge und schwieriger Einstiege möglich, und es gibt einige Busreiseveranstalter, die über Busse mit Einsteigelifts und behindertengerechten Sitzplatzbedingungen verfügen.

Eine Liste von Busreiseunternehmen für Einzel- und Gruppenreisen verschickt der Bundesverband Deutscher Omnibusunternehmer, Coburger Straße 1c, 5300 Bonn 1. Der FMG-Verlag, Postfach 1547, 5300 Bonn 1, versendet einen bebilderten Hotel- und Reiseratgeber für Urlauber mit einem Handicap: Yvo Escales, Handicapped-Reisen, Band 1 Deutschland, Band 2 Ausland, jeweils 308 Seiten, etwa 25 DM.

Deutschsprachige Zeitschriften und Radionachrichten

Während der sommerlichen Hauptreisezeit finden sich in den Zeitungsständen der Schreibwaren-, Tabak- und Zeitschriftenläden entlang der Küstenorte mit ein- bis zweitägiger Verspätung diverse deutsche Tageszeitungen, Magazine und Illustrierten. In den Bahnhöfen der großen Städte Nîmes, Montpellier, Béziers, Narbonne und Perpignan sind deutschsprachige Printmedien das ganze Jahr über erhältlich.

Der französische Rundfunksender France Inter sendet im Sommerhalbjahr zwischen 10 und 17 Uhr auf Langwelle 162 kHz sowie auf Mittelwelle und UKW nach den französischen Nachrichten deutsche Nachrichten und Reisewetterberichte. Mit etwas Glück lassen sich auch mit einem durchschnittlichen Autoradio deutsche Sender aus dem Äther fischen, sofern das Gerät über einen Kurz- bzw. Mittelwellenbereich verfügt. Auf Kurzwelle senden folgende Stationen: Deutsche Welle von 0–24 Uhr auf 6075 kHz, 49 m; von 2–22 Uhr auf 6115 kHz, 49 m; von 8–23 Uhr auf 9545 kHz, 31 m. Bayern 1 und 3 auf 6085 kHz, 49 m. Rias 1 auf 6005 kHz, 49 m. RTL auf 6090 kHz, 49 m. SDR 1 auf 6030 kHz, 49 m, und SWF 3 auf 7265 kHz, 41 m. Die relativ kurze Reichweite von Mittelwellensendern wird erst nach Einbruch der Dunkelheit zu einer Entfernung von bis zu 2000 km gestreckt. Langwellensender erreichen diese Distanz auch tagsüber, werden aber häufig von französischen Stationen überlagert. Auf Mittel- bzw. Kurzwelle sind folgende Rundfunkstationen in Südfrankreich zu empfangen: Deutschlandfunk auf LW 153 kHz; SR 1 auf MW 1422 kHz; RTL (bis 19 Uhr) auf MW 1440 kHz; WDR auf MW 1593 kHz.

Diebstahl

Am Tourismus verdienen viele, leider auch Langfinger, die manchmal selbst für Kleinkram wie z. B. eine Musikkassette oder Sonnenbrille nicht vor Autoeinbrüchen zurückschrecken. Am besten schützt ein restlos leergeräumter Innenraum vor unliebsamen Überraschungen. Diese ereilen einen zumeist dort, wo man sich vollkommen sicher fühlt, beispielsweise an schönen Aussichtspunkten, an denen man das Auto nur kurzzeitig verläßt, aber auch in belebten Städten (berühmt-berüchtigt sind etwa die vielen Halteplätze an der Ardèche, die Camargue und Perpignan). Im Falle eines Autoeinbruchs ist ein Polizeiprotokoll der örtlichen ›Gendarmerie‹ unabdingbare Voraussetzung für eine Schadensregulierung durch die Versicherung, falls man eine solche abgeschlossen hat.

Zum Problem des Schadensersatzes von geklauten Film- und Fotoapparaten sei stellvertretend für viele vergleichbare Urteile das Landgericht Nürnberg (AZ 11 S 1040/90) zusammenfassend zitiert: »Hält ein Tourist seine Tasche mit Videokamera und Fotoapparat während einer ›Schnupfpause‹ nicht in ständigem Körper- oder Blickkontakt, braucht die Reisegepäckversicherung bei Diebstahl keinen Ersatz zu leisten.«

Diplomatische Vertretungen

Französische Botschaften
. . . in Deutschland:
   Kapellenweg 1a/Rheinstraße 52,
5300 Bonn 2, ✆ 02 28/36 20 31
. . . in Österreich:
   Technikerstraße 2, A-1040 Wien,
✆ 02 22/65 47 47
. . . in der Schweiz:
   Schlosshaldenstraße 46, CH-3000 Bern
32, ✆ 031/432 4 24

Deutsche Vertretungen in Frankreich
Botschaft:
   13, Avenue Franklin D. Roosevelt,
F-75000 Paris, ✆ 359 33 51

Honorarkonsulate:
   3, Rue Fournairié, F-34000 Montpellier,
✆ 67 60 47 43
   12, Boulevard Wilson, 66000 Perpignan,
✆ 68 51 15 49

Österreichische Vertretungen in Frankreich
Botschaft:
   6, Rue Fabert, F-75000 Paris, ✆ 555 95 66
Konsulat:
   139, Rue du Faubourg-St-Honoré,
F-75000 Paris, ✆ 561 19 93

Schweizerische Vertretung in Frankreich
Botschaft und Konsulat:
   142, Rue de Grenelle, F-75000 Paris,
✆ 550 34 46

Essen und Trinken

Küche
Eine regionale Küche im Languedoc-Roussillon? »Die gibt es nicht!« Selten ist die wohlgerundete, stets auf neue Köstlichkeiten lauernde Kritikerzunft Frankreichs so einhelliger Meinung wie bei der Bewertung hiesiger Kochkünste. Ihr Argument, daß wohl kaum eine ideenreiche Kochkunst von einem bäuerlichen Landstrich zu erwarten ist, in dem bis ins 20. Jh. ein breites Bürgertum fehlte und ein Großteil der Bevölkerung froh war, täglich satt zu werden, klingt überzeugend. Doch die Testschmecker werden ihr Urteil vermutlich revidieren müssen, denn seit Frankreichs Küchenkönig Paul Bocuse wieder Deftigeres auf die französischen Teller bringt und man bei ihm und seinen Jüngern zum Essen keine Lupe mehr benötigt, weil ihre Portionen wohlproportionierter geworden sind, beginnt auch die unkapriziöse, bodenständige Küche des Languedoc-Roussillon bei Feinschmeckern Beachtung zu finden.

Über die Verwaltungsgrenze, die das Languedoc-Roussillon zumindest administrativ vom allzu dominierenden Norden trennt, sind viele Südfranzosen durchaus froh, geradezu heilig ist ihnen jedoch eine andere Grenze. Sie verläuft quer durch das Departement Lozère, durchtrennt die Cevennen und teilt das Departement Ardèche in eine ›Butter-‹ und eine ›Ölhälfte‹, *Ardèche du beurre* und *Ardèche de l'huile* genannt. Gemeint ist die Klimagrenze: Südlich davon gewinnt das mediterrane Wetter Einfluß auf die Vegetation und ermöglicht die zeitintensive Kultivierung des Ölbaums. So sind es denn auch im Languedoc und Roussillon stets ein paar Tropfen dieses sanften Anmachers, die Salate, Rohkostvorspeisen (*Crudités*), Fleisch- und Fischgerichte mit wenig Aufwand in eine Delikatesse verwandeln.

Dazu ein paar sparsam auf Lammschulter (*Epaule d'agneau*), Stiersteak (*Steak de taureau*), in Rotwein geschmortes Rindfleisch (*Bœuf en daube*) oder Wildschweinbraten (*Rôti de sanglier*) gestreute Basilikum-, Rosmarin- und Thymiankräuter – besser bekannt als *Herbes de Provence*, die auch in der Garrigue rund um Nîmes wie Unkraut sprießen –, und schon schmeckt es nach Süden.

Ganz anders im bergigen Hinterland, wo wesentlich deftiger als in der Ebene gekocht wird, zumeist mit Butter und ohne Sonnenkräuter, dafür aber, wie in ganz Frankreich, mit frischem Knoblauch, dessen Zöpfe auch die Marktstände der abgelegenen Bergdörfer zieren. Über die langen, kalten Cevennenwinter kommen die Einheimischen am besten mit etwas Fett auf den Rippen, das ganz von alleine dorthin gelangt, wenn man sich den Magen mit den kalorienreichen Würsten und Schinken des Berglandes füllt. Nach Norden und Südwesten hin wird diese mächtige *Charcuterie* mehr und mehr abgelöst von etwas edler verwursteten Schweineteilen und eingemachten Gänse- und Entenstücken, den sog. *Confits*. Es ist der Einfluß des nahen Perigords, der sich hier bereits bemerkbar macht.

Südlich der Montagne Noire und der Monts de l'Espinouse wird man mit einer jahrhundertealten und bislang unbeantworteten Glaubensfrage konfrontiert: In welcher Audestadt schmeckt das berühmte *Cassoulet* am besten? In Castelnaudary, wo das Nationalgericht des südlichen Languedoc angeblich erfunden wurde, oder in Carcassonne, wo vermutlich bischöfliche Köche den einfachen Bauerneintopf aus weißen Bohnen, Schweine- und Geflügelklein so zu verfeinern wußten, daß er die höheren Weihen von Frankreichs Küchenpäpsten erhielt? Wo auch immer man *Cassoulet* ißt, wer Eintöpfe liebt, wird beide mögen, denn sie schmecken fast immer gut, sofern sie aufgewärmt und nicht gleich nach der Zubereitung frisch auf den Tisch kommen.

Nichts anderes als täglich frisch gefangen und zubereitet sollten Südfrankreichs Fische sein, besonders wenn man sie in einem der Fischrestaurants entlang der Küste bestellt. Denn in der Mitte liegt schließlich Sète, der größte Fischereihafen Frankreichs. Frisch aus dem Mittelmeer kommt aber nur noch ein Teil der Fänge. Längst ist das nährstoff- und deshalb von jeher fischarme Binnenmeer überfischt, tun Abwasserleitungen ihr übriges (s. S. 21 f.). Was da an Meergetier auf die Restaurantteller gelangt, stammt immer häufiger aus dem Atlantik, gefangen und platzsparend vorfiletiert von Seeleuten französischer und deutscher Großfangschiffe. Brüssel schätzt sich glücklich, *les Fritz* und *les Français* zumindest beim Fischen schon europäisch vereint zu wissen.

Ganz und gar mittelmeerisch ist glücklicherweise die Verfeinerung der Fische geblieben, mit *Aïoli* z. B., jener in der Provence erfundenen Knoblauchmayonnaise, die für manchen Midibewohner das Wichtigste am Fisch ist: Zum Eintunken oder Getunktwerden, je nachdem, ob man den Fisch in der *Aïoli* ›badet‹ oder den delikaten Klacks aus Öl, frischem Knoblauch und Eigelb zusammen mit geriebenem Käse und geröstetem Weißbrot in einer würzigen Fischsuppe (*Soupe de poisson*) versenkt. Die Austern und Muscheln aus dem Bassin de Thau kommen mit weniger intensiven Geschmacksverstärkern aus und schmecken am besten in den Restaurants von Mèze und Bouzigues (s. S. 211 f.).

Neben den variationsreichen Fischgerichten sind es vor allem zwei Käsesorten, die Languedoc und Roussillon kulinarisch vereinen, hergestellt aus der Milch von Ziegen und Schafen, die das Hochland beider Regionen bevölkern. *Lactaires* nennt man die kleinen Frischkäse, die aus einem Liter Ziegenmilch gemacht werden und mit zunehmender Reife und Grünfärbung an Würze gewinnen. Zur Herstellung der relativ milde schmeckenden, *Tomes* genannten Hartkäse verwendet man Schafskäse, der zu Laiben von etwa 25 cm Durchmesser geformt wird und mit einem trockenen Rotwein am besten schmeckt.

Ein Wein, der kräftig genug ist, um es mit den scharfen *Roquefort* (s. S. 140 f.) oder *Bleu des Causses* (s. S. 139) aufzunehmen, die man ausschließlich in dem Örtchen Roquefort-sur-Soulzon bzw. in den Causses erzeugt, muß allerdings noch erfunden werden. Die Edelschimmelkäse gelten daher mit Recht als wirksamste Magenschließer unter Frankreichs Käsesorten.

Wein

Im Languedoc-Roussillon, dem größten geschlossenen Weinanbaugebiet der Welt, werden nahezu 40% aller französischen Weine erzeugt. Masse statt Klasse? Im Prinzip ja. Obwohl man auf den Großimport billiger Konsumweine und Verschnitte aus anderen EG-Ländern und Nordafrika zunehmend mit dem Anbau qualitätvollerer Weine reagiert, machen minderwertige Tafelweine noch immer 70% und einfache Landweine 20% der gesamten Produktion aus; der Rest sind höherwertige Qualitätsweine. Unter diesen findet man mittlerweile manch edlen Tropfen, sofern man den Wein nicht unbedingt nur im Supermarkt ersteht und die Etikettierungen zu deuten weiß.

Die französischen Weine werden in vier Qualitätsstufen unterteilt, die auf den Weinflaschen vermerkt sind:

›Appellation d'Origine Contrôlée‹ (A.O.C.): Dabei handelt es sich um Qualitätsweine mit kontrollierter Herkunftsbezeichnung. Anstelle des Wortes *Origine* (Herkunft) wird auf dem Weinetikett der Name des Anbaugebietes bzw. der Lage, der Gemeinde oder des Bereichs eingefügt: z. B. ›*Appellation Côtes-du-Rhône Contrôlée*‹. Mit diesem Prädikat wird nur solch ein Wein ausgezeichnet, der aus einem streng begrenzten Anbaugebiet stammt, bestimmte Rebsorten enthält, einen Höchstertrag pro Hektar Anbaufläche nicht übersteigt, einen Mindestalkoholgehalt nicht unterschreitet und nach geregelten Anbau- und Kellereiverfahren hergestellt wurde.

Zur geschmacklichen Qualität trägt diese strenge Reglementierung allerdings nur z. T. bei, denn erst eine gute Lage, bei der Klima, Boden und Rebsorte ideal harmonieren, und die gute Nase und Erfahrung des Winzers machen aus einem Qualitätswein einen edlen Tropfen. Der Zusatz *Supérieur* deutet auf eine überdurchschnittliche Qualität hin. Trägt das Etikett die Bezeichnung *Cru* oder sogar *Grand Cru* (wörtlich: Weinberg, Gewächs) weist das den Wein als ein Spitzenerzeugnis aus. Ähnliches gilt für den Zusatz *Cuvée* bzw. *Grande Cuvée* (wörtlich: Wein aus einem Faß).

›Vins Délimités de Qualité Supérieure‹ (V.D.Q.S.): Auf den Etiketten dieser ›Weine höherer Qualität bestimmter Gegenden‹ ist zumeist nur das Anbaugebiet ausgewiesen und nur in seltenen Fällen der Name des Bereiches oder der Gemeinde. Die einzelnen Qualitätskriterien sind mit denen der A.O.C.-Weine vergleichbar, allerdings nicht ganz so streng. Das Languedoc hat den größten Anteil an der Gesamtproduktion von V.D.Q.S.-Weinen.

›Vins de Pays‹: Die leichteren, generell 11% Vol. Alkohol enthaltenden Landweine werden nach bestimmten Produktionszonen unterschieden, die jedoch nicht mit denen

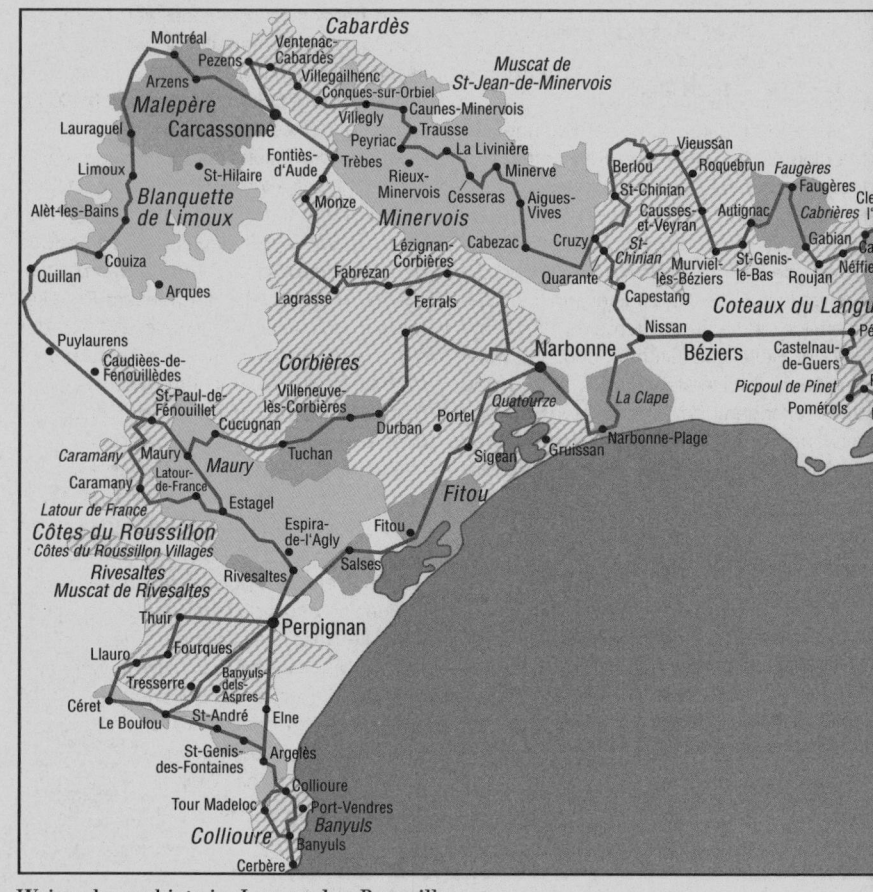

Weinanbaugebiete im Languedoc-Roussillon

der Qualitätsweine übereinstimmen und andere Namen tragen, um Verwechslungen auszuschließen. Auch diese überwiegend gut trinkbaren, schlichten Weine müssen bestimmte Qualitätsanforderungen erfüllen und werden regelmäßigen Untersuchungen auf Reinheit und Geschmack unterzogen.

›Vins de Table‹: Die zumeist unter einem phantasievollen französischen Markennamen verkauften und aus diversen Rebsorten verschnittenen Tafelweine müssen keinerlei Hinweise auf ihre Herkunft tragen und stammen häufig nicht aus einem französischen

Anbaugebiet. Eine geschmackliche Offenbarung darf man von diesen auf stets gleichbleibenden Geschmack getrimmten Weinen nicht erwarten.

Sorten und Anbaugebiete der A.O.C.- und V.D.Q.S.-Weine

Collioure: Im südlichsten Weingebiet Frankreichs, das nur die vier Kommunen Collioure, Port-Vendres, Banyuls-sur-Mer und Cerbère umfaßt, wird ausschließlich Rotwein angebaut, der sich durch einen kräftigen, körperreichen Geschmack auszeichnet.

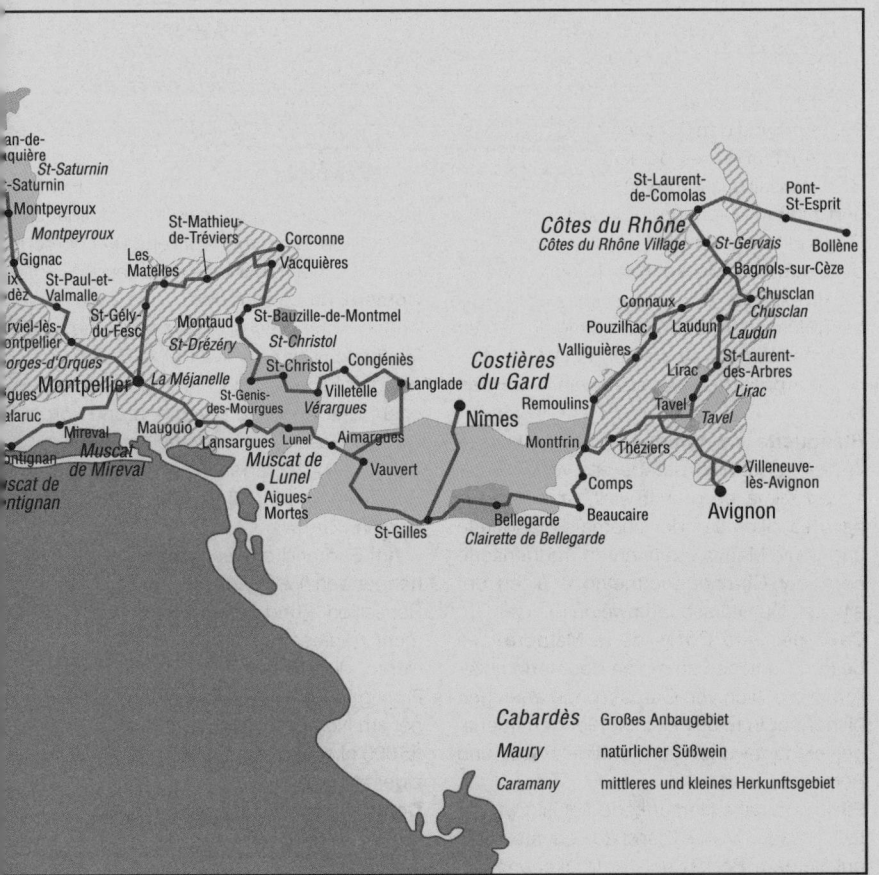

Cabardès	Großes Anbaugebiet
Maury	natürlicher Süßwein
Caramany	mittleres und kleines Herkunftsgebiet

Darüber hinaus werden hier die berühmten, als Aperitif oder Dessertwein getrunkenen natürlichen Süßweine (*Vin Doux Naturel*, kurz V.D.N.) Banyuls und der nach 30 Monaten Faßlagerung abgefüllte Banyuls Grand Cru erzeugt. Das Produktionsverfahren der V.D.N.-Weine ist streng reglementiert: Durch Zusatz von reinem Alkohol (Weingeist) wird die Gärung des Mostes unterbrochen, damit ein Großteil des natürlichen, fruchtigen Traubenzuckeranteils erhalten bleibt und sich dieser nicht, wie bei der Weinerzeugung üblich, im Verlauf einer fortgesetzten Gärung in Alkohol umwandelt. Nach Abschluß des Produktionsprozesses enthält ein V.D.N.-Wein mindestens 15 und höchstens 21,5 % Vol. Alkohol. Nur der berühmte ›Banyuls Grand Cru‹ bringt es auf 22 % Vol. Alkohol.

Côtes du Roussillon/Côtes du Roussillon Villages: Im Côtes du Roussillon-Anbaugebiet zwischen den Flüssen Agly und Tech werden neben frischen Weißweinen vor allem vollmundige, herb-kräftige Rotweine erzeugt. Dieselben Gütemerkmale zeichnen auch die Côtes du Roussillon Villages-Rotweine aus, die noch höheren Qualitätsanforderungen standhalten müssen und nur von etwa 25 Gemeinden (*Villages*) zwischen dem Agly und den Corbières produziert werden. Auch in diesen beiden Anbaugebieten des Roussillon wird V.D.N.-Wein erzeugt, und zwar in Maury und Rivesaltes. Letztere Gegend bringt darüber hinaus Frankreichs bekanntesten Muskatwein hervor (Muscat de Rivesaltes), der wegen seines starken, nach Nüssen, Trauben und Honig duftenden Aromas ebenso wie die übrigen V.D.N.-Weine als Aperitif oder Dessertwein getrunken wird.

Blanquette de Limoux: In dem kleinen Weinanbaugebiet, das bereits vom ozeanischen Klima beeinflußt wird, erzeugt man hauptsächlich aus der ehemals Blanquette und heute Mauzac genannten Traubensorte nach der Champagnermethode einen der ältesten Qualitätsschaumweine der Welt.

Cabardès und Côtes de la Malpère: Die beiden Regionen zu seiten des Aude nördlich und östlich von Carcassonne erzeugen bisher nur in relativ kleinen Mengen fruchtige, elegante und recht süffige Rosé- und Rotweine.

Fitou: Das alte Herkunftsgebiet ist zweigeteilt. Im Bereich des Etang de Leucate reifen auf kargem Boden und in trockener Hitze rustikale, gerbstoffreiche und vollmundige Rotweine heran. Noch wuchtiger und körperreicher sind die Rotweine aus den anderen malerischen Lagen inmitten der Corbières-hügel, wo die Rebstöcke auf schieferhaltigen Böden und in einem ausgewogeneren Klima gedeihen.

Corbières: In dem 25000 ha großen Weinanbaugebiet, das den größten Anteil von Frankreichs V.D.Q.S.-Weinen erzeugt (zu 95% Rotweine), ist der Charakter der Weine so unterschiedlich wie das von Norden nach Süden mediterraner werdende Klima dieser Hügellandschaft. In den ›Oberen Corbières‹ fallen die Weine am harmonischsten aus, in den ›Mittleren Corbières‹ überwiegen fruch-

tige Sorten, während in den ›Meer-Corbières‹ eher leichte, einfache Weine gedeihen.

Minervois: Zwischen den südlichen Ausläufern des Zentralmassivs und des Aude produziert man in einer weitläufigen Terrassenlandschaft Rosé-, Rot- und Weißweine, die in der Ebene fruchtig-leicht und in den Höhenlagen würziger und schwerer ausfallen. Bei St-Jean-de-Minervois werden 2000 hl recht harmonischen Muskatweins erzeugt.

Coteaux du Languedoc: Die ausgedehnte Anbaufläche dieses ältesten Weingebietes Frankreichs umfaßt zwölf A.O.C.-Anbauzonen durchschnittlicher Güte mit variantenreichen, durchweg herb-süffigen und körperreichen Rosé-, Rot- und Weißweinen sowie die drei Spitzenlagen Clairette du Languedoc, Faugères und St-Chinian im Norden der Region.

Am Südrand dieses größten zusammenhängenden Weingebietes im Languedoc-Roussillon (und strenggenommen nicht mehr zu diesem Bereich gehörend), produzieren die Winzer der zwei Küstenlagen Frontignan, Mireval und des Städtchens Lunel am Nordrand der Camargue insgesamt 35000 hl durchweg ausgewogener, vollwürziger Muskatweine.

Costières du Gard: Die aromatischen, herben und gehaltvollen Rotweine und die eher fruchtigen Roséweine dieser Anbauzone gleichen geschmacklich bereits denen der östlichen Nachbarregion Côtes du Rhône. Inmitten dieser kleineren Weinregion gedeiht auf Rollkieselboden der hervorragende Weißwein Clairette de Bellegarde, ein trockener, blumiger Tropfen, von dem jährlich nur etwa 1500 hl auf Flaschen gezogen werden.

Côtes du Rhône/Côtes du Rhône Villages (rive droite): Dieses durch geschicktes Marketing in Deutschland wohl bekannteste Weinanbaugebiet Südfrankreichs hat seinen Namen von den rechts der Rhône gelegenen Hanglagen im Gebiet des Gard. Es reicht weit in die Provence hinein und erzeugt vielfältige, gerbstoffreiche Rotweine, besonders aus der Gegend um Lirac sowie den wohl berühmtesten Roséwein Frankreichs, der aus der Gegend um Tavel stammt und an seiner rubinroten Farbe und seinem blumig-eleganten Geschmack zu erkennen ist. Weniger bekannt sind die Côtes du Rhône Villages aus der Gardregion, obwohl sie mit ihrem Bouquet den anderen Rotweinen des rechtsrhônischen Herkunftsgebiets meistens durchaus das Wasser reichen können.

Wo man trinkt und ißt

Auberge: zumeist ländliches Gasthaus, häufig mit Hotelbetrieb

Bar: Kneipe für ein Glas und kleine Happen im Stehen

Bistro: Lokal zum Trinken und Essen von kleineren Spezialitäten

Brasserie: Bierkneipe mit Restaurant

Buffet: Schnellimbiß

Buvette: Trinkhalle/Kiosk

Cabaret: Nachtlokal

Café: Lokalität zum Trinken und Essen kleinerer Gerichte

Cave: Kellerkneipe

Caveau: Weinkeller

Club: Nachtclub

Dégustation: Probierstube für örtliche Spezialitäten

Glacier: Eisdiele

Relais: ländliche Gaststätte

Relais Routiers: Fernfahrergaststätten, fast immer mit guter und sättigender Küche

Restaurant: Speiserestaurant zum Mittag- und Abendessen, niemals nur zum Trinken

Restaurant libre service: Selbstbedienungsrestaurant

Restoroute: Autobahngaststätte

Rôtisserie: Grillrestaurant

Salon de dégustation: Probierausschank von Wein, manchmal auch Bar

Salon de thé: Konditorei und Café

Snack: Schnellimbiß/Schnellrestaurant

Self-Service: Selbstbedienungsrestaurant

Taverne: Weinstube mit kleiner Küche

Restaurant-Knigge

Französischer Zentralstaatlichkeit und Tradition verdankt man bei einem Restaurantbesuch einen landesweit einheitlichen, geradezu ritualisierten Handlungsablauf, der einen auch als sprachunkundigen Ausländer relativ sicher über die vielen Hürden von der Tischwahl bis zur Bezahlung der Rechnung hievt. Die einzige Handlung, zu der man in einem guten Restaurant die Kellnerin oder den Kellner – die übrigens nicht mit *Garçon!*, sondern mit *Madame!* bzw. *Monsieur!* angeredet werden – ausdrücklich auffordern muß, ist die, nach Abschluß des Essens die Rechnung auszustellen.

Nach Betreten der mittags normalerweise zwischen 12.30 und 14 Uhr und abends ab 19 Uhr zum Essen geöffneten Restaurants wird dem Gast oder den Gästen vom Patron oder Kellner ein Tisch zugewiesen, nachdem zuvor die Personenzahl ermittelt (*vous êtes combien de personnes?*, ›wie viele Personen sind Sie?‹) bzw. die Frage, ob reserviert wurde (*est-ce que vous avez reservé, Madame/Monsieur?*), mit ja (*oui*) beantwortet wurde. Während der Kellner die Speisekarten verteilt, fragt er, ob man einen Aperitif wünscht (*est-ce que vous désirez un apéritif?*).

Wenn überhaupt, trinken Franzosen vor dem Essen zunehmend milde, nicht zu süße Getränke wie etwa ein Glas oder eine Schale Champagner (*une flûte/coupe de champagne*), um die Geschmacksnerven nicht vor Essensbeginn unnötig zu strapazieren. Erst wenn die Speisekarten zugeklappt werden, signalisiert dies dem Kellner, daß man die Wahl getroffen hat und bereit zur Bestellung ist.

Hat man ein Menü (*menu*) oder ein einzelnes Gericht (*à la carte*) mit einem Stück Rindfleisch bestellt, folgt unweigerlich die Frage, wie das Fleisch zubereitet werden soll: blutig, d. h. nur leicht angebraten (*saignant*), halb gebraten (*à point*) oder gut durchgebraten (*bien cuit*). Die Güte eines Restaurants läßt sich übrigens nur in seltenen Fällen am preiswertesten Menu ablesen, das mit Ausnahme guter Restaurants auch dementsprechend schmeckt.

Franzosen trinken in der Regel relativ viel Wasser zum Essen, entweder Mineralwasser (*eau minérale*), Wasser mit Kohlensäure (*eau gazeuse*) oder Wasser mit (wenig) natürlicher Kohlensäure (*eau naturelle*). Auch kostenloses Leitungswasser (*une carafe d'eau* oder einfach *de l'eau plate*, ›Leitungswasser‹) wird häufig geordert. Beim Wein – Bier wird üblicherweise in einem Restaurant nicht zum Essen getrunken – beschränkt man sich auf die Bestellung einer bzw. einer halben Flasche (*une/une demie bouteille de vin*). Hat man nach dem Essen bzw. dem *Digestif*, etwa einem Cognac, Durst auf mehr Alkohol, löscht man den nicht im Restaurant, sondern geht anschließend in eine Bar oder in ein Bistro.

Das Dessert und/oder der Käse wird erst nach dem Hauptgang ausgewählt, wozu einem der Kellner die Speisekarte zumeist unaufgefordert erneut vorlegt oder – auch wenn im Menü ein Dessert oder ein Käsegang vorgesehen ist – vorher die entsprechende Frage stellt (*est-ce que vous désirez un fromage/un dessert, Madame/Monsieur?*). Das Essen beschließt die Frage nach einem Kaffee (*est-ce que vous désirez un café, Madame/Monsieur?*), bei dem es sich immer um eine kleine Portion starken, schwarzen Kaffees handelt. Die Bitte, statt dessen einen Milchkaffee (*un café au lait*) zu bringen, dürfte das gesamte Restaurant in höchste Verwirrung versetzen, weil man den nur, wirklich nur vormittags trinkt. Wem der Kaffee nur mit Milch schmeckt, der sollte sich allenfalls einen Kaffee mit Dosenmilch (*un café crème*) bestellen und hoffen, daß man seinem Wunsch nachkommt, weil auch das ein aufsehenerregender Regelverstoß ist.

Die abschließende Rechnung erbittet man mit dem Satz: *Madame/Monsieur, l'addition, s'il vous plaît!* Wird mit einer Scheckkarte bezahlt, was durchaus üblich ist, sollte man das zusätzliche Trinkgeld von 5–10 % in bar hinzufügen, weil nur noch der exakte Betrag für das Essen auf diesem Zahlungsweg abgerechnet werden darf. Das Trinkgeld läßt man auf dem Teller liegen, auf dem die Rechnung überreicht wurde. Die Rechnung lautet übrigens immer auf den Gesamtbetrag und wird niemals von den Essensteilnehmern getrennt beglichen. Besteht man dennoch auf getrennter Bezahlung, würde dieser Wunsch das gesamte Restaurant in noch größere Konfusion versetzen als eine eventuelle Frage nach einer Tasse Milchkaffee.

Zum Schluß ein Tip: Da eine französische Speisekarte bisweilen auch für Sprachkundige ein Buch mit mehr als sieben Siegeln ist, empfiehlt sich der Erwerb des unschlagbaren ›Eßdolmetschers Frankreich‹ aus dem Mosaik Verlag, herausgegeben von der Zeitschrift essen&trinken. Das praktische Taschenbuch enträtselt jede noch so komplizierte Speise- und Getränkekarte und ruft bei den französischen Kellnern und Köchen kein mitleidiges Grinsen, sondern regelmäßig höchste Bewunderung hervor.

Feiertage

1. Januar – Neujahrstag (*Jour de l'An*)
Ostermontag (*Lundi de Pâques*)
1. Mai – Tag der Arbeit (*Jour de Travail*)
8. Mai – Deutsche Kapitulation/Ende des Zweiten Weltkriegs (*Armistice*)
Christi Himmelfahrt (*Ascension*)
Pfingstmontag (*Lundi de Pentecôte*)
14. Juli – Nationalfeiertag/Sturm auf die Bastille (*Fête Nationale*)
15. August – Mariä Himmelfahrt (*Assomption*)
1. November – Allerheiligen (*Toussaint*)
11. November – Waffenstillstand/Ende des Ersten Weltkriegs (*Armistice*)
25. Dezember – Erster Weihnachtstag (*Noël*)
Fallen Feiertage auf einen Donnerstag, so bleiben am Freitag die Büros, Banken und Geschäfte zumeist ebenso geschlossen.

Festivals und Veranstaltungen

Alljährlich stattfindende wichtige Festivals und Veranstaltungen siehe bei den Ortsinformationen S. 367 ff. Zur Féria von Nîmes s. a. S. 153 ff. Eine jährlich herausgegebene Broschüre ›Le Temps des Festivals‹ listet sämtliche Festivals im Languedoc-Roussillon mit Terminen, Preisen und Adressen für Kartenvorbestellungen auf und kann bei folgenden Adressen angefordert werden:

Comité Régional du Tourisme (s. S. 339) oder bei der Association technique des festivals Languedoc-Roussillon (A. T. E. F.), 2, Rue Salle l'Evêque, F-34000 Montpellier, ∅ 67 92 10 76.

FKK

Viele Küstenorte haben einen kleinen Abschnitt ihrer Strände für FKK freigegeben und durch ein Schild, etwa mit der Aufschrift ›Naturisme‹, kenntlich gemacht. An den Stränden in der Nähe von Port-Camargue und Villeneuve-lès-Maguelone sorgt vermutlich die Nähe der Unistadt Montpellier für das toleranteste Strandklima entlang der Westküste, so daß sich Nackte und Verhüllte unbekümmert mischen, obwohl es auch hier bestimmte Abschnitte für ›mit‹ und ›ohne‹ gibt. ›Oben ohne‹ ist überall üblich.

Über große Nudistenzentren verfügen an der Küste die Ferienzentren Cap d'Agde, Leucate-Port und Sérignan-Plage. Die landschaftlich schönsten und gepflegtesten FKK-Anlagen im Hinterland findet man am Ufer des Hérault bei Gignac, zu beiden Seiten des Cèzeufers bei Méjannes-le-Clap sowie Barjac und in den südwestlichen Cevennen, am Oberlauf der Cèze bei Génolhac. Eine Liste aller FKK-Anlagen (›Naturisme‹) versenden das Comité Régional du Tourisme sowie die hiesigen Französischen Fremdenverkehrsämter (s. S. 339 f.).

Fotomaterial

Da für sämtliche Fotoartikel in Frankreich der Luxussteuersatz gilt, sind Filme, Ersatzbatterien etc. etwa ein Viertel bis ein Drittel teurer als in Deutschland, je nachdem, ob man sie in großen, städtischen Läden oder auf dem Lande erwirbt.

Französische Schulferien

Eng wird es auf Frankreichs Straßen während der Ferienwoche kurz vor bzw. nach Allerheiligen (1. November), in den Weihnachtsferien (etwa vom 21. Dezember bis 5./6. Januar), während der ersten drei Wochen im Februar und in den Osterferien (etwa von Ende März bis Mitte April).

Unter *allen* Umständen sollte man es vermeiden, sich an den zweiten Juli- und Augustwochenenden mit dem Auto auf französische Nationalstraßen und Autobahnen zu trauen. In Frankreich pflegt man nun einmal Traditionen, auch die schlechten. Dazu zählt der nur geringfügig gestaffelte Beginn der großen Ferien *(les grandes vacances)* um den 10. Juli. Da fast alle Anbieter von Ferienhäusern und -wohnungen im Sommer nur monatsweise vermieten und die meisten Fabriken und Büros im gleichen Turnus schließen, strömt die eine Hälfte der 25 Mio. französischen Inlandsurlauber Mitte Juli in die Urlaubsorte, während die zweite Hälfte Mitte August anrückt. Einen Monat später ist der ganze Spuk vorbei, weil in ganz Frankreich am selben Septembertag Schulanfang *(la rentrée)* ist.

Geldwechsel und Zahlungsmittel

Die Einfuhr von Landeswährung ist unbeschränkt möglich. Am günstigsten ist der Geldumtausch von Bargeld, besonders wenn man die gegenüber dem Franc etwas härtere DM in Frankreich wechselt, es sei denn, man erwischt eine Bank, die für das Wechseln von Bargeld eine Gebühr verlangt (vorher fragen). Dort erhält man für 100 DM durchschnittlich 328 FF gegenüber 325,50 FF in Deutschland. Beim Rücktausch sind hohe Kursverluste die Regel.

Sicherer vor Diebstahl sind natürlich EC- und Reiseschecks sowie EC- und Kreditkarten. Am günstigsten ist das Geldabheben mit der EC-Karte. Ungeachtet des Geldbetrages kostet das Geldabheben an einem der mittlerweile weitgestreuten Automaten mit dem Hinweis ›EC-International‹ einmalig 5 DM. Recht akzeptabel ist auch der Kursverlust beim Einwechseln von Reiseschecks (Travellerschecks), wobei es augenblicklich wenig Unterschied macht, ob man sie beim Kauf bei einer deutschen Bank auf DM oder FF ausstellen läßt. Beim Einlösen werden 1% der ausgestellten Summe als Tauschgebühr einbehalten. Ohne Tauschgebühren kommt man mit einem Postsparbuch weg, das bei allen Postämtern (P. T. T.) ein Geldabheben ermöglicht, die mit einem ›Posthorn‹-Aufkleber der Bundespost kenntlich gemacht sind.

Bei der Einlösung von EC-Schecks, die auf einen Höchstbetrag von 1400 FF pro Scheck ausgestellt werden können (bei manchen Banken ›müssen‹), kassieren die Geldinstitute doppelt: in Frankreich behält die Bank bis zu 10% (an Flug- und Bahnhofswechselstuben bis 14%) der ausgestellten Summe ein, und in Deutschland schlagen die Banken bei der Abrechnung noch einmal mit offiziell 1,75% der ausgestellten Summe, mindestens aber 2,50 DM zu. In kleineren Orten wechselt häufig nur ein bestimmtes Bankinstitut EC-Schecks ein, zumeist ist das eine Filiale der ›Credit Agricole‹.

Am flexibelsten ist man mit einer Kreditkarte der gängigen Unternehmen VISA (am weitesten verbreitet), Euro- bzw. Mastercard (annähernd so weit verbreitet), Diners Club oder American Express. Das Bezahlen von Autobahngebühren, Tank-, Supermarkt- und Restaurantrechnungen mit einer Kreditkarte ist in Frankreich wesentlich verbreiteter als in Deutschland. Zu beachten ist, daß Kellner die Kartenquittung häufig nur noch auf den exakten Rechnungsbetrag ausstellen dürfen, so daß ein zusätzliches Trinkgeld in bar hinterlassen werden sollte. Abgerechnet wird – oft mit erheblicher Zeitverzögerung – über das Kartenkonto zum Devisenkurs zuzüglich einer Gebühr von 1%. Barabhebungen mit der Kreditkarte an Automaten kosten 2%, bei Banken 3%, mindestens aber 10 DM (Stand für alle Angaben Februar 1992).

Gesundheit

Überregionaler Notruf für ärztliche Hilfe bzw. Krankenwagen ⌀ 15, Polizei ⌀ 17 und Feuerwehr ⌀ 18.

Zusätzlich sind örtlich wechselnde Notrufnummer für Notarzt und Krankenwagen aus den Zeitungen, über die Telefonauskunft und die Apotheken zu erfahren, die in ganz Frankreich durch grünleuchtende Neonkreuze auf sich aufmerksam machen. Wie hierzulande findet sich im näheren Umkreis immer eine dienstbereite Apotheke, deren Adressen ebenfalls aus der Zeitung oder aber durch entsprechende Aushänge an allen Apothekeneingängen zu ermitteln sind.

Medikamente wie Kopfschmerztabletten (*Comprimés d'aspirins*), Durchfalltabletten (*Comprimés contre la diarrhée*) und Verbandszeug (*des pansements*) sind in Frankreich generell preiswerter als in Deutschland. In Zeiten von AIDS (französisch ›SIDA‹) werden Kondome (*Préservatifs*) außer in Apotheken nun auch in Drogeriemärkten und (immer noch viel zu selten) in Automaten, beispielsweise in Restaurant- und Bistrotoiletten, verkauft. Wer zum bevorzugten Ziel von Mücken (*Moustiques*) gehört, sollte entsprechende Vorsorge treffen. Besonders in der Camargue und in der Nähe von stehenden Gewässern wie beispielsweise den *Etangs* entlang der Küste und den Kanälen treten die Blutsauger trotz jährlicher Bekämpfungsaktionen recht gehäuft und angriffslustig auf.

Ärzte und Krankenhäuser haben den gleichen Standard wie in Deutschland. Bei den Krankenkassen gibt es EG-konforme Auslandskrankenscheine mit Erläuterungen in französischer Sprache. Sollte der behandelnde Art auf Barzahlung bestehen, erstatten die deutschen Kassen in der Regel die Kosten unter Vorlage der quittierten Arzt- und Apothekenrechnungen (*une facture*). Die Arztrechnungen sollten eine deutlich lesbare Diagnose (*un diagnostic*) enthalten.

Kartenmaterial

Am detailgetreuesten sind die Michelin-Karten im Maßstab 1: 200000. Die Region Languedoc-Roussillon wird durch folgende drei Blätter abgedeckt: Nr. 80 (Albi – Rodez – Nîmes), Nr. 83 (Carcassonne – Nîmes) und Nr. 86 (Luchon – Perpignan).

Das Konkurrenzprodukt des ›Institut géographique national‹, kurz IGN genannt, bietet für das Reisegebiet in der ›Série rouge‹ drei Karten im Maßstab 1: 250000 an: Nr. 114 (Pyrénées – Languedoc), Nr. 115 (Provence – Côte d'Azur – um den Bereich der Ardèche abzudecken) und Nr. 111 (Auvergne – erforderlich für die nördlichen Cevennen und Causses). Die Karten überzeugen in ihrer Gestaltung als Reliefkarten, nicht aber in der Detailtreue, die von den Michelin-Karten weit übertroffen wird.

Genauer als diese sind allerdings die IGN-Karten der ›Série brune‹ im Maßstab 1: 100000, die zu vielbesuchten Regionen herausgegeben werden, beispielsweise Nr. 354 (Parc national des Cévennes) und Nr. 303 (Parc naturel régional de Camargue). Für Wanderer veröffentlicht IGN eine dritte Kartenreihe, die ›Série bleue‹ im Maßstab 1:25000.

Die Michelin-Karten und die IGN-Karten der ›Série rouge‹ sind durchweg bei den örtlichen Tankstellen, in Buchhandlungen, Schreibwarengeschäften und teilweise auch Supermärkten erhältlich, die spezielleren IGN-Karten der ›Série brune‹ in den betreffenden Gebieten, die sehr speziellen IGN-Blätter der ›Série bleue‹ in den entsprechenden Läden der Wandergebiete. Sämtliche Karten sind über deutsche Buchhandlungen zu beziehen.

Lesetips

Erzählungen und Romane

Jean Carrière: Der Sperber von Maheux, Heidelberg 1980 – sprachgewaltiges Cevennenepos, für das der ehemalige Sekretär Jean Gionos den renommiertesten Literaturpreis Frankreichs, den ›Prix Goncourt‹, erhielt. Der vielschichtige Roman beschwört den Mythos des Südens und erzählt eindrücklich u. a. den unaufhaltsamen Niedergang einer Familie, der es nicht gelungen ist, im Würgegriff der erbarmungslosen Geographie der Nordcevennen zu überleben.

Lion Feuchtwanger: Der Teufel in Frankreich, Frankfurt/Main 1986 – Eindrücke und Erlebnisse seiner Flucht und Internierung in südfranzösischen Emigrantenlagern während des Zweiten Weltkriegs.

Mehdi Charef: Harki . . . und sie ließen ihre Seele auf der anderen Seite des Mittelmeers, Freiburg 1991 – der in Frankreich lebende Algerier und Autor der Filmvorlage ›Tee im Harem des Archimedes‹ behandelt in seinem zweiten Roman die Geschichte seiner entwurzelten Landsleute, unter denen die *Harkis* eine besonders tragische Rolle einnehmen. Es sind Menschen, die sich des Landesverrats schuldig machten, weil sie im Algerienkrieg auf der Seite der französischen Kolonialherren gekämpft hatten, in ihrem Exilland Frankreich dafür aber keinen Dank erhielten, sondern von den Franzosen und den anderen algerischen Einwanderern gleichermaßen gemieden werden.

Robert Louis Stevenson: Reise mit dem Esel durch die Cevennen, Köln 1978 – hintergründig beschriebener Fußmarsch des Schatzinsel-Romanciers mit einem störrischen Esel durch die ehemaligen Hochburgen der französischen Hugenotten im Jahre 1878.

Kurt Tucholsky: Ein Pyrenäenbuch, Reinbek bei Hamburg 1962 – Reiseeindrücke eines der bedeutendsten Gesellschaftskritiker und Satiriker in den ersten drei Jahrzehnten unseres Jahrhunderts.

Essays über Frankreich und die Franzosen

Ulrich Wickert: Frankreich – Die wunderbare Illusion, Hamburg 1989 – scharfsichtige und witzige Enträtselung unserer eigenwilligen Nachbarn vom langjährigen Chef des ARD-Studios und neuen ›Mister Tagesthemen‹.

Theodore Zeldin: »Ich liebe das Leben, und das Leben liebt mich« – Was es heißt, Franzose zu sein, Reinbek bei Hamburg 1989 – humoriges ›Nebenprodukt‹ einer wissenschaftlichen Analyse der Franzosen und ihrer Lebenswirklichkeit aus der spitzen Feder eines englischen Oxford-Professors und ausgewiesenen Frankreichkenners.

Vertiefendes zu Geographie, Kunst, Politik und Geschichte Frankreichs

Lothar Baier: Die große Ketzerei – Verfolgung und Ausrottung der Katharer durch Kirche und Wissenschaft, Berlin 1987.

Lothar Baier: Firma Frankreich – Eine Betriebsbesichtigung, Berlin 1988.

Yves Bottineau: Der Weg der Jakobspilger – Geschichte, Kunst und Kultur der Wallfahrt nach Santiago de Compostela, Bergisch Gladbach 1987.

Fernand Braudel (Hrsg.): Die Welt des Mittelmeeres – Zur Geschichte und Geographie kultureller Lebensformen, Frankfurt/Main 1987.

Georges Duby: Die Zeit der Kathedralen – Kunst und Gesellschaft 980–1420, Frankfurt/Main 1984.

Ernst Ulrich Große / Heinz-Helmut Lüger: Frankreich verstehen – Eine Einführung mit Vergleichen zur Bundesrepublik, Darmstadt 1987.

Jacques Leenhardt / Robert Picht (Hrsg.): Esprit/Geist – 100 Schlüsselbegriffe für Deutsche und Franzosen, München 1989.

Dietmar Loch: Der schnelle Aufstieg des Front National – Rechtsextremismus im Frankreich der 80er Jahre, München 1990.

Architektur für Kinder

David Macaulay: Sie bauten eine Kathedrale, München 1977 (bis 10 Jahre).

David Macaulay: Es stand einst eine Burg, München 1977 (bis 10 Jahre).

Paul Maar: Türme – Ein Sach- und Erzählbuch von berühmten und unbekannten, bemerkenswerten und merkwürdigen Türmen, Hamburg 1987 (bis 12 Jahre).

Nachtleben

Das öffentliche Nachtleben im Languedoc-Roussillon findet bis auf Montpellier, Nîmes, Béziers, Narbonne und Perpignan nahezu ausschließlich in den Küstenorten und dort in den Spielkasinos und Diskotheken statt. An die Spieltische werden Herren nur mit Krawatte und Jackett gelassen. In Diskotheken geht es ähnlich leger zu wie in Deutschland. Die teilweise gigantischen Tanzpaläste füllen sich erst nach 23 Uhr, kosten durchschnittlich 100 FF Eintritt und bieten dafür gute Musik und drangvolle Enge bis zum Morgengrauen.

Öffnungszeiten

Banken sind in der Regel Montag bis Freitag 9.30–12 und 14–16 Uhr, längstens bis 16.30 Uhr geöffnet. Kleinere Geschäfte, besonders auf dem Lande, sind meistens montags vormittags geschlossen. In größeren Städten haben auch sie mehrheitlich wie Supermärkte, Warenhäuser und Einkaufszentren generell Montag bis Samstag vormittags und nach einer Pause von 12–14 Uhr (auf dem Lande bis 16 Uhr) abends bis 19 Uhr geöffnet. Bäckereien und Lebensmittelläden sind sonn- und feiertags bis mittags geöffnet.

Polizei

Überregionaler Notruf: ∅ 17. In der Regel gibt es auch in den kleinsten Orten eine Polizeistation. In den größeren Städten sind für Diebstahlanzeigen die Hauptkommissariate zuständig (Adressen bei den Ortsinformationen S. 367).

Post

Öffnungszeiten werktags 9–12 und 15–18 Uhr, samstags 9–12 Uhr; in größeren Städten sind die Postämter zumeist durchgehend geöffnet. Briefmarken sowie Telefonkarten werden auch in Zeitungs- und Zigarettenläden sowie in Bistros verkauft, sofern sie zum Verkauf von Tabakwaren autorisiert und mit einem roten Schild ›Tabac‹ versehen sind. Die Postämter sind mittlerweile fast überall mit Telefaxgeräten ausgestattet. Postkarten sind in der Regel 10–14 Tage nach Deutschland unterwegs, etwas zügiger werden Briefe ins Ausland befördert. Muß es einmal schnell gehen, sollte man den Brief gegen eine Aufgebühr als Schnellbrief schicken und mit dem Stempelaufdruck ›Lettre‹ versehen lassen.

Reisezeit

Weniger das Wetter, das der gesamten Küstenregion sowie dem Hinterland auch im Winter manche Woche mit sehr milden Temperaturen beschert, als vielmehr die Schließung diverser Hotels beschränkt in einigen Regionen die Reisezeit auf die Monate März bis Oktober. Das gilt nicht für die größeren Städte und Ferienzentren an der Küste, wo

die meisten Hotels ganzjährig geöffnet haben (s. S. 359).

Sprache

Wer des Französischen nicht mächtig ist, findet in dem kleinen französischen Sprachführer aus der Kauderwelsch-Reihe: Gabriele Kalmbach: Französisch (nicht nur) für Globetrotter, Bielefeld 1990, einen leicht zu handhabenden Retter aus der Sprachlosigkeit.

Strom

Stromspannung: 220 Volt Wechselstrom. Ein Adapter ist nur erforderlich, sofern die elektrischen Geräte wie Föhn und Radio nicht mit dem gängigen Flachstecker ausgerüstet sind, da die Steckdosen zumeist einen hervorstehenden Mittelkontakt haben.

Tabakwaren

Im Vielraucherland Frankreich gibt es nur ausnahmsweise Zigarettenautomaten. Tabakwaren werden generell in Tabak- und Zeitungsläden mit Rauchwarenabteilungen sowie in einigen autorisierten Bistros und Bars verkauft. Die Verkaufsstellen sind durch Hinweisschilder mit der Aufschrift ›Tabac‹ bzw. durch das ›Zunftzeichen‹ eines roten Doppelkegels kenntlich gemacht. Die meisten Bars, Restaurants und Bistros führen einige Zigarettenmarken gegen Aufpreis ›unter der Theke‹, sofern man etwas konsumiert.

Telefon

In naher Zukunft werden öffentliche Münztelefone vollständig durch Telefonzellen ersetzt werden, die ausschließlich mit Telefonkarten bedient werden können. Bis auf weiteres sollte man für beide Fälle gerüstet sein, besonders, wenn man sich auf dem Land aufhält, wo die Umstellung noch einige Zeit dauern wird. Die Telefonkarten (*Télécartes*) zu 50 Einheiten (*cinquante unités*) oder 120 Einheiten (*cent vingt unités*) sind außer in Postämtern auch in Tabakläden und Bistros/Bars mit Tabakverkauf (›Tabacs‹) erhältlich. Auf den Telefonkarten und in den Telefonzellen befinden sich Tabellen, die Auskunft über die mit den Tages- und Nachtzeiten variierenden Tarife geben. Der Normaltarif für ein Drei-Minuten-Auslandsgespräch liegt derzeit bei 13 FF.

Die Bedienung ist einfach: Telefonhörer abnehmen, Karte in den Automatenschlitz einführen, die darüber befindliche Klappe schließen und schließlich die Nummer eintippen. Kommt kein Anschluß zustande, Hörer einhängen, Karte entnehmen und Vorgang komplett wiederholen. In Telefonzellen, die mit einem Glockensymbol-Aufkleber versehen sind, kann man sich unter der auf dem Automaten angegebenen Nummer zurückrufen lassen.

Anrufe von Frankreich ins Ausland

Von jeder Telefonzelle kann man Europa im Selbstwählferndienst wie folgt anwählen:
... Deutschland: 19 (tiefen Brummton abwarten), danach 49 + Ortsvorwahl ohne 0 + Rufnummer
... Österreich: 19 + 43 + Ortsvorwahl ohne 0 + Rufnummer
... Schweiz: 19 + 41 + Ortsvorwahl ohne 0 + Rufnummer

Anrufe innerhalb Frankreichs

Sämtliche Orte außer Paris enthalten die entsprechende Ortsvorwahl in den ersten beiden Ziffern der generell achtstelligen Rufnummern. Telefoniert man nach Paris, muß man vor der achtstelligen Rufnummer die 16 und nach Erklingen des tiefen Brummtons die 1 wählen. Von Paris in die Provinz reicht die 16 + die achtstellige Rufnummer. Private französische Gesprächsteilnehmer melden

sich generell mit ›oui‹ und erwarten, daß sich zunächst der Anrufer zu erkennen gibt. Im Berufsbereich melden sich die Teilnehmer fast immer mit dem Namen der Behörde oder des Unternehmens. Da es sich bei den Telefonnummern der touristischen Auskunftsstellen und Hotels zumeist um Sammelnummern handelt, wird man den Anrufer zunächst nach seinem Wunsch fragen und den Dialog mit dem für ungeübte Ohren schwer verständlichen ›ne quittez pas‹ (nö kittepa) beenden: ›Bleiben Sie dran‹, da man weiterverbindet oder den zuständigen Gesprächspartner ans Telefon holt.

Nationale Auskunft ✆ 12

Anrufe von Deutschland ins Languedoc-Roussillon und angrenzende Departements 0033 + achtstellige Rufnummer

Unterkünfte

Hotels

In Augenschein genommene Hotels der vier üblichen Komfort- bzw. Preiskategorien sind bei den Ortsinformationen S. 367 ff. aufgelistet. Fehlt dort ein im Reiseteil erwähnter Ort bzw. eine Hotelnennung, dann gibt es keine entsprechende Unterkunft. Hotellisten (›Guides Hôtels‹) der gesamten Region Languedoc-Roussillon oder der einzelnen Departements erhält man bei den Fremdenverkehrsämtern oder Auskunftsstellen in Deutschland und Frankreich (s. S. 339 f.). Hilfreich zum Auffinden weiterer Hotels ist darüber hinaus der rote ›Guide Michelin‹, die jährlich erscheinende ›Bibel‹ für Reisende und Gourmets in Frankreich, die in fast allen Tankstellenshops, Zeitschriften- und Buchläden Frankreichs erhältlich ist und auch über den deutschen Buchhandel erworben werden kann. Der zuverlässige Hotelführer enthält Benutzerhinweise auf Deutsch.

Letzteres gilt auch für den ebenfalls alljährlich aktualisierten Hotelführer der Organisation ›Logis de France‹. Bei diesen unter einem Dachverband zusammengeschlossenen, ansonsten aber freien Hotels mit Restaurants handelt es sich überwiegend um Betriebe mit familiärem Pensionscharakter und einer gutbürgerlichen Küche mit gutem Preis-Leistungsverhältnis. Die Hotels des Logis de France sind entsprechend ihrer Qualitätskategorie an grünen Schildern mit ein, zwei oder drei gelben Kaminsymbolen zu erkennen und befinden sich vornehmlich in bzw. am Rande kleinerer Ortschaften. Sie sind bei den Ortsinformationen durch den Zusatz (›L‹) kenntlich gemacht. Das Verzeichnis der über 4300 Logis de France-Unterkünfte in Frankreich ist kostenlos über die französischen Fremdenverkehrsämter in Frankfurt, Wien und Zürich zu beziehen (s. S. 339) und in Frankreich an Tankstellen, in Buchläden und in den Logis de France-Hotels käuflich zu erwerben.

Die Hoteldichte ist entlang der Küste, in den küstennahen Städten und in der alpinen Bergregion des Roussillon erheblich größer als im Hinterland. Es gilt überdies zu beachten, daß diverse Hotels außerhalb frequentierter Ferienregionen während des Winterhalbjahres nur über Weihnachten geöffnet haben. Entsprechende Angaben enthalten die Hotellisten und erwähnten Hotelführer.

Hotels sind in Frankreich im Durchschnitt preiswerter als in Deutschland. Der Übernachtungspreis bezieht sich in Frankreich in der Regel auf das Zimmer, egal, wie viele der im Raum vorhandenen Betten genutzt werden. Einzelzimmer (*une chambre pour une personne*) sind rar und nur unwesentlich preiswerter als Doppelzimmer (*une chambre pour deux personnes*), die mindestens mit Waschbecken und Bidet (*cabinet de toilette*), mit Dusche, Badewanne (*Douche, Bain*) und/oder WC und wahlweise mit zwei getrennten Betten (... *avec deux lits séparés*) oder den weichen französischen (›Durchhänge‹-)Betten (... *avec un grand lit*) mit nur einer Decke angeboten werden. Das Frühstück (*le petit déjeuner*) ist in der Regel nicht im Zimmerpreis enthalten.

Jugendherbergen

Einen internationalen Herbergsführer erhält man beim Deutschen Jugendherbergswerk, Postfach, 4930 Detmold.

Ferienwohnungen

Von den über 120 000 zu vermietenden Ferienwohnungen im Languedoc-Roussillon sind vier Fünftel in den letzten 15–20 Jahren entlang der Küste entstanden. Der überwiegende Teil der modernen Appartements befindet sich in Privatbesitz, ist komfortabel möbliert und wird über Agenturen in hiesigen Reisebüros angeboten. Das ›Comité Régional du Tourisme‹ in Montpellier versendet kostenlos eine in seiner Reihe ›Guide Pratique‹ erscheinende und jährlich aktualisierte Broschüre ›Location Vacances‹ der örtlichen Agenturen, mit denen man sich auch direkt in Verbindung setzen kann. Eine frühzeitige Buchung ist empfehlenswert.

Quartiere auf dem Lande

Kataloge der im folgenden beschriebenen Quartiere und Zeltmöglichkeiten auf dem Lande erhält man gegen eine geringe Unkostenpauschale bei: Gîtes de France, Sachsenhäuser Landwehrweg 108, 6000 Frankfurt/Main 70, ∅ 069/68 35 99 und 68 43 14. Für die Gîtes besteht auch ein zentraler Buchungsservice bei der oben genannten Adresse.

Ferienhäuser: Für Ferien mit Kindern oder in kleineren Gruppen eignen sich die etwa 3000 Ferienhäuser, sog. *Gîtes ruraux*, auf dem Lande. Es sind je nach Preiskategorie einfache bis sehr komfortable, freistehende Häuser, zumeist außerhalb von Ortschaften, die für 750 bis 1900 FF wochenweise (jeweils von Samstag bis Samstag), in den Sommerferien häufig nur monatsweise vermietet werden.

Gästezimmer: In vielen Regionen mit geringer Hoteldichte bieten zumeist sehr gastfreundliche Hauseigentümer und Bauern *Chambres d'hôte* an. Diese Gästezimmer sind in etwa mit hiesigen Pensionszimmern mit Frühstück bzw. der englischen Einrichtung des ›Bed and Breakfast‹ vergleichbar.

Wanderhütten: Für Wanderer, Radfahrer und Reiter steht ein Netz von Wanderhütten, sog. *Gîtes d'etape*, zur Verfügung.

Camping auf dem Bauernhof: Beschaulicher als auf den großen Zeltplätzen geht es beim *Camping à la ferme* zu, da diese privaten Zeltplätze auf bäuerlichem Terrain auf sechs Parzellen bzw. 20 Personen beschränkt sind. Es ist eine sehr schöne Möglichkeit, der Natur und den Einheimischen nahe zu sein.

Feriendörfer für Familien

Das Languedoc-Roussillon zählt etwa 70 dieser relativ preiswerten Feriendörfer für Familien mit Appartements, Studios oder kleinen Häuschen mit Vollpension oder zum Selbstversorgen. Das ›Comité Régional du Tourisme‹ in Montpellier bringt alljährlich eine kostenlose aktualisierte Liste dieser sog. *Villages de vacances* in seiner Reihe ›Guide Pratique‹ heraus.

Camping

Auf mehr als 800 Campingplätzen ist Platz für über 320 000 Menschen. Dennoch ist eine Reservierung während der französischen Sommerferien von Anfang Juli bis Anfang September dringend erforderlich. Neben diversen u. a. von Automobilclubs herausgegebenen und in Buchhandlungen erhältlichen Campingführern ist eine kostenlose Campingplatzliste (›Camping/Caravaning‹) bei den französischen Fremdenverkehrsämtern und Auskunftsstellen in Frankreich erhältlich. Oftmals sind die von den Kommunen betriebenen Zeltplätze (›Camping Municipal‹) schöner gelegen und wesentlich preiswerter als private Terrains, ohne dabei auf den üblichen Ausstattungsstandard zu verzichten.

Für sämtliche Plätze entlang der Küste gilt, daß sie generell der prallen Sonne ausgesetzt sind, da im nährstoffarmen Sandboden kaum ein Baum Wurzeln schlägt. Also unbedingt Sonnenschirme einpacken!

Urlaubsaktivitäten

Allgemeines

Zu allen der hier nicht erläuterten spezielleren Sportarten wie Angeln, Bergsteigen, Ballon-, Drachen- und Segelfliegen, Golf, Reiten, Segeln und Tauchen bzw. den im folgenden näher beschriebenen Aktivitäten erhält man detaillierte Auskünfte bei den jeweiligen Verbänden und Clubs, allgemeinere Hinweise und Übersichten sowie Adressenlisten französischer Verbände bei den hiesigen französischen Fremdenverkehrsämtern und den Auskunftsstellen im Languedoc-Roussillon.

Flußschiffahrt

Im Sommer werden auf der Rhône zwischen Lyon und Arles von französischen und deutschen Veranstaltern und Bootseignern etwa einwöchige Kreuzfahrten in sog. Kahnhotels mit Landausflügen nach Avignon, Orange, Nîmes, in die Camargue und an die Ardèche angeboten (Buchungen in den Reisebüros).

Höhlentouren

Allein im Hérault verbergen sich im porösen Karstgestein des Hinterlandes mehr als 2000 bislang entdeckte Hohlräume. In einige wenige kann man sich *unter Anleitung* abseilen, um bäuchlings durch glitschige Gänge zu robben und hoffentlich wohlbehalten an anderer Stelle über schmale Strickleitern wieder ans Tageslicht zu gelangen. Informationen erteilen die touristischen Auskunftsbüros der einzelnen Departements, die einen teilweise an diejenigen örtlichen *Syndicats d'Initiative* weiterverweisen, in deren Bereich eine geführte Höhlentour möglich ist. Unter keinen Umständen sollte man auf eigene Faust in eine Höhle einsteigen. Die Todesfälle haben sich in den letzten Jahren erschreckend erhöht, weil viele Hobbyforscher und selbst Profis die Gefahr unterschätzen.

Im oberen Audetal, bei Usson-les-Bains, kann man sich für etwa 200 FF ohne Angst, aber mit gutem Schuhwerk ganzjährig unter sachkundiger Führung auf eine etwa 6 bis 8stündige Tagestour in die Grottes de l'Aguzou begeben (s. S. 276). Auskunft und Anmeldung im *Syndicat d'Initiative* von Quillan sowie unter ✆ 68 20 45 38 in Quérigut oder ✆ 68 20 40 77 in Usson.

Kanalschiffahrt

Die wohl geruhsamste Art der Fortbewegung im Languedoc ist eine Fahrt auf einem der künstlichen, fast ausschließlich von Hausbooten frequentierten Wasserwege (s. S. 254 ff.). Entlang der Kanäle haben französische und englische Bootsvermietungen Niederlassungen, teilweise mit zwei bis drei sinnvoll verteilten Basen. Man muß daher nicht zum Ausgangspunkt zurückkehren, sofern man von dem Angebot Gebrauch macht, sein Auto vom Bootsverleiher an den Zielort nachholen zu lassen. Die Wochenmiete für das kleinste Zwei-Personen-Hausboot in der Nebensaison beginnt bei etwa 700 DM.

Die mit Abstand schönste Wasserstraße ist der Canal du Midi zwischen Béziers und Carcassonne, da er durch das landschaftlich abwechslungsreichste Gebiet führt, wenig Wind abbekommt, der das Steuern erschweren würde, und von schattenspendenden Bäumen gesäumt ist. Darüber hinaus existiert zwischen den Schleusen von Fonserannes bei Béziers bis Argens, auf halbem Wege nach Carcassonne, ein 53 km langes Stück ohne Schleuse. Zwar kommen auch die Kanäle in der Camargue und in der Héraultebene mit wenig Schleusen aus, dort aber hat man es überwiegend mit schattenlosen Wasserwegen zu tun, die in nicht immer ganz einfach zu befahrende Etangs münden, wo man es mit böigen Winden und wechselnden Strömungen aufnehmen muß. Überdies treten hier gewöhnlich mehr Mükken auf als am Canal du Midi.

Da diese und die anderen Vorteile von vielen geschätzt werden, sollte man sich bei einem geplanten Canal du Midi-Törn auf jeden Fall ein Boot vorbestellen. Das gilt während der französischen Schulferien auch für die anderen Kanäle im Languedoc. Am besten informiert man sich und bucht über einen der folgenden Veranstalter, die über langjährige Erfahrungen verfügen und häufig die gleichen, auch vor Ort zu mietenden Boote günstiger als dort anbieten:

Arns Charteryachten, Postfach 10 01 31, 5630 Remscheid, ✆ 02191–7 00 38

Bohn Ferienbootcharter, Feichtmayrstraße 29, 7520 Bruchsal, ✆ 07251–88370

Kuhnle-Tours, Nagelstraße 4, 7000 Stuttgart 1, ✆ 0711–16 48 20

Locaboat Plaisance, Schusterstraße 34–36, 7800 Freiburg, ✆ 0761–38 10 85

Schiffbare Kanäle im Languedoc-Roussillon

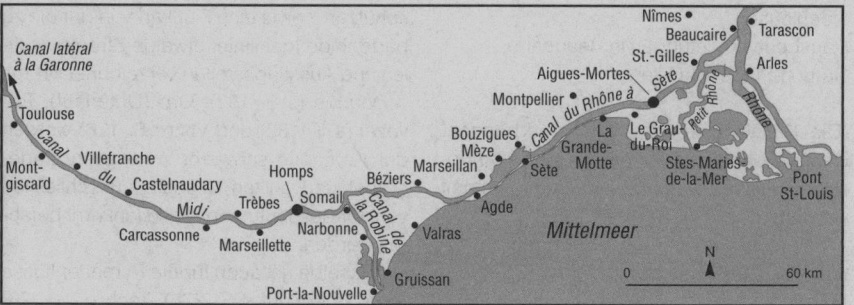

Wer sich vorab genauer über die einzelnen Kanäle im Languedoc samt Schleusenbenutzungen, Restaurants und Einkaufsmöglichkeiten entlang der Ufer etc. informieren möchte, dem sei der Erwerb einer der folgenden zwei minutiösen, dreisprachig verfaßten und jeden Kanalmeter in Karten abbildenden Kanalführer empfohlen:

H. Vagnon: Canaux du Midi, Guide Vagnon Nr. 7, les éditions du plaisancier, BP 27, F-69641 Caluire CEDEX, ∅ 78 23 31 14. Zu beziehen über den Buchhandel (6–8 Wochen Lieferfrist) oder per Einsendung eines EC-Schecks in Höhe von 110 FF an die éditions du plaisance.

C. Vergnot: Les voies navigables du Midi, Navicarte 11, les éditions cartographiques maritimes, 9, Quai de l'Artois, F-94170 Le Perreux-sur-Marne. Zu beziehen über den Buchhandel oder bei Kuhnle-Tours gegen Voreinsendung eines Verrechnungsschecks in Höhe von 33 DM.

Die Kanäle und Bootsbasen:
Canal du Midi (Länge: 240 km,
91 Schleusen):
Hausbootvermietungen in Agde, Capestang, Carcassonne, Castelnaudary, Colombiers, Homps, Poilhès, Portiragnes.

Canal de la Robine (Verbindung zwischen Canal du Midi – Narbonne – Port-la-Nouvelle, Länge 37 km, 13 Schleusen):
Hausbootvermietung in Narbonne.

Canal du Rhône à Sète (Länge 98 km,
1 Schleuse):
Hausbootvermietungen in Beaucaire, Carnon-Plage, St-Gilles.

(Die Kanäle sind miteinander verbunden. Das Überwechseln von einem auf den anderen Kanal muß mit dem Verleiher abgestimmt werden.)

Eine schöne, aber wesentlich teurere Alternative zum Selbststeuern eines Hausbootes ist die Fahrt auf einem Kahnhotel. Die einwöchige Tour zu höchstens 8 Personen in einem umgebauten Lastkahn auf dem Canal du Midi einschließlich Vollpension, Transfer und Exkursionen kostet etwa 2000 DM. Auskünfte und Adressenlisten von Kahnhotels (*Péniches Hôtels*) beim Comité Régional du Tourisme in Montpellier, in Reisebüros oder bei Kuhnle-Tours.

Kanu/Kajak

Die größeren Flüsse des Zentralmassivs, Ardèche (s. S. 88), Cèze (s. S. 93), Gardon bzw. Gard (s. S. 156) und dessen Quellflüsse Gardon d'Anduze, Gardon de St-Martin, Gardon de Mialet sowie Hérault (s. S. 127), Jaur (s. S. 245), Lot, Orb (Oberlauf s. S. 245) und Tarn (s. S. 136) sind bis auf sehr trockene Sommer ganzjährig zumindest streckenweise befahrbar und gehören der Kategorie leichterer Wanderflüsse und Wildwasser an. Die beste Zeit ist von Mai bis Juni, anschließend sinkt der Wasserstand, so daß häufig Steine aus dem Wasser ragen, die es mit einigem Können zu umfahren gilt.

Einfacher ist dies im wendigen, einsitzigen Kajak, etwas schwieriger im zweisitzigen (Kanadier-) Kanu, in dem vorne überwiegend gepaddelt und hinten überwiegend gelenkt wird. Beide Bootstypen werden entlang aller genannten Flüsse in großer Anzahl zum Verleih angeboten. Die Tagesmiete beträgt etwa 200–300 FF für ein Kanu und 100–200 FF für ein Kajak. Im Preis enthalten sind der Rücktransport zum Ausgangsort und häufig auch Plastiktonnen, um mitgeführte Utensilien bei eventuellem Kentern vor Nässe zu schützen, sowie eine Flußkarte, in der die zu paddelnde Ideallinie, etwaige Stromschnellen und Ausstiegsstellen verzeichnet sind.

Dourbie (s. S. 132), Orb (Unterlauf), Trévezel (s. S. 132) und Vis (s. S. 126) werden der Kategorie schwerer Wildwasser zugeordnet und sollten deshalb ausschließlich von fortgeschrittenen Bootslenkern befahren werden.

Dasselbe gilt auch für die Pyrenäenflüsse Aude (Oberlauf s. S. 276), Tech (s. S. 326)

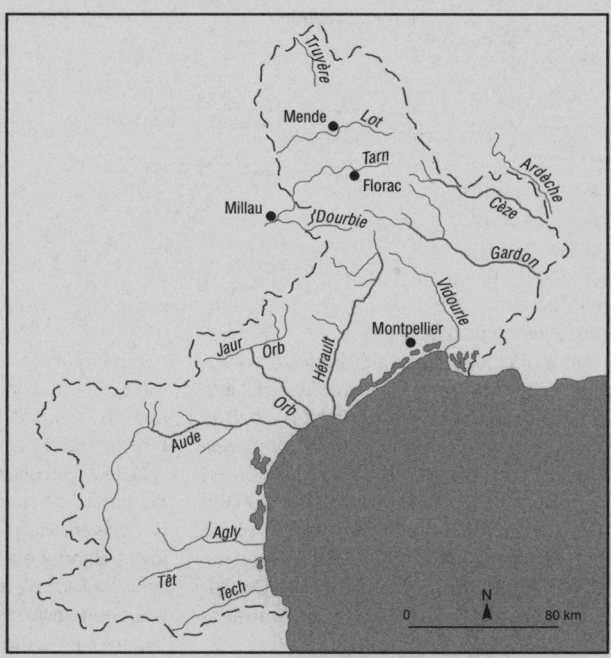

**Wasserwander-
Flüsse im
Languedoc-
Roussillon**

und Têt (s. S. 315). Ab Quillan wird der Aude zum leichteren Wanderfluß, dessen Befahrbarkeit allerdings ab Carcassonne erheblich eingeschränkt ist, weil viel Wasser in den Canal du Midi abgeleitet wird.

Da es derzeit keinen französischen Kanuführer gibt, der alle befahrbaren Wild- und Wanderflüsse zusammenfaßt und detailgenau beschreibt, sei für Fortgeschrittene auf den sehr detaillierten und beständig fortgeschriebenen DKV-Flußführer Südfrankreich/Korsika hingewiesen, der in der DKV-Wirtschafts- und Verlags GmbH, Postfach 10 09 50, 4100 Duisburg 1, erschienen und im Buchhandel erhältlich ist. Flußwanderkarten sind über die ›Fédération française de Canoë-Kayak, 87, Quai de la Marne, BP 58, F-94340 Joinville-le-Pont, ✆ 1–48 89 39 89 zu beziehen.

Radfahren

Im Land der Tour de France sind Fahrradwege praktisch unbekannt und gelten innerstädtische Radler, die das Fahrrad als Verkehrsmittel benutzen, selbst in einer jugendlichen Unistadt wie Montpellier noch immer als Exoten. Allenfalls malträtiert man die geschundene Natur mit Mountainbikes, die im Land der Sprachchauvinisten *Vélos Tout-Terrain*, kurz VTT, heißen.

Trotz rasanter Verkehrszunahme in den letzten Jahren gibt es im Languedoc-Roussillon noch immer ein dichtes Netz verkehrsarmer Straßen, auf denen gemächliche Radwandertouren möglich sind. Am beschaulichsten radelt es sich mit Tourenrädern auf den (etwas holprigen) Treidelpfaden, beispielsweise längs des Canal du Midi (s. S. 256), und den zahllosen Sträßchen der Weinanbaugebiete zwischen dem Flachland und den Bergen des Hinterlandes. Entlang der Küste erfordert es viel Spürsinn, sich nicht immer wieder in dem Knäuel der vielen Schnellstraßen zu verwickeln und das richtige Ende einer kleinen Provinzstraße zu erwischen. Die detailgenauen Michelin-Karten sind für Radfahrer durchweg ausreichend (s. S. 355).

Wer für einen Fahrradurlaub nicht auf sein eigenes *Vélo* verzichten möchte, wird dies auf dem Autodach mitnehmen oder bei Anreise mit der Bahn als Reisegepäck aufgeben. Letztere Beförderungsart erfordert allerdings etwas organisatorischen Aufwand, da es im vereinten Auto-Europa kein einheitliches Fahrradmitnahmesystem gibt und eine Beförderung im gleichen Zug über die Grenzen nicht möglich ist.

Am einfachsten ist es, sein Fahrrad mindestens eine Woche vor Reiseantritt als Reisegepäck aufzugeben, in der Hoffnung, daß es rechtzeitig am Zielbahnhof ankommt, weil Gepäck nur von Montag bis Freitag befördert wird. Im französischen Nahverkehr können Fahrräder kostenlos in solchen Zügen mitgenommen werden, die in den Fahrplänen mit einem Fahrradsymbol markiert sind. Bei Zügen mit Gepäckwagen müssen die Fahrräder eine halbe Stunde vor Abfahrt am Gepäckschalter aufgegeben werden. Informationen zum Fahrradtransport in Frankreich erhalten Sie bei der Generalvertretung der S. N. C. F. in Deutschland sowie bei der deutschen Bundes- und Reichsbahn.

Wandern

Im Languedoc gibt es ein Netz von etwa 4000 km Fernwanderwegen. Die hervorragend gewarteten, rot-weiß markierten und numerierten *Sentiers de Grande Randonnée* werden auf Wegweisern ›GR‹ abgekürzt und führen in sinnvollen Etappen an Ortschaften mit Hotels oder (teilweise unbewirtschafteten) Wanderhütten vorbei. Zu den wichtigsten in der Übersichtskarte verzeichneten und im folgenden aufgelisteten Fernwanderwegabschnitten erhält man in gutsortierten hiesigen oder französischen Buchläden entsprechende Wanderführer (›Topoguides‹) mit Wanderkarten und Adressen der bewirtschafteten und unbewirtschafteten Wanderhütten, herausgegeben vom ›Comité national des Sentiers de Grande Randonnée‹,

8, Avenue Marceau, F-75008 Paris, ∅ 1–47 23 62 32.

Die Wanderwege im Languedoc-Roussillon sind durchweg gut markiert. Taucht längere Zeit kein Richtungshinweis auf, sollte man an die zuletzt gesehene Markierung zurückkehren und von dort aus die Fortsetzung des markierten Weges suchen. Die Wanderwege sind teilweise recht steil und überwinden während einer Tagesetappe Höhenunterschiede bis zu 1000 m. Dennoch erfordern sie keine überdurchschnittliche Fitness, sofern man auf seinen Körper ›horcht‹ und die Streckenabschnitte seiner Kondition entsprechend wählt. Überdies ist es nie zu spät umzukehren!

Schließlich gilt zu beachten, daß man sich niemals ohne gutes Kartenmaterial, solides Schuhwerk, Regen- und Sonnenschutz, Pullover, Bandagen, Pflaster und ausreichenden Trinkvorrat auf längere Wanderschaft begeben sollte. Für die unbewirtschafteten Unterkünfte sollte man Proviant und Schlafsack einpacken.

Über die Vielzahl der anderen Wandermöglichkeiten informieren am ausführlichsten und kenntnisreichsten die *Syndicats d'Initiative* vor Ort. Diverse französische Verlage haben auf die relativ junge Wanderleidenschaft der Franzosen reagiert und einige hervorragende regionale Wanderbücher auf den Markt gebracht, die teilweise auch mit durchschnittlichen Französischkenntnissen dank der Kartenausschnitte und üppigen Bebilderungen zu verstehen sind. Stellvertretend sei hier das Wanderbuch von François de Richemond ›Les plus belles balades de la mer aux Cévennes‹ mit 50 Wanderungen im Hérault und Gard genannt. Das Buch ist erschienen bei ›Les éditions du Pélican‹, la Maison d'Eurydice, 114, Avenue de M. Teste, F-34000 Montpellier, ∅ 67 45 24 21 und kann auch über den deutschen Buchhandel bzw. Buchläden bezogen werden, die auf Wanderkarten bzw. französische Bücher spezialisiert sind. Man sollte Lieferfristen von vier bis acht Wochen einkalkulieren.

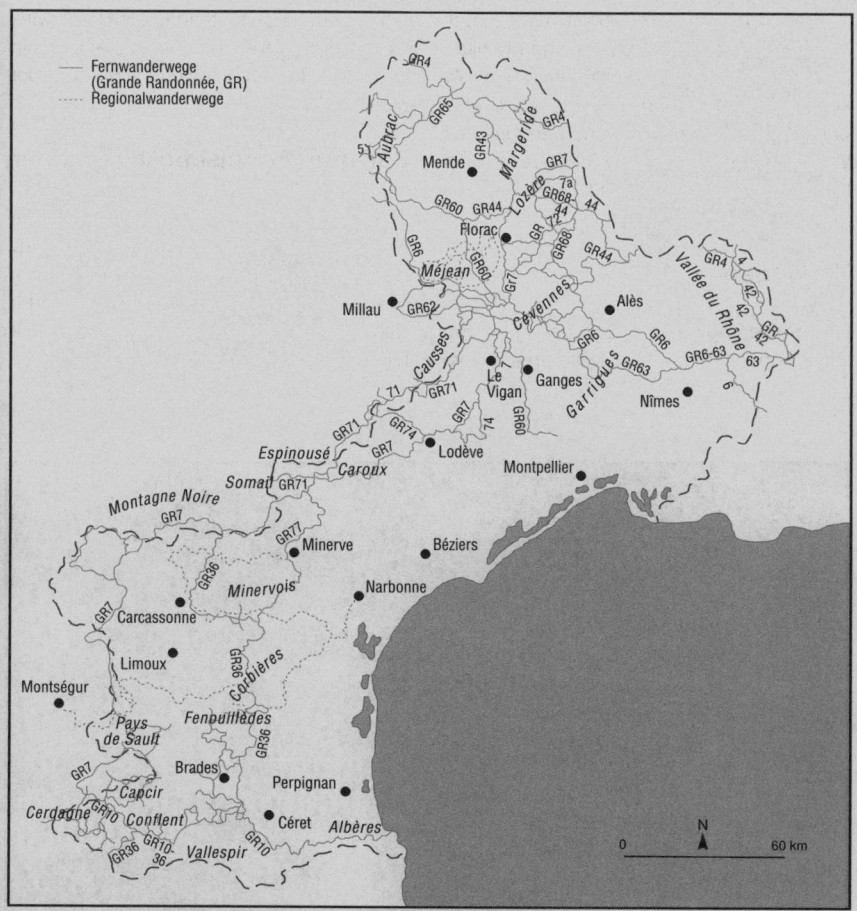

— Fernwanderwege
  (Grande Randonnée, GR)
····· Regionalwanderwege

Fern- und Regionalwanderwege im Languedoc-Roussillon

Windsurfen

Leicht zugängliche 160 km Flachküste und 20 km Felsenküste, ablandige Winde entlang der gesamten Meeresgestade, diverse für den nichtmotorisierten Wassersport freigegebene Strandseen (*Etangs*) sowie Lac du Salagou (s. S. 241), Lac de Laouzas (s. S. 244) und Lac de Matemale (s. S. 323) im Hinterland machen eine Auflistung der einzelnen Surfspots überflüssig. In jedem Küstenort gibt es überdies Surfschulen.

Wer sich dennoch eingehender über Windverhältnisse, Wellengang und Wasser-

temperaturen informieren möchte, findet im Buchhandel einschlägige Bücher über die Surfspots entlang der französischen Mittelmeerküste.

Waldbrand

Jedes Jahr im Spätsommer häufen sich die Schreckensmeldungen und Fernsehbilder über verheerende Wald- und Garriguebrände in Südfrankreich. Sie sind beileibe nicht nur das Werk von Pyromanen und Bauland-

365

gewinnungszündlern, sondern leider auch von Touristen, die unachtsam Zigarettenkippen wegwerfen oder inmitten knochentrokkenen Gestrüpps und ausgedörrter Böden campieren und Feuer machen. Ein leichter Windstoß reicht, und die Garrigue steht in Flammen. Also bitte Vorsicht!

Zeitungen

Die größte regionale Tageszeitung ist der rechtskonservative › Midi Libre ‹ mit einer aus-führlichen Berichterstattung aus der Provinz, vielen bunten Bildchen, Veranstaltungshinweisen, Wetterberichten und ärztlichem Notdienstkalender.

Zoll- und Einreisebestimmungen

Mit Einführung des europäischen Binnenmarkts Ende 1992 werden sich die Zollbestimmungen und Bedingungen zur Mehrwertsteuerrückerstattung ändern. Bitte erfragen Sie die neuen Vorschriften an den Grenzzollämtern.

Informationen von Ort zu Ort

Touristeninformationen, Hotels, Restaurants, Museen, Besichtigungen, Veranstaltungen

Zeichenerklärungen

(30300) – Postleitzahl

(L) – Das Hotel gehört der Vereinigung ›Logis de France‹ an und verfügt generell über ein Restaurant mit einer regionalen Küche der unteren bis mittleren Preislage (s. S. 358 f.).

(K) – Das Hotel hat ein Restaurant mit empfehlenswerter Küche

(R), (*) – Dem Restaurant ist vom renommierten Michelin-Führer ein ›R‹ für sein hervorragendes Preis-Leistungsverhältnis bzw. ein ›*‹ für eine sehr gute Küche verliehen worden, die höchste im Languedoc-Roussillon vergebene Auszeichnung

F – Preis für ein Doppelzimmer 100–200 Francs

FF – Preis für ein Doppelzimmer 200–300 Francs

FFF – Preis für ein Doppelzimmer 300–500 Francs

FFFF – Preis für ein Doppelzimmer 500–1000 Francs

Diese Abstufung entspricht in etwa der französischen Kategorisierung, die auf Grund einer standardisierten ›neuen Bewertung‹ (zu erkennen an dem Zusatz ›NN‹ für ›Nouvelle Notation‹ auf den blauweißen Plaketten am Hoteleingang) wie folgt unterscheidet: * – mittlerer Komfort, ** – guter Komfort, *** – großer Komfort, **** – Luxusklasse. Die Kategorisierung nach Sternen betrifft die Aus-

stattung, nicht den Preis, d. h. in einem großen Ort kann der Preis für ein Hotel mit * höher liegen als für ein Hotel mit ** in einem kleinen Ort, weshalb auf diese Unterteilung im folgenden verzichtet wurde. Die ausgewählten Hotels stellen bis auf wenige Ausnahmen nur einen Teil der in den Orten vorhandenen Beherbergungsbetriebe dar.

Am Unterlauf der Rhône

Beaucaire (30300)
Syndicat d'Initiative: 24, cours Gambetta, ⌀ 66 59 26 57.

Hotels: Robinson (L), F, route du Pont du Gard, ⌀ 66 59 21 32. Les Vignes Blanches, FF, route de Nîmes, ⌀ 66 59 13 12. Les Doctrinaires, FFF, quai Général de Gaulle, ⌀ 66 59 41 32.

Museum: Musée de la Vignasse (Archäologie, Volkskunde) im Château, geöffnet außer Mo, Di und feiertags 1. Ap–30. Se 14–18.45; 1. Ok–31. Mä 14–17.30.

Besichtigung: Château, geöffnet außer Di und feiertags 1. Ap–30. Se 10–12 und 14.15–18.45; 1. Ok–31. Mä 10.15–12 und 14–17.30.

Pont-St-Esprit (30130)
Syndicat d'Initiative: Östlicher Ortseingang, ⌀ 66 39 44 45.

Hotels: Du Parc (L), F, avenue Gaston Doumergue, ⌀ 66 39 09 96. Frédéric Mistral, FF, allée Frédéric Mistral, ⌀ 66 39 12 79. La Bourse, FFF, place de la République, ⌀ 66 39 20 44. St-Jean-Baptiste, FFF, route de Bagnols, ⌀ 66 39 33 24.

Museum: Musée Paul Raymond, place de l'Ancienne-Mairie, geöffnet außer Di und feiertags 1. Juni–30. Se 10–12 und 14–18;

1. Ok–31. Mai So, Mi, Do 10–12 und 14–18; Fe geschlossen.

Villeneuve-lès-Avignon (30400)

Syndicat d'Initiative: 4, rue des Récollets, ⌀ 90 25 61 33.

Hotels: Coya (L), F, pont d'Avignon, ⌀ 90 25 52 29. Résidence les Cèdres (L), FF, 39, avenue Pasteur-Bellevue, ⌀ 90 25 43 92. L'Atelier, FF, 5, rue Foire, ⌀ 90 25 01 84. La Magnaneraie (alte Seidenraupenzucht), FFFF, 37, rue Camp de Bataille, ⌀ 90 25 11 11. Le Prieuré (K), FFFF, place du Chapître, ⌀ 90 25 18 20.

Museum: Musée Municipal, rue de la République, geöffnet außer Di und feiertags 15. Juni–15. Se 10–12.30 und 15–19.30; 16. Se–14. Juni 10–12 und 14–17.

Besichtigung: Chartreuse du Val de Bénédiction, geöffnet außer feiertags 9–17.30; Au/Se bis 18.30.

Fort St-André, geöffnet 9–18, im Sommer bis 20; Eingangstor mit Wachstube Juli–Au 9.30–19; Se und Ap–Juni 9.30–12.30 und 14–18.30; Ok–Mä 10–12 und 14–17.

Veranstaltung: Rencontres internationales d'été de la Chartreuse (internationales Sommertreffen), hervorragend besetzte Parallelveranstaltung zum Theaterfestival in Avignon mit Tanz, Theater, Musik und Ausstellungen, etwa Anfang/Mitte Juli bis Anfang August, Auskunft und Reservierung: CIRCA la Chartreuse, BP 30, ⌀ 90 25 05 46, Fax 90 25 76 21.

Ardèche und Cèze

Ardèche

Aven und Grotte von Marzal

Besichtigung: Tropfsteinhöhle und Museum zur Höhlenforschung, geöffnet außer feiertags 15. Feb–31. Ok 9–12 und 14–18.

Aven d'Orgnac

Besichtigung: Tropfsteinhöhle und prähistorisches Museum, geöffnet außer feiertags

1. Mä–30. Juni 9–11.45 und 14–16.45; 1. Juli–31. Au 9–11.45 und 14–17.45; 1. Se–31. Ok 9–11.45 und 14–17.45.

Bidon

Museum: Musée Préhistorama, geöffnet außer feiertags 1. Ap–30. Se 9–19.

St-Martin-d'Ardèche (07700)

Syndicat d'Initiative: Rue de la Mairie, ⌀ 75 98 70 91.

Hotels: Auberge des Gorges (L), F, ⌀ 75 04 65 35. Bellevue (L), F, ⌀ 75 04 66 72. Des Touristes, F, ⌀ 75 04 65 03.

Vallon-Pont-d'Arc (07150)

Syndicat d'Initiative: ⌀ 75 37 04 01.

Hotels: Des Touristes (L), F, (la Rouvière), ⌀ 75 88 00 01. Du Parc (L), FF, boulevard Peschaire-Alizon, ⌀ 75 88 02 17. Du Tourisme (L), F, boulevard Peschaire-Alizon, ⌀ 75 88 02 12. Le Belvédère (L), FFF, route des Gorges, ⌀ 75 88 00 02. Le Clos Charmant, F, route de Salavas, ⌀ 75 88 03 39. Le Manoir du Raveyron (L), F, rue du Raveyron, ⌀ 75 88 03 59.

Cèze

Bagnols-sur-Cèze (30200)

Syndicat d'Initiative: Esplanade du Mont-Cotton, ⌀ 66 89 54 61.

Hotels: Laville, F, 52, avenue Léon Blum, ⌀ 66 89 61 32. L'Arlequin, F, 2, place de la Gare, ⌀ 66 89 60 75. Château de Coulorgues, FFF, route de Carmignan, ⌀ 66 89 52 78. Le Mas de Ventandous, FFFF, 69, route d'Avignon, ⌀ 66 89 61 26.

Restaurant: Florance, 16, place du Bertia Boissin, ⌀ 66 89 58 24.

Museen: Musée d'Archéologie rhodanienne, Maison Jourdan, 24, avenue Paul-Langevin, geöffnet Do, Fr, Sa außer feiertags 10–12 und 14–18.

Musée Léon Alègre, Hôtel de Ville, geöffnet außer Di und feiertags 1. Juli–31. Au

10–12 und 15–19; 1. Se–30. Juni 10–12 und 14–18.

Barjac (30430)
Syndicat d'Initiative: Mairie, ∅ 66605009.
Hotels: Du Centre, F, place Charles Guinet, ∅ 66245035. Du Parc, F, rue des Glycines, ∅ 66605774. Im Ort diverse Ferienzimmer (*Chambres à louer*).

Chartreuse de Valbonne
Besichtigung: Geöffnet außer feiertags 16. Mä–14. No 9–12 und 14–16.

Goudargues (30630)
Syndicat d'Initiative: Quai de la Fontaine, ∅ 66822255.
Hotel: Du Commerce, F, 17, quai du Canal, ∅ 66822068.

Méjannes-le-Clap (30710)
Syndicat d'Initiative: St-Jean-de-Marvejols, ∅ 66604241.
Hotels: De Méjannes, F, ∅ 66244876. Le St-Hubert, FF, route de Barjac, ∅ 6624 4684.

Cevennen und Causses

Abîme du Bramabiau
Besichtigung: Wasserklamm, geöffnet außer feiertags, vom Beginn der Osterferien bis 15. No 10–12 und 14–17.30.

Anduze (30140)
Syndicat d'Initiative: Plan de Brie, ∅ 66619817.
Hotels: Du Luxembourg, F, 4, rue du Luxembourg, ∅ 66617283. La Regalière (L), F, route de St-Jean-du-Gard (3 km nördlich), ∅ 66618193. Porte des Cévennes (L), FF, route de St-Jean-du-Gard (3 km nördlich), ∅ 66619944. Trois Barbus, FF–FFF (5,5 km nordöstlich in Générargues), ∅ 66617212.
Besichtigung: Bambouseraie de Prafrance, 3 km nordöstlich von Anduze, D 129 Richtung Générargues, geöffnet außer feiertags 31. Mä–30. Juni 9.30–12 und 14–19; 1. Juli–31. Au 9.30–19; 1. Se–31. Ok 9.30–12 und 14–19.
Sonstiges: Zwischen Anduze und St-Jean-du-Gard verkehrt ein touristischer Bummelzug.

Aven Armand
Besichtigung: Tropfsteinhöhle, geöffnet vom Beginn der Osterferien bis 15. Ok 9–19.

L'Espérou (30570)
Hotel: La Source, FF, ∅ 67826035.

Florac (48400)
Syndicat d'Initiative: Avenue Jean Monestier, ∅ 66450114.
Nationalpark-Verwaltung: Centre d'information du Parc national des Cévennes, Le Château, ∅ 66450175, Büro und Informationsausstellung geöffnet außer feiertags 9–19.
Hotels: Central et de la Poste, F, ∅ 66450001. Chez Bruno, FF, ∅ 66451119. Des Gorges du Tarn, F, ∅ 66450063. Du Parc, F–FF, (K, R), ∅ 66450305. La Lozerette (L), F–FF, route de Mende (2 km auf N 106), ∅ 66450257. Le Rochefort, F (5,5 km nördlich in Cocurès, N 106 u. 998), ∅ 66450604.

Ganges (34190)
Syndicat d'Initiative: Salle de l'Horloge, ∅ 67738479.
Hotels: Aux Caves de l'Hérault (L), F, 14, rue Jeu de Ballon, ∅ 67738109. De la Poste, F, 8, place de l'Ormeau, ∅ 67738588.

La Garde-Guérin (48800)
Hotel: Auberge Regordane, F–FF, ∅ 66468288.

Génolhac (30450)
Syndicat d'Initiative: Place du Porche, ∅ 66611055.

Hotels: Du Chalet, F, am Bahnhof, ∅ 66611108. Le Commerce, F, 46, grande rue, ∅ 66611172. Du Mont Lozère (L), F, 13, avenue de la Libération, ∅ 66611072.

Grotte des Demoiselles
Besichtigung: Tropfsteinhöhle, geöffnet 1. Ap–30. Se 8.30–12 und 14–19; 1. Ok–31. Mä 8.30–12 und 14–17.30.

La Malène (48210)
Hotels: Manoir de Montesquiou (K), (15. Jh.-Gemäuer), FFF–FFFF, ∅ 66485112. Château de la Caze (K), (15. Jh.-Schloß am Tarnufer), FFFF, (D 907, Richtung Ste-Enimie), ∅ 66485101.

Mende (48000)
Syndicat d'Initiative: 16, boulevard du Soubeyran, ∅ 66650269.
Hotels: De France (L, R), FF, 9, boulevard Lucien Arnault, ∅ 66650004. Du Gévaudan (L), F, rue d'Aigues Passes, ∅ 66651474. Du Pont (L), FF, avenue du 11 Novembre, ∅ 66650143. Lion d'Or (K), FF–FFF, 12, boulevard Britexte, ∅ 66491646. Relais de la Tour, FF, 30, avenue des Gorges du Tarn, ∅ 66490550. Remparts, F, place Th. Roussel, ∅ 66650229.
Museum: Musée Ignon-Fabre, Hôtel des Ressouches, 3, rue de l'Epine, geöffnet außer Sa, So und feiertags 8–12 und 14–18.

Meyrueis (48150)
Syndicat d'Initiative: Tour de l'Horloge, ∅ 66456033.
Hotels: Château d'Ayres (K), FFF–FFFF, (1 km östlich, D 57), ∅ 66456010. Europe, F–FF, ∅ 66456005. Family (L), F, ∅ 66456002. Mont Aigoual, FF, ∅ 66456561. La Renaissance (16. Jh.-Gebäude), FF–FFF, ∅ 66456594.
Besichtigung: Grotte de Dargilan, geöffnet vom Beginn der Osterferien bis 31. Ok 9–18, je nach Besucherandrang Mittagspause von 12–14.

Mialet (30140)
Hotel: Les Grottes de Trabuc (an der D 59), FF, ∅ 66850281.
Museum: Musée du Désert im Mas Soubeyran, geöffnet außer feiertags 1. Ja–30. Juni 9–12 und 14.30–18; 1. Juli–31. Au 9.30–18.30; 1. Se–31. De 9–12 und 14.30–18.
Besichtigung: Grotte de Trabuc, geöffnet 15. Mä– 14. Juni 9.30–12 und 14–18; 15. Juni–10 Se 9.30–18; 11. Se–15. Ok 9.30–12 und 14–18; 16. Ok–30. No Nachmittag.

Millau (12100)
Syndicat d'Initiative: Avenue Alfred Merle, ∅ 65600242.
Hotels: La Capelle, F, 7, place Fraternité, ∅ 65601472. Cévenol, FF, 114, rue Rajol, ∅ 65607444. Commerce, F, 8, place Mandarous, ∅ 65600056. Cristal, F, 5, place Mandarous, ∅ 65600218. Des Causses (L), F–FF, 56, avenue J. Jaurès, ∅ 65600319. Jalade, F–FF, 18, avenue Alfred Merle, ∅ 65606220. Moderne, F, 11, avenue J. Jaurès, ∅ 65605923. La Musardière, FFF–FFFF, 34, avenue de la République, ∅ 65602063.
Restaurants: Buffet de France, place de la Gare, ∅ 65600904. La Braconne (R), 7, place Maréchal Foch, ∅ 65603093.
Museen: Musée de Millau et des Causses und Maison de la Peau et du Gant (Leder- und Handschuhmuseum), Hôtel Pegayrolles, place du Maréchal Foch, geöffnet 1. Mai–31. Ok 10–12 und 14–18; 1. No–30. Ap täglich außer So und feiertags 10–12 und 14–18.
Besichtigung: Site archéologique de la Graufesenque, route de Montpellier (N 9, 1 km südwestlich von Millau), geöffnet außer feiertags 15. Juni–10. Se 10–12 und 14–18; 11. Se–14. Juni außer Mo, Di und feiertags 10–12 und 14–18.

Montpellier-le-Vieux
Besichtigung: Felsenmeer, geöffnet 18. Mä–5. No 8 Uhr bis zur einbrechenden Dun-

kelheit. Besichtigung auch mit einem Bimmelbähnchen möglich.

Navacelles (34520)
Hotel: Auberge de la Cascade, Cirque de Navacelles, F, ⌀ 67815095.

Le Pont-de-Montvert (48220)
Syndicat d'Initiative: ⌀ 66458010.
Hotels: Aux Sources du Tarn (L), F–FF, ⌀ 66458025/66458213. De la Truite Enchantée, F–FF, ⌀ 66458003. Des Cévennes, F–FF, ⌀ 66458001.
Museum: Ecomusée du Mont Lozère (D 20 Richtung Mont Lozère), geöffnet während der Osterferien und 1. Juli–30. Se 10.30–12.30 und 14.30–18.30.

Roquefort-sur-Soulzon (12250)
Hotel: Grand Hôtel (K, *), FF–FFF, ⌀ 65599020.
Besichtigung: Société des Caves de Roquefort (Käserei und Keller), geöffnet außer der Weihnachtswoche einschließlich Neujahr 9–11 und 14–17.

Le Rozier/Peyreleau (48150)
Syndicat d'Initiative: ⌀ 65626089.
Hotels: Doussière, F, ⌀ 66626025. Grand Hôtel des Voyageurs (L), FF–FFF, ⌀ 65626009.

St-Chély-du-Tarn (48210)
Hotel: Auberge de la Cascade, F, ⌀ 66485282.

St-Jean-du-Gard (30650)
Syndicat d'Initiative: Place Rabaud-St-Etienne, ⌀ 66853211.
Hotels: Auberge du Péras (L), FF, route de Nîmes, ⌀ 66853038. Château de Cabrières, FF, ⌀ 66851326. La Corniche des Cévennes (L), F, quartier Le Razet, ⌀ 66853038. L'Oronge (K), F–FFF, grande rue, ⌀ 66853034.
Museum: Musée des Vallées cévenoles, 95, grande rue, geöffnet 1. Mai–30. Juni außer So vormittag und Mo 10.30–12.30 und

14–19; 1. Juli–31. Au außer So vormittag und Mo 10.30–19; 1.–30. Se außer So vormittag und Mo 10.30–12.30 und 14–19; 1. Ok– 30. Ap So 14–18.

Ste-Enimie (48210)
Syndicat d'Initiative: Mairie, ⌀ 66485344.
Hotels: Burlatis, FF, ⌀ 66485230. De Paris (L), F, ⌀ 66485002. Du Commerce, F, ⌀ 66485001.

Valleraugue (30570)
Hotels: Les Bruyères (L), F–FF, ⌀ 6782 2006. Le Petit Luxembourg, FF, ⌀ 6782 2044.

Vialas (48220)
Syndicat d'Initiative: Mairie, ⌀ 66610005.
Hotel: Le Chantoiseau (K, *), FFF, ⌀ 66410002.

Le Vigan (30120)
Syndicat d'Initiative: Place du Marché, ⌀ 67810172.
Hotels: Du Commerce, F, 26, rue des Barris, ⌀ 67810328. Des Voyageurs (L), F, 12, place du Quai, ⌀ 67810034. Mas de la Prairie, F–FF, avenue du Sergent Triaire, ⌀ 67818080. Château du Rey, FFF, Rey, D 999, 5 km Richtung Valleraugue, ⌀ 67824006. Maurice (K), F–FFF, Pont d'Hérault, D 999, 6 km Richtung Valleraugue, ⌀ 67824002.
Museum: Musée cévenol, 1, rue Calquière, geöffnet außer Di 10–12 und 14–18.

Villefort (48800)
Syndicat d'Initiative: Mairie, ⌀ 66468730.
Hotels: Balme (L), F–FF, ⌀ 66468014. Du Lac, F, ⌀ 66468120. Du Nord, F, ⌀ 66468012.

Gard und Garrigue

Lunel (34400)
Syndicat d'Initiative: Place des Martyrs-de-la-Résistance, ⌀ 67710137.

Hotels: La Clausade, FFF, avenue du Colonel Simon, ∅ 6771 0569.

Nîmes (30000)

Syndicat d'Initiative: 6, rue Auguste, ∅ 6667 2911.

Hotels: Amphithéâtre, F, 4, rue des Arènes, ∅ 6667 2851. Carrière Interhôtel, FF, 6, rue Grizot, ∅ 6667 2489. Concorde, F, 3, rue des Chapeliers, ∅ 6667 9103. Doré, F, 81, rue Pierre-Sémard, ∅ 6621 9387. De France, F, 4, boulevard des Arènes, ∅ 6667 2305. Imperator Concorde (K), (Luxusabsteige der Toreros), FFF–FFFF, quai de la Fontaine, ∅ 6621 9030. La Maison Carrée, F, 14, rue de la Maison Carrée, ∅ 6667 3289. Majestic, FF, 10, rue Pradier, ∅ 6629 2414. Menant, F–FF, 32, boulevard Amiral Courbet, ∅ 6667 2285. Michel, FF, 14, boulevard Amiral Courbet, ∅ 6667 2623. Nouvel Hôtel, FF, 6, boulevard Amiral Courbet, ∅ 6667 6248. Plazza, FF–FFF, 10, rue Roussy, ∅ 6676 1620. Tuileries, FFF, 22, rue Roussy, ∅ 6621 3115.

Jugendherberge: Auberge de Jeunesse, chemin de l'Auberge-de-Jeunesse, ∅ 6623 2504, geschlossen 15. De–15. Ja, 74 Schlafplätze und 30 Zeltplätze, Halb- und Vollpension möglich.

Restaurants: Le Lisita, 2, boulevard des Arènes, ∅ 6667 2915. Lou Mas, 5, rue Sauve, ∅ 6623 2471. Mas des Abeilles, route de St-Gilles, Richtung Flughafen, ∅ 6638 2857. Alexandre (*), Vorort Garons, 9 km auf D 42, D 442, ∅ 6670 0899.

Museen: Musée archéologique, 13, boulevard Amiral Courbet, geöffnet außer So vormittag und feiertags 15. Juni–15. Se 9–18; 16. Se–14. Juni 9–12 und 13.30–18.

Musée d'Art contemporain, gegenüber der Maison Carrée, geöffnet außer feiertags 15. Juni–15. Se 9–18; 16. Se–14. Juni 9–12 und 13.30–18 (Eröffnung 1992).

Musée des Beaux-Arts, rue Cité Foulc, geöffnet außer feiertags 15. Juni–15. Se 9–18; 16. Se–14. Juni 9–12 und 13.30–18.

Musée d'Histoire naturelle, Ort und Öffnungszeiten wie Musée archéologique.

Musée Maison Carrée (Tempelraum), rue Maison Carrée, geöffnet außer feiertags 1. Mä–15. Juni 9–12 und 14–18; 16. Juni–15. Se 9–19; 16. Se–28. Fe 9–12 und 14–17.

Musée du Vieux Nîmes, place aux Herbes, geöffnet außer feiertags 10–18.

Besichtigung: Alle römischen Monumente geöffnet 15. Juni–15. Se 8–20; Rest des Jahres 8.30–12 und 14–18.

Veranstaltungen: Féria de Nîmes, zweiwöchige Pfingstferia mit Stierkämpfen im Amphitheater, Theater, Folklore, Jazz etc. Beginn: eine Woche vor Pfingsten. Karten für die etwa zwölf blutigen *Corridas* (mit Torero-Größen) und *Novilladas* (mit Torero-Nachwuchs, u. a. auch Franzosen) sollten wegen der großen internationalen Nachfrage mindestens 4–6 Wochen vorher bestellt werden. Vorbestellungen nur gegen Scheck + 5 Francs Vorverkaufsgebühr. Auskunft, Preise und Reservierung: Bureau de Location, 1, rue Alexandre. Ducros (vis à vis der Arena), ∅ 6667 2802, geöffnet 10–12.30 und 15–18.30.

Festival d'été de Nîmes (Folklore, Jazz, Rock, Kino, Theater), Auskünfte: Hôtel Chouleur, 6, rue Fresque, ∅ 6676 7017/ 6636 0083.

Busbahnhof: *Gare routière*, neben dem Hauptbahnhof Gare S.N.C.F.

Hauptpostamt: Boulevard Gambetta.

Polizei: Hauptkommissariat (Commissariat de Police), avenue Feuchères, ∅ 6667 9691.

Pont du Gard (30210)

Besichtigung: Ganzjährig kostenlos.

Hotels: Le Vieux Moulin, FF–FFFF, rive gauche (linkes Flußufer), ∅ 6637 1435. Le Colombier, FF, route du Pont du Gard, rive droite (rechtes Flußufer, 1 km D 981 Richtung Remoulins), ∅ 6637 0528. Le Vieux Castillon (K, *), (mittelalterliches Gemäuer), FFFF, Castillon-du-Gard (4 km D 19 und D

228). Hostellerie Le Castellas (K), (mittelalterliches Gemäuer), FFF–FFFF, grande rue, Collias (7 km westlich, D 981 und D 228), ∅ 6622 8888. Weitere Hotels in Remoulins.

Sommières (30250)
Syndicat d'Initiative: Place de la République, ∅ 6680 9930.
Hotels: Du Nord, FF, 5, quai Gaussorgues, ∅ 6680 0351. Auberge Pont Romain, FF–FFF, 2, avenue Emile Jamais, ∅ 6680 0058.
Restaurant: L'Olivette, 11, rue Abbé Fabre, ∅ 6680 9771.

Source Perrier
Besichtigung: Werksbesichtigung bei Zustandekommen von Gruppen mit etwa 50 Personen, außer Sa, So und feiertags 1. Juni–30. Se um 9, 10, 13.30, 14.30, 17.30; 1. Ok–31. Mai um 9, 10, 13.30, 14.30, 15.30.

Uzès (30700)
Syndicat d'Initiative: Avenue de la Libération, ∅ 6622 6888.
Hotels: Le Champ de Mars (L), F–FF, 1087, route de Nîmes, ∅ 6622 3655. D'Entraigues (K), (15. Jh.-Gebäude), FF–FFF, place Evêché, ∅ 6622 3268. Le St-Géniès, FF, quartier St-Géniès, rue St-Ambroix, ∅ 6622 2999. La Taverne, FF, 4, rue Xavier Sigalon, ∅ 6622 1310. Mas Oléandre (Studios und Appartements, deutsche Leitung), F–FF, D 981 Montaren – St-Médiers, ∅ 6622 6343.
Museum: Musée Municipal (örtliche Geschichte, Kunst und Literatur), Mairie, geöffnet 1. Juli–30. Se außer Mo 10–12 und 15–18; 1. Ok–30. Juni Sa und So 14.30–17.30.
Besichtigung: Le Duché (Herzogspalast), Führung außer feiertags 1. Ap–30. Se 9.30–12 und 14.30–18.30; 1. Ok–31. Mä 9.30–12 und 15.30 bis zum Einbruch der Dämmerung.

›Kleine Camargue‹

Aigues-Mortes (30220)
Syndicat d'Initiative: Place St-Louis, ∅ 6651 9500.
Hotels: Les Croisades, FF, 2, rue du Port, ∅ 6653 6785. L'Escale, FF–FFF, 3, avenue Tour de Constance, ∅ 6653 7114. Le Médiéval, FF, 296, route de Nîmes, ∅ 6653 7648. Des Remparts, FF–FFF, Place A. France, ∅ 6653 8277. Royal Hotel, FF–FFF, 939, route de Nîmes, ∅ 6653 6640. La Tour de Constance, F, 1, boulevard Diderot, ∅ 6653 8350. Le St-Louis, FFF, 10, rue Amiral Courbet, ∅ 6653 7268.
Restaurants: Arcades, 23, boulevard Gambetta, ∅ 6653 8113. La Goulue, 2, rue Denfert-Rochereau, ∅ 6653 6945.
Besichtigung: Tour de Constance (Donjon und Stadtmauer), geöffnet außer feiertags 1. Ap–30. Se 9–12 und 14–18; 1. Ok–31. Mä 9.30–12 und 14–16.30.

Les Salins du Midi (3 km südlich D 979); die Besichtigung der Meersalzsalinen wird vom 1. Juli–31. Au Mi und Fr organisiert.
Veranstaltungen: Festival d'Aigues-Mortes (Theater), Ende Juli–Mitte Au, Auskünfte und Reservierung: ∅ 6653 9196.

Fête Votive (Kirchweihfest); das Stadtfest findet in der 2. Oktoberwoche statt. Musik, Tanz und täglich nachmittags unblutige Stierkampfspiele vor der südwestlichen Stadtmauer, gegen Abend *Razetés*, Stierjagd durch den Ort zurück auf die Weiden bzw. in wartende Transportwagen.

Le Grau-du-Roi (30240)
Syndicat d'Initiative: Boulevard Front-de-Mer, ∅ 6651 6770.
Hotels: Bellevue et d'Angleterre, FF, quai Colbert, ∅ 6651 4075. Le Chabian, FF–FFF, route des Marines, ∅ 6651 4433. L'Etoile, F–FF, 119, av. de Camargue, ∅ 6651 4131. Nouvel Hôtel, F–FF, quai Colbert, ∅ 6651 4177. Quai d'Azur, F–FF, quai Général de Gaulle, ∅ 6651 4194. Le Splendid' Hôtel, FF, boul. Front-de-Mer, ∅ 6651 4129.

Restaurant: Le Palangre, quai Charles de Gaulle, ∅ 66517630.

Besichtigung: Le Seaquarium (600000-Liter-Aquarium) im Vergnügungspark ›Expo Marine Palais de la Mer‹, avenue du Palais de la Mer, geöffnet 1. Ja–31. Mä 9.30–12 und 14.30–19; 1. Ap–31. Juni 9.30–21; 1. Juli–31. Au 9.30–23; Se 9.30–19; 1. Ok–31. De 9.30–12 und 14.30–19; ganzjährig am Mo erst ab 14.30.

Veranstaltungen: Während des Sommerhalbjahres finden Sa und So in den *Arènes* (Haupt-Stadteingang D 979) die unblutigen Stierkampfspiele *Courses Camarguaises* statt (auffällig plakatiert). Fête de la Mer, ›Meerfest‹, zweite Junihälfte. Fête du Grau-du-Roi, Stadtfest im Se.

Port-Camargue (30240)

Syndicat d'Initiative: Carrefour 2000, ∅ 66517168.

Hotels: Du Cap, FFF, route des Marines, ∅ 66736060. L'Oustau Camarguen, FFF, route des Marines, ∅ 66515165. Le Spinaker (K), FFF, pointe Môle, ∅ 66533637.

St-Gilles (30800)

Syndicat d'Initiative: Place Frédéric Mistral, ∅ 66873375.

Hotels: Le Cours, FF, 10, avenue François Griffeuille, ∅ 66873193. Le Globe, F, place Gambetta, ∅ 66873041. Héraclée, FF–FFF, 30, quai du Canal/Port de Plaisance, ∅ 66874410. Le Saint Gillois, F, 1, rue Neuve, ∅ 66873369. Les Cabanettes, (K), FFF, route d'Arles (5 km Richtung Arles), ∅ 66873153.

Museum: Musée de la Maison Romane (mittelalterliche Funde, Volkskunst), place de la Maison Romane, geöffnet außer Ja, Fe, So und feiertags 1. Mä–30. Juni 9–12 und 14–17; 1. Juli–30. Se 9–12 und 14–18; 1. Ok–31. De 9–12 und 14–17.

Departement Hérault

Die Küste

Agde (34300)

Syndicat d'Initiative: Arcades de la Mairie, rue Louis Bages, ∅ 67942968.

Hotels: De L'Affenage, FF, route de Vias, ∅ 67941896. Araur, F–FF, route de Vias, ∅ 67941886. Les Amandiers, F, route de Sète, ∅ 67941166. Des Arcades, FF, rue Louis Bages, ∅ 67942164. Bon Repos, FF, 15, rue Rabelais, ∅ 67941626. Le Donjon, FF, place Jean Jaurès, ∅ 67941332. La Galiote, F–FFF, place Jean Jaurès, ∅ 67944558.

Museum: Musée Escolo Dau Sarret, rue de la Fraternité, geöffnet außer Di und feiertags 10–12 und 14–18.

Bouzigues (34140)

Hotels: La Côte Bleue, FF, avenue Louis Tudesq, ∅ 67783142. Le Littoral, F, N 113, ∅ 67783151. Le Panorama, F–FF, N 113, ∅ 67783052.

Restaurant: La Madrague, ∅ 67783234.

Museum: Musée du Bassin de Thau, 4, rue St-Nicolas, geöffnet außer feiertags 1. Mai–15. Se 14–19; 16. Se–30. Ap 14–17.

Le Cap d'Agde (34300)

Syndicat d'Initiative: Palais des Congrès, ∅ 67263858.

Hotels: Alhambra, FF–FFF, rue du Passeur Challiés, ∅ 67269928. Alizé, FFF, avenue des Alizés, ∅ 67267780. Azur, FFF, 18, avenue Iles d'Amérique, ∅ 67269822. Capaô, FFFF, avenue des Corsaires, ∅ 67269944. Du Golf, FFF–FFFF, Ile des Loisirs, ∅ 67268703. Grande Conque, FFF, le Vieux Cap d'Agde, ∅ 67261142. Ibis, FF–FFF, 2, rue du Tambour, ∅ 67264666. Les Pins, FFF, Mont St-Martin, ∅ 67260011. St-Clair, FFF–FFFF, place St-Clair, ∅ 67263644.

Restaurant: Les Trois Sergents, avenue Sergents, ∅ 67267313.

Museum: Musée d'Archéologie sous-marine et subaquatique (Unterwasserarchäologie), La Cape, geöffnet außer Mo und feiertags 1. Mai– 30. Se 10–12 und 14–19; 1. Ok–30. Ap 10–12 und 14–18.

Carnon-Plage (34280)

Hotels: Au Clair de Lune, F, 1, place Cassan, ⌀ 67681024. Gidéon, F, 159, avenue Grassion Cibrand, ⌀ 67681005.

La Grande-Motte (34280)

Syndicat d'Initiative: Place 1er Octobre 1974, ⌀ 67566262.

Hotels: Acropolis, FFF, quartier du Couchant, ⌀ 67567622. Altéa, FFF–FFFF 140, rue du Port, ⌀ 67569081. Azur, FFF–FFFF, Presqu'île du Port, ⌀ 67565600. Copacabana, F–FF, route des Plages, ⌀ 67565101. Europe, FF–FFF, square Navigarde, ⌀ 67566260. Golf Hôtel, FFF, au Golf, ⌀ 67297200.

Restaurant: Alexandre, esplanade de la Capitainerie, ⌀ 67566363.

Le Grau-d'Agde (34300)

Hotels: Château-Vert (L), FF–FFF, quai Commandant Meric. M. Caumil, ⌀ 6794 1451. El Rancho (L), FF, boulevard du Front de Mer, ⌀ 67942435.

Marseillan/Marseillan-Plage (34340)

Hotels: Le Château du Port, FF–FFF, Marseillan, le Port, ⌀ 67772107. Les Dunes, FF–FFF, Marseillan-Plage, N 112, ⌀ 67219150. Le Richmont FF–FFF, Marseillan-Plage, ⌀ 67219779.

Mèze (34140)

Syndicat d'Initiative: Rue P.-A. Massaloup, ⌀ 67439308.

Hotels: Du Port, F–FF, boulevard du Port, ⌀ 67438116. Du Thau, F, rue de la Parée, ⌀ 67438383.

Palavas-les-Flots (34250)

Syndicat d'Initiative: Mairie, ⌀ 67680234.

Hotels: Amérique, FF–FFF, avenue Frédéric-Fabrège, ⌀ 67680439. Brasilia, FF–FFF, 10, boulevard Joffre, ⌀ 67680046. De France, F–FF, 9, quai Clémenceau, ⌀ 67680035. Le Golfe, F–FF, 104, avenue St-Maurice, ⌀ 67680187. Le Grand Large, FF, 279, avenue Saint-Maurice, ⌀ 67680147. Mar y Sol, FF–FFF, 8, boulevard Joffre, ⌀ 67680046. Du Midi, FF, 180, avenue St-Maurice, ⌀ 67680053. La Patricia, F–FF, 99, avenue St-Maurice, ⌀ 67689543.

Restaurant: Le Sphinx, quai P. Cung, ⌀ 67680021.

Sète (34200)

Syndicat d'Initiative: 60, grande rue Mario-Roustan, ⌀ 67747171.

Hotels: Family, F, 28, quai Maréchal de Lattre de Tassigny, ⌀ 67740503. Grand Hôtel, (K), FF–FFF, 17, quai Maréchal de Lattre de Tassigny, ⌀ 67747177. Grand Hôtel de Paris (L), F–FF, 2, rue Frédéric Mistral, ⌀ 67749810. Hippocampe, F–FF, 3, rue Longuyon, ⌀ 67745114. La Joie de Sables (L), F–FF, Plage de la Corniche (N 112, Richtung Agde), ⌀ 67531176. Le Mistral (L), F, 19, Quai Rhin et Danube, ⌀ 67743328. Régina, F–FF, 6, boulevard Danielle Casanova, ⌀ 67743141.

Restaurants: Hermann Facélina, 14, quai L. Suquet, ⌀ 67743474. Les Saveurs Singulières, 5, quai Ch. Lemaresquier, ⌀ 6774 1441.

Museum: Musée Paul Valéry, rue François-Desnoyer (Richtung Mont St-Clair), geöffnet 1.–31. Juli 10–12 und 14–18; das restliche Jahr außer Di und feiertags 10–12 und 14–18.

Veranstaltungen: Journées Internationales Georges Brassens, ›internationale Georges Brassens-Tage‹, Variété, Theater, Film, letzte Juniwoche.

Fête de la St-Louis, ›St. Ludwigsfest‹, u. a. mit den berühmten *Joutes;* diese Schiffer- oder Fischerstechen, bei denen sich Barkenbesatzungen mit Stangen gegenseitig von den Booten stoßen, finden jeweils am letzten Fr, Sa und So im August statt.

La Tamarissière (34300)

Hotel: La Tamarissière (K), FFFF,
∅ 67942097.

Valras-Plage (34350)

Syndicat d'Initiative: Place René Cassin,
∅ 67323604.
Hotels: Albizzia, FFF, boulevard Chemin
Creux, ∅ 67374848. Bellevue, F, 23, boule-
vard Michelet, ∅ 67320603. La Chaumière
(L), FF, boulevard Michelet, ∅ 67320478.
Méditerranée (L), FF, 32, rue Charles Tho-
mas, ∅ 67323860. Moderne, F–FF, allée de
Gaulle, ∅ 67322586. De la Plage (L), F–FF,
3, boulevard St-Saëns, ∅ 67320837.

Villeneuve-lès-Maguelone (34750)

Syndicat d'Initiative: Mairie, ∅ 67694810.
Hotel: Hôtel le Riche, F–FF, grande rue,
∅ 67694822.
Besichtigung: Kathedrale, geöffnet 9–18.

Die Ebene

Béziers (34500)

Syndicat d'Initiative: Hôtel Dulac, 27, rue
du 4-Septembre, ∅ 67909910.
Hotels: Des Allées, F–FF, 46, allées Paul Ri-
quet, ∅ 67284471. Concorde, FF, 7, rue
Solférino, ∅ 67283105. Europe, FFF, 87,
avenue Wilson, ∅ 67760897. Grand Hôtel
du Nord, FF–FFF, 15, place Jean Jaurès, ∅
67283409. Imperator, FF–FFF, 28, allées
Paul Riquet, ∅ 67490225. Lux, F–FF, 3, rue
Petits Champs, ∅ 67284805. Paul Riquet, F,
45, allées Paul Riquet, ∅ 67764437. Poètes,
F–FF, 80, allées Paul Riquet, ∅ 67763866.
Splendid, F–FF, 24, avenue du 22-Août,
∅ 67282382.
Restaurants: Le Framboisier (*) 12, rue
Boeildieu, ∅ 67499000. Le Jardin, 37, avenue J. Moulin, ∅ 67364131. Cigale, 60 allées Paul Riquet, ∅ 67282156.
Museen: Musée des Beaux-Arts (griechische Vasen und Malerei von Rubens bis De-
lacroix), Hôtel Fabrégat, place de la Révolu-

tion, geöffnet außer So vormittag, Mo und
feiertags 9–12 und 14–18.

Musée des Beaux-Arts (Museum gleichen
Namens, Malerei und Skulpturen des 19.
und 20. Jh.), Hôtel Fayet, 9, rue du Capus,
geöffnet 1. Juli–31. Au außer Sa und So
10–12 und 14–18; 1. Se–30. Juni Di und Do
10–12 und 14–18.

Musée du Biterrois, Caserne St-Jacques,
geöffnet außer Mo und feiertags 1. Ap–
31. Ok 9–19; 1. No–31. Mä 9–12 und 14–18.
Veranstaltungen: Festival de Béziers et de
la Côte Languedocienne, ›Festival von Béziers und der Languedoc-Küste‹, Jazz, klas-
sische Musik, Theater, Mitte bis Ende Juni,
Auskunft und Reservierung ›Service des Fe-
stivités‹, Mairie, ∅ 67769010.

Féria de Béziers, blutiger Stierkampf in der
Arena, Begleitveranstaltungen, 14.–15. Au,
Auskunft *Syndicat d'Initiative*.

Fête du vin nouveau (Weinfest mit Rah-
menprogramm), jeweils am 3. So im Ok.

Montpellier (34000)

Syndicat d'Initiative: Le Triangle Bas, Place
René Devic (am Einkaufszentrum Polygone),
∅ 67586758; außerhalb der Banköffnungs-
zeiten ist hier in beschränktem Umfang
Geldwechsel möglich.

Hotels: Arceaux, FF, 33, boulevard Arceaux,
∅ 67920303. De la Comédie, F–FF, 1 bis,
rue Baudin, ∅ 67584364. George V, FFF,
42, avenue St-Lazare, ∅ 67723591. Guilhem, FFF–FFFF, 18, rue Jean-Jacques
Rousseau, ∅ 67529090. Grand Hôtel du Midi (K), FFF–FFFF, 22, boulevard Victor Hugo,
∅ 67926961. Imperator, FF, 20, rue Bous-
sairolles, ∅ 67584097. Métropole, FFFF, 3,
rue Clos René, ∅ 67581122. La Maison
Blanche, FFF, 1796, avenue Pompignane, ∅
67796025. Noailles (17. Jh.-Gemäuer),
FF–FFF, 2, rue Ecoles-Centrales, ∅ 6760
4980. De la Paix, F, 6, rue Loys, ∅ 6766
0588. Palais, FF–FFF, 3, rue du Palais, ∅
67604738. Parc, FF–FFF, 8, rue A. Bège, ∅
67411649. La Peyronie (L), FF, 4, rue des
Pétètes, ∅ 67525220. Le Relais, F, 6, rue

Baudin, ☎ 67584080. Relais Bleus, FF, 890, avenue J. Mermoz-Antigone, ☎ 67648850. Royal, FF–FFF, 8, rue Maguelone, ☎ 6792 1336.

Jugendherberge: Auberge de la Jeunesse, impasse de la Petite Corraterie,
☎ 67796166; Bus (N° 16, ›Le Guilhem‹).

Restaurants: Chandelier (*), 3, rue A. Leonhardt, ☎ 67926162. Jardin des Sens (*), 11, avenue St-Lazare, ☎ 67796338. Isadora, 6, rue Petit Scel, ☎ 67662523. L'Olivier, 12, rue A. Olivier, ☎ 67928628. Le Ménestrel, place de la Préfecture, ☎ 67606251.

Museen: Galerie de Photo, le Corum, Esplanade Charles de Gaulle, während der Dauer von Ausstellungen geöffnet außer So 10–18.

Musée d'Anatomie, rue de l'Ecole de Médecine, geöffnet außer Sa, So und feiertags 14–17.

Musée Atger, rue de l'Ecole de la Médecine, geöffnet außer Sa, So, feiertags und Au 13.30–16.30.

Musée Cité Agropolis, Parc Agropolis, geöffnet außer Mo und feiertags 10–12 und 14–18, Eröffnung voraussichtlich 1992.

Musée Fabre, boulevard Bonne-Nouvelle, täglich geöffnet außer Mo und feiertags von 9.30–12.30 und 13.30–17.30 Uhr.

Musée Fougau Mount-Pelieirenc, auch Musée du Vieux Nîmes genannt (Volkskunst), 2, place Pétrarque, geöffnet Mi und Do 15–18.30.

Musée Sabatier d'Espeyran, Besuch auf Anfrage im Musée Fabre.

Musée de la Société archéologique, 5, rue des Trésoriers-de-France, geöffnet außer feiertags Mo, Mi, Sa 14.30–18.

Besichtigung: Jardin des Plantes, geöffnet außer Sa nachmittags, So und feiertags 1. Ap.–31. Ok. 8.30–12 und 14–18.

Veranstaltungen: Le Printemps des Comédiens, ›Frühling der Komödianten‹, diverse Theatergastspiele, Mitte Juni–Mitte Juli, Auskünfte: 857, rue St-Priest, 34090 Montpellier, ☎ 67610630.

Festival International de Montpellier Danse, Montpelliers renommiertes Tanzfestival, Mitte Juni–Mitte Juli, Auskünfte und Reservierungen bei: 7, boulevard Henri IV,
☎ 67611120, Fax 67524074.

Festival International de Radio France et de Montpellier, internationale Konzertgastspiele, Mitte Juli–Anfang Au, Auskünfte und Reservierungen: ☎ 67616681.

Rencontres du Cinéma Méditerranéen, ›Festival des Films aus dem mediterranen Raum‹, Ende Ok/Anfang No, Auskünfte und Reservierungen: ☎ 67042939.

Festival du film juif, ›Festival des jüdischen Films‹, Ende No.

Busbahnhof: *Gare routière* neben dem Hauptbahnhof Gare S.N.C.F.

Hauptpostamt: PTT, place des Martyrs de la Résistance.

Polizei: Hauptkommissariat Commissariat Central, 22ter avenue Georges-Clémenceau, ☎ 67587422.

Lattes (34970)
Museum: Musée archéologique, route de Pérols, geöffnet außer Di und feiertags 10–12 und 14–17.30.

Pézenas (34120)
Syndicat d'Initiative: Place Gambetta, ☎ 67981182.

Hotels: Genieys (L), F–FF, 9, avenue Aristide Briand, ☎ 67981399. Molières, FF, place du 14 juillet, ☎ 67981400.

Museum: Musée du Vuillod St-Germain (Malerei, lokale Geschichte), 3, rue Albert-Paul-Alliès, geöffnet 1. Juli–31. Au außer Di 10–12 und 15–18; 1. Se–30. Juni außer Di, Mi und feiertags 10–12 und 14–17.

Im oberen Hérault

Bédarieux (34600)
Syndicat d'Initiative: 75, rue St-Alexandre, ☎ 67950879.

Hotels: Moderne, F–FF, 64, avenue Jean Jaurès, ∅ 67 95 01 52. Central, F–FF, 3, place aux Herbes, ∅ 67 95 06 76.
Museum: Maison des Arts (Kunst und Volkskunst), avenue Abbé-Tarroux, geöffnet außer feiertags 14–18.

Cambous
Besichtigung: Village préhistorique de Cambous, geöffnet 1. Juli–31. Au 9.30–12.30 und 15–19; 1. Se–30. Juni So und feiertags 14–18.

Clermont-l'Hérault (34800)
Syndicat d'Initiative: 9, rue René-Gosse, ∅ 67 96 23 86.
Hotels: Grand Hôtel (L), F–FFF, 2, rue Coutellerie, ∅ 67 96 00 04. Le Salagou, FF, 32, rue Doyen Gosse, ∅ 67 96 32 55. De Sarac, FF, route de Béziers, ∅ 67 96 06 81. La Ramasse, F, place des Martyrs, ∅ 67 96 02 68.
Restaurant: Le Mimosa, St-Guiraud (5 km nördlich von Clermont-l'Hérault).

Gignac (34150)
Syndicat d'Initiative: Place Général-Claparède, ∅ 67 57 58 83.
Hotels: Hôtel Capion (K), FF, 3, boulevard de l'Esplanade, ∅ 67 57 50 83. Auberge du Vieux Moulin, F–FF, boulevard du Moulin, ∅ 67 57 52 77.

Grotte de Clamouse
Besichtigung: Geöffnet vom Beginn der Osterferien bis 31. Ok 9–12 und 14–17; 1. No bis Beginn der Osterferien So, feiertags und während der Schulferien.

Lac de Laouzas/Nages (81320)
Hotel: L'Escapade (L), F, Nordwestufer, ∅ 63 37 40 51.

Lamalou-les-Bains (34240)
Syndicat d'Initiative: Avenue Dr-Ménard, ∅ 67 70 91 95.
Hotels: Belleville (K), F–FF, ∅ 67 95 61 09. Du Commerce (L), F, ∅ 67 95 63 14. Mas (L),

F–FF, ∅ 67 95 62 22. Paix, F–FF, ∅ 67 95 63 11.

Mourèze (34800)
Hotel: Hauts de Mourèze, FF, ∅ 67 96 04 84.

Octon (34800)
Hotel: Mas de Clergues, FF, ∅ 67 96 08 84.

Olargues (34390)
Syndicat d'Initiative: Rue de la Place, ∅ 67 97 71 26.
Hotel: Domaine de Rieumégé (K), FFF, route de St-Pons, ∅ 67 97 73 99.

St-André-de-Buèges
Hotel: Golf de Bombeguiols, FF–FFF (Golf-Club-Hotel), D 1 nördlich von St-Jean-de-Buèges, ∅ 67 73 72 67.

St-Guilhem-le-Désert (34150)
Hotel: La Taverne de L'Escuelle, F–FF, 11, rue du Val de Gellone, ∅ 67 52 72 05.
Besichtigung: Kirche, geöffnet Mo–Sa 8–12 und 14.30–18, So 8.30–11 und 14.30–18.
Veranstaltung: Saison Musicale de St-Guilhem-le-Désert, ›Musikalische Saison von St-Guilhem-le-Désert‹ (überwiegend Barockmusik), Mitte Juni–Mitte Se, Auskünfte und Reservierung: Saison Musicale, 165, rue Michel-Ange, ∅ 67 63 14 99 und 10. Juni–10. Se zusätzlich ∅ 67 57 42 95.

St-Pons-de-Thomières (342207)
Syndicat d'Initiative: Place Forail, ∅ 97 97 06 65.
Hotels: Château de Ponderach (K), FF–FFF, route de Narbonne, ∅ 67 97 02 57. Pastre, F–FF, 10, avenue de la Gare, ∅ 67 97 00 54. Le Somail, F–FF, 2, avenue de Castres, ∅ 67 97 00 12.
Museum: Musée de Préhistoire, geöffnet 15. Ap–15. Se 10–12 und 15–18; 16. Se–14. Ap Di, Do, Fr, 10–12, Mi 10–12 und 14.30–17.30, Sa 14.30–17.30.

Villeneuvette (34800)
Hotel: La Source, FF, ∅ 67 96 05 07.

Viols-le-Fort
Museum: Exposition Préhistoire in der Mairie nur auf Anfrage geöffnet, ℘ 67550262.

Das Minervois

Capestang (34310)
Hotel: Franche-Comté (L), F–FF, 39, cours Belfort, ℘ 67933121.

Carcassonne (s. S. 380)

Caunes-Minervois (11160)
Hotel: D'Alibert (L), F–FF, place de la Mairie, ℘ 68780054.

Homps (11200)
Hotel: Auberge de l'Arbousier (L), F–FF, avenue de Carcassonne, ℘ 68911124.

Minerve (34210)
Museum: Musée de Minerve (Paläontologie), geöffnet 10–12 und 14–18.

Oppidum d'Ensérune
Museum/Besichtigung: Ausgrabungsstätten und Museum mit Grabungsfunden geöffnet 1. Ap–30. Juni außer feiertags 10–12 und 14–18; 1. Juli–31. Au 9.30–19; 1. Se–31. Se außer feiertags 10–12 und 14–18; 1. Ok–31. Mä außer Di und feiertags 10–12 und 14–16.

Rieux-Minervois (11160)
Hotel: Logis de Merinville (L), F, avenue Georges Clémenceau, ℘ 68781178.

Trèbes (11800)
Hotel: La Gentilhommière (L), FF, ZAC de Sautes le Bas, n° 6, ℘ 68787474.

Departement Aude
Die Küste

La Franqui-Plage (11370)
Hotel: De la Plage, F–FF, avenue de la Méditerranée/Front de Mer, ℘ 68547023.

Gruissan (11430)
Museum: Musée de la Vigne et du Vin (Geschichte des Weinbaus), Château le Bouis, geöffnet 1. Ap–30. Se 9–20; 1. Ok–31. Mä 9–18.30.

Gruissan-Plage (11430)
Hotels: Le Floride, FF, ℘ 68490406. De la Plage, FF, ℘ 68490075. Le Tahiti (L), F–FF, 1, Rangée N1, ℘ 68492228. Les Trois Caravelles (L), FF, 1, allée des Courlis, ℘ 68491387, alle vier mit Meerblick.

Gruissan-Port (11430)
Syndicat d'Initiative: Aux Hublots du Port – quai du Levant, ℘ 68490325.
Hotels: De la Clape, F–FF, résidence le Barberousse, ℘ 68490230. Le Corail (L), FF–FFF, quai du Ponant, ℘ 68490443. Résidence Horeva, FF–FFF, boulevard de la Corderie, ℘ 68490733.

Leucate-Plage (11370)
Syndicat d'Initiative: Avenue Jean-Jaurès, ℘ 68400473 (1. Juli–31. Au).
Hotels: De la Côte Rêvée (L), FF, 55, boulevard du Front de Mer, ℘ 68400068. Jouve, FF, 39, avenue de la Côte Rêvée, ℘ 68400277.

Leucate-Port (11370)
Syndicat d'Initiative: Quai du Grazel – Centre Commercial, ℘ 68409131.
Hotels: Le Corail, FF, avenue de Septimanie, ℘ 68409297. Deux Golfs, FF–FFF, sur le Port, ℘ 68409942.

Narbonne-Plage (11100)
Syndicat d'Initiative: Avenue du Théâtre, ℘ 68498486.
Hotels: La Caravelle (L), F–FF, boulevard du Front de Mer, ℘ 68498038. L'Escale, F–FF, place des Karantes, ℘ 68498226. L'Oasis (L), F–FF, boulevard du Front de Mer, ℘ 68498012.

Port-la-Nouvelle
Syndicat d'Initiative: 198, avenue de la Mer, ℘ 68480051.

Hotels: Méditerranée (L), F–FFF, front de Mer, ∅ 68480308. De Miramer, F–FF, front de Mer, plage sud, ∅ 68480398. Le Pole Nord, FF, front de Mer, ∅ 68480244. La Rascasse, F, avenue de la Mer, ∅ 6848 0289.

Das Hinterland

Carcassonne (11000)
La Cité (Burgstadt)
Syndicat d'Initiative: Porte Narbonnaise (Ap–Ok), ∅ 68256881.
Hotels: Aragon (L), FF–FFF, 15, montée Combeleran (Nähe Porte Narbonnaise), ∅ 68471631. De la Cité (gotisches Gemäuer, Nähe Porte Narbonnaise), FFFF, place St-Nazaire, ∅ 68250334. Du Donjon (L), FF–FFF, 2, rue du Comte Roger, ∅ 6871 0880. Des Remparts, FF–FFF, 3, place du grand Puits, ∅ 68712772. La Vicomté, FFF–FFFF, 18, rue C. St-Saëns, ∅ 6871 4545.
Restaurants: Auberge Pont Levis, außerhalb der Cité, Nähe Porte Narbonnaise, ∅ 68255523. La Marquière, 13, rue St-Jean, ∅ 68715200. La Crémade, 1, rue Plô, ∅ 68251664.
Museum und Besichtigung: Musée lapidaire, Château Comtal, geöffnet außer feiertags 1. Mai–30. Se 9–19.30; 1.–31. Ok 9–12.30 und 14–18.30; 1. No–31. Mä 9.30–12.30 und 16–17.
Veranstaltung: Festival de la Cité de Carcassonne (Tanz, Theater, Musik, Varieté), den Juli über, Auskünfte und Reservierungen: DAC Hôtel de Ville, rue Aimé Ramon, ∅ 68777111.

Ville Basse (Unterstadt)
Syndicat d'Initiative: 15, boulevard Camille-Pelletan, ∅ 68250704/68254132.
Hotels: Arcade, FF, 5, square Gambetta, ∅ 68723737. Balladins, F, 3, allée de Roberval, ∅ 67723434. Le Clos d'Arcadie (L), FF–FFF, 286, avenue Général Leclerc, ∅ 68716747. Montségur, FF–FFF, 27, allée d'Iéna, ∅ 68253141. De l'Octroi (L), F–FF, 106, avenue Général Leclerc, ∅ 68252908.

Du Pont Vieux, FF–FFF, 32, rue Trivalle, ∅ 68476271. Royal, F–FF, 22, boulevard Jean Jaurès, ∅ 68251912. Terminus, FF–FFF, 2, avenue Maréchal Joffre, ∅ 68252500. Des Voyageurs, F, 41, allée d'Iéna, ∅ 68250234.
Restaurants: Languedoc (R), 32, allée d'Iéna, ∅ 68252217. Domaine d'Auria (*), D 104, 3 km südlich von Carcassonne, route St-Hilaire, ∅ 68257222.
Museum: Musée des Beaux-Arts geöffnet außer So und feiertags 10–12 und 14–18.
Veranstaltung: Les Médiévales de Carcassonne, ›Minnesänger in Carcassonne‹ (historische Aufführungen im Stadttheater, mittelalterlicher Markt, Turniere), Anfang–Mitte Au, Auskünfte und Reservierungen: Ancienne Mairie, rue Aimé Ramon.

Castelnaudary (11400)
Syndicat d'Initiative: Place de la République, ∅ 68230573.
Hotels: Du Canal (L), F–FF, 2 ter avenue Arnaut Vidal, ∅ 68940505. Du Centre et du Lauragais (L), F–FF, 31, cours de la République, ∅ 68232595. Le Clos St-Simeon (L), FF, route de Carcassonne, ∅ 68940120. Grand Hôtel Fourcade (L), F–FF, 14, rue des Carmes, ∅ 68230208. De France (L), F–FF, 2, avenue Frédéric Mistral, ∅ 68231018. Le Siècle (L), F, 24, cours de la République, ∅ 68231316.

Cuxac-Cabardès (11390)
Hotel: Le Castel (L), F, Hameau de Cazelles, ∅ 68265839.

Escouloubre-les-Bains (11140)
Hotel: Auberge de la Chapelle (L), F, ∅ 68204114.

Fontfroide (Abbaye de)
Besichtigung: Führungen 15. Mä–14. Juni alle 45 Minuten 9.45–12 und 14–17.30; 15. Juni–15. Se alle 30 Minuten 9.30–12 und 14–18; 16. Se–14. No alle 45 Minuten 9.45–12 und 14–17.30; 15. No–14. Mä alle 45 Minuten 9.45–12 und 14–17.

Gouffre géant de Cabrespine
Besichtigung: ›Riesenhöhle‹, geöffnet 1. Ap–14. Juni 9–12 und 14–18.30; 15. Juni–8. Se 9–18.30; 9. Se–30. No 9–12 und 14–18.30.

Lagrasse (11220)
Syndicat d'Initiative: 24, avenue de la Promenade, ∅ 68431442.
Hotel: Auberge St-Hubert (L), F–FF, 9, avenue de la Promenade, ∅ 68431522. Hostellerie Charlemagne, F, avenue de la Promenade, ∅ 68431089.
Besichtigung: Kloster und Donjon der Abbaye Ste-Marie, geöffnet außer So vormittag und an kirchlichen Feiertagen 10–12 und 14–18; Führungen 1. Juni–14. Se 10–12 und 14–19.

Limoux (11300)
Syndicat d'Initiative: Promenade du Tivoli, ∅ 68311182.
Hotels: Des Arcades (L), F–FF, 96, rue St-Martin, ∅ 68310257. De la Corneilla (L), F, route d'Alet, ∅ 68311784. Le Manzac, F–FF, route de Carcassonne, ∅ 68311277. Grand Hôtel Moderne et Pigeon, FF–FFF, 1, place Général Leclerc, ∅ 68310025. Motel Occitan, F, route de Carcassonne, ∅ 68313095.
Restaurant: Relais Touristique de Belvère (R), Kreuzung D 623/D 18, ∅ 68690878.
Museum: Musée Petiet (Archäologie, Malerei des 19.–20. Jh.), promenade du Tivoli, geöffnet außer Mo 1.–30. Juni 14–17; 1.–31. Juli 10–12 und 14–18; 1. Au–15. Se 14–17.

Narbonne (11100)
Syndicat d'Initiative: Place R.-Salengro, ∅ 68651560.
Hotels: Alsace, F–FF, 2, avenue Carnot, ∅ 68320186. Croque Caille (L), FF–FFF, route de Perpignan, ∅ 68412969. Europe, F, 24, boulevard Frédéric Mistral, ∅ 68322235. De France, F–FF, 6, rue Rossini, ∅ 68320975. Languedoc (K und gute Bar), FF–FFF, 22, boulevard Gambetta, ∅ 68651474. Le Lion

d'Or (L), F–FF, 39, avenue Pierre Sémard, ∅ 68320692. Mirabeau, F–FF, 4, rue B. Lomouzy, ∅ 68651201. Le Régent, FF–F, 15, rue Suffren, ∅ 68320241. Résidence, FF–FFF, 6, rue 1er Mai, ∅ 68321941. Terminus, F, 2, avenue Pierre Sémard, ∅ 68 320275.
Restaurants: Alsace, 2, avenue Pierre Sémard, ∅ 68651024. Petit Boucher, 11, boulevard Dr. Ferroul, ∅ 68658492.
Museen: Für alle Museen gelten folgende Öffnungszeiten: außer feiertags 15. Mai–30. Se 10–12 und 14–18; 1. Ok–14. Mai 10 bis 11.50 und 14–17.15.

Musée archéologique, Palais des Archevêques.

Musée d'Art et d'Histoire, Palais des Archevêques.

Musée de l'Horreum, rue Rouget-de-l'Isle.

Musée lapidaire, Eglise Notre-Dame-de-Lamourguier.
Besichtigung: Kathedrale St-Just, geöffnet außer So nachmittag.
Veranstaltung: Festival du Théâtre Amateur (Amateurtheaterfestival), Anfang–Mitte Juli, Auskünfte und Reservierung: MJC, 16, rue des Flandres, ∅ 68904565.
Busbahnhof: *Gare routière* neben dem Hauptbahnhof Gare S.N.C.F.
Hauptpostamt: Boulevard Gambetta.

Peyriac-de-Mer (11440)
Syndicat d'Initiative: ∅ 68413812.
Hotel: La Cigogne (L), F, N 9, ∅ 68417631.

Quillan (11500)
Syndicat d'Initiative: Place de la Gare, ∅ 68200778.
Hotels: Boyer, F, 11, boulevard Bourel, ∅ 68200554. Canal, F–FF, boulevard Charles de Gaulle, ∅ 68200862. Cartier (L), F–FF, 31, boulevard Charles de Gaulle, ∅ 68200514. La Chaumière (L), F–FFF, 25, boulevard Charles de Gaulle, ∅ 68201790. Pierre Lys (K, R), F, route de Carcassonne,

∅ 68200865. Terminus, F, 45, boulevard Charles de Gaulle, ∅ 68200572.

Saissac (11310)
Hotel: De la Montagne Noire (L), F–FF, ∅ 68244636.

Sigean (11130)
Syndicat d'Initiative: Place de la Libération, ∅ 68481481.
Hotel: Le Ste-Anne (L), F, route de Portel, ∅ 68482438.
Museum: Musée des Corbières (Archäologie, Volkskunst), place de la Libération, geöffnet 1. Juni–15. Se 10–12 und 15.30–19.
Besichtigung: La Réserve africaine de Sigean, N 9, zwischen Peyriac-de-Mer und Sigean, geöffnet 9–19.

Roussillon

Grenzland zwischen Languedoc und Roussillon

Estagel (66310)
Syndicat d'Initiative: ∅ 68291597.
Hotel: Nouvel Hôtel, F, 9, boulevard Jean Jaurès, ∅ 68290084.

Peyrepertuse (Château de)
Besichtigung: Geöffnet vom Beginn der Osterferien bis 30. Juni 9–19; 1. Juli–31. Au 9–20; 1. Se–31. Ok 9–19.

Quéribus (Château de)
Besichtigung: Geöffnet vom Beginn der Osterferien bis 30. Juni 10–18; 1. Juli–31. Au 10–20; 1. Se–31. Ok 10–18.

Rivesaltes (66600)
Syndicat d'Initiative: Avenue Ledru-Rollin – allées du Maréchal Joffre, ∅ 68640404.
Hotels: Alta Riba, F–FF, avenue de la Gare, ∅ 68640117. Tour de l'Horloge, F–FF, 11, rue A. Barbès, ∅ 68640117.

Salses (66600)
Syndicat d'Initiative: 13, rue Gaston-Clos, ∅ 68386613.
Hotels: De la Loge, F, avenue Xavier Lloberes, ∅ 68386024. Relais de Castel, F–FF, N 9, ∅ 68386026.
Besichtigung: Châteaufort de Salses, geöffnet außer Di und feiertags 1. Ap–30. Se 9–11 und 15–18; 1. Ok–31. Mä 9–12 und 15–17.

Tautavel (66720)
Syndicat d'Initiative: ∅ 68291208.
Hotel: Auberge de l'Alzine, F–FF, mas de l'Alzine, ∅ 68290270/68290172.
Museum: Musée de Préhistoire (Vorgeschichte, Schädelfragment des *Homme de Tautavel*), La-Tour-de-France, geöffnet 11. Juli–30. Au 10–22; 1. Se–10. Juli 10–12 und 14–18.

Die Sandküste

Argelès-Plage (66700)
Syndicat d'Initiative: Place des Arènes, ∅ 68811585.
Hotels: Beau Rivage, FF, avenue de la Plage, ∅ 68811129. La Chaumière Matignon (L), F–FF, 30, avenue du Tech, ∅ 68810984. Le Cottage, F–FF, 21, rue Arthur Rimbaud, ∅ 68810733. Lido, FFF–FFFF, 50, boulevard de la Mer, ∅ 68811032. Maritime, FF–FFF, boulevard Albères, ∅ 68815000. Les Mimosas (L), FF–FFF, 51, avenue des Mimosas, ∅ 68811477/68814152. Le Pescadou, FF–FFF, avenue des Palmiers, ∅ 68811321. Plage des Pins, FFF, allée des Pins, ∅ 68810905. Solarium, F–FF, avenue du Vallespir, ∅ 68811074.

Barcarès-Port (66420)
Hotels: Hélios, FFF, rue Cap de Front, ∅ 68863282. Lydia Playa, FF–FFF, la grande Plage, ∅ 68862525. De la Mer, F, 43, avenue Annibal, ∅ 68863282.

Canet-Plage (66140)

Syndicat d'Initiative: Place de la Méditerranée/Front de Mer, ℘ 68 72 25 20.

Hotels: Altéa, FFF, 120, promenade Côte Vermeille, ℘ 68 80 28 59. Aquarius, FF–FFF, 40, avenue du Roussillon, ℘ 68 73 30 00. Clair Soleil, 26, avenue de Catalogne, ℘ 68 80 32 06. Clos des Pins, FF–FFF, 34, avenue du Roussillon, ℘ 68 80 32 63. Europa, FF, avenue Hauts de Canet, ℘ 68 80 51 80. Font le Patio, FF, promenade Côte Vermeille, ℘ 68 80 31 04. Frégate, FF–FFF, 12, rue de Cerdagne, ℘ 68 80 22 87. Du Port, FFF, 21, boulevard de la Jetée, ℘ 68 80 62 44. St-Georges (L), F–FF, 45, promenade Côte Vermeille, ℘ 68 80 33 77.

Museen: Musée du Père Noël, place Méditerranée, geöffnet außer Di 15. Juni–15. Se 11–24; 16. Se–14. Juni 14.30–19.

Musée de la voiture ancienne (Oldtimer), Canet-Sud, geöffnet 15. Juni–15. Se 10.30–12.30 und 15–20.30; 16. Se–14. Juni außer Di 10.30–12 und 14.30–18.30.

Le Barcarès (66420)

Syndicat d'Initiative: Barcarès-Port, ℘ 68 86 16 56, von Ostern bis 31. Se auch im Centre Culturel Cocteau/Marais, ℘ 68 86 18 23.

Hotels: Casa Blanca, F, 6, boul. Côte Vermeille, ℘ 68 86 13 18. De la Plage, F–FF, 9, boul. du Golfe du Lion, ℘ 68 86 13 84. Les Regates (L), F–FF, 51, boul. du Golfe du Lion.

St-Cyprien-Plage

Syndicat d'Initiative: Le Parking Nord du Port, ℘ 68 21 01 33.

Hotels: Les Glycines, F–FF, rue Eugène Delacroix, ℘ 68 21 00 11. Ibis, FFF, bassin Nord du Port, ℘ 68 21 30 30. Ile de la Lagune, FFFF, St-Cyprien-Sud, les Capellans, ℘ 68 21 01 02. Mar i Sol, FF, 8, rue Auguste Rodin, ℘ 68 21 00 17. Le Mas Houston, FFFF, golf St-Cyprien, ℘ 68 21 01 71. L'Oasis, FF, 12, rue Th. Chassériau, ℘ 68 21 03 11. Le St-Cyprien, F, 9, boul. Maillol, ℘ 68 21 00 09.

Restaurant: Le Plaisance, quai A.-Rimbaud, ℘ 68 21 14 34.

Museen: Fondation François et Soza Desnoyer (Werke von Desnoyer und seinen Schülern), rue Emile-Zola, geöffnet außer Di 15–19.

Musée des Artistes Catalans (Katalanische Kunst), St-Cyprien-Village, rue Jules-Romain, geöffnet außer Di 15–19.

Ste-Marie-Plage (66470)

Syndicat d'Initiative: Mairie Ste-Marie-la-Mer, ℘ 68 80 47 50; Ap–Se auch ℘ 68 80 67 35.

Torreilles-Plage (66440)

Syndicat d'Initiative: 15. Se–14. Juni in der Mairie von Torreilles-Village, ℘ 68 28 32 02; 15. Juni–14. Se Torreilles-Plage, ℘ 68 28 19 51.

Hotels: Auberge du Pin, F, Torreilles-Plage, ℘ 68 28 01 62. Le Régent, F–FF, Torreilles-Village, 17, place Louis Blasi, ℘ 68 28 32 26.

Le Racou-Plage (66700)

Hotels: La Coste Rouge, F–FF, ℘ 68 81 10 80. Le Galion, F, avenue principale, ℘ 68 81 08 64. L'Oasis, F–FF, avenue principale, ℘ 68 81 13 37. Val Marie, F–FF, ℘ 68 81 11 27.

Die Felsenküste

Banyuls-sur-Mer (66650)

Syndicat d'Initiative: Avenue de la République, ℘ 68 88 31 58.

Hotels: Canal, F, 9, rue Dugommier, ℘ 68 88 00 75. Les Elmes (L), FF–FFF, plage des Elmes, ℘ 68 88 03 12. Le Manoir (L), F–FF, 20, avenue Maréchal Joffre, ℘ 68 88 32 98. La Pergola (K), F, 5, avenue du Fontaulé, ℘ 68 88 02 10. Solhotel, FFF, Cap d'Osne, ℘ 68 88 53 16. Toute la Mer, F, 4, place Paul Reig, ℘ 68 88 02 81. Villa Miramar, FF, rue Lacaze Duthiers, ℘ 68 88 30 53.

Restaurant: Le Sardinal, place Paul Reig, ℘ 68 88 30 07.

Besichtigung: Aquarium, geöffnet 1. Ja–30. Juni 9–12 und 14–18.30; 1. Juli–31. Au 9–12 und 14–22; 1. Se–31. De 9–12 und 14–18.30.

Cerbère (66290)

Syndicat d'Initiative: 15. Juni–15. Se an der Front de Mer, ∅ 68884236; 16. Se–14. Juni ist die Mairie zuständig, ∅ 68884185.

Hotels: De la Dorade, FF, avenue Général de Gaulle, ∅ 66884193. La Vigie, FF, route d'Espagne, ∅ 68884184.

Collioure (66190)

Syndicat d'Initiative: 2, rue Camille-Pelletan, ∅ 68821547.

Hotels: Ambeille et Bellevue, FF, route du Port d'Avail, ∅ 68820874. Bona Casa, F–FF, 20, avenue de la République, ∅ 68820662. Boramar, F–FF, rue Jean Bart, ∅ 68820706. Casa Parail (katalanische Villa), FFF–FFFF, impasse des Palmiers, ∅ 68820581. Les Caranques, F–FF, route de Port-Vendres, ∅ 68820668. Madeloc, FF, rue Romain Rolland, ∅ 68820756. Mas des Citronniers, FF–FFF, 22, avenue de la République, ∅ 68820482. Mas des Crêtes (katalanisches Landgut oberhalb von Collioure), F, route des Crêtes, Richtung Madeloc, neben Zimmern auch Appartements mit Küchen (ca. 1000–1500 FF/Woche), ∅ 68820868. Les Templiers, F–FF, quai de l'Amirauté, ∅ 68820558 (s. S. 296). Triton, F–FF, 1, rue Jean Bart, ∅ 68820652.

Restaurants: La Fregate, 24, quai de l'Amirauté, ∅ 68820605. Chiberta, avenue Général de Gaulle, ∅ 68820660. Le Puits, 2, rue Arago, ∅ 68820624.

Museum: Musée Peske (Malerei des 20. Jh.), route de Port-Vendres, geöffnet 6. Mä–31. Mai außer Di 14–18; 1. Juni–30. Se 15–20; 1. Ok–31. De außer Di und feiertags 14–18.

Port-Vendres

Syndicat d'Initiative: Quai Pierre Forgas – Port Plaisance, ∅ 68820754.

Hotels: Du Chalut, FF–FFF, 29, route de Banyuls, ∅ 68820105. Du Commerce, F–FF, 2, rue Jules Ferry, ∅ 68820029. Costa Brava, F, 1, route de Collioure, ∅ 68830304. Paquebots, FF, 6, rue Jules Ferry, ∅ 68820135. St-Elme, F–FF, 2, quai Pierre Forgas, ∅ 68820507. Des Tamarins, F–FF, plage des Tamarins, ∅ 68820124.

Restaurants: Côte Vermeille (R), quai Fanal, ∅ 68820571. Le Chalut, quai F. Joly, ∅ 68820091.

Die Ebene

Elne (66200)

Syndicat d'Initiative: Place de la République, ∅ 68220507.

Hotels: Le Carrefour, F–FF, 1, avenue Paul Reig, ∅ 68220608. Le Week-End, F–FF, 29, avenue Paul Reig.

Museum: Cloître d'Elne (archäologisches Museum im Kloster von Elne) und Kathedrale, geöffnet 1. Juli–31. Au 10–12 und 14–18; 1. Se–30. Juni außer So und Di 10–12 und 14–17.

Perpignan (66000)

Syndicat d'Initiative: Palais des Congrès, place Armand-Lanoux, ∅ 68663030.

Hotels: Athéna (14. Jh.-Haus), F–FFF, 1, rue Queya, ∅ 68343763. Du Centre, F, 26, rue des Augustins, ∅ 68343969. Christina, F–FF, 50, cours Lassus, ∅ 68352461. France, F–FFF, 16, quai Sadi-Carnot, ∅ 68349281. De la Loge, FFF–FFF, 1, rue F. Nabot/place de la Loge, ∅ 68345484. Mallorca, FF, 2, rue Fontfroide, ∅ 68345757. Le Métropole, F, 3, rue des Cardeurs, ∅ 68343763. Les Molins, F, 26, avenue de Bompas, ∅ 68611170. Parc Hôtel (K, *), FF–FFF, 18, boulevard Jean Bourrat, ∅ 68351414. De la Poste et de la Perdrix, F–FF, 6, rue F. Nabot, ∅ 68344253. Windsor, FFF, 8, boulevard Wilson, ∅ 68511865.

Jugendherberge: Auberge de Jeunesse, Parc de la Pépinière, avenue de Grande-Bretagne, ∅ 68346332.

Restaurants: Chapon Fin (*), 18, boulevard Jean Bourrat, Ø 68351414. Le Bourgogne, 63, avenue Maréchal Leclerc, Ø 68349605. Festin de Pierre, 7, rue du Théâtre, Ø 68512874. Le Relais St-Jean, place Gambetta, Ø 68512225. Brasserie Vauban, 29, quai Vauban, Ø 68510510. Le Sud (Musikkneipe), 12, rue Bausil, Ø 68345571.

Museen: Musée catalan des Arts et Traditions populaires, Le Castillet, place de Verdun, geöffnet 15. Juni–15. Se 9.30–12 und 14.30–19; 16. Se–14. Juni außer Di 9–12 und 14–18.

Musée d'Histoire naturelle, place Fontaine-Neuve, geöffnet wie Musée catalan.

Musée Hyacinthe Rigaud, 16, rue de l'Ange, Öffnungszeiten wie Musée catalan.

Musée numismatique Joseph Puig, 42, avenue de Grande-Bretagne, geöffnet 15. Juni–15. Se 9.15–12 und 14.15–19; 16. Se–14. Juni außer Di und So vormittag 8.45–12 und 13.45–18.

Musée d'Avions, Mas Palégry, route d'Elne, geöffnet vormittags außer So und Mo.

Besichtigung: La citadelle et le palais des Rois de Majorque, geöffnet außer Di 1. Ap–30 Se 9.30–12 und 14.30–18; 1. Ok–31. Mä 9–12 und 14–17.

Flohmarkt: Marché aux Puces, jeden So vormittag am Palais des Expositions, route de Bompas, nördliches Têtufer.

Veranstaltung: Karfreitagsprozession der Confrérie de la Sanch (s. S. 308f.). Parallel dazu wird ein Kirchenmusik-Festival abgehalten, Spielorte sind Kirchen und Kapellen im Roussillon.

Busbahnhof: *Gare routière* avenue du Général-Leclerc, am südlichen Têtufer.

Hauptpostamt: PTT, quai de Barcelone.

Polizei: Commissariat Central, avenue de Grande-Bretagne, Ø 68356601.

Das Hinterland

Amélie-les-Bains (66110)
Syndicat d'Initiative: Place de la République, Ø 68390198.

Hotels: Central (L), F, 14, avenue du Vallespir, Ø 68390549. Martinet, FF, 5, rue Hermabessière, Ø 68390064. Le Palmarium (L), FF, 44, avenue du Vallespir, Ø 68391938.

Les Angles (66210)
Syndicat d'Initiative: Avenue de l'Aude, Ø 68043276.

Hotels: Le Carlina, F, route de Mont-Louis, Ø 68044247. Le Yaka, FF, avenue de Mont-Louis, Ø 68044646.

Arles-sur-Tech (66150)
Syndicat d'Initiative: Avenue de la Gare, Ø 68391199.

Hotel: Glycines (L), F–FF, rue Joc de Pilote, Ø 68391009.

Bouleternère (66130)
Syndicat d'Initiative: Rue Joliot-Curie, Ø 68842415.

Canigou (Pic du)
Hotel: Des Cortalets (Chalet-Hôtel und Restaurant, 2150 m), F–FF, einzige Übernachtungsmöglichkeit unterhalb des Pic du Canigou-Gipfels, Ø 68963619, geöffnet 15. Juni–15. Se.

Anfahrt: Außer zu Fuß oder mit dem eigenen Auto kann man mit einem Jeep in kleiner Gruppe von Prades und Vernet-les-Bains aus zum Chalet-Hôtel gelangen. Auskünfte erteilen die dortigen *Syndicats d'Initiative.*

Céret (66400)
Syndicat d'Initiative: 1, avenue Georges Clémenceau, Ø 68870053.

Hotels: Les Arcades, FF, 1, place Picasso, Ø 68871230. La Châtaigneraie (Landvilla), FFF–FFFF, route de Fontfrède (D 13 F), Ø 68870319. Pyrénées, F–FF, 7, rue de la République, Ø 68870319. Sors, F, 18, rue St-Ferréol, Ø 68870140. La Terrasse au Soleil (Landhotel, K), FFF–FFFF, route de Fontfrède (D 13 F), Ø 68870194. Vidal (L), 4, place du 4 Septembre, Ø 68870085.

Restaurant: Les Feuillants (*), 1, boulevard La Fayette.

Museen: Musée d'Art moderne, rue Jean-Parayre, geöffnet 1. Mai–30. Juni außer Di 10–12 und 14–18; 1. Juli–31. Au 10–12 und 14.30–19; 1.–30. Se außer Di 10–12 und 14–18; 1. Ok–30. Ap außer Di 10–12 und 14–17.

Casa Catalane de la Culture (Mineralogie, Archäologie, Botanik), place Picasso, geöffnet während der Schulferien und 1. Juli–31. Au 10–12 und 14–18.

Veranstaltung: Sardana-Tanzfestival in der Arena und auf den Plätzen, Beginn: erstes Augustwochenende.

Coustouges (66260)
Hotel: Pension de Famille Barnabas, F, ∅ 68 39 51 04.

Font-Romeu (66120)
Syndicat d'Initiative: Avenue Emmanuel-Brousse, ∅ 68 30 02 74.
Hotels: Clair Soleil, F–FF, route d'Odeillo, ∅ 68 30 13 65. Le Grand Tétras, FF, avenue Emmanuel-Brousse, ∅ 68 30 01 20. Pyrénées, FF, place des Pyrénées, ∅ 68 30 01 49. La Tourane (K), F, Targassone (D 10 F), ∅ 68 30 15 03. Y Sem Bé, F–FF, rue des Ecureuils, ∅ 68 30 00 54.

Formiguères (66210)
Syndicat d'Initiative: Place de l'Eglise, ∅ 68 04 47 35.
Hotels: Picheyre, F, place de l'Eglise, ∅ 68 04 40 07/68 04 45 08. Auberge de la Tutte, F–FF, route de Mont-Louis, ∅ 68 04 40 21.

Matemale (66210)
Syndicat d'Initiative: ∅ 68 04 34 07.
Hotel: Auberge de la Belle Aude, F–FF, ∅ 68 04 40 11.

Monastir-del-Camp (Prieuré de)
Besichtigung: Geöffnet außer Fr 9–12 und 16–19.

Mont-Louis (66210)
Syndicat d'Initiative: Rue du Marché, ∅ 68 04 21 97.
Hotels: Lou Roubaillou, F, ∅ 68 04 23 26. La Taverne, F–FF, 10, rue Victor Hugo, ∅ 68 04 23 67.
Besichtigung: Führungen durch die Kasematten 1. Juli–31. Au 9–12 und 14–18.

Odeillo (66120)
Hotel: Le Romarin, FF, ∅ 68 30 09 66.
Besichtigung: Ausstellung im Sonnenkraftwerk ›Le Four solair‹, geöffnet 9–17.

Prades (66500)
Syndicat d'Initiative: 4, rue Victor-Hugo, ∅ 68 96 27 58.
Hotels: Les Glycines, F–FF, N 116, ∅ 68 96 51 65. Hostalrich, F–FF, N 116, ∅ 68 96 05 30.
Veranstaltungen: Festival Pablo Casals, letzte Juliwoche bis Mitte Au, Auskünfte und Reservierung: B. P. 24, 66502 Prades CEDEX, ∅ 68 96 33 07, Fax 68 96 50 95.

Rencontres Cinématographiques de Prades, ›Kinematographische Tage‹, Auskünfte und Reservierung: B.P. 41, 66500 Prades, ∅ 68 05 20 47/68 96 43 32.

Prats-de-Mollo (66230)
Syndicat d'Initiative: Place le Florial, ∅ 68 39 70 83.
Hotels: Bellevue (L), F–FF, le Forail, ∅ 68 39 72 48. Costabonne, F, le Forail, ∅ 68 39 70 24. Parc Hôtel Estamarius, F–FFF, ∅ 68 39 70 04. Hostellerie Le Relais, F, place de la Mairie, ∅ 68 39 71 30. Des Touristes, F–FF, avenue du Haut Vallespir, ∅ 68 39 70 04.

Serrabone (Prieuré de)
Besichtigung: Geöffnet außer Di 9–12 und 14–18.

St-Genis-des-Fontaines (66740)
Hotels: Le Carrefour, F–FF, 43, rue Maréchal Joffre, ∅ 68 89 60 30. Du Centre, F–FF, 62, rue Maréchal Joffre, ∅ 68 89 60 11.

St-Laurent-de-Cerdans (66260)
Syndicat d'Initiative: 5, rue Joseph-Nivet, ∅ 68 39 55 75.
Hotel: Du Midi, F–FF, 3, place de la République, ∅ 68 39 57 03.
Museum: Musée de l'Histoire, rue Joseph-Nivet, geöffnet 1. Mai–30. Se 9–12, 15–19.

St-Martin-du-Canigou (Abbaye de)
Hotels: Casteil (66820), der Ausgangsort für den halbstündigen Fußweg auf den Klosterberg bietet drei Unterkünfte: Le Catalan, F–FF, ∅ 68 05 54 08. Le Molière, F, ∅ 68 05 50 97. Le Relais St-Martin, F, ∅ 68 05 56 76.
Besichtigung: Führungen außer zu Zeiten von Gottesdiensten 1. Juli–15. Ok 9–12 und 14–19; 16. Ok–30. Juni 10–12 und 14–17.

St-Michel-de-Cuxa (Abbaye de)
Besichtigung: Geöffnet 8–12 und 15–18.

Thuir (66300)
Syndicat d'Initiative: Boulevard Violet, ∅ 68 53 45 86.
Hotel: El Rossello, F–FF, 1, avenue des Albères, ∅ 68 53 42 45.
Besichtigung: Betriebsbesichtigungen der Wermut-Produktionsstätte Etablissement Cusénier außer So 10–12.30 und 14–18.

Vernet-les-Bains (66820)
Syndicat d'Initiative: Place Mairie, ∅ 68 05 55 35.
Hotels: Angleterre, F, avenue Burnay, ∅ 68 05 50 58. Châtaigneraie, F–FF, Sahorre (D 27, 3 km), ∅ 68 05 51 04. Eden, F–FF, promenade Cady, ∅ 68 05 54 09. Princess (L), F–FFF, rue des Lavandiers, ∅ 68 05 56 22. Résidence des Baüs et Mas Fleuri, FF–FFF, boulevard Clémenceau.
Restaurant: Comte Guifred de Conflent, avenue Thermes, ∅ 68 05 51 37.

Villefranche-de-Conflent (66500)
Syndicat d'Initiative: Place de l'Eglise, ∅ 68 96 22 96, 1. Juli–31. Au.
Hotels: Auberge du Cèdre (L), FF, Domaine Ste-Eulalie, ∅ 68 96 37 37. Auberge St-Paul, F–FF, place de l'Eglise, ∅ 68 96 30 95. Le Vauban, F, place de l'Eglise, ∅ 68 96 18 03.
Restaurant: Au Gril, rue St-Jean, ∅ 68 96 17 65.
Besichtigungen: Stadtmauern, geöffnet 9–12 und 14–18. Führungen durch das Châteaufort Liberia 1. Mai–31. Se 9–20; 16. Se–14. Juni 10–12 und 14–18, Zugang über Schotterweg. Tropfsteinhöhle Grotte les Grandes Canalettes (D 116 Richtung Cornélia-de-Conflent), geöffnet 1. Mai–31. Ok 10–18.30.

Abbildungsnachweis

Sämtliche Farbabbildungen: Werner Richner, Saarlouis

Schwarzweißabbildungen

Althoff, Dirk, Berlin: Abb. Frontispiz, S. 16/
17, 22, 36, 40, 53, 56, 61, 74/75, 82, 85,
86, 87, 95, 96/97, 100 oben links und
rechts, 104/105, 106, 115, 116, 117,
121, 128, 132/133, 138/139, 141, 150/
151, 155, 159, 161, 164, 171, 172/173,
206/207, 212, 215, 216/217, 219, 220/
221, 223, 227, 228, 232, 233, 244/245,
246/247, 252, 255, 256, 257, 258/259,
260, 274/275, 279, 290/291, 305 unten,
310, 316, 321, 366
Amberg, Gunda, Gröbenzell: Abb. S. 12/
13, 205, 277, 282
Dieuzaide, J., Toulouse: Abb. S. 280/281,
309
dpa, Düsseldorf: Abb. S. 58/59 oben, 58
links, 79, 269
Jeiter, Michael, Morschenich: Abb. S. 28/
29, 48, 66, 71, 165, 235, 312, 322, 325,
326/327
Neifeind, Harald, Göttingen: Abb. S. 15,
213, 214, 237, 240/241, 265, 304/305
oben
Révue du Parc national des Cévennes,
Florac: Abb. S. 100 unten, 122/123
Richner, Werner, Saarlouis: Abb. S. 10/11,
19, 88/89, 130 oben und unten, 296,
298/299
Stuhler, Werner, Hergensweiler: Abb.
S. 23, 52, 72/73, 92, 142/143, 176, 201,
209, 268
Tschirner, Susanne, Bonn: Abb. S. 32,
148/149
Ullstein Bilderdienst, Berlin: Abb. S. 42/43,
59 rechts
Winter, Klas, Meschede: Abb. S. 62/63,
154, 238/239, 239, 272, 314, 318/319

Abb. S. 27 mit freundlicher Genehmigung
Princeton University Press, Princeton,
New Jersey
Abb. S. 30 mit freundlicher Genehmigung
Alain Fournier, Musée de Préhistoire,
Tautavel, aus: Jean Abelenet, Le Musée
de Tautavel, Conflent 1987, S. 36
Abb. S. 34/35 mit freundlicher Genehmi-
gung Ehapa Verlag, aus: Goscinny/
Uderzo, Asterix, der Gallier, Stuttgart
1968, S. 5
Abb. S. 46/47 mit freundlicher Genehmi-
gung Plantu, Paris, aus: Große/Lüger,
Frankreich verstehen, Wissenschaftliche
Buchgesellschaft Darmstadt 1987, S. 25

Das Comité Régional de Tourisme, Montpellier, stellte freundlicherweise die Abb.
S. 37, 50/51, 109, 147, 168, 250, 295
sowie das Signet S. 1 zur Verfügung

Textzitate

S. 64 aus: Georges Duby, Die Zeit der
Kathedralen ©, Suhrkamp Verlag Frank-
furt am Main 1980, S. 11
S. 166 aus: Ernest Hemingway, Der Garten
Eden ©, deutsch von Werner Schmitz,
Rowohlt Verlag GmbH. Reinbek bei
Hamburg 1987, S. 9
S. 101 und 109f. aus: Jean Carrière, Der
Sperber von Maheux ©, mit freundlicher
Genehmigung Verlag Das Wunderhorn,
Heidelberg 1980, S. 28 und 23
S. 317 aus: Kurt Tucholsky, Ein Pyrenäen-
buch ©, aus: Gesammelte Werke,
Rowohlt Verlag GmbH. Reinbek bei
Hamburg 1960, S. 133

Register

Personen, Stichworte

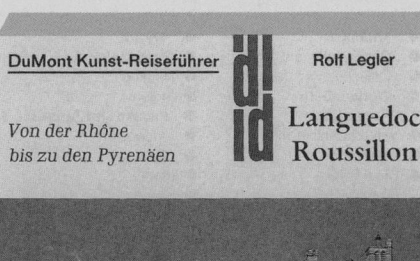

Languedoc-Roussillon

Von der Rhône bis zu den Pyrenäen

Von Rolf Legler. 352 Seiten mit 48 farbigen und 145 einfarbigen Abbildungen, 102 Karten und Zeichnungen, 16 Seiten praktischen Reisehinweisen, Register, kartoniert (DuMont Kunst-Reiseführer)

»Zwischen Rhône, Mittelmeer, Zentralmassiv und Pyrenäen hat jedes Jahrhundert Werke von höchstem Rang in so hoher Zahl hinterlassen, daß es kaum möglich scheint, sie zu überblicken. Dieser Führer hilft dem Leser mit eingehenden Beschreibungen und vielen praktischen Ratschlägen, sich seine eigene, für ihn interessante Route durch diese verwirrende Vielfalt zurechtzulegen.«   *Wiesbadener Tageblatt*

»Legler nähert sich seinem Gegenstand mit Sympathie und Engagement. Daß er die schwierige Geschichte der Region und ihr problematisches Verhältnis zur Pariser Regierung ebensowenig nebenbei behandelt wie die aktuellen Probleme Südfrankreichs, macht den Band über seine Funktion als Kunst-Reiseführer hinaus interessant.«

Linksrheinischer Rundfunk

DuMont Kunst-Reiseführer

Alle Bände mit vielen, zum Teil farbigen Abbildungen; dazu Zeichnungen, Karten, Grundrisse, praktische Reisehinweise.

»Richtig reisen«

Montpellier 1 Opéra 2 Fontaine des Trois Grâces 3 Einkaufszentrum Triangle 4 Einkaufszentrum Polygone 5 Kongreßzentrum Corum/Galerie de Photo 6 Hôtel St-Côme 7 Hôtel de Jacquet de Bray 8 Hôtel des Trésoriers de la Bourse 9 Hôtel des Trésoriers de France/Musée de la Société achéologique 10 Musée Fougau Mount-Pelieirenc/Hôtel de Varennes 11 Préfecture 12 Palais de Justice 13 Arc de Triomphe 14 Château d'Eau 15 Faculté de Médecine/Musée d'Anatomie/Musée Atger 16 St-Pierre 17 Musée Fabre/Musée Sabatier d'Espeyran 18 Touristeninformation 19 Post 20 Bahnhof 21 Busbahnhof